主编　徐林祥

百年语文教育

经典名著

第七卷

上海教育出版社

百年语文教育经典名著编委会

百年语文教育研究的历程与
语文教育改革发展的路向

徐林祥

一

中国语文教育历史悠久,源远流长。随着华夏文明的诞生,口头语言的出现,便有了最初的口耳相传的语文教育。殷商甲骨文出现后,便有了文字的认读与书写,随之产生了书面读写的语文教育。西周的"六艺"(礼、乐、射、御、书、数)教育,已包含着相当多的语文教育的成分。然而,中国古代的语文教育通常是与蒙学、经学、史学、文学、伦理道德的教育等融为一体的。

中国语文教育作为一门独立设置的课程,则是现代学校出现以后才开始的。1878 年,上海教育家张焕纶创办的正蒙书院(今上海市黄浦区梅溪小学的前身),为中国最早的新式学校。正蒙书院"举德、智、体三育而兼之,与东西洋教授之法意多暗合者。……教科为国文、地理、经史、时务、格致、数学、歌诗等"。① 其"国文"为中国学校最早独立设置的语文课程。

20 世纪初,废科举,兴学堂。1902 年,清政府颁布《钦定学堂章程》,官学与书院统称学堂,规定蒙学堂修业四年,小学堂修业六年,中学堂修业四年。蒙学堂开设"字课""习字",小学堂开设"习字""作文""读古文词",中学堂开设"词章"等类似今天"语文"的课程。但由于种种原因,这个章程并未实行。

1904 年,清政府颁布《奏定学堂章程》。这是 20 世纪中国第一个比较完整的、经法令正式公布、在全国推广实行的学制。章程规定初等小学堂修业五年,高等小学堂修业四年,中学堂修业五年。初等小学堂开设"中国文字"科,

---

① 张在新《先君兴办梅溪学堂事略》,《中华教育界》,1914 年第 11 期,第 1 页。

高等小学堂、中学堂以及初级和优级师范学堂开设"中国文学"科。《奏定初等小学堂章程》规定:"中国文字","其要义在使识日用常见之字,解日用浅近之文理,以为听讲能领悟、读书能自解之助,并当使之以俗语叙事及日用简短书信,以开他日自己作文之先路,供谋生应世之要需"。①《奏定高等小学堂章程》规定:"中国文学","其要义在使通四民常用之文理,解四民常用之词句,以备应世达意之用。读古文每日字数不宜多,止可百余字,篇幅长者分数日读之,即教以作文之法,兼使学作日用浅近文字。篇幅宜短,总令学生胸中见解言语郁勃欲发,但以短篇不能尽意为憾,不以搜索枯窘为苦。蕴蓄日久,其颖敏者若遇不限以字数时,每一下笔必至数百言矣。并使习通行之官话,期于全国语言统一,民志因之团结"。②《奏定中学堂章程》规定:"中国文学"要义,"入中学堂者年已渐长,文理略已明通,作文自不可缓。凡学为文之次第:一曰文义。文者积字而成,用字必有来历(经史子集及近人文集皆可),下字必求的解,虽本乎古亦不骇乎今。此语似浅实深,自幼学以至名家皆为要事。二曰文法。文法备于古人之文,故求文法者必自讲读始,先使读经史子集中平易雅驯之文;《御选古文渊鉴》最为善本,可量学生之日力择读之(如乡曲无此书,可择较为大雅之本读之),并为讲解其义法。次则近代有关系之文亦可浏览,不必熟读。三曰作文。以清真雅正为主:一忌用僻怪字,二忌用涩口语,三忌发狂妄议论,四忌袭用报馆陈言,五忌以空言敷衍成篇。次讲中国古今文章流别、文风盛衰之要略,及文章于政事身世关系处。其作文之题目,当就各学科所授各项事理及日用必需各项事理出题,务取与各学科贯通发明,既可易于成篇,且能适于实用"。③ 这里的"中国文字"和"中国文学",已经具备了后来的以阅读和写作教学为主体的语文教育学科的特征。一般认为,"中国文字"和"中国文学"的出现,结束了将语文课程与蒙学教育、经学教育、"六艺"教育等合为一体的历史,标志着中国现代语文教育学科的正式诞生。

1912 年 1 月,南京临时政府教育部颁布《普通教育暂行办法》,其中规定:从前各项学堂均改称学校;初等小学校可以男女同校;凡各种教科书务合乎共和民国宗旨,清学部颁行之教科书一律禁用;小学读经科一律废止等。

1912 年 9 月,当时政府教育部颁布的《小学校令》,规定初等小学修业四年,高等小学修业三年。1912 年 12 月颁布的《中学校令施行规则》,规定中学修业四年。这两份文件将此前的"中国文字""中国文学"课程统一更名为"国文"。1913 年 3 月公布的《中学校课程标准》规定的"国文"教学内容有讲读、作文、习字、文字源流、文法要略、中国文学史。

---

① 舒新城《中国近代教育史资料》中册,北京:人民教育出版社,1961 年版,第 420 页。
② 舒新城《中国近代教育史资料》中册,北京:人民教育出版社,1961 年版,第 435 页。
③ 舒新城《中国近代教育史资料》中册,北京:人民教育出版社,1961 年版,第 508－509 页。

五四时期,在文化教育界人士广泛要求"言文一致""国语统一"的大背景下,1920年1月,北洋政府教育部明令"自本年秋季起,凡国民学校一、二年级,先改国文为语体文,以期收言文一致之效"。①

1922年11月,北洋政府教育部公布《学校系统改革令》,改学制为六三三制,小学六年(前四年为初级小学,后两年为高级小学),初中和高中各三年。1923年实行新学制。全国教育会联合会新学制课程标准起草委员会制定、公布了《新学制课程标准纲要》。《新学制课程标准纲要总说明》规定,小学、初中、高中均开设"国语"课程。其中,小学"国语"包括语言、读文、作文、写字四项;初中"国语"与"外国语"合称为"言文科";高中除公共必修的"国语"外,在普通科第一组(相当于文科)特设"国文"。

1929年,南京国民政府教育部公布的《小学课程暂行标准总说明》将小学语文命名为"国语",《初级中学暂行课程标准说明》《高级中学普通科暂行课程标准说明》将中学语文命名为"国文"。至此,小学"国语"、中学"国文"并存的局面形成,并维持到新中国成立。

1949年,叶圣陶主持华北人民政府教科书编审委员会的工作,将新中国中小学语文学科的名称定名为"语文",揭开了中国现代语文教育史新的一页。叶圣陶解释道:"'语文'一名,始用于1949年华北人民政府教科书编审委员会选用中小学课本之时。前此中学称'国文',小学称'国语',至是乃统而一之。彼时同人之意,以为口头为'语',书面为'文',文本于语,不可偏指,故合言之。亦见此学科'听''说''读''写'宜并重,诵习课本,练习作文,固为读写之事,而苟忽于听说,不注意训练,则读写之成效亦将减损。"②

1950年6月,中央人民政府出版总署编审局编辑出版了第一套《初级中学语文课本》。其《编辑大意》说:"说出来的是语言,写出来的是文章,文章依据语言,'语'和'文'是分不开的。语文教学应该包括听话、说话、阅读、写作四项。因此,这套课本不再用'国文'或'国语'的旧名称,改称'语文课本'。"③

1950年8月,教育部颁布的《小学语文课程暂行标准(草案)》,正式将"国语"改为"语文",该标准称:"所谓语文,应是以北京音系为标准的普通话和照普通话写出的语体文。少数民族小学,除教学本民族语文外,教学汉语汉文时,也应以此为标准。"④同时颁布的《中学暂行教学计划(草案)》,也将"国文"改为"语文"。

---

① 顾黄初《中国现代语文教育百年事典》,上海:上海教育出版社,2001年版,第95页。

② 叶圣陶《答滕万林》,《叶圣陶集》第25卷,南京:江苏教育出版社,1994年版,第33-34页。

③ 中央人民政府出版总署编审局《编辑大意》,见《初级中学语文课本》第1册,北京:人民教育出版社,1950年版,第1页。

④ 课程教材研究所《20世纪中国中小学课程标准·教学大纲汇编:语文卷》,北京:人民教育出版社,2001年版,第65页。

20 世纪 50 年代中期,我国有过汉语、文学分科教学实验。1956 年 3 月,教育部《关于制发 1956—1957 学年度中学授课时数表的通知》,将中学语文科改为"汉语""文学"两门学科进行教学。其时小学仍以"语文"作为课程名称,初中开设"汉语""文学",高中只开设"文学"。1958 年 3 月,教育部《关于 1958—1959 学年度中学教学计划的通知》,取消了中学"汉语""文学"分科,恢复了"语文"的课程名称。

1978 年,教育部颁发《全日制十年制中小学教学计划试行草案》,规定中小学实行十年制;1981 年后,中小学学制逐步恢复为十二年制。1996 年,国家教委颁布的《全日制普通高级中学语文教学大纲(供试验用)》首次将高中语文课程分为"必修课、限定选修课和任意选修课"。但自 1978 年至今,中国大陆以"语文"作为课程名称,都没有变化。

此外,中国台湾一直沿用小学"国语"、中学"国文"的课程名称,中国香港地区小学、初中、高中均使用"中国语文"的课程名称(1972 年开始在高中"中国语文"必修课程之外,增设"中国文学"选修课程)。

二

20 世纪中国语文教育研究可以 1949 年为界,分为前后两个时期。这两个时期都有许多研究论文、著作。前辈学者顾黄初先生和李杏保先生曾主编过《二十世纪前期中国语文教育论集》①和《二十世纪后期中国语文教育论集》②,分别收录了 20 世纪前、后期重要的有代表性的论文 88 篇和 183 篇。20 世纪中国语文教育研究著作(不含各级各类学校国文、国语、语文教科书及练习、考试辅导用书),据不完全统计,约有 500 余种,后期稍多于前期。

(一) 20 世纪前期语文教育论著

1904 年 1 月 13 日,清政府颁布《奏定学堂章程》。根据《奏定初级师范学堂章程》和《奏定优级师范学堂章程》,师范分"初级"和"优级"两级。初级师范学堂培养高等小学堂及初等小学堂教员,其完全科学制五年,每年都开设有"教育学"课程,其中第一年学习教育史,第二年学习教育原理,第三年学习教授法,第四、五年学习教育法令、学校管理法、实事授业。优级师范学堂以造就初级师范学堂及中学堂之教员、管理员为宗旨,学制三年,其中第一学年开设普通心理学等课程,第二学年开设应用心理学、教育理论及应用教育史等课程,第三学年开设各科教授法、教授实事练习等课程。"教授法"的出现,使学

---

① 顾黄初、李杏保《二十世纪前期中国语文教育论集》,成都:四川教育出版社,1991 年版。
② 顾黄初、李杏保《二十世纪后期中国语文教育论集》,成都:四川教育出版社,2000 年版。

科教学研究逐步从教育学中脱胎出来,成为独立的学科。

从 1904 年中国语文独立设科至 1911 年辛亥革命期间,尚未见到专门的语文教育论著。此时有关语文教育的论述,主要是包含在师范学堂各科教授法讲义之中的,且不少是借鉴了日本学者的论述。如:杨天骥、蒋维乔编校《各科教授法》(商务印书馆,1906),[日本]木村忠治郎编,于沈译、蒋维乔校《小学教授法要义》(商务印书馆,1907),[日本]森冈常藏原著、白作霖译著、蒋维乔校订《各科教授法精义》(商务印书馆,1909),等。

民国初期,语文学科教学研究大都仍作为师范学校教授法或各科教授法教科书的一部分。如:蒋维乔编《教授法讲义》(商务印书馆,1913),[日本]田中广吉著、熊崇煦译《小学各科实际教授法》(湖南图书编译局,1913),李步青等编著《新制各科教授法》(中华书局,1914),等。姚铭恩著《小学校国文教授之研究》(中华书局,1915)是已见民国最早专论中国语文教育的著作。

1917 年秋,从美国留学回国担任南京高等师范学校教授的陶行知提出,以"教学法"取代"教授法",以便把研究的对象由单独研究教师的"教",拓展为同时研究学生的"学"。他主张"教学合一",理由是"一、先生的责任在教学生学;二、先生教的法子必须根据学的法子;三、先生须一面教一面学"。[①] 采用"教学法"的名称,扩大了学科研究的范围,学生作为学习的主体进入了教育研究的视野。陶行知的这一新的提法很快为教育界所采纳。此后,人们大都习惯将各科教学研究类课程称为"教学法"课程。1934 年南京国民政府教育部颁布的《中学及师范学校教员检定暂行规定》和 1938 年颁布的《师范学院规程》,也都沿用了"教学法"的名称。其时小学语文称"国语",中学语文称"国文"。"国语教学法"和"国文教学法"成为师范院校中文专业开设的重要课程。

20 世纪 30 年代末,鉴于分科教学法比较重视教法的研究,而忽视了与教法直接相关的教材的探索,一些师范院校开始尝试增加教材研究的内容,同时改学科名称为"教材教法研究"。1939 年,当时的教育部颁发的《师范学院分系必修及选修科目表》,将这门学科的名称正式改为"分科教材及教法研究"。在 1946 年颁布的《修正师范学院规程》中,又进一步规定"分科教材及教法研究"属于专业训练科目之一,在第四学年学习,内容分教材选择、教科书批评、课程标准研究、课程组织、教具设置及应用等部分。同时还规定,本课程讲授、阅读、参观与其他研究方法并用。至此,语文教材研究与语文教法研究并列为师范院校中文系科的教学与研究的重要内容,教师、学生、教材、教法诸要素都列入了学科教学理论研究的范围,并形成了特定的教学与研究的方法。

---

① 陶行知《陶行知教育文选》,北京:教育科学出版社,1981 年版,第 6 页。

20世纪前期语文教育论著主要集中于民国(1912—1949)时期,内容涉及小学和中学语文教学的各个方面。

关于识字写字教学的有:屠元礼编《习字教授法》(中华书局,1917),朱智贤编著《小学写字教学法》(商务印书馆,1948),姜建邦编著《识字心理》(正中书局,1948),王志成编著《小学写字教学的研究》(商务印书馆,1948),等。

关于读文教学的有:阮真著《中学国文校外阅读研究》(民智书局,1929),袁哲编著《国语读法教学原论》(商务印书馆,1936),叶绍钧、夏丏尊合著《阅读与写作》(开明书店,1938),阮真著《中学读文教学研究》(中华书局,1940),叶绍钧、朱自清著《精读指导举隅》(商务印书馆,1942),叶绍钧、朱自清著《略读指导举隅》(商务印书馆,1943),艾伟著《阅读心理·国语问题》(中华书局,1948),艾伟著《阅读心理·汉字问题》(中华书局,1949),等。

关于作文教学的有:陈望道著《作文法讲义》(民智书局,1922),高语罕编《国文作法》(亚东图书馆,1922),孙俍工编《记叙文作法讲义》(民智书局,1923),孙俍工编《论说文作法讲义》(商务印书馆,1924),胡怀琛著《作文研究》(商务印书馆,1925),梁启超著《中学以上作文教学法》(中华书局,1925),夏丏尊、刘薰宇合著《文章作法》(开明书店,1926),徐子长编《小学作文教学法》(商务印书馆,1928),叶绍钧著《作文论》(商务印书馆,1929),阮真著《中学作文教学研究》(民智书局,1929),阮真著《中学作文题目研究》(民智书局,1930),胡怀琛编《一般作文法》(世界书局,1931),胡怀琛编《诗的作法》(世界书局,1931),宋文翰编《小学作文教学概论》(商务印书馆,1931),胡怀琛编《抒情文作法》(世界书局,1931),胡怀琛编《说明文作法》(世界书局,1932),高语罕编著《文章及其作法》(光华书局,1933),高语罕著《语体文作法》(黄华社出版部,1933),胡云翼、谢秋萍合著《文章作法》(上海亚细亚书局,1933),胡怀琛编《初中应用文教本》(上海大华书局,1934),郭挹清编《中学作文法》(上海大公书店,1934),谢美云编著《语体文选及其作法》(上海乐华图书公司,1934),宫廷璋著《学生作文指导》(商务印书馆,1936),叶圣陶著《文章例话》(开明书店,1937),胡怀琛著《作文门径》(中央书店,1937),钟宪文著《学生作文指导》(大光书局,1937),叶绍钧、夏丏尊合著《文章讲话》(开明书店,1938),俞焕斗著《学生作文指导》(中华书局,1938),俞焕斗编《作文文法指导合编》(商务印书馆,1940),顾震白著《国文作法》(耕耘出版社,1943),谭正璧编著《国文作法》(世界书局,1944),于在春编写《集体习作实践记》(永祥印书馆,1946),冰心著、黄淑九编《少年模范日记》(作文研究社,1947),李涵、何思翰合编《小学作文的命题》(商务印书馆,1948),张粒民编著《小学作文科教材和教法》(商务印书馆,1948),等。

关于听话说话教学的有:张士一著《小学"国语话"教学法》(中华书局,

1922)，阴景曙、刘百川编著《小学说话教学法》（大华书局，1934），王国元编著《小学说话教学法》（正中书局，1936），沈百英编《小学说话科教材和教法》（商务印书馆，1948），等。

总论国文、国语教学的有：刘儒编《国语教学法讲义》（商务印书馆，1921），黎锦熙编纂《新著国语教学法》（商务印书馆，1924），张震南、王范矩、范耕研、李荃编《中学国文述教》（商务印书馆，1925），李仲南编著《国语教学问题》（世界书局，1926），周铭三、冯顺伯编纂《中学国语教学法》（商务印书馆，1926），张须编纂《师范国文述教》（商务印书馆，1927），王森然编《中学国文教学概要》（商务印书馆，1929），赵欲仁著《小学国语科教学法》（商务印书馆，1930），阮真著《中学国文各学程教学研究》（民智书局，1930），沈荣龄编《小学国语科教学法》（上海中华书局，1931），权伯华编《初中国文实验教学法》（中华书局，1932），顾子言著《小学国语教学法》（大华书局，1933），林琼新编《新小学国语指导》（上海儿童书局，1934），洪为法著《国文学习法》（中华书局，1935），徐阶平编《国语教材及教法》（黎明书局，1935），胡怀琛著《中学国文教学问题》（商务印书馆，1936），阮真著《中学国文教学法》（正中书局，1936），孙起孟、庞翔勋合著《学习国文的新路》（进修出版教育社，1937），蒋伯潜著《中学国文教学法》（中华书局，1941），洪为法、胡云翼合著《国文学习指导》（上海文友书店，1942），俞焕斗编著《高小国语科教材和教法》（商务印书馆，1948），赵欲仁著《革新的小学国语科教材教法》（商务印书馆，1948），等。

此外，还有一些论著的合集，如：教育杂志社编《作文及文学教学法》（商务印书馆，1925）收入黎锦熙《国语的作文教学法》与周法均《小学低年级的文学教学法》，吴研因、舒新城合编《小学国语教学法概要》（商务印书馆，1925）收入吴研因《小学国语教学法概要》与舒新城《道尔顿制与小学国语教学法》，等。

论文的合集，如：光华大学教育系与光华大学国文系合编《中学国文教学论丛》（商务印书馆，1927），叶绍钧、朱自清合著《国文教学》（开明书店，1945），沈百英著《小学国语教学讨论集》（商务印书馆，1948），等。

综论各科教材、教法的著作中，也有专论国文、国语教学的章节，如：范寿康著《各科教学法》（商务印书馆，1923），吴研因、吴增芥合著《新中华小学教学法》（中华书局，1932），俞子夷、朱晟旸编《新小学教材和教学法》（上海儿童书局，1934），江景双编《小学中年级各科教学法》（商务印书馆，1948），等。

（二）20世纪后期语文教育论著

1949年新中国成立后，随着中小学的"国语"和"国文"统一更名为"语文"，师范院校相应地开设了"语文教学法"或"语文教材教法"课程。1950年7月教育部发布的《师范学院教学计划（草案）》规定开设"教学法"课程。为适应20世纪50年代中期中学语文学科分为"汉语""文学"两门课程的需要，1954年教育部颁布的《师范学院暂行教学计划》规定中文系开设"中国语言教学法"和"文学教学法"两门课程。汉语、文学分科结束后，仍采用"语文"的名称。1957 年修订教学计划合并为"中学语文教学法"。1963 年教育部颁布的《高等师范学院教学计划(草案)》，则采用了"中学语文教材教法"的名称。

1949—1976 年间出版的与语文教育研究相关的著作主要有：华北人民政府教育部教科书编审委员会编《小学各科教材及教学法参考资料》(新华书店，1949)，黎锦熙著《新国文教学法》(北京师范大学出版社，1950)，教育资料丛刊社编《中学语文教学的改进》(人民教育出版社，1951)，郭林著《国语科教材教法》(中华书局，1951)，吴增芥著《怎样教好语文》(北新书局，1953)，张志公等编《语法和语法教学》(人民教育出版社，1954)，李纪生著《小学语文教学法讲话》(浙江人民出版社，1954)，[苏联]谢彼托娃著，丁酉成、张翠英译《小学阅读教学法》(人民教育出版社，1954)，吴天石著《漫谈国文教学》(中华书局，1954)，叶苍岑编著《论语文教学改革问题》(大众出版社，1954)，刘溶编著《谈谈中学语文教学问题》(湖北人民出版社，1954)，新知识出版社编《怎样改进中学语文教学》(新知识出版社，1955)，刘家骥编著《谈谈小学语文教学中的几个问题》(河南人民出版社，1955)，何林天编著《语文教学中的生字生词教学问题》(湖北人民出版社，1955)，湖北教师社辑《怎样改进高小语文课"长课文"教学》(湖北人民出版社，1956)，何林天著《小学语文教学中的文学、语言因素：小学语文教学改革问题》(上册)(通俗读物出版社，1956)，何林天著《不同性质课文与不同教学方法：小学语文教学改革问题》(下册)(通俗读物出版社，1956)，朱伯石编著《中学语文教学中的语言因素》(湖北人民出版社，1956)，林焕平著《中学语文教学的若干问题》(广东人民出版社，1956)，周裔著《关于目前中学文学教学的一些问题》(江苏人民出版社，1957)，王祝辰编著《小学语文教学法研究》(吉林人民出版社，1957)，[苏联]果鲁伯柯夫著、方拯等译《文学教学法》(上册)(人民教育出版社，1957)，罗大同编著《初中文学教学讲话》(湖北人民出版社，1958)，薛焕武、李树棠、吴德涵、易新夏等编《小学语文教学法》(人民教育出版社，1958)，[苏联]恩·柏·卡诺内庚著《小学语文教学法》(人民教育出版社，1958)，江苏省教育厅教材编辑室主编《小学语文教学法》(江苏人民出版社，1959)，陕西省教育厅编《国文教学经验》(陕西人民出版社，1960)，许钦文著《语文课中鲁迅作品的教学》(上海教育出版社，1961)，张志公著《传统语文教育初探(附蒙学书目稿)》(上海教育出版社，1962)，辽宁教师进修学院编《小学语文教学法》(辽宁人民出版社，1963)，浙江省小学语文教材教法编写组编《普通师范学校小学语文教材教法纲要》(青海人民出版社，1963)，等。"文革"期间受政治运动的影响，几乎没有正式出版的专论语文教育的著作。"文革"后期出版的与语文教育相关的著作有：北京大学中文系写作教学小组编著《鲁迅作品选讲》(人民出版社,1973)等。

1977年各师范院校恢复了语文教育类课程的教学与研究工作。1978年教育部召开全国高校文科教学工作座谈会,委托当时的武汉师范学院、西南师范学院等十二院校编写统一的高等师范院校中文系科语文教学法教材,根据编写组的建议,定名为"中学语文教学法",该教材于1980年4月由人民教育出版社出版。1981年4月教育部颁布的《高等师范院校四年制本科汉语言文学专业教学计划(试行草案)》,仍将该课程定名为"中学语文教材教法"。直至1984年国家教委颁发、1990年修订的《汉语言文学教育专业教学大纲》中,仍然采用"中学语文教材教法"的名称。此时,"语文教学法"与"语文教材教法"两个名称并存,其"法"的内涵已逐步由属于操作技能的教学方法向原理、原则过渡,在深度和广度上都有新的拓展,教学原理、教学原则、教学内容、教学过程、教学方法等,都是其研究的主要内容。

1986年8月,北京师范学院(今首都师范大学的前身)向国务院学位委员会建议将"教材教法研究"更名为"学科教育学"。第二年,国务院学位委员会发文将教育学科的二级学科"教材教法研究"更名为"学科教学论",于是,语文教育学科也相应改称为"语文教学论"或"语文学科教学论"。这一名称的变革,反映了人们对学科教学法、教材教法知识体系的不满。其研究视角更为开阔,开辟了学科教学的目的、内容、方法、评价等多个研究路向。直至1998年7月,教育部高等教育司修订的《普通高等学校本科专业目录》由教育部正式颁布实施,与之配套的《普通高等学校本科专业介绍》仍将汉语言文学(师范类)专业语文学科教学与研究类课程定名为"语文教学论"。相应的教材有用"教学论"命名的,也有仍使用"教学法"和"教材教法"名称的。

1986年10月,在山东济南召开的全国高师理科教学法学科建设研讨会上,有人提出了开展学科教育学研究的问题。同年12月,北京师范学院率先成立了包括文理各科在内的"学科教育学研究中心"。1986年12月12日,国家教委副主任柳斌在全国高师师资培训工作会议上提出:"我们不但要建立自己的教育学,还要建立自己的学科教育学。"[①]与"语文教学法""语文教学论"相比,"语文教育学"的研究对象由侧重具体知识和能力的"教学",转变为促进学生全面发展的"教育";研究内容由侧重具体理论和方法的"法"和"论",转变为具有系统理论和完整结构的"学"。这种转变对语文教学的理论和实践具有深刻的革新意义,是学科教育研究的深入和发展,也是普通教育学的丰富和发展。教学法、教学论、教育学,三者的研究对象(语文教育现象)、研究内容

① 柳斌《关于基础教育的思考》,上海:上海教育出版社,1992年版,第98页。

(揭示语文教育的规律)和研究任务(指导语文教育实践),是基本相同的,但又是不断拓展的。学科教学法侧重于研究教学技能,特点是实践性和可操作性,追求掌握方法技能;学科教学论侧重于研究教学基本理论问题,特点是理论性和指导性,追求理论指导下的实践;学科教育学强调运用学科教育理论和教学方法,从特定的侧面,用特定的方法来完成促进学生个性完美发展的育人任务,特点是教育性和方向性。"语文教育学"以普通教育学为指导,用系统论的观点研究语文教育现象,反映的是一种"大语文"教育观。它通过对语文教育全方位、多层次的分析研究,探索出符合语文学科规律的语文教育之路,这是语文学科教育研究的新发展。20世纪80年代中后期至90年代,我国高等师范院校对"语文教育学"的研究取得了相当丰硕的成果。

20世纪后期的语文教育论著主要集中在1977年至1999年之间,其中师范院校教材约占一半。先后出版的教材有:武汉师范学院、西南师范学院、北京师范学院等十二院校中文系编《中学语文教学法》(人民教育出版社,1980),张隆华主编《中学语文教学法》(湖南人民出版社,1980),李秉德著《小学语文教学方法》(甘肃人民出版社,1980),戴景曦等编《小学语文教学法》(福建人民教育出版社,1981),叶树明主编《小学语文教材教法》(江苏人民出版社,1981),何深、张建华主编《中学语文教学法》(河南人民出版社,1981),上海教育学院编《中学语文教学法通论》(上海教育出版社,1981),周仁济编著《语文教学法》(湖南人民出版社,1981),张鸿苓等编《语文教学方法论》(北京师范大学出版社,1982),高惠莹等主编《小学语文教学法》(北京师范大学出版社,1982),王佐杰等编《中学语文教学法》(广东人民出版社,1983),朱绍禹编著《中学语文教育概说》(内蒙古人民出版社,1983),童致和、王朝林编著《中学语文教学法》(安徽教育出版社,1983),周仁济主编《小学语文教材教法》(湖南教育出版社,1983),叶苍岑主编《中学语文教学通论》(北京教育出版社,1984),秦文生主编《初中语文教材教法》(湖南教育出版社,1985),胡同苏等编《初中语文教学法》(北京师范大学出版社,1985),袁微子主编《小学语文教材教法》(人民教育出版社,1985),于亚中、李家珍编著《中学语文教学概论》(陕西人民教育出版社,1985),萧士栋主编《初中语文教学法举隅》(云南民族出版社,1986),赵北柯主编《中学语文教材教法实用教程》(辽宁教育出版社,1986),黄振中、王世堪主编《中学语文教学法》(广西民族出版社,1986),万恒德主编《中学语文教学概论》(江苏古籍出版社,1986),翟惠文等编著《小学语文教学法》(华东师范大学出版社,1986),张广岩主编《中学语文教材教法》(天津教育出版社,1987),七省市教院编《中学语文教学论》(陕西人民教育出版社,1987),萧士栋主编《中学语文教学法教程》(河南教育出版社,1987),张鸿苓、张锐编著《中学语文教学》(光明日报出版社,1987),张隆华主编《语文教育学》(重庆出版社,1987),刘清涌、黎雪芬编著《中学语文实用教学法》(广东教育出版社,1987),罗大同主编《中学语文教学法新编》(广西教育出版社,1987),朱绍禹编著《语文教育学》(中央广播电视大学出版社,1987),谢象贤主编《中学语文教学法简明教程》(光明日报出版社,1987),田本娜等编《小学语文教学论》(辽宁教育出版社,1987),陈国雄等编《小学语文教材教法》(人民教育出版社,1987),朱绍禹编著《中学语文教学法》(高等教育出版社,1988),孙炳铨、赵北柯主编《中学语文教育学》(新疆人民出版社,1988),袁牧等主编《中学语文教学新论》(江西教育出版社,1988),司君恒主编《新编中等学校语文教学法》(陕西师范大学出版社,1988),毕养赛主编《中学语文教学引论》(浙江教育出版社,1988),韩雪屏主编《中学语文教材教法教程》(辽宁大学出版社,1988),朱作仁主编《小学语文教学法原理》(华东师范大学出版社,1988),人民教育出版社语文一室编《初中语文教材分析和研究》(人民教育出版社,1988),熊兆武著《中学语文教学与教法》(陕西人民教育出版社,1989),萧士栋主编《中学语文教材教法》(河南教育出版社,1989),于满川、杨履武、顾黄初主编《语文教学论》(南京大学出版社,1989),徐越化主编《中学语文教学法》(华东师范大学出版社,1989),杨德如、沈长春主编《实用语文教育学》(安徽教育出版社,1989),冯一著《中学语文教材教法》(湖北教育出版社,1989),黄汉清等编《中学语文教学论》(广西师范大学出版社,1989),韦志成著《语文教育原理》(武汉出版社,1989),陈学法主编《语文教育学》(大连理工大学出版社,1989),陈毛美等主编《中学语文教材教法》(东北师范大学出版社,1990),伍德亮主编《实用中学语文教学百问》(广西民族出版社,1990),王华敏著《中学语文教学法》(广东教育出版社,1990),林中伟著《中学语文教学法》(三环出版社,1990),杨成章等主编《语文学科教育学》(西南师范大学出版社,1990),高惠莹等编《小学语文教学论》(光明日报出版社,1990),陶本一、王光龙主编《语文学科教育学》(山西高校联合出版社,1991),陈炳文、张良杰主编《语文教育论》(新疆大学出版社,1991),张广岩、郭术敏主编《中学语文教育学》(青岛海洋大学出版社,1991),林化君等主编《中学语文教材教法通论》(陕西人民教育出版社,1991),汪伯嗣著《中学语文教学法求真》(广西教育出版社,1991),吕桂申等编《语文教学方法论》(北京出版社,1991),江苏省小学教师进修教材编写组编著《小学语文教材教法》(江苏教育出版社,1991),张中原主编《语文教育实习》(江苏教育出版社,1991),周元主编《小学语文教育学》(华东师范大学出版社,1992),戴宝云主编《小学语文教育学》(浙江教育出版社,1992),于亚中、鱼浦江主编《中学语文教育学》(高等教育出版社,1992),陈祖南、王松泉主编《中学语文基础教学论》(辽宁大学出版社,1992),曾仲揆主编《中学语文教学法辅导》(高等教育出版社,1992),周庆元主编《中学语文教学原理》(湖南教育出版社,1992),谢象贤主编《语文教育学》(浙江教育出版社,1992),戴建平主编《语文教育学新论》(金陵书社出版公司,1992),王家政、潘纪平主编《中学语文教学法教程》(华中师范大学出版社,1993),曹洪顺、冯守仲主编《语文教育学》(山东大学出版社,1993),杨德如等主编《语文教育学概论》(中国科学技术大学出版社,1993),钟为永主编《中学语文学科教学论》(广西教育出版社,1993),王文延主编《语文教育学教程》(河南大学出版社,1993),张鸿苓主编《语文教育学》(北京师范大学出版社,1993),李竑、鱼浦江著《中国语文教育学》(陕西人民教育出版社,1993),程顺之著《实用语文教学论》(哈尔滨工业大学出版社,1993),叶存铃编著《小学语文教学法》(北京师范大学出版社,1993),张中原主编《语文教育实习指导》(高等教育出版社,1994),林化军著《语文教育学教程》(广西人民出版社,1994),陈菊先主编《语文教育学》(华中师范大学出版社,1994),刘孝学著《语文教学论基础》(吉林大学出版社,1994),张志善《中学语文教学论》(语文出版社,1994),王世堪主编《中学语文教学法》(高等教育出版社,1995),崔峦等主编《小学语文教学法》(人民教育出版社,1995),周庆元、王松泉主编《语文教师职业技能训练教程》(高等教育出版社,1996),余应源主编《语文教育学》(江西教育出版社,1996),王家伦、徐林祥等著《语文教学法新论》(华夏出版社,1996),崔干行著《语文教育实习教程》(华南理工大学出版社,1996),李杏保主编《语文学科教育参考资料类编》(高等教育出版社,1996),阎立钦主编《语文教育学引论》(高等教育出版社,1996),高人众主编《小学语文教学法》(辽宁师范大学出版社,1996),崔干行著《语文教学法教程》(华南理工大学出版社,1997),叶存铃主编《小学语文教学原理与方法》(福建教育出版社,1997),胡枢等主编《小学语文教学法》(四川大学出版社,1997),徐家良主编《小学语文教育学》(高等教育出版社,1997),庄静肃、王芳智、高玲主编《语文教育学》(教育科学出版社,1998),朱松生主编《小学语文教学法》(经济科学出版社,1998),苏立康主编《小学学科教学论(语文)》(科学出版社,1998),杨成章主编《语文创造教育学》(重庆出版社,1999),崔峦主编《小学语文教学论》(中国人民大学出版社,1999),金和德等主编《小学语文教学概论》(东北师范大学出版社,1999),王松泉等主编《语文教学概论》(高等教育出版社,1999),王相文等主编《语文教材研究》(高等教育出版社,1999),韩雪屏等主编《语文教学技能训练》(高等教育出版社,1999),等。这些教材名称的变迁,也反映了由"学科教学法""学科教材教法"到"学科教学论""学科教育学"转变的过程。

除师范院校教材外,还有不少专著、论文集、工具书,涉及语文教材、语文教学技能与方法、语文教学心理、语文美育、语文教育史等方面。先后出版的有:上海师范大学中文系编《鲁迅作品教学参考资料》(上海人民出版社,1977),辛安亭著《论语文教学及其他》(甘肃人民出版社,1978),蔡澄清著《鲁迅作品教学浅谈》(安徽人民出版社,1979),山东师范学院聊城分院中文系编《鲁迅作品教学初探》(天津人民出版社,1979),秦亢宗编著《鲁迅作品教学问答》(四川人民出版社,1979),《中国语文》编辑部编《语文教学问题》(中国社会科学出版社,1979),叶圣陶著《叶圣陶语文教育文集》(教育科学出版社,1980),瞿葆奎等整理选编《优秀语文教师上课实录》(人民教育出版社,1980),张志公著《语文教学论集》(福建教育出版社,1981),麻凤鸣等编《小学语文教学研究》(吉林人民出版社,1981),薛绥之、柳尚彭著《鲁迅作品教学难点试析》(上海教育出版社,1981),北京市鲁迅研究学会筹委会编《中学语文课本中鲁迅著作选篇研究》(1982),时雁行著《语文教学耕耘集》(中国农业机械出版社,1982),上海教育出版社编《语文教学问题讨论》(上海教育出版社,1982),刘国正著《语文教学谈》(安徽教育出版社,1983),章熊著《语言和思维的训练》(上海教育出版社,1983),钟为永著《语文教学心理学》(浙江人民出版社,1983),张道一著《语文教学法十讲》(科学技术文献出版社,1983),沈蘅仲著《语文教学散论》(上海教育出版社,1983),刘国正、陈哲文主编《语文教学在前进》(人民教育出版社,1984),朱作仁著《语文教学心理学》(黑龙江人民出版社,1984),瞿葆奎等编《语文教学经验与研究》(人民教育出版社,1984),中央教育科学研究所编《朱自清论语文教育》(河南教育出版社,1985),全国中语会编《叶圣陶吕叔湘张志公论语文教育》(开明出版社,1985),李伯棠编著《小学语文教材简史》(山东教育出版社,1985),李保初著《阅读教学浅论》(河北人民出版社,1985),刘国正主编《我和语文教学》(人民教育出版社,1985),顾黄初、张泽民主编《初中作文教学设计》(北京师范大学出版社,1986),洪宗礼、程良方编著《中学语文教学之路》(内蒙古教育出版社,1986),《课程·教材·教法》编辑部编《中学语文教材和教法(第一集)》(人民教育出版社,1986),戴思明编《语文教学杂谈》(山东教育出版社,1986),韦志成编《中学语文美育》(广西人民出版社,1986),中央教育科学研究所编《叶圣陶论语文教育》(河南教育出版社,1986),张志公著《张志公论语文教学改革》(江苏教育出版社,1987),吕叔湘著《吕叔湘论语文教学》(山东教育出版社,1987),陈必祥主编《中国现代语文教育发展史》(云南教育出版社,1987),杨成章著《作文教学原理》(福建人民出版社,1987),李峰著《语文教学新论》(陕西人民教育出版社,1987),秦兆基、李宁编著《怎样写记叙文》(北京出版社,1987),曾祥芹主编《语文教学能力论》(河南大学出版社,1987),鱼浦江主编《语文教师的能力结构训练》(陕西师范大学出版社,1988),郑方泽、韩沛霖主编《中学语文教学现

13

代化探索讲座》(吉林文史出版社,1988),饶祖天著《中学语文与审美教育》(上海教育出版社,1988),曹利华著《语文教学与审美教育》(华夏出版社,1988),柳印生著《中学语文艺术赏析》(江苏教育出版社,1988),何以聪著《语文教学评论集》(学林出版社,1989),罗大同主编《实用语文教学词典》(天津教育出版社,1989),吴祖汉、艾林编《语文教学法辞典》(成都科技大学出版社,1989),彭华生著《语文美育艺术》(重庆出版社,1989),刘国正、毕养赛主编《叶圣陶语文教育思想研究》(江苏教育出版社,1990),魏书生著《语文教学探索》(河南大学出版社,1990),周长风主编《语文美育教学导向与实践》(陕西人民教育出版社,1990),张鸿苓、李桐华编《黎锦熙论语文教育》(河南教育出版社,1990),朱绍禹主编《语文教育辞典》(延边人民出版社,1991),朱绍禹主编《美日苏语文教学》(吉林文史出版社,1991),张隆华主编《中国语文教育史纲》(湖南师范大学出版社,1991),宁鸿彬等编著《中学语文词典》(北京理工大学出版社,1991),蒋成瑀著《语文课文读解理论与方法》(杭州大学出版社,1991),彭华生著《语文导读与创造学法》(四川教育出版社,1991),顾黄初著《现代语文教育史札记》(南京出版社,1991),顾黄初、李杏保编《二十世纪前期中国语文教育论集》(四川教育出版社,1991),饶杰腾、王问渔主编《中学语文教师教学基本功讲座》(北京师范学院出版社,1991),毕养赛主编《中学语文基本教学技能》(浙江教育出版社,1991),王钦韶主编《语文美育研究》(河南大学出版社,1991),张鸿苓主编《简明语文教育辞典》(吉林教育出版社,1992),姚竹青著《大语文教学法》(北京教育出版社,1992),王松泉著《阅读教育学》(辽宁大学出版社,1992),庄文中著《中学教学语法和语法教学》(语文出版社,1992),白金声著《语文德育渗透艺术》(中国林业出版社,1992),孙立湘著《语文阅读说写教程》(机械工业出版社,1992),张志公著《传统语文教育教材论——暨蒙学书目和书影》(上海教育出版社,1992),张必隐著《阅读心理学》(北京师范大学出版社,1992),柳印生著《语文教学的辩证艺术》(江苏教育出版社,1992),芮和师编《于在春语文教学论著选》(江苏教育出版社,1993),张传宗著《中学阅读教学概论》(人民教育出版社,1993),王必辉编《语文考试新思路》(山西高校联合出版社,1993),金润枝著《语文教学与学生素质培养》(北京教育出版社,1993),何炳骅等编著《语文教学系统理论纲要》(广东高等教育出版社,1993),王光龙著《语文学习方法学》(山西高校联合出版社,1993),王启帆主编《语文审美教育概论》(浙江美术学院出版社,1993),杨德如等主编《语文美育学导论》(中国科学技术大学出版社,1993),顾黄初、钱梦龙、徐振维、欧阳代娜、张鸿苓、章熊编著《〈九年义务教育全日制初级中学语文教学大纲(试用)〉能力训练内容指要》(四川教育出版社,1994),智仁勇等编《叶圣陶语文教育言论摘编》(天津古籍出版社,1994),章熊、汪寿明、柳士镇著《汉语表达》(江苏教育出版社,1994),杨九俊著《语文教学艺术论》(江苏教育出版社,1994),张田若、郭惜珍著《小学阅读教学研究》(内蒙古人民出版社,1994),谷生华等编著《语文教育心理学》(四川教育出版社,1994),蔡起福编著《语文教学心理学》(语文出版社,1994),李亮著《语文教学的质疑与探索》(海豚出版社,1994),梁祖国主编《语文教师谈语文学习方法》(暨南大学出版社,1994),卫灿金著《语文思维培育学》(语文出版社,1994),张志公著《张志公语文教育论集》(人民教育出版社,1994),周庆元主编《中学语文教材概论》(湖南教育出版社,1994),许理绚、夏太富编《中学语文审美教育研究》(上海教育出版社,1994),刘国正著《实和活——刘国正语文教育文选》(人民教育出版社,1995),张隆华、曾仲珊著《中国古代语文教育史》(四川教育出版社,1995),钱梦龙著《导读的艺术》(人民教育出版社,1995),顾黄初著《语文教育论稿》(人民教育出版社,1995),章熊著《中国当代写作与阅读测试》(四川教育出版社,1995),程钧著《语文审美教育论》(江苏教育出版社,1995),詹伯慧著《方言·共同语·语文教学》(澳门日报出版社,1995),王纪人主编《文艺学与语文教育》(上海教育出版社,1995),曾祥芹主编《文章学与语文教育》(上海教育出版社,1995),倪宝元主编《语言学与语文教育》(上海教育出版社,1995),张育泉编著《语文现代化概论》(首都师范大学出版社,1995),林治金主编《中国小学语文教学史》(山东教育出版社,1996),唐作藩著《语文修养与中学语文教学》(北京大学出版社,1996),佟士凡著《语文学习论》(广西教育出版社,1996),王乃森、倪三好、张中原著《语文教学过程研究》(江苏教育出版社,1996),顾黄初、顾振彪著《语文教材的编制与使用》(江苏教育出版社,1996),李杏保、陈钟樑著《语文教育观研究》(江苏教育出版社,1996),陆逐等著《作文训练与作文评价》(江苏教育出版社,1996),孙宏杰等著《中学语文课外活动》(江苏教育出版社,1996),黄光硕著《语文教材论》(人民教育出版社,1996),左兵著《语文考试艺术》(社会科学文献出版社,1996),韦志成著《语文教学情境论》(广西教育出版社,1996),韦志成著《语文教学艺术论》(广西教育出版社,1996),周庆元著《语文教学设计论》(广西教育出版社,1996),彭华生著《语文教学思维论》(广西教育出版社,1996),倪文锦著《语文考试论》(广西教育出版社,1996),黎锦熙著《黎锦熙语文教育论著选》(人民教育出版社,1996),刘国正主编《中国著名特级教师教学思想录:中学语文卷》(江苏教育出版社,1996),杨再隋主编《中国著名特级教师教学思想录:小学语文卷》(江苏教育出版社,1996),于漪著《于漪语文教育论集》(人民教育出版社,1996),施仲谋著《中国内地、台湾、香港、澳门语文能力测试与比较》(语文出版社,

1996），田小琳著《香港中文教学和普通话教学论集》（人民教育出版社，1997），于漪著《语文教学谈艺录》（上海教育出版社，1997），戴汝潜主编《欧阳代娜中学语文教学艺术初探》（山东教育出版社，1997），李行健著《语文学习新论》（陕西人民教育出版社，1997），王松泉著《阅读教材论》（辽宁大学出版社，1997），李杏保、顾黄初著《中国现代语文教育史》（四川教育出版社，1997），蔡澄清等著《蔡澄清中学语文点拨教学法》（山东教育出版社，1997），张田若、陈良璜、李卫民著《中国当代汉字认读与书写》（四川教育出版社，1998），韩雪屏著《中国当代阅读理论与阅读教学》（四川教育出版社，1998），张鸿苓著《中国当代听说理论与听说教学》（四川教育出版社，1998），黄耀堃著《论锐变中的香港语文》（青文书屋，1998），潘新和著《中国写作教育思想论纲》（人民教育出版社，1998），曹明海、宫梅娟著《理解与建构：语文阅读活动论》（青岛海洋大学出版社，1998），曹明海、钱加清著《营构与创造：语文教学策略论》（青岛海洋大学出版社，1998），张永昊、周均平著《感应与塑造：语文审美教育论》（青岛海洋大学出版社，1998），林化君、陈黎明、张幼冬编著《追问与发现：语文学习心理论》（青岛海洋大学出版社，1998），于源溟、倪山编著《存在与发展：语文教学生态论》（青岛海洋大学出版社，1998），朱本轩等著《整体与圆识：语文教学系统论》（青岛海洋大学出版社，1998），李廷扬著《语文新论》（贵州教育出版社，1998），宁鸿彬著《语文教学的思考与实践》（教育科学出版社，1998），孙春成编著《语文课堂教学艺术漫谈》（语文出版社，1998），江少川著《现代写作精要》（华中师范大学出版社，1998），钟为永编著《语文教育心理学》（警官教育出版社，1998），董菊初著《叶圣陶语文教育思想概论》（开明出版社，1998），董菊初编著《语文教育研究方法学》（语文出版社，1998），张志公著、王本华编《张志公论语文：集外集》（语文出版社，1998），王丽编《中国语文教育忧思录》（教育科学出版社，1998），江明编《语文教材的建设与思考：首届全国义务教育初中语文教材建设理论研讨会论文集》（语文出版社，1998），王伯勋著《中学语文教材分类研究》（海南出版社，1998），彭华生、翟启明著《语文美育心理研究》（四川大学出版社，1998），徐汝智主编《美学与小学语文教学》（河海大学出版社，1998），彭天翼著《语文美育论》（湖南师范大学出版社，1999），孔庆东、摩罗、余杰主编《审视中学语文教育》（汕头大学出版社，1999），曾祥芹主编《阅读学新论》（语文出版社，1999），程翔著《语文课堂教学的研究与实践》（语文出版社，1999），李镇西著《从批判走向建设：语文教育手记》（四川少年儿童出版社，1999），佟乐泉、张一清著《小学识字教学研究》（广东教育出版社，1999），庄文中著《中学语言教学研究》（广东教育出版社，1999），徐林祥、张悦群主编《中学语文课堂教学技能训练》（东北师范大学出版社，1999），等。这些语文教育专著、论文集、工具书的出版,与师范院校语文教育类教材互补,丰富了语文教育研究成果,反映了 20 世纪后期语文教育研究的实绩。

三

百年语文教育研究,涉及语文教育的方方面面,其中讨论最多、影响最大的,要数语文课程目标与教学思想的论争,特别是 20 世纪前期的"形式训练"与"实质训练"之争和 20 世纪后期的"文""道"之争、"科学(工具)"与"人文"之争。

（一）形式训练与实质训练之争

晚清政府颁布《奏定学堂章程》后,为适应师范学堂教授法课程教学的需要,国人引进借鉴了日本学者的论述。上海商务印书馆 1909 年出版的日本森冈常藏原著、白作霖译著、蒋维乔校订的《各科教授法精义》,在讨论国文科教授法时,即将国文科所宜有者分为"内容"与"形式"两大部分。"内容"包括修身、地理、历史、理科、农业、商业等"智德启发"的目标,"形式"包括"属于听官者——言语"和"属于视官者——文章、文字"的目标。如下图所示①:

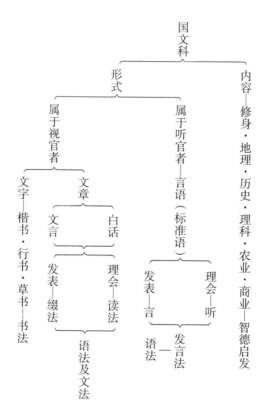

---

① 森冈常藏原著,白作霖译著,蒋维乔校订《各科教授法精义》,上海:商务印书馆,1909 年版,第 48－49 页。

北洋政府教育部在 1912 年 11 月颁布的《小学校教则及课程表》和 1912 年 12 月颁布的《中学校令施行规则》中，分别对中小学"国文要旨"作出规定。小学"国文要旨在使儿童学习普通语言文字，养成发表思想之能力，兼以启发其智德"；中学"国文要旨在通解普通语言文字，能自由发表思想，并使略解高深文字，涵养文学之兴趣，兼以启发智德"。① 这些规定均涉及"形式"与"实质"两个方面。

其时出版的各种教授法著作，在论述国文、国语教授目的时，也均分为"形式"与"实质"两个方面。如：上海商务印书馆 1913 年出版的蒋维乔编《教授法讲义》，在讨论"国文"教授时指出："国文科教授之目的有二：授以言语、文字、文章，使确知而应用之，是为形式的方面；就言语、文字、文章之内容材料，以启发其知识，涵养其德性，是为实质的方面。故国文科以形式为主，实质为副，互相联络，庶可达教授之目的也。"② 湖南图书编译局 1913 年出版的日本田中广吉著、熊崇煦译《小学各科实际教授法》，在讨论"国语"教授目的时，同样分为"形式的方面（主目的）"和"实质的方面（副目的）"。中华书局 1915 年出版的姚铭恩著《小学校国文教授之研究》，在讨论"国文教授之目的"时，也是分为"形式（主）目的"和"实质（副）目的"。

五四新文化运动是一场伟大的思想解放运动。在这场运动中，新旧势力展开了激烈的文化斗争。在语文教育方面，不管是复古派，还是革新派，都十分重视思想精神的一面，忽略了语言技术的一面。正如叶圣陶和朱自清所指出的："'五四'以来国文科的教学，特别在中学里，专重精神或思想一面，忽略了技术的训练，使一般学生了解文字和运用文字的能力没有得到适量的发展，未免失掉了平衡。"③ 面对"重道轻文"的局面，语文教育界第一次就国文、国语教授目的展开了大讨论。

1919 年，沈仲九在《教育潮》第 1 卷第 5 期发表《对于中等学校国文教授的意见》一文。文中指出国文教授目的有三："目的 1——形式的。使学生能够了解用现代语或近于现代语——如各日报杂志和各学科教科书所用的文言——所发表的文章，而且能够敏捷、正确、贯通。""目的 2——形式的。使学生能够用现代语——或口讲，或写在纸上——表现自己的思想情感，而且要自由、明白、普遍、迅速。""目的 3——实质的。使学生了解人生的真义和环境的现状。学校各种科目，无非是一种做人的工具。所以国文科的内容，也应该注重人生和环境，使学生能够了解做人的道理。"

---

① 课程教材研究所《20 世纪中国中小学课程标准·教学大纲汇编：课程（教学）计划卷》，北京：人民教育出版社，2001 年版，第 63、69 页。
② 蒋维乔《教授法讲义》，上海：商务印书馆，1913 年版，第 31 页。
③ 叶绍钧、朱自清《国文教学》，上海：开明书店，1945 年版，第 1 页。

1920 年,陈启天在《少年中国》第 1 卷第 12 期发表《中学的国文问题》一文。文中提出国文教授的正、副目的观。正目的有三:①要能说普通言语;②要能看现代应用文和略解粗浅美术文;③要能做现代的应用文。副目的有二:①要启发思想,锻炼心力;②要了解和应付人生和自然。他将语文和其他学科的目的作了一个比较,"修身、历史、法制、经济等科,是使学生了解和应付人生的;物理、化学、生物等,是使学生了解和应付自然的;地理是供给学生人生与自然的相关知识;国文教授,也是帮助这些学科,使学生对于人生和自然了解的程度加深,应付的能力加大"。

1920 年,胡适在《新青年》第 8 卷第 1 号发表《中学国文的教授》一文。他在文中拟定了一个"中学国文的理想标准":①人人能用国语(白话)自由发表思想——作文、演说、谈话——都能明白通畅,没有文法上的错误;②人人能看平易的古文书籍,如"二十四史"《资治通鉴》之类;③人人能作文法通顺的古文;④人人有懂得一点古文文学的机会。1922 年,胡适在《新教育》第 5 卷第 3 期发表《再论中学的国文教学》一文。他在文中将上述标准修改为三条:①人人能用国语自由发表思想——作文、演说——都能明白晓畅,没有文法上的错误;②国语文通顺之后,方可添授古文,使学生渐渐能看古书,能用古书;③将作古体文看作实习文法的工具,不看作中学国文的目的。胡适的这两种教学标准与先前的《中学校令施行规则》相比,剔除了"启发智德"的要求,目标显得单一。

与上述强调语文形式目的观点不同的是以穆济波为代表的强调语文实质目的的一派。1923 年,穆济波在《中等教育》第 2 卷第 5 期发表《中学校国文教学问题》一文。文章提出"语文的本身绝不是教育的目的所在"的观点,他说:"本科教学目的在贯彻中等教育的宗旨,反对专以本科知识与技能为主的教学。"他指出初、高中必修国文科的目的如下:"初级中学必修国文科:①在人生教育上,须使明了人生现实之可贵,及社会的共存,与个人应有之责任;②在国家教育上,须使明了国民资格之修养,职业的联合,以及今日国际的侵略与压迫的危险,起谋自卫;③在民族教育上,须使明了民族之特有精神,及现世的堕落现象与其补救的方法;④注意社会现象的观察,奖掖青年能力可能以内的救济;⑤注意青年团体的团结,与共同生活应有的知识与修养。""高级中学必修国文科:①在人生教育上,须使明了人生之究竟,及社会的永存,与人类进化的轨迹与趋向;②在国家教育上,须使明了国家政治与国民生计的变迁,注重改进社会经济与树立民本政治的途径;③在民族教育上,须使明了中国民族结合的渊源与其文化之发展;④注意时代进步的程序与学术思想的更新;⑤注意往哲精神生活的向上,训练个人精神独立的思想与习惯。"

1923 年,在国语运动和白话文运动的推动下,由全国教育会联合会新学制课程标准起草委员会请托各专家分科拟定,经教育部批准的《新学制课程标准纲要》分别对小学、初中、高中国语教育目的作出规定。由吴研因起草的《新学制课程标准纲要小学国语课程纲要》规定:小学国语"目的"为"练习运用通常的语言文字,引起读书趣味,养成发表能力,并涵养性情,启发想象力及思想力"。由叶绍钧起草的《新学制课程标准纲要初级中学国语课程纲要》规定:初中国语"目的"为"①使学生有自由发表思想的能力;②使学生能看平易的古书;③引起学生研究中国文学的兴趣"。由胡适起草的《新学制课程标准纲要高级中学公共必修的国语课程纲要》规定:高中国语"目的"为"①培养欣赏中国文学名著的能力;②增加使用古书的能力;③继续发展语体文的技术;④继续练习用文言作文"。① 这些"目的"注重语文学科自身的特点,与穆济波的观点显然是不同的。

　　1924 年,黎锦熙著《新著国语教学法》出版。该书专章讨论了"国语教学之目的"。他认为"国语要旨"包括"形式的语文方面"和"实质的心意方面",并细化了这两方面的内容,归纳了其功用。黎锦熙图示如下②:

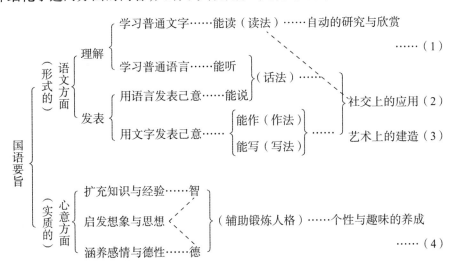

　　1925 年,朱自清针对穆济波过分强调国文在整个教育中的价值或功用的观点,在《教育杂志》第 17 卷第 7 号发表了《中等学校国文教学的几个问题》一文。他说:"我也和穆济波先生一样不赞成以语文的本身为国文教学的唯一目的,但他似乎将'人的教育'的全副重担子都放在国文教师的两肩上了,似乎要以国文一科的教学代负全部教育的责任了,这是太过了!""'中等教育的宗旨'原是全部的,何须在一科内详细规定呢?我以为中学国文教学的目的只需这样说明:①养成读书思想和表现的习惯或能力;②发展思想,涵养情感……

---

　　① 课程教材研究所《20 世纪中国中小学课程标准·教学大纲汇编:语文卷》,北京:人民教育出版社,2001 年版,第 13、274、277 页。

　　② 黎锦熙《黎锦熙语文教育论著选》,北京:人民教育出版社,1996 年版,第 409 页。

这两个目的之中,后者是与他科相共的,前者才是国文科所特有的;而在分科的原则上说,前者是主要的;换句话说,我们在实施时,这两个目的是不应分离的,且不应分轻重的,但在论理上,我们须认前者为主要的。"

1929 年,王森然编《中学国文教学概要》出版。该书讨论了"穆济波君所举普通国文教学之目的",作者更赞同东南大学附属中学国文教学会议重订之《初高级中学必修国文课程标准纲要(草案)》之规定,"本科教学唯一的目的——养成有思想,有作为,有修养,在中等教育范围以内,有充分使用本国语文技能的新中国少年"。①

1931 年,宋文翰在《中华教育界》第 19 卷第 4 期发表《一个改良中学国文教科书的意见》一文,认为"朱自清先生在《中等学校国文教学的几个问题》里批评穆先生的主张说得好"。他说:"依国文科的性质和所独备的责任来说,我以为最重要的只有两事:①阅读;②发表。""还有涵养德性、启发思想各项,那是要与其他学科共同负责完成,非国文科所能包办,亦非国文科所应包办的。"

1932 年,周谷城在《东方杂志》第 30 卷第 24 号发表《文字与教育》一文,文章针对一些青年学生"认识了字,而不善利用,甚或不利用,结果文字语言的教育,完全失了意义",指出:"现在国文教学上的一种浪漫的倾向,是一大原因。这种倾向大体是把国文看成纯粹灌输学术思想的科目,而丧失了训练语言文字技术的效用。用国文灌输学术思想,未始不当,但抛弃文字技术的训练却失去了国文的效用。"

1936 年,袁哲编著《国语读法教学原论》出版。袁哲在该书中讨论了理想的目的论、实际的目的论、现代教育思潮与读法教学目的论,指出:"读法教学之使命,务须以语言的训练,及读书能力的培养,为其主体;而以全人情操的陶冶,民族的社会精神之培养,及儿童人格之完成,为其着眼点。"②

1936 年,夏丏尊在《学习国文的着眼点》的讲演中强调:"我主张学习国文该着眼在文字的形式方面。就是说,诸君学习国文的时候,该在文字的形式方面去努力。""从国文科方面讲,文字是记载事物、发挥情意的东西,它的内容是事物和情意,形式就是一个个的词句以及整篇的文字。文字的内容是各各不同的……形式上却有相同的地方,就整篇的文字说,有所谓章法、段落、结构等等的法则;就每一句说,有所谓句子的构成及彼此结合的方式;就每句中所用的词儿说,也有各种的方法和习惯。""就是说,学习国文应该着眼在文字的形式方面。"③

---

① 王森然《中学国文教学概要》,上海:商务印书馆,1929 年版,第 27 页。
② 袁哲《国语读法教学原论》,上海:商务印书馆,1936 年版,第 45 页。
③ 夏丏尊《学习国文的着眼点》,见夏丏尊、叶圣陶《文章讲话》,北京:中华书局,2007 年版,第 154、155、159 页。

1936 年,阮真著《中学国文教学法》出版。书中对当时及之前一些学者和教师拟出的及教育部制定的中学、师范的国文课程目标统统予以了否定。他认为初中国文教学目的应为:"①人人能用国语或国语文自由发表思想情感;②作文演说没有文法上的错误,并有层次有条理;③人人有看浅近书报的能力,并养成读书习惯;④人人有赏鉴国语文艺的能力及兴趣。"高中国文教学目的应为:"①人人能看普通文言书报;②人人能作通顺的文言文及应用文字;③一部分学生能看平易的古书;④一部分学生能欣赏古代文学;⑤培养极少数的天才生能仿作古文、诗歌及其他文艺。"①阮真的观点与 20 年代胡适的论述较为接近,所列目标均指向学生对本国语言文字的理解与运用。

1940 年 9 月,叶圣陶在《中等教育季刊》创刊号上发表的《国文教学的两个基本观念》一文中指出:"国文是各种学科中的一个学科,各种学科又像轮辐一样辏合于一个教育的轴心,所以国文教学除了技术的训练而外,更需含有教育的意义。说到教育的意义,就牵涉到内容问题了。"叶圣陶同时指出:"不过重视内容,假如超过了相当的限度,以为国文教学的目标只在灌输固有道德,激发抗战意识,等等,而竟忘了语文教学特有的任务,那就很有可议之处了。""国文教学自有它独当其任的任,那就是阅读与写作训练。学生眼前要阅读,要写作,至于将来,一辈子要阅读,要写作。这种技术的训练,他科教学是不负责任的,全在国文教学的肩膀上。"

1941 年,蒋伯潜著《中学国文教学法》出版。他指出:国文教学的目的有二:"①正目的——国文一科所特具的教学目的,是'使学生对于生活所需的工具——国文——能运用,能了解,且能欣赏';②副目的——国文科与其他学科同具的教学目的,又可分为两项:(甲)'使学生了解我国固有文化之一部分——学术和文学的流变';(乙)'使学生明了我国固有道德的观念及修养的方法,并培养或训练其思辨的能力'。"②

1948 年,俞焕斗著《高小国语科教材和教法》出版。俞焕斗在该书中也认为:"在小学课程中,各种科目,除有着共同的目标外,各科另有各个不同的目标。""国语科的教学目标:第一是教导儿童熟练国语,使其发音正确,语调和畅。第二是教导儿童认识基本文字,欣赏儿童文学,并培养其阅读的态度、习惯、兴趣和理解的能力。第三是辅助儿童运用语言、文字,养成其发表情意的能力。第四是指导儿童习写文字,养成其正确、迅速和整洁的习惯。"③

"形式训练"与"实质训练"之争,是 20 世纪前期语文教育学科最重要的论争。经过这一历时近半个世纪的论争,人们逐步加深了对国文、国语学科的认

---

① 阮真《中学国文教学法》,重庆:正中书局,1936 年版,第 2－3 页。
② 蒋伯潜《中学国文教学法》,上海:中华书局,1941 年版,第 1 页。
③ 俞焕斗《高小国语科教材和教法》,上海:商务印书馆,1948 年版,第 5－6 页。

识,明确了国文、国语教学的目的与内容。时隔半个世纪后的 2000 年,钟启泉在《中外母语教材比较研究丛书·序》中,从科学的语言功能观的视角,对语文学科兼具"形式训练"与"实质训练"的观点也给予了肯定。他指出:"科学的语言功能观把'语言'视为'认识手段与交际手段的统一';把'语言活动'视为'认识与表达相统一的过程'。这种语言功能观反映了语言的本质,由此可以引申出我们对于语文学科基本性质的认识。①语文学科是'工具学科'。它是旨在发展学习其他学科所必需的知识、技能的学科。从这个意义上说,是'形式训练'的学科。②语文学科是'人文学科',或者用更专门的术语来说,是一种相对于'形式学科'而言的'内容学科'。从逻辑上说,所谓'内容学科'是以理解、创造或表达思想与意涵为课题的'实质训练'的学科。如果说语词的学习具有形式性(工具性),那么,文学教材的学习则是实质性内容(思想性)的学习。这样看来,语文学科就是从形式与内容两个侧面发展学生语言能力的、兼具'形式训练'与'实质训练'的一门综合性的基础学科。"①

(二) 文道之争

"文道之争"是 20 世纪后期关于语文教学目的与内容的第一场重要论争。论争的主要背景:一是 1955—1958 年的汉语、文学分科;二是 1957 年的整风、反右和 1958 年的"大跃进"运动。受前者影响,语文课上成了文学课;受后者影响,语文课上成了政治课。

1959 年 6 月 3 日,上海《文汇报》刊发了刘培坤的文章《"文"与"道"——关于语文教学目的和任务的我见》,引发了一场全国性的"关于语文教学目的和任务问题"的讨论。1961 年 1 月,中共八届九中全会批准对国民经济实行"调整、巩固、充实、提高"的八字方针。在此背景下,《文汇报》于 1961 年又开展了"怎样教好语文课"的讨论。1961 年 12 月 3 日《文汇报》发表社论《试论语文教学的目的任务》,从语文学科的性质、语文知识教学和政治教育的关系以及如何在实践中教好语文课等三方面,对这场讨论作了总结。社论认为,"语文,归根结底是一种工具,是阶级斗争的工具,是生产斗争的工具,是交流思想感情的工具,是传播知识的工具,是学习马克思列宁主义和攀登文化科学高峰的工具,一句话,是人们用以认识世界和改造世界的一个重要工具";"语文教学的目的任务应当是:使学生正确、熟练地掌握与运用祖国的语言文字,培养与提高学生的阅读与表达能力,并通过教学内容的教育与感染,培养学生具有正确的观点,健康的思想感情和高尚的品德";语文的教学过程"应当先从识字辨句到了解思想内容,再从思想内容进而研究用词造句、篇章结构等表现

---

① 钟启泉《中外母语教材比较研究丛书·序》,见洪宗礼《汉语文教材评介》,南京:江苏教育出版社,2000 年版,序第 3-4 页。

技巧,通过表现技巧的分析,必然加深对思想内容的理解。如此往复回旋,辩证地发展"。

在此期间,一些语文教育工作者意识到必须加强语文基础知识教学和基本技能训练。吕型伟署名殷伟在《上海教育》1961年第9期发表《切切实实提高中学语文教学的质量》的文章,沈佩畦在《上海教育》1962年第2期发表《中小学语文课字、词、句、篇教学初探》的文章,吴天石在《江苏教育》1962年第11期发表《加强语文基础知识教学和基本训练》的文章,廖慧予在《江苏师院学报》1962年第6期发表《中学语文的基础知识教学和基本技能训练——兼论〈语文教学法〉课程的发展途径》的文章。语文教育界明确提出了"加强'双基'"的口号,并将"字、词、句、篇、语、修、逻、文"八个字,称之为语文教学的"八字宪法"。

1961年8月和1963年1月,《人民教育》先后发表了刘松涛署名洛寒的文章:《反对语文课教成政治课》和《不要把语文课教成文学课》。这两篇文章也反映了语文教育界要求纠正忽视语文基础知识教学和基本技能训练倾向的态度。1963年3月,中共中央颁布《全日制中学暂行工作条例(草案)》和《全日制小学暂行工作条例(草案)》,这两个文件在指出"应该贯彻执行教育为无产阶级的政治服务、教育与生产劳动相结合的方针"的同时,也指出:"(中学)语文课应该使学生具有现代语文的阅读能力和写作能力,具有初步阅读文言文的能力;作文要力求文理通顺,用词确切,正确地使用标点符号,字写得端正,不写错别字。""教师讲课,必须把课文内容讲解清楚。一般不要把语文、历史、地理等课程讲成政治课,也不要把语文课讲成文学课。""小学语文课应该使学生:认识3500个常用汉字,学会汉语拼音(作为识字的辅助工具),掌握常用的词汇;流利地诵读课文,并且能够背诵教师指定的一部分课文;字写得端正;会写一般的记叙文和应用文,语句通顺,注意不写错别字,会用标点符号。一般不要把语文课讲成文学课或者政治课。"①

这一时期,叶圣陶、吕叔湘、张志公都发表文章表明了他们对语文教学的基本观点。叶圣陶指出:"我谓课本中明明有政治性文篇,明明有文学作品,宁有避而不谈政治与文学之理?所称'不要讲成'云云者,勿脱离本文,抽出其政治之道理而讲之,化为文学理论之概念而讲之耳。……工作条例(引者注:指《全日制中学暂行工作条例(草案)》)中列入'不要讲成'云云之语,盖针对教学上之积弊而言。"②1963年4月,吕叔湘在《文字改革》上发表《关于语文教学的两点基本认识》一文。文章说:"我认为每一个做教学工作的人必须首先认

---

① 课程教材研究所《20世纪中国中小学课程标准·教学大纲汇编:课程(教学)计划卷》,北京:人民教育出版社,2001年版,第282-284、275页。

② 叶圣陶《语文教育书简》,《叶圣陶语文教育论集》,北京:教育科学出版社,1980年版,第725页。

清他教的是什么。从事语文教学就必须认清语言和文字的性质；从事汉语文教学就必须认清汉语各种形式——普通话和方言、现代汉语和古代汉语——的分别和它们的相互关系。其次，我认为从事语文教学必须认清人们学会一种语文的过程。"吕叔湘指出：语文教学的内容，"应该语言和文字并举，以语言为门径，以文字为重点，达到语言和文字都提高的目的"；语文教学的过程，主要是学习使用语文的过程，而"语文的使用是一种技能，一种习惯，只有通过正确的模仿和反复的实践才能养成"。1963 年 10 月 10 日，张志公在《光明日报》上发表《说工具》一文。文章指出："语文是个工具，进行思维和交流思想的工具，因而是学习文化知识和科学技术的工具，是进行各项工作的工具。"张志公认为："语文教学的目的主要不在于教给学生有关自然的或者有关社会的知识，因为那是物理、化学、生物、地理、历史那些学科的工作；语文教学的主要目的并不在于教给学生太多的文学理论知识或者文学创作技能，因为中学毕业生需要的是一般的读书、作文能力，就是阅读各种各类的书籍，写各种各类的文章的能力，而不是只要阅读文学书籍、必须创作文学作品的能力；语文教学的主要目的也不在于教给学生很多政治思想的知识或理论修养，因为那是政治课的工作。""就整个的语文教学来说，还是不能不把教学生掌握语文工具这个目的明确地、突出地提出来。"

值得一提的是，早在 20 世纪 40 年代，陕甘宁边区《初中国文课程标准草案》的规定与《中等国文》的说明就将获得科学的读、写、说的方法，养成良好的读、写、说的习惯列为教学的基本目的，其中包含了不要将语文课上成文学课或政治课的思想。20 世纪 40 年代初，陕甘宁边区教育厅编审室制订的《初中国文课程标准草案》规定："本科教学的全部活动，必须贯彻新民主主义革命的立场、观点和方法，以达到下列具体目标：提高学生对大众语文和新社会一般应用文字的读写能力，掌握其基本规律与主要用途，获得科学的读、写、说的方法，养成良好的读、写、说的习惯——这是本科教学的基本目的。同时，适当配合各项课程，提高学生的思想认识，增进其他各种知识。"①1946 年，陕甘宁边区教育厅编制的《中等国文》"说明"第一条指出："本书确认国文教学的基本目的，是对于汉语汉文基本规律与主要用途的掌握。在这个方针下，本书打破向来国文教材偏重文艺或偏重政治的缺点。"②

正是吸收了"文道之争"的成果，1963 年教育部颁布的《全日制小学语文教学大纲（草案）》明确规定："小学语文教学的目的，是教学生正确地理解和运用祖国的语言文字，使他们具有初步的阅读能力和写作能力。"同时指出：

---

① 陕西省教育厅《陕甘宁边区教育工作经验汇集之三：国文教学经验》，西安：陕西人民出版社，1960 年版，第 1 页。

② 转引自赵北柯《中学语文教材教法实用教程》，沈阳：辽宁教育出版社，1986 年版，第 468 页。

"为了达到这个目的,要着重识字、写字和作文的训练,要选文质兼美的范文教学生精读,一部分还要背诵。上述训练,要通过多读多练来完成。一般不要把语文课讲成文学课或者政治课。"同年颁布的《全日制中学语文教学大纲(草案)》规定:"中学语文教学的目的,是教学生能够正确地理解和运用祖国的语言文字,使他们具有现代语文的阅读能力和写作能力,具有初步阅读文言文的能力。"同时指出:"为了达到这个目的,要选文质兼美的范文,教学生精读(一部分要背诵),要加强识字写字、用词造句、布局谋篇等基本训练。基本训练要通过多读多写来完成。一般不要把语文课讲成政治课,也不要把语文课讲成文学课。"①加强"双基",精讲多练,一时成为语文教师的自觉追求。

(三) 科学(工具)与人文之争

"科学(工具)"与"人文"之争是 20 世纪后期关于语文教学目的与内容的又一场重要论争。论争的主要背景是:"文革"结束后,拨乱反正,重提"双基",如何提高语文教学的效率问题被提到议事日程上来。吕叔湘率先发表了《语文教学中两个迫切问题》一文。文章认为:"中小学语文课所用教学时间在各门课程中历来居首位。新近公布的《全日制十年制中小学教学计划试行草案》规定,10 年上课总时数是 9160 课时,语文是 2749 课时,恰好是 30%。10 年的时间,2700 多课时,用来学本国语文,却是大多数不过关,岂非咄咄怪事!"文章建议:"是不是应该研究研究如何提高语文教学的效率,用较少的时间取得较好的成绩?"②1978 年 3 月 21 日,中国社会科学院语言研究所在北京召开北京地区语言学科规划座谈会,叶圣陶在会上做了题为"大力研究语文教学,尽快改进语文教学"的重要讲话,呼应了吕叔湘的文章,建议:"语文教师和语言学科的工作者通力协作研究语文教学,做到尽快地改进语文教学!"③

吕叔湘的文章和叶圣陶的讲话在语文教育界引起了很大的震动,许多语文教育工作者撰文探讨语文教学科学化的问题。如:张志公、田小琳、黄成稳的《语文教学需要大大提高效率——泛论语文教学科学化和进行语文教学科学研究的问题》(《中国语文》1978 年第 1 期),章熊的《我对"语文教学科学化"的几点看法》(《中国语文》1978 年第 4 期),蒋仲仁的《语言规律与语文教学》(《教育研究》1979 年第 1 期),李秉德的《努力使中小学语文教学方法科学化》(《教育研究》1980 年第 3 期),等。

1983 年,钱梦龙发表《"三主""四式"语文导读法探索》,将自己从教四十多年的经验上升为"学生为主体,教师为主导,训练为主线"的理论概括,进而

---

① 课程教材研究所《20 世纪中国中小学课程标准·教学大纲汇编:语文卷》,北京:人民教育出版社,2001 年版,第 153－154、416 页。

② 吕叔湘《语文教学中两个迫切问题》,《人民日报》,1978 年 3 月 16 日。

③ 叶圣陶《大力研究语文教学,尽快改进语文教学》,《中国语文》,1978 年第 2 期,第 116 页。

形成以"三主"为理论基础、以"自读""教读""作业""复读"等课式为"基本式"的"语文导读法"的总体框架。① 1988年，钱梦龙在上海《语文学习》杂志第8、9、10期发表《"主体、主导、主线"再探》的系列文章，进一步阐述了"学生为主体，教师为主导，训练为主线"的思想。

1984年，魏书生在《研究学生心理 提高语文教学效率》一文中提出"语文知识树"的理论。他说："我让学生把初中六册教材都找到，分册画出'语文知识树'，即假定语文知识是一棵树，那么什么是这棵树上的主干、支干和枝权呢？这样，语文知识的序列在学生的头脑中越来越清晰、越来越准确了。最后大家共同把初中语文知识归纳为四部分、十九项、一百十八个知识点。四部分，即现代汉语、文言文、文学常识、阅读与写作。平时学生感觉阅读和写作最茫然，似乎无序可循。经过整理，归纳为五项、十九个知识点：一、中心（正确、鲜明、集中三点）；二、选材（围绕中心、真实具体、典型、新颖四点）；三、结构（层次和段落、过渡和照应、开头和结尾三点）；四、表达（记叙、说明、议论、描写、抒情五点）；五、语言（准确、简练、鲜明、生动四点）。知识点就是'知识树'的枝权，枝权下面还有小权，例如'描写'这个知识点，又可分为两小点，即环境描写和人物描写，而人物描写还可分为肖像、动作、语言、心理活动四个更小点。"②

1987年，申小龙首先提出汉语的人文性问题。他在《汉语的人文性与中国文化语言学》一文中指出：传统语文研究以人的感受去拥抱汉语精神，从整体上把握语言特征，而现代语言学研究忽视了汉语的人文传统，用冷漠的知性分析取代了辩证的语文感受，丧失了整个传统语言研究的精华——人文性。③

同年，陈钟樑发表《是人文主义，还是科学主义——语文教学的哲学思考》一文，认为：现代语文教学发展的趋势，很可能是科学主义思想与人文主义思想的结合，指导改革开创一个新局面，以实现语文教学科学的艺术化与语文教学艺术的科学化。④ 这一推断在一定程度上引起了语文教育界对于"人文主义"的广泛关注和深层思考。

1991年，程红兵在《语文教学"科学化"刍议——与魏书生同志商榷》一文中认为：教育不能离开人，教育的科学性不能离开人，人不仅是教育的对象，而且是教育的出发点和归宿，任何教育、教学活动形式，如果忽视了人，看不到教育对象的人格特质，就根本没有教育的科学性可言。⑤

针对语文学科人文性讨论，张志公在1992年6月12日《文汇报》上发表

---

① 钱梦龙《"三主""四式"语文导读法探索》，见刘国正、陈哲文主编《语文教学在前进》，北京：人民教育出版社，1984年版，第157-173页。
② 魏书生《研究学生心理 提高语文教学效率》，《语文教学通讯》，1984年第1期，第49-50页。
③ 申小龙《汉语的人文性与中国文化语言学》，《读书》，1987年第8期，第114页。
④ 陈钟樑《是人文主义，还是科学主义——语文教学的哲学思考》，《语文学习》，1987年第8期，第56页。
⑤ 程红兵《语文教学"科学化"刍议——与魏书生同志商榷》，《语文学习》，1991年第11期，第11页。

《掌握语文教学的客观规律》一文。文章说："语文课，它的特定任务无疑是培养和提高人们运用语言文字工具的能力。不过这个基础工具身上背负的东西比较多：有思想意识，有文学艺术修养，有逻辑思维能力，有做人的行为准则，有零七八碎的各种常识，等等。因而，在教学过程中、在完成其特定任务的过程中，无可避免地还会有多种副产的效果。这是这门课的客观实际，不以人的主观意志为转移。于是，这里就存在一个处理好特定任务与连带功效的问题。既不能喧宾夺主，热热闹闹搞了许多名堂，却没有把语言文字训练本身搞好，也不能唯主独尊，不及其余。处理好主宾之间、宾宾之间的关系，可以说是关系到语文教学成败的一个重要课题。"

1992年，教育部颁布《九年义务教育全日制初级中学语文教学大纲（试用）》，该大纲将"课文""能力训练""基础知识""课外活动"一并列入"教学内容"，在"能力训练"之下首次明确提出阅读训练、写作训练、听话训练、说话训练共48个能力训练点，在"基础知识"之下列入汉语知识（包括语音、标点符号、汉字、词、短语、句子、修辞）、文体知识、文学知识等知识训练点。1993年，该大纲的主要执笔者顾黄初、钱梦龙、徐振维、欧阳代娜、张鸿苓、章熊编著《〈九年义务教育全日制初级中学语文教学大纲（试用）〉能力训练内容指要》，对该大纲提出的48个能力训练点逐条解读，以期"读者们能通过这些说明既了解'能力训练'的基本内容及其要求，也明白《大纲》的主要特点及其精神"。① 冯钟芸、刘国正、于漪分别为该书写了序。

1993年，韩军在《限制科学主义，张扬人文精神——关于中国现代语文教学的思考》一文中提出："语文教学是一门社会科学，人文精神是它的基本属性"；在语文教学中要注重培养学生"对语言的体验和感受"，要注重"情感的真切投入"，要注重学生"人格的全面完善"。②

1995年，于漪在《弘扬人文，改革弊端——关于语文教育性质观的反思》一文中认为：给语文教育定位，首先得给语言（汉语）定位，语言不但有自然代码的性质，而且有文化代码的性质；不但有鲜明的工具属性，而且有鲜明的人文属性……没有人文，就没有语言这个工具；舍弃人文，就无法掌握语言这个工具……人们在给语文学科定位时，使用的"性"超过十个。她认为"人文性"较之"思想性""情意性"等，似乎更为合适。③

1996年2月，张志公在答《语文学习》记者时则明确指出："现在，颇有一

---

① 顾黄初、钱梦龙、徐振维、欧阳代娜、张鸿苓、章熊《〈九年义务教育全日制初级中学语文教学大纲（试用）〉能力训练内容指要》，成都：四川教育出版社，1994年版，第278页。

② 韩军《限制科学主义，张扬人文精神——关于中国现代语文教学的思考》，《语文学习》，1993年第1期，第12、15页。

③ 于漪《弘扬人文，改革弊端——关于语文教育性质观的反思》，《语文学习》，1995年第6期，第4、5页。

些人认为我们的语文教学中科学因素太多,要加强人文性。我有些不同的想法,我们的语文教学中有多少科学性成分? 我看经验主义居多。""我们的语文教学,吃亏就在于没有科学性,没有真正的深入调查研究,随意性太强。""加强语文教学中的人文因素,我不反对,但把它与科学性对立起来,就走向了极端……科学性和人文性都得加强!"①

1996 年 11 月,《语文学习》发表庄文中采访张志公的谈话《工具·实用·现代化》。张志公再次强调:"语文课,主要是培养和提高学生运用语言文字的能力,培养和提高听说读写的能力。""语文教学既不能'喧宾夺主',也不能'唯主独尊'。培养运用语文的能力,这是语文课的'主',必须完成好。不过,还有'宾',就是说,在语文课里,由于语文本身的综合性,捎捎带带还能办不少事,比如思想的感染陶冶,联想力、想象力的发展,思考力、推理力的发展,等等。"②

1997 年第 11 期《北京文学》以"忧思中国语文教育"为题,刊登了邹静之的《女儿的作业》、王丽的《中学语文教学手记》、薛毅的《文学教育的悲哀》三篇文章,对语文教育的现状进行了批评,引发了世纪末关于语文教育问题的大讨论。在这场讨论中,"科学"与"人文"之争逐步演变为"工具"与"人文"之争。有关讨论文章,分别被收入王丽编《中国语文教育忧思录》(教育科学出版社,1998),孔庆东、摩罗、余杰主编《审视中学语文教育》(汕头大学出版社,1999),钟晓雨主编《问题与对策:中小学语文教育改革》(人民教育出版社,2000)和江明主编《问题与对策——也谈中国语文教育》(教育科学出版社,2000)等书中。

我们从"文革"结束后历次颁布的"语文教学大纲"对语文学科性质的表述中,也可以窥见"科学"与"人文"、"工具"与"人文"之争发展递变的轨迹。1980 年颁布的《全日制十年制学校中学语文教学大纲(试行草案)》、1986 年颁布的《全日制中学语文教学大纲》的表述是"语文是从事学习和工作的基础工具"。1990 年颁布的《全日制中学语文教学大纲(修订本)》《九年义务教育全日制初级中学语文教学大纲(试用)》的表述是"语文是学习和工作的基础工具"。1996 年颁布的《全日制普通高级中学语文教学大纲(供试验用)》的表述是"语文是最重要的交际工具,也是最重要的文化载体"。2000 年颁布的《九年义务教育全日制小学语文教学大纲(试用修订版)》《九年义务教育全日制初级中学语文教学大纲(试用修订版)》《全日制普通高中语文教学大纲(试验修订版)》的表述是"语文是最重要的交际工具,是人类文化的重要组成部分"。至 21 世纪新一轮课程改革,2001 年和 2003 年先后颁布的《全日制义务教育语文课程标准(实验稿)》和《普通高中语文课程标

---

① 张志公《提倡两个"全面发展"——答〈语文学习〉记者》,《语文学习》,1996 年第 2 期,第 4、5 页。
② 张志公、庄文中《工具·实用·现代化》,《语文学习》,1996 年第 11 期,第 4 页。

准(实验)》,则在"语文是最重要的交际工具,是人类文化的重要组成部分"这句之后,增加了"工具性与人文性的统一,是语文课程的基本特点"一句,客观上反映了"科学"与"人文"、"工具"与"人文"之争的结果。一方面,无论是相对于"文革"极"左",还是相对于世俗功利,要求语文张扬人文性,是合理的,也是必需的;另一方面,就中小学语文课程教学性质而言,必须掌握祖国语言文字这一工具,人文性既非至上更非唯一,人文性目标是在达成工具性目标的过程中完成的。

"形式训练"与"实质训练"之争、"文道之争"、"科学(工具)"与"人文"之争,是20世纪语文学科最重要的论争。这三场论争,发生在不同历史时期,却又有着某种联系:"形式"—"文"—"科学(工具)","实质"—"道"—"人文",反映了不同时期人们对于语文教育本质探究的轨迹。

20世纪语文学科的论争,还涉及其他方面,限于篇幅,这里就不赘述了。

四

回顾百年语文教育研究的历程,我们认为,中国语文教育应当走民族化、科学化、现代化相结合的道路。这是语文学科百年论争给我们的启示,也是语文学科自身发展的需要。

(一) 语文教育民族化,就是要认定中华民族通用语言文字教学的性质

人类社会发展到一定的阶段会逐步形成民族共同语和国家共同语。民族共同语和国家共同语都是"有具体音值标准的、涵盖书面语和口语两种变体的通用语"。其区别在于"民族共同语是一个民族的通用交际语,而国家共同语是一个国家各个民族共同的通用交际语"。[①]

我国是一个多民族、多语种、多文种的国家。汉语是我国汉民族的共同语。据统计,我国除约占总人口92%的汉族使用汉语外,有些少数民族也转用或兼用汉语。现代汉语有标准语(普通话)和方言之分。普通话是以北京语音为标准音,以北方话为基础方言,以典范的现代白话文著作为语法规范的现代汉民族共同语的口语形式。汉字是记录汉语的文字。我国除汉民族共同使用汉字外,一些少数民族也已经完全使用汉字。

2000年10月31日颁布的《中华人民共和国国家通用语言文字法》规定:"国家通用语言文字是普通话和规范汉字。""学校及其他教育机构以普通话和规范汉字为基本的教育教学用语用字。""学校及其他教育机构通过汉语文课程教授普通话和规范汉字。使用的汉语文教材,应当符合国家通用语言文字

---

① 叶蜚声、徐通锵《语言学纲要》(修订版),北京:北京大学出版社,2010年版,第231页。

的规范和标准。"

"语文教育通常指的是指导人们学习祖国语言的教育活动。"①"语文课程是学生学习运用祖国语言文字的课程。"②任何国家任何民族在基础教育阶段开设的语文课程，都是为了让本国本民族的下一代热爱并掌握本国本民族的语言。

中国中小学开设的语文课程，从根本上说，就是要让中国的中小学生热爱祖国语言，正确理解并规范使用中华民族的通用语言文字，就是要通过有计划的言语训练帮助他们掌握语言规律，从而发展他们做人（思维和交际、生存和发展）所必需的言语技能和语文素养。

"语文课程"与除外国语课程外的"其他课程"的区别，即在于"语文课程"既包括祖国语言内容的教学，又包括祖国语言形式的教学，要求掌握语言的形式，训练语言操作技能（听、说、读、写）和语言心智技能（思维），而"其他课程"（如：数学、物理、化学、地理、历史、思想品德等课程），虽然一般也以祖国语言为教学语言，但主要是学习语言的内容，偏重于对语言所表达的内容的理解与掌握。

学校还有一些课程同样既包括语言内容的教学，又包括语言形式的教学，这就是英语、日语、俄语等外国语课程。"语文课程"与"外国语课程"的区别，主要是前者学习祖国语言，后者学习外国语言，并且，外国语课程更偏重于语言形式的教学。

语文，作为学校教育的一门课程，既包含口头语言的学习，又包含书面语言的学习；既包含着一个民族的语言系统和规则的学习，又包含着按照这一语言系统和规则所进行的言语行为（读、写、听、说）的训练，以及按照这一语言系统和规则形成的言语作品的学习；既包含语言形式的掌握，又包含语言内容的理解。

汉语既是汉民族的母语，也是中华民族精神发展的源头。汉语在几千年的发展历史中，融入了中华民族的情感、态度、价值观，深深地打上了民族的、历史的、地域的、心理的烙印，是一种从形式到表达都充溢着浓郁的人文精神的语言。汉语重整体、重和谐、重意合的特点，正是中华民族的意识、性格和思维模式的投影。源远流长的中华民族文化传统，深刻影响着汉语词汇的发展。神话传说、寓言故事、名人轶事、诗文名句等融会渗透到数以万计的词语、俗语和成语典故之中，使之具有浓厚的人文色彩。

语言教育的意义远远超出学习语言本身。因为一个民族的语言，其实质就是一个民族的精神、情感的载体，是一个民族的精神、情感的符号，是一个民

---

① 阎立钦《语文教育学引论》，北京：高等教育出版社，1996 年版，第 14 页。
② 中华人民共和国教育部《义务教育语文课程标准（2011 年版）》，北京：北京师范大学出版社，2012 年版，第 3 页。

族繁衍生息的生命传递。正如德国语言学家洪堡特所说:"语言仿佛是民族精神的外在表现,民族的语言即民族的精神,民族的精神即民族的语言,二者的同一程度超过了人们的任何想象。"①俄国教育家乌申斯基也指出:"在民族语言照亮而透彻的深处,不但反映着祖国的自然,而且反映着民族精神生活的全部历史。人们一代跟着一代传下去,但是每一代生活的成果都得保留在语言里,成为传给后一代的遗产。一代跟着一代,把各种深刻而热烈的运动的结果、历史事件的结果,信仰、见解、生活中的忧患和欢乐的痕迹,全部积累在本民族语言的宝库里。总之,一个民族把自己全部精神生活的痕迹都珍藏在民族的语言里。"②

祖国语言教育作为国民基本教养的基础,在文明传承、民族发展、母语延续过程中的作用是巨大的。日本教育家小原国芳认为:"国语教学不只是简单的文字或字母用法和段落或句读的问题,除此之外,更重要的是内容问题。国语不是训诂之学,而是活思想问题,是川流不息的生命。"③日本学者岸根卓郎指出:"放弃母语,就是通向亡国的最直接的道路。"④可见,语文教育与巩固国防同样重要。

语文教育民族化,就是要认定中华民族通用语言文字教学的性质。我们应当理直气壮地将祖国语言教育——中华民族通用语言文字的教育,列为语文教育的基本内容,激发学生热爱祖国语言的情感,养成学生正确理解和规范使用祖国语言的能力和习惯。

(二) 语文教育科学化,就是要遵循中华民族通用语言文字教学的规律

有学者指出:"第一语言的获得大体上经过两个不同的时期,即早期的潜意识的语言习得和入学后的有意识的语言学习。"⑤

第一语言(通常是母语)的获得,虽然有早期的潜意识的语言"习得"(acquisition)做基础,但是入学后的有意识的语言"学得"(learning),仍然是十分必要的。所谓"习得",即习而得之,是一个人从出生伊始乃至贯穿一生的、不自觉地对语言的学习,是个体的、潜意识的、无序的、非正式的、自然真实情境中的、感性方式的学习活动,是一个缓慢的、耳濡目染的、经验积累的过程。所谓"学得",即学而得之,是在人生特定阶段自觉地对语言的学习,是集体的、有意识的、系统的、正式的、课堂教学情境中的、理性方式的学习活动,是一个利用学习者智力发展、言语能力形成的最佳时机,有效获得语言的过程。

一个人不进学校学语文,学习者仅仅是"习得"母语;进学校学语文,学习

---

① 洪堡特《论人类语言结构的差异及其对人类精神发展的影响》,北京:商务印书馆,1997 年版,第 50 页。
② 乌申斯基《乌申斯基教育学说》,南京:江苏教育出版社,1987 年版,第 157 页。
③ 小原国芳《小原国芳教育论著选》下卷,北京:人民教育出版社,1993 年版,第 109 页。
④ 岸根卓郎《我的教育论——真善美的三位一体化教育》,南京:南京大学出版社,1999 年版,第 111 页。
⑤ 刘珣《对外汉语教育学引论》,北京:北京语言文化大学出版社,2000 年版,第 6 页。

者则是在"习得"母语的基础上进一步"学得"母语,其中很重要的就是关于语形、语义、语用等语言知识的学习。

传统语文教育忽视知识教学。如鲁迅所说:"从前教我们作文的先生,并不传授什么《马氏文通》《文章作法》之流,一天到晚,只是读,做,读,做;做得不好,又读,又做。他却决不说坏处在那里,作文要怎样。一条暗胡同,一任你自己去摸索,走得通与否,大家听天由命。"①张志公认为:"不重视知识教育"是传统语文教育的一大弊端。培养和提高读写能力,一直是一件"可意会而不可言传"的事。"不讲知识,甚至反对讲知识,成了传统语文教学的特点之一。"②

20世纪30年代,夏丏尊、叶圣陶合编《国文百八课》,改"文选"为"单元",每课为一单元,有一定的目标,内含文话、文选、文法或修辞、习问四项,各项打成一片,推动了语文教育的科学化,标志着语文教育的一大进步。《国文百八课》编辑大意称:"在学校教育上,国文科向和其他科学对列,不被认为一种科学,因此国文科至今还缺乏客观具体的科学性。本书编辑旨趣最重要的一点就是想给予国文科以科学性,一扫从来玄妙笼统的观念。"③1942年,叶圣陶在《国文杂志》发刊词中写道:"说人人都要专究语文学和文学,当然不近情理;可是要养成读写的知能,非经由语文学和文学的途径不可,专究诚然无须,对于大纲节目却不能不领会一些。站定语文学和文学的立场,这是对于国文教学的正确的认识。从这种认识出发,国文教学就将完全改观。不再像以往和现在一样,死读死记,死模仿程式和腔调;而将在参考、分析、比较、演绎、归纳、涵泳、体味、整饬思想语言,获得表达技能种种事项上多下工夫。不再像以往和现在一样,让学生自己在'暗中摸索',结果是多数人摸索不通或是没有去摸索;而将使每一个人都在'明中探讨',下一分工夫,得一分实益。"④

祖国语言的学习和掌握,由"习得"到"学得",由自发的、偏重感性经验的、少慢差费的暗中摸索,走向自觉的、偏重科学理性的、多快好省的明中探讨,其中便包括语言知识的学习。语言知识,毫无疑问,是语文课程内容的重要组成部分。

1985年,张志公撰文在指出"脱离语言实际""脱离应用实际""忽视文学教育""不重视知识教育"是传统语文教学四大弊端的同时,也曾设想"进入初中之后,应当并且完全可以像其他各门学科一样,以系统的理性知识为先导,并以知识系统为序,组织全部语文课。这样就可以打破若干世纪以来语文教学不科学、无定序、目标不明的杂乱无章的状态,使之有个章法,这章法是面向实际应用的,以科学知识为系统的,循序渐进最终切实完成本门学科所负担的

① 鲁迅《做古文和做好人的秘诀》,《鲁迅全集》第4卷,北京:人民文学出版社,1981年版,第270页。
② 张志公《传统语文教育教材论》,上海:上海教育出版社,1992年版,第155-156页。
③ 夏丏尊、叶绍钧《国文百八课》第1册,北京:人民教育出版社,1985年版,第1页。
④ 叶圣陶《认识国文教学》,《叶圣陶语文教育论集》,北京:教育科学出版社,1980年版,第89页。

任务的"。① 遗憾的是,他的这一设想至今未能实现。

从 20 世纪 90 年代"淡化语法教学"的观点,到 21 世纪初《全日制义务教育语文课程标准(实验稿)》提出"不宜刻意追求语文知识的系统和完整""不必进行系统、集中的语法修辞知识教学""语法、修辞知识不作为考试内容"的要求,导致了语文教学忽视乃至取消语言知识教学的倾向。中小学语文课需要教学哪些语言知识,怎样教学这些语言知识,仍然是值得研究的课题。然而,忽视乃至取消语言知识的教学,割裂言语与语言、语感与语理的联系,不能不说是语文教育科学化进程中的倒退!

教育部颁布的《义务教育语文课程标准(2011 年版)》在十年实践探索的基础上,对 2001 年颁布的《全日制义务教育语文课程标准(实验稿)》进行了调整和完善,突出了语文课程的核心目标——学习祖国语言文字的运用,新增了"语法修辞知识"的教学建议、《识字写字教学基本字表》和《义务教育语文课程常用字表》,删去了 2001 年颁布的《全日制义务教育语文课程标准(实验稿)》中"不宜刻意追求语文知识的系统和完整"的提法,强调"语文课程是学生学习运用祖国语言文字的课程",将"语文课程还应考虑汉语言文字的特点对识字写字、阅读、写作、口语交际和学生思维发展等方面的影响,在教学中尤其要重视培养良好的语感和整体把握的能力",改为"语文课程应特别关注汉语言文字的特点对学生识字写字、阅读、写作、口语交际和思维发展等方面的影响,在教学中尤其要重视培养良好的语感和整体把握的能力",反映了语文学科应有的价值取向。②

语文教育科学化,最重要的是要遵循中华民族通用语言文字教学的规律。语文课程教材要体现汉语文教育、母语教育的特点,语文教学要根据汉语文教育、母语教育的规律来进行。

(三) 语文教育现代化,就是要适应未来社会对国民语文素养的需求

21 世纪初,国家启动了新世纪基础教育课程改革,其基本理念是为了中华民族的复兴,为了每位学生的发展。1999 年 6 月,中共中央国务院发布《关于深化教育改革 全面推进素质教育的决定》(中发〔1999〕9 号)。2001 年 5 月,国务院发布《关于基础教育改革与发展的决定》(国发〔2001〕21 号)。2001 年 6 月,教育部发布《基础教育课程改革纲要(试行)》(教基〔2001〕17 号)。2001 年 7 月,教育部颁布各科全日制义务教育课程标准,与之配套的各科义务教育教材也先后出版。2003 年 3 月,教育部颁布《普通高中课程方案(实验)》和高

---

① 张志公《传统语文教育教材论》,上海:上海教育出版社,1992 年版,第 174 页。
② 中华人民共和国教育部《全日制义务教育语文课程标准(实验稿)》,北京:北京师范大学出版社,2001 年版,第 2 页;中华人民共和国教育部《义务教育语文课程标准(2011 年版)》,北京:北京师范大学出版社,2012 年版,第 3 页。

中 15 个学科的课程标准,与之配套的高中教材也先后出版。

教育部 2001 年颁布的《全日制义务教育语文课程标准(实验稿)》在课程目标的设计思路上"根据知识和能力、过程和方法、情感态度和价值观三个维度设计。三个方面相互渗透,融为一体,注重语文素养的整体提高。各个学段相互联系,螺旋上升,最终全面达成总目标"。[①] 其第二部分"课程目标"分总目标和阶段目标两项,提出了全日制义务教育语文课程总目标(共 10 条)和四个学段"识字与写字""阅读""写作"(1—2 年级为"写话",3—6 年级为"习作")、"口语交际"和"综合性学习"的阶段目标。

教育部 2003 年颁布的《普通高中语文课程标准(实验)》同样"从'知识和能力''过程和方法''情感态度和价值观'三个方面出发设计课程目标"。[②]《普通高中语文课程标准(实验)》第二部分"课程目标"要求通过高中语文必修课程和选修课程的学习,学生应该在"积累·整合""感受·鉴赏""思考·领悟""应用·拓展""发现·创新"等五个方面获得发展,并从"阅读与鉴赏""表达与交流"等两个方面提出了必修课程的目标,同时针对诗歌与散文、小说与戏剧、新闻与传记、语言文字应用、文化论著研读等五个系列提出了选修课程的目标。

至 2011 年,新一轮基础教育课程改革经过十年的实践探索,取得显著成效,构建了有中国特色、反映时代精神、体现素质教育理念的基础教育课程体系,各学科课程标准得到中小学教师的广泛认同。同时,在课程标准执行过程中,也发现一些标准的内容、要求有待调整和完善。为贯彻落实《国家中长期教育改革和发展规划纲要(2010—2020 年)》,适应新时期全面实施素质教育的要求,深化基础教育课程改革,提高教育质量,教育部组织专家对义务教育各学科课程标准进行了修订完善,并正式印发义务教育语文等学科课程标准(2011 年版)。

《义务教育语文课程标准(2011 年版)》与实验稿相比,在基本理念和课程设计思路修订中的增删调整,主要有以下四个方面:第一,加强社会主义核心价值体系在语文课程中的渗透。第二,进一步突出本次课程改革的核心任务——培养学生的社会责任感、实践能力和创新能力。第三,进一步突出语文课程的核心目标——学习祖国语言文字的运用,围绕这一目标,进一步突出实施的基本环节和要素,进一步加强操作性。第四,部分内容和词句有所增删调整,力求对课程改革精神的表达更加准确贴切、顺畅简洁。[③]

2013 年 5 月,"我国基础教育和高等教育阶段学生核心素养总体框架研究"项目启动。2014 年 3 月 30 日,教育部印发《关于全面深化课程改革　落实立德树人根本任务的意见》,提出研究制订"学生发展核心素养体系",并指出

---

① 中华人民共和国教育部《全日制义务教育语文课程标准(实验稿)》,北京:北京师范大学出版社,2001 年版,第 3 页。

② 中华人民共和国教育部《普通高中语文课程标准(实验)》,北京:人民教育出版社,2003 年版,第 1 页。

③ 巢宗祺《关于语文课程性质、基本理念和设计思路的对话》,《语文建设》,2012 年第 5 期,第 9 页。

核心素养的内涵，即学生应具备的"适应终身发展和社会发展需要的必备品格和关键能力"，要求体系应"突出强调个人修养、社会关爱、家国情怀，更加注重自主发展、合作参与、创新实践"。2016年2月，《中国学生发展核心素养（征求意见稿）》发布。2016年9月13日，中国学生发展核心素养研究成果发布会在北京师范大学举行。中国学生发展核心素养研究以科学性、时代性和民族性为基本原则，以培养"全面发展的人"为核心，充分反映新时期经济社会发展对人才培养的新要求，高度重视中华优秀传统文化的传承与发展，系统落实社会主义核心价值观。核心素养分为文化基础、自主发展、社会参与三个方面，综合表现为人文底蕴、科学精神、学会学习、健康生活、责任担当、实践创新六大素养，具体细化为国家认同等十八个基本要点。各素养之间相互联系、互相补充、相互促进，在不同情境中整体发挥作用。①

如果说2001年启动的新课程改革是从"双基"走向"三维目标"，那么，当下的教育改革则是从"三维目标"走向"核心素养"。"双基"是外在的，主要是从学科的视角来刻画课程与教学的内容和要求。"三维目标"是由外在走向内在的中间环节。"核心素养"是内在的，是从人的视角来界定课程与教学的内容和要求。从"双基"到"三维目标"再到"核心素养"，其变迁基本上体现了从学科本位到以人为本的转变、从教书走向育人的转变。

语文教育现代化，不仅仅是教学内容和方法技术的现代化，更重要的是教学要求的现代化，就是要适应未来社会对国民语文素养的需求。语文素养是学生在积极的语言实践活动中构建起来，并在真实的语言运用情境中表现出来的语言文字运用方式及其品质，是学生在语文学习中获得的语言知识与语言能力，思维方法和思维品质，情感、态度和价值观的综合体现。"语文学科核心素养"是指语文素养的核心要素和关键内容，主要包括"语言建构与运用""思维发展与提升""审美鉴赏与创造""文化传承与理解"等四个方面。"语言建构与运用"是根基，是"思维发展与提升""审美鉴赏与创造""文化传承与理解"实现的途径。"思维发展与提升""审美鉴赏与创造""文化传承与理解"应当在"语言建构与运用"的过程中达成。②

（四）走民族化、科学化、现代化相结合的道路，就要在语文教学中体现语文课程的特点

语文教育走民族化、科学化、现代化相结合的道路，就要在语文教学中体现语文课程的民族性，工具性与人文性统一，综合性和实践性鲜明等特点。

普通话和规范汉字，是形式的，又是内容的。汉语言文字是每一个中国人

---

① 核心素养研究课题组《中国学生发展核心素养（征求意见稿）》，《中国教育学刊》，2016年第10期，第1页。

② 徐林祥、郑昀《基于语文核心素养的"语用热"再认识》，《全球教育展望》，2016年第8期，第15页。

生存的工具、发展的基础,也是中华民族共同的精神家园。汉语文是中华民族思维与交际、生存与发展的工具,汉语文本身又是中华民族文化的组成部分,体现着中华民族的精神,传承着中华民族的血脉。

语文课程是教授祖国语言的课程,就祖国语言形式的教学而言是掌握中华民族乃至人类思维和交际、生存和发展的工具,就祖国语言内容的教学而言是对中华民族乃至人类优秀文化的传承。语文课程具有民族性的特点。

语文学科一方面是"工具学科",是形式训练的学科,是旨在发展学习其他学科所必需的知识、技能的学科,涉及语言形式方面(如字、词、句、篇等语言形式)的教学;另一方面又是"人文学科",是内容学科,是以理解、创造或表达思想为课题的实质训练的学科,包含语言内容方面(如字义、词义、句义、篇义等语言内容)的教学。

语文课程的"工具性"侧重于祖国语言形式的掌握,就是要使学生正确理解和运用中华民族通用语言文字;语文课程的"人文性"侧重于祖国语言内容的掌握,就是要培养学生成为具有中华民族行为方式与思想情感的人。"工具性"与"人文性"既相分不杂,又相依不离。语文课程具有工具性与人文性统一的特点。

须知工具性与人文性的统一不是两者相加,而是两者的一体化。在语文教学中,先实现工具性目标,后补充人文性内容,或者首先突出人文性,而后再加强工具性,这两种想法都是不妥当的。工具性与人文性、知识能力与情感态度价值观,是结合在一起的,语文教学应当力求同时实现这两方面的目标。一方面,要突出语文课程的核心目标——学习祖国语言文字的运用,语文课要上成语文课,不要"种了人家的地,荒了自己的田";另一方面,要充分发挥语文课程的育人功能。语文课程在弘扬和培育民族精神,使学生受到优秀文化的熏陶,塑造热爱祖国和中华文明、献身人类进步事业的精神品格,形成健康美好的情感和奋发向上的人生态度方面,有其自身的优势。语文课程具有综合性的特点。

就语言学习本身而言,语文教学的基本过程,就是由个别的感性的言语感知积累,到一般的理性的语言规则掌握,再落实到学生自己的言语实践的过程。即让学生从他人成熟的、典范的言语行为和言语作品入手,进而把握语言规则,最终养成自己生存和发展所必需的言语能力和习惯的过程。也即由具体到抽象再到具体的过程,由特殊(个别)到一般再到特殊(个别)的过程,由实践到认识再到实践的过程。语文课程是注重实践的课程,应着重培养学生的语文实践能力,而培养这种能力的主要途径也应是语文实践。语文课程具有实践性的特点。

中国语文教育是每一个中国人素质教育、终身教育的重要组成部分,也是实现中华民族伟大复兴的重要前提和保障。在语文教学中体现语文课程的民族性,工具性与人文性统一,综合性和实践性鲜明等特点,可以利用汉字象形、指事、会意、形声的造字方法指导识字;可以利用笔画、笔顺、偏旁部首、间架结构等指导写字;可以利用汉字感情色彩强烈的优势,重视语感的培养,加强感悟和情感体验;可以利用汉语言文化沉淀丰厚的优势,丰富语言积累,增加文化储备,等等。"语文教师应当通过语文教学培养学生从语料中发现语言现象、概括语言规律的锐敏性、兴趣和习惯;教给他们贮存语言材料的正确、有效方法,促使他们通过自觉的积累,逐渐丰富自己的语言;让他们在获得新知识的实践过程中,训练他们把已加工成熟的思想用最得体、优美的语言表述出来的能力;最后,还要以语言为桥梁,培养他们的人际交往意识、创造思维意识和文化修养意识。"①

五

本书以"百年语文教育经典名著"命名。"百年"取中国现代语文独立设科百年之意。全部内容均与"语文教育"相关,涉及中、小学与师范院校阅读教学、写作教学、口语交际教学、识字写字教学及语文学习心理、语文教材、语文教师等方面。

编者从已见 1900—1999 年中国大陆出版的近 500 种中国语文教育研究著作中,兼顾原著出版时间、论述内容、重要程度、篇幅长短,精选各历史时期有代表性的"经典名著"36 本(其中吴研因、舒新城所著两种原书合为一本,共 37 种),分 15 卷编辑出版。由于 20 世纪前期出版的著作印数少、年代久,已很难寻觅,此次出版多少带有抢救文化遗产的性质,故选入较多。由于 20 世纪后期出版的著作多为 1977 年以后出版,且近一半为各级各类师范院校教学用书,内容结构往往大同小异,故仅选了五部著作。

考虑到与"百年语文教育经典名著"书名相符,以及编辑的方便,本书仅收在百年语文教育史上有较大影响,至今仍有教学参考价值或文献史料价值,且有一定代表性的语文教育研究著作。不收论文(重要论文已收入四川教育出版社《二十世纪前期中国语文教育论集》《二十世纪后期中国语文教育论集》和语文出版社《国文国语教育论典》)和论文集(如《国文教学》),不收语文教科书(如《国文百八课》),不收文学作品(如《文心》)和文艺理论著作(如《谈美》《谈文学》),不收语法、修辞类著作(如《新著国语文法》《修辞学发凡》),也未收入 2000 年及以后出版的著作和中国大陆以外出版的著作。

为使读者对各卷所收著作的背景、内容和价值有所了解,各卷均由分卷主编撰写了与该卷所收著作相关的导读。

---

① 王宁《汉语语言学与语文教学》,《中国社会科学》,2000 年第 3 期,第 171 页。

各卷收入书目、导读标题及分卷主编如下：

第一卷

20 世纪前期小学国文国语教学研究（分卷主编：张心科）

姚铭恩著《小学校国文教授之研究》（中华书局，1915）

张士一著《小学"国语话"教学法》（中华书局，1922）

吴研因著《小学国语教学法概要》（商务印书馆，1925）

舒新城著《道尔顿制与小学国语教学法》（商务印书馆，1925）

赵欲仁著《小学国语科教学法》（商务印书馆，1930）

俞焕斗编著《高小国语科教材和教法》（商务印书馆，1948）

本卷收小学国文国语教学论著六种。

第二卷

20 世纪前期小学写作教学研究（分卷主编：张心科）

徐子长编《小学作文教学法》（商务印书馆，1928）

宋文翰编《小学作文教学概论》（商务印书馆，1931）

张粒民编著《小学作文科教材和教法》（商务印书馆，1948）

本卷收小学作文教学论著三种。

第三卷

20 世纪前期小学识字写字与说话教学研究（分卷主编：龚孟伟）

王国元编著《小学说话教学法》（正中书局，1936）

沈百英编《小学说话科教材和教法》（商务印书馆，1948）

朱智贤编著《小学写字教学法》（商务印书馆，1948）

王志成编著《小学写字教学的研究》（商务印书馆，1948）

姜建邦编著《识字心理》（正中书局，1948）

本卷收小学说话与识字写字教学论著五种。

第四卷

20 世纪前期中学写作教学研究（分卷主编：许艳、高笑可）

陈望道著《作文法讲义》（民智书局，1922）

梁启超著《中学以上作文教学法》（中华书局，1925）

夏丏尊、刘薰宇合著《文章作法》（开明书店，1926）

高语罕著《语体文作法》（黄华社出版部，1933）

于在春编写《集体习作实践记》（上海永祥印书馆，1946）

本卷收中学作文教学论著五种。

第五卷

20 世纪 20 年代中学国语教学研究（分卷主编：余虹）

黎锦熙编纂《新著国语教学法》（商务印书馆，1924）

周铭三、冯顺伯编纂《中学国语教学法》（商务印书馆，1926）

本卷收中学国语教学论著两种。

第六卷

20 世纪 20 年代中学国文教学研究（分卷主编：赵志伟）

张震南、王范矩、范耕研、李荃编《中学国文述教》（商务印书馆，1925）

王森然编《中学国文教学概要》（商务印书馆，1929）

本卷收中学国文教学论著两种。

第七卷

20 世纪三四十年代中学国文教学研究（分卷主编：赵志伟）

阮真著《中学国文各学程教学研究》（民智书局，1930）

阮真著《中学国文教学法》（正中书局，1936）

蒋伯潜著《中学国文教学法》（中华书局，1941）

本卷收中学国文教学论著三种。

第八卷

20 世纪前期师范国文国语教学研究（分卷主编：张立兵）

张颎编《师范国文述教》（商务印书馆，1927）

袁哲编著《国语读法教学原论》（商务印书馆，1936）

本卷收师范国文国语教学论著两种。

第九卷

20 世纪 40 年代阅读指导研究（分卷主编：欧阳芬）

叶绍钧、朱自清著《精读指导举隅》（商务印书馆，1942）

叶绍钧、朱自清著《略读指导举隅》（商务印书馆，1943）

本卷收精读、略读指导论著两种。

第十卷

20 世纪前期阅读心理研究（分卷主编：韦冬余）

艾伟著《阅读心理·国语问题》（中华书局，1948）

艾伟著《阅读心理·汉字问题》（中华书局，1949）

本卷收阅读心理论著两种。

第十一卷

20世纪80年代语文教育研究(分卷主编:程稀)

朱绍禹编著《中学语文教育概说》(内蒙古人民出版社,1983)

本卷所收为"文革"后较早出版的一部语文教学法著作,曾作为高等师范院校教材广为使用,反映了当时语文教育界对语文教学的认识,上承新中国成立前的语文教学论著,下启改革开放后的语文教学研究,具有特定的历史地位。

第十二卷

20世纪后期传统语文教育研究(分卷主编:冯永玲)

张志公著《传统语文教育教材论——暨蒙学书目和书影》(上海教育出版社,1992)

本卷所收为作者张志公在1962年出版的《传统语文教育初探(附蒙学书目稿)》基础上修订的著作,是中国语文教育史研究的开山之作。

第十三卷

20世纪后期语文能力训练研究(分卷主编:陈黎明)

顾黄初、钱梦龙、徐振维、欧阳代娜、张鸿苓、章熊编著《〈九年义务教育全日制初级中学语文教学大纲(试用)〉能力训练内容指要》(四川教育出版社,1994)

本卷所收为1992年教育部颁布的《九年义务教育全日制初级中学语文教学大纲(试用)》研制者为该《大纲》首次提出的语文学科48个语文能力训练点所作的解读,在实施新课程十多年后的今天看来,仍有其现实意义。

第十四卷

20世纪90年代语文教育研究(分卷主编:闫淑惠)

阎立钦主编《语文教育学引论》(高等教育出版社,1996)

本卷所收为中国教育学会语文教学法研究会于20世纪90年代中期组织编写的高等师范院校教材,代表了20世纪90年代语文教育学科研究的最高水平,在高师语文教育学科教材发展史上具有里程碑意义。

第十五卷

20世纪后期语文教学艺术研究(分卷主编:兰保民)

于漪著《语文教学谈艺录》(上海教育出版社,1997)

本卷所收为著名特级教师于漪的语文教学论著,反映了老一辈特级教师在20世纪末对语文教学经验的总结和思考。

为方便读者阅读,凡原著为繁体字者一律改用简体字,凡原著竖排者一律改为横排,凡原著未加标点符号者一律增加标点符号,且全部 15 卷均增加了必要的注释。注释系分卷主编根据原著正文所作,涉及相关背景的介绍、名词术语的解释、原文明显谬误处的更正,以及其他必需的说明。

本书从策划到出版,历时近两年。本书的编辑出版,得到了张士一、吴研因、陈望道、蒋伯潜、叶圣陶、张震南、阮真、沈百英、朱自清、袁哲、朱智贤、张志公、朱绍禹、顾黄初等已故作者(以作者出生年为序)的亲属的大力支持;得到了于漪、欧阳代娜、钱梦龙、章熊、阎立钦、倪文锦等作者的鼎力相助,于漪老师审阅了所收论著的导读,欧阳代娜老师专为所收论著撰写了《一点说明》,正在国外的阎立钦老师特地委托所收论著作者之一周玉荣老师拟定了版权授权书(由于种种原因,尚有部分作者或作者亲属未能联系上,但愿这些作者或作者亲属能见到本书,并与上海教育出版社取得联系)。各分卷主编(按本书各卷顺序)张心科(华东师范大学)、龚孟伟(淮南师范学院)、许艳(北京教育学院)、高笑可(北京教育学院)、余虹(四川师范大学)、赵志伟(华东师范大学)、张立兵(扬州大学)、欧阳芬(江西师范大学)、韦冬余(扬州大学)、程稀(上海师范大学)、冯永玲(盐城师范学院)、陈黎明(聊城大学)、闫淑惠(赣南师范大学)、兰保民(上海市浦东教育发展研究院)和上海教育出版社王耀东、何勇、李光卫、易英华、范守纲等老师以及全体责任编辑都付出了辛勤劳动;扬州大学 2016 级课程与教学论(语文)硕士研究生和学科教学(语文)教育硕士研究生,参与了书稿的校对工作;国家图书馆、扬州大学等单位也给予了帮助。作为本书主编,在此谨表示衷心的感谢!

本书是百年语文教育经典名著首次大规模整理结集出版,相信她一定会有助于中国语文教育的研究和中国语文教育的改革和发展,一定会在 21 世纪中国语文教育学科建设中发挥不可替代的重要作用!

2016 年 12 月 1 日改定于扬州大学中国语文教育研究所

20世纪三四十年代中学国文教学研究

赵志伟

　　收入本卷的是出版于20世纪30年代阮真的两本书——《中学国文各学程教学研究》和《中学国文教学法》以及出版于40年代蒋伯潜的《中学国文教学法》。国文教学的研究进入20世纪20年代以后,在各方面取得了很大的成就。黎锦熙、吴研因、周铭三和冯顺伯,以及王森然等人都写出了系统的教学法著作。阮真和蒋伯潜的著作稍晚于他们,但是在科学性和实用性上比前几部著作有了发展。尤其是阮真开始招收国文教学研究生,进一步提升了这个学科的地位。如果不是抗日战争和解放战争,这个学科本来可以取得更大的成绩。唯因如此,更显得这些前辈精神之可贵。在那样艰苦的年月里,为了民族振兴,为了青年一代的成长,他们孜孜兀兀、尽心尽力地教学和研究国文,并且写下了自己的著作,为这个学科的发展奠定了坚实的基础。

一、阮真著《中学国文各学程教学研究》和《中学国文教学法》

　　民国时期在国文教学法研究领域里,系统的专著除了20世纪20年代黎锦熙的《新著国语教学法》、吴研因的《小学国语教学法概要》、周铭三和冯顺伯的《中学国语教学法》、王森然的《中学国文教学概要》,30年代当以阮真的《中学国文教学法》为代表。

　　(一)　作者介绍

　　阮真(1896—1972),名乐真,浙江绍兴人。8岁启蒙后读"四书",11岁起读《左传》,13岁后读《礼记》,在私塾凡七年,打下坚实的旧学基础。15岁入绍兴省立初级师范学堂。19岁在浙江省第五师范学校附属小学教书,边教书边自习。1917年考入南京高等师范学校(即后来东南大学教育专修科),受陶行知影响甚深。毕业后到多地任中学国文教师,并陆续在报刊上发表文章,阐述对国文教学的看法,引起教育界、学术界的注意。1921年应陈嘉庚之邀在厦门

1

集美高等师范文科及国学专门班教授国文,同时注意教学法的研究。1928 年应广西教育厅编译厅聘,任《教育丛刊》编辑。翌年被聘为广州中山大学教授,又应庄泽宣之邀,在中山大学教育学研究所研究国文教学,并担任中学国文教材教法研究所导师,开始招收研究生。此即为现代语文教学学科专业之滥觞。30 年代起,阮真又在上海暨南大学、无锡国专、无锡师范等校任国文和国文教学法教师。抗战军兴,20 世纪 30 年代末,他与多位名师在湖南涟源蓝田镇创办国立蓝田师范学院,和钱基博、吴世昌等同为教授。1949 年后,时任国文系主任的阮真参与了湖南大学和国立师范学院的合并工作,被聘为湖大研究员。1953 年全国高等院校院系调整后,他到湖南师范学院工作。1967 年隐居于湖南黔阳县(今洪江市),1972 年 12 月 25 日因病去世。

已见阮真 20 世纪二三十年代语文教育论著六种:《中学国文校外阅读研究》(民智书局 1929 年版),《中学作文教学研究》(民智书局 1929 年版),《中学国文各学程教学研究》(民智书局 1930 年版),《中学作文题目研究》(民智书局 1930 年版),《中学读文教学研究》(中华书局 1940 年版),《中学国文教学法》(正中书局 1936 年版)。其中前四种被列为"国立中山大学教育学研究所丛书"。后两种分列为"教育丛书"和"时代教育丛书"。

(二) 关于《中学国文各学程教学研究》

1.《中学国文各学程教学研究》的写作背景

《中学国文各学程教学研究》一书于 1930 年由民智书局出版,当时阮真正在中山大学教育学研究所,专任国文教学的研究工作。

1927 年 4 月南京国民政府成立,6 月决定设立大学院,以蔡元培为院长,专管教育、学术。大学院相当于教育部(1928 年 10 月恢复为教育部),学校系统承袭了 1922 年"壬戌学制"的一些规定。1928 年 5 月在蔡元培领导下,召开了第一次全国教育会议,以"壬戌学制"为基础,重新制定了《中华民国学校系统》。[①] 同时,由大学院组织中小学课程标准起草委员会,编定中小学课程标准。同年 8 月,大学院选聘几十位专家为委员,从事起草工作。1929 年 8 月教育部公布《小学课程暂行标准》,里面有《小学国语课程暂行标准》,同年 9 月教育部颁布了《中学国文课程暂行标准》。从这几个标准来看:小学国语课完全确立,初中国文教学课程基本定型,而高中国文教学基本格局也形成了。"壬戌学制"时初中国文也称"国语",而此时中学全部称为"国文",但是此时的"国文"其内涵已与五四时期发生了变化[②],自然也包括了语体文内容。但是,"标准"制定是一回事,而具体实施又是另外一回事。表现在国文课程的设置、

---

① 李兴华主编《民国教育史》,上海:上海教育出版社,1997 年版,第 153 页。
② 赵志伟著《现代语文教育发展》,上海:华东师范大学出版社,2012 年版,第 40 页。

教材的编写上,新旧两派的意见相差很大,新派主张多选文学作品,包括历代白话小说、诗歌,旧派则要求学习传统学术,乃至"经学""文字学"等,而各地各学校也由各自兴趣选择不同课程内容进行教学。作为一名国文教学研究者,阮真对这种现实非常不满意,他说:"自新学制实行后,各地方高初级中学之国文学程,往往校自为风,人自为政,于是国文一科之学程,乃糅然杂出。"①

阮真在 1923—1928 年间中学试行分科制与选修制时,对各校国文科目所设置的复杂繁多的课目进行了详细的调查统计,共有四十二种六十九个名目。并对某些课目是否有必要开,某些课目是否可以合并,一一进行精要的分析,提出自己对这些学程的主张。学程安排很容易落入两个极端,或失之寡或失之繁。当时一些专家安排课程的弊端就在于不能切合中学实际,所以,阮真研究当时中学国文学程(课程),写出了这本《中学国文各学程教学研究》。

2.《中学国文各学程教学研究》的指导思想与基本内容

（1）指导思想

作者为什么要从事国文"学程"（课程）的研究呢？他在该书的自序里谈到了五点:一是他认为一种学程的设立,必求其教学实效,"不可视为具文,故旨近而言切,不敢为好高骛远之主张"。二是时人以为提高教学标准,即是提高学生程度,而作者以为欲提高学生之实际程度,必须放低教学标准。三是作者熟察中学科目纷繁,学生精力时间有所不及,以为一学程之设立,必须审查学生需要之轻重缓急,而教学尤须注意时间与精力之经济。必使费力少而成功多,费时省而收敛宏,勿使枉费时间精力于不急之务。四是作者以为教学必须培养学生之能力,故重视练习与研究,而不偏重书本之知识;同时注意方法之学习比较知识之获得更为重要。五是作者认为研究学程,当以社会需要与个人需要为标准。所以全体学生需要的为普通必修学程,学生或需要或不需要的为普通选修学程,一部分学生特别需要的为分科必修学程。为什么要用"学程"一词？他说,所谓学程是指课程中的"各单位",就是通常所谓"科目",因为"科目"一词用来指数学、国文等,所以实际"学程"就是一学科中某一更小的"独立之单位"。

（2）基本内容

该书共有十六章,第一、第二章讨论"国文学程"的内涵、外延和设置的意义等,最后一章是结论,其余各章都是国文科各种科目的具体研究。研究学程的目的是要弄清楚哪些学程是需要的,哪些是不需要的。阮真统计了两种全国性的学程和六个地方名校制定的学程,共计有八大类四十二种六十九个名目学程之多。他对这些名目繁多的"学程"一一进行了分析,得出的结论是"虽

---

① 阮真著《中学国文各学程教学研究·自序》,上海:民智书局,1930 年版。(本书第 5 页)

各有出入,然学程太繁,标准太高,却是近年的流行病"。为什么会出现这种情况?客观上是因为教育部的章程解体,法令无效,校自为风,人自为政,教师要炫博,教学主任又缺少研究。所以根本上要进行研究。然后,根据学生不同需要设置不同课程。他在第二章提出:"究竟哪几种是该属初中必修的或选修的?哪几种是该属高中普通必修的或选修的?哪几种是该属高中分科必修的?哪几种是绝对不宜设的?学程性质相近的,应该如何合并?性质相异的,应该如何分别?各学程应该定在何年级教,方合学生程度而有功效?各学程应该教授几多时间?"他根据学科的宗旨、目的、内容,该学程在国文科中的位置,教学的进程,学生的程度、兴趣、需要,教学的功效作一番整理,具体回答了以上问题,例如他认为"国学概论""国学常识""文学概要""诸子述略"等学程在普通高中没有设立的必要,而如"文学要义""文体程式""文体类别"等根本不能成立为学程。

最后,根据研究的结果,他对各种学程的教学目的、教材大纲、教学方法提出了具体的意见。

阮真分析了当时高中生将来毕业后的各种不同择业需要(少数人升大学,多数人踏入社会工作),拟定了国文必修科辅助学程。他拟定的初高中国文学程有:普通必修主要学程及辅助学程共九种,初中国文选修学程二种,高中普通选修学程四种,高中分科必修学程六种。除"文学源流"一种是高中普通选修和分科必修都有之外,共有二十种学程。在二十种学程中,关于读文和作文,阮真另有专著,该书讨论的就是余下的学程。第三章讨论的是国文辅助学程包括语法、文法(古汉语语法)、修辞学、作文法、演说,初高中皆有。其余十二章各讨论一种学程,例如第四章"中国文学源流之教学",第五章"文学概论之教学",等等。每一章都包含教学目的、教材大纲、教学方法三个部分。

(3) 该书的价值

正如有学者提出的:"阮氏研究中学国文教学,走的是由分析到综合的路子,中学语文教学,牵涉到的问题相当广泛,要想从客观上对中学语文教学的整体作全面的研究,首先就要分门别类地就个别问题作具体的研究。"[①]而设置什么样的课程、编选什么样的教材、采用何种教学方法、达到何种教学目的,无疑是国文教学最基本的问题。阮真以一个真正专家的身份,从调查研究入手,从实际出发,从学生本位出发,从国家培养人才出发,对这些学程(课程)一一研究,这些研究为他后来撰写《中学国文教学法》一书奠定了坚实的基础。

(三) 关于《中学国文教学法》

阮真的《中学国文教学法》一书由正中书局于1936年出版。经过多年的

---

① 李杏保、顾黄初著《中国现代语文教育史》,成都:四川教育出版社,1997年版,第189-190页。

教学、研究，出版了多部专著以后，阮真写成了这本书。该书是继王森然《中学国文教学概要》以后，民国时期研究中学国文教学的又一力作，是阮真的集大成之作，标志着我国现代语文教学的教学法体系已经确立。

《中学国文教学法》一书共五编二十五章。它的体系是先总论后分论，第一编总论中学国文教学目的、中学国文科中应设的学程等，后四编分别是论读文教学、论作文教学、论国文科辅助学程的教学和论国文科特设学程的教学。

1. 关于中学国文教学的目的

阮真曾花两个月的时间对国内学者、教师发表的意见和"全国教育会教育部课程标准委员会"所拟的中学国文教学目的共二十种进行分析统计和研究，同时又参考了1917年美国全国英文联合会的报告，拟定了他的一整套"教学目的"，发表于1934年6月的《中华教育界》，后又收入《中学国文教学法》一书。

在《中学国文教学法》一书里，阮真拟定的国文教学目的分为初高中两部分。初中：（1）人人能用国语或国语文自由发表思想感情；（2）作文演说没有文法上的错误，并有层次有条理；（3）人人有看浅近书报的能力，并养成读书习惯；（4）人人有鉴赏国语文艺的能力及兴趣。高中：（1）人人能看普通文言书报；（2）人人能作通顺的文言文及应用文字；（3）一部分学生能看平易的古书（如《左传》《国语》《史记》《汉书》《论语》《孟子》《资治通鉴》等，其他经书、子书当除外）；（4）一部分学生能欣赏古代文学（如诗歌、词曲、小说、传奇等，但骚、七、辞赋骈俪当除外）；（5）培养极少数的天才生能仿作古文、诗歌及其他文艺。

除了总体"目的"的概述以外，阮真还对教学目的进行了具体的分析，分析从读文、作文和演说（口语发表）三方面入手，也包括初中和高中两个方面。所谓"具体的分析"，其实是对"概述"内容的逐条细化。

2. 关于中学国文科的学程设置

前文已介绍，阮真对这个问题研究非常透彻，所以提出的建议十分中肯。他主张从贯彻教育目的出发来设置国文学程，从主要学程、辅助学程和特设学程三方面安排。

初中国文科学程为：（1）主要学程，包括精读文、略读文、作文三种；（2）辅助学程，包括语法、语体文作法、文法、文言文作法四种；（3）特设学程，包括普通应用文。高中国文科学程为：（1）主要学程，包括精读文、略读文、作文三种；（2）辅助学程，包括演说学、辩论术、修辞学和古文作法三种；（3）特设学程，包括公牍应用文、文学概论两种。这种安排有"廓清迷雾"的作用，当时种种陈义过高与实际不符合的学程，如"国学概论""文学史""文字学"等被认为应到大学里去教。

此外，阮真还对国文科学程的讲解及自习时间也作了具体安排，制定了各种初高中每周"上课自习时数支配表",供教师参考使用。至于具体怎样安排这三类学程,阮真在他的《中学国文教学法》一书里有详尽的论述。

3. 关于读文(阅读)教学

在《中学国文教学法》一书第二编里,阮真系统地论述了读文教学。

（1）他认为初中读文教学之目的,应重在养成优良的默读习惯,增加其速度,读音解字得当,能够了解普通国语及国语文学,渐渐能读解浅易文言文,通过阅读引起对文学的兴趣,养成以读书为嗜好的习惯。高中阶段读文之目的旨在能读解普通文言书报确且速,能利用目录参读与所读文章相关的材料,能分析所读文章的意义,做成纲要。一部分学生能阅读平易古书,剖析其思想,一部分学生能深刻评判作品艺术之高下,能了解著名作家生平著作及其思想。

（2）他认为选好教材当有四原则:①适当程度的原则;②兴趣的原则;③需要的原则;④功效的原则。他认为"兴趣"乃学生之兴趣非编者之兴趣,但不能迁就,因此他要求编初中教科书者先研究小学教科书和小学生的实际程度,而编高中的则需要了解初中。为此他提出了选材的正面标准与反面标准。正面标准选择思想健康、合乎现实生活及学生身心发育之顺序,符合学生年龄特征,"无浮薄、淫靡、消极、厌世之思想",在形式上要求句读简明,章节谐适而无文法及论理上之错误,体裁风格堪为模范能促进学生学与写之技巧。反面标准即思想不合现代生活及现代思潮者,意志消沉欠高尚、浅薄、牢骚、怨尤、阿谀奉承的文字等皆不选。从形式上看言论不合论理、体裁不合现代需要的皆不选。

（3）他主张用循环演进法来排列教材。20世纪二三十年代教材大致排列有四种:一为由浅入深;二为以文体为类;三为以问题为中心;四为循环演进。阮真推崇后两种。阮真认为循序演进法的好处是各类教材容易分配适当,各阶段有侧重点,可使教学易收功效;对于教学目的、进程标准与选材原则等容易顾及。

（4）关于读文教学方法,他认为从五方面入手:教学预备、预习指导、教学讨论、应用练习、成绩考查。所有一切强调陶行知提倡的"教学做"三者统一。

4. 关于作文教学

作文教学也是阮真研究的一个重点内容。从清末民初开始,作文教学也一直是诸家探讨的热点,到20世纪30年代时作文教学理论也越来越丰富。阮真《中学国文教学法》第三编《论作文教学》代表了当时作文教学研究的较高水平。阮真的作文教学思想包括以下内容:

（1）作文教学的目的

阮真认为作文教学的目的是要"养成学生的正确而有法度的表述能力"。为此,他拟定了十条"教学标准":思想清晰、文意切题、论理正确、词语确当、见解切合、文法(或语法)通顺、结构谨严、修辞雅洁、段落分明、标点清楚。在本编第一章里作者对此十条逐一进行了解释。然后根据初中高中作文教学的不同,分别拟定了各自要达到的标准。对初高中各个年级作文需要达到的目标作了具体的规定,例如,初中三年级的教学标准:①能运用常用字三千四百字;②能运用常用的词及成语古典,约与前条相当;③能在一小时内写成四百字左右的白话文字,或浅近文言;④文中思想清晰,文意切题,语法通顺,词语确当,段落分明,标点清楚。再如,高中三年级的教学标准:①能运用常用字四千二百字;②能运用常用的词及成语古典,约与前条相当;③能在两小时内写成七百字左右的文言文。

(2)作文评分标准

有鉴于当时教师批阅作文缺乏具体标准,阮真认为"确定中学生作文的批分标准,必须从中学生作文的教学标准着想",然后根据年级不同而设定不同的等级,因此他制定了不同的评分表。其中初高中各包含六条标准,具体如下(参见表一、表二):

表一　初中各年级作文批分标准表(%)

标准	一年级百分比	二年级百分比	三年级百分比
(1) 思想清晰	40%	30%	25%
(2) 语法通顺	30%	30%	25%
(3) 文意切题	10%	15%	20%
(4) 词语确当	10%	15%	20%
(5) 段落分明	5%	5%	5%
(6) 标点清楚	5%	5%	5%

表二　高中各年级作文批分标准表(%)

标准	一年级百分比	二年级百分比	三年级百分比
(1) 思想清晰	30%	25%	20%
(2) 文法通顺	30%	25%	20%
(3) 论理正确	15%	15%	15%
(4) 见解切合	15%	15%	15%
(5) 结构谨严	5%	10%	15%
(6) 修辞雅洁	5%	10%	15%

(3)作文的拟题

阮真认为替学生拟题也要有计划,决不能随意写一个题目了事,要从学生的环境和程度出发,要根据他们的学识经验和生活需要而不是根据教师的学识经验来拟作文的题目。在本编中作者提了四项:拟题的预备、拟题的方法、题面的修辞、题目的限制。在解释这四项时,阮真都能从教学实际出发,表现出作者对中学国文教学非常熟悉。例如在"拟题的方法"里作者也提了五个方面:①利用学生的实际需要事项;②利用读物;③利用定期刊物;④利用校内服务事项;⑤利用社会服务事项。总的要求是作文要生活化、实际化。

（4）作文的练习

作者提倡课内与课外相结合练习,课内练习包括:短文写作、片段练习、翻译练习(语体文与文言文互相翻译)、重写练习、听写练习等。课外练习包括:长篇文字练习、文艺练习、演说拟稿练习、笔记练习、问题研究或设计的作文练习。尤为可贵的是,阮真在论述作文法里还提出了口语练习这一重要问题。

此外,作者在书中还讨论了作文练习的时间、次数安排、作文的各种格式要求等。

5. 关于国文考核的方式方法

如何对中学国文进行考核也是阮真一直关注的问题。他在《国文科考试之目的及方法》里说:

> 今日中学国文教学之效率几等于零,虽有多种复杂原因,而于教材教法,教学制度、考试方法以及语文教学基本问题缺乏专门家为专门研究,实其主要原因也。[①]

据此,他在这一篇文章里详尽阐释了关于中学国文科考试的目的和方法。他认为中学国文考试的目的主要有三点:"一曰求得学业成绩凭证也;二曰察看教学实际功效也;三曰督促学生平日用功也。"

他认为国文考试分三部分:

A. 国文基本能力之测验,这种测验可在入学、毕业、能力分班、各校与各班之比较等考试时实行。其中包含六项内容:字汇、词汇、典故及成语、读文速率及理解力、文法、造句。

B. 读文,包括背诵默写、填补脱字、改正错字、解释词句、读文回答、读文标点、读文提要、古文语译(文言译语体)。

C. 作文,包括命题作文、同题重做、听讲笔述、语体文译(语体译文言)。

（四）阮真国文教学研究评价

与同时代其他几位语文教育家不同的是,阮真一生的工作主要在研究国文教学,所发表的六部著作都是关于国文教学的。

---

① 阮真《国文科考试之目的及方法》,《中华教育界》,1932 年第 20 卷第 5 期。

阮真对自己在中学国文研究上所做的工作颇为自信,他在《中学国文教学法》一书后附录了与友人论国文教学的书信三件:汪懋祖《与阮乐真先生书》《阮真与汪典存先生论中学国文教学书》《阮真致陆步青先生书论中学国文教学》。在致汪懋祖(典存)的信中,阮真说自己:

> 真虽为专习文科之人,而幼受两重师范教育,复专习教育科一年。故以言头脑,则半文学半科学也。而教学十六年中,自小学起,经初高中师范国专大学各级程度。故以经历言,则如百战老卒,行伍出身也。……今日大学教授派之论中学国文教学,皆未知中学实际程度与实际教学情形者。先生能略知之而犹未悉其详细。……故真之主张从不摇旗呐喊,依附大师;亦不率尔发言,贻误后学。①

阮真的自信源于他扎实的研究功夫,在《中学国文教学法》一书的自序中,他说:关于中学国文教学问题,"民八以后,论者辈起。其散见于报志及为专书者,据作者所见,不下百篇,论者六十余人"。他说自己读了这诸多论述,作了笔录札记十六万言,但是,"其为全部研究之企图者,唯王森然氏与作者二人而已",其余"大都各述经验,各抒己见,无为系统的研究与论述者"。也就是说自五四以后,以专业态度全方位系统地研究中学国文教学问题的,十余年间仅王森然与他自己两人而已。当时试图进行系统研究的有黎锦熙、吴研因、周铭三、冯顺伯等人。但是王森然、阮真研究面之广、内容之深入在当时确无人出其右,尤其阮真本人。他在《中学读文教学研究》一书的自序中谈及自己:"自民国十八年教授广州中山大学,得研究所主任庄泽宣先生之指导,即为国文教学问题之专门研究,发表专著四种,八年来发表论文二十余篇,近三十万言。"②

阮真的研究工作不同于同时代许多大家的一点是:他已将国文教学研究纳入了科学的轨道,已不再满足于发表一些经验或随感式的文字,处处以事实说话,以数据说话。例如关于国文教学的目的和教学法,从 20 世纪初到 30 年代初已有三十年历史,无论官方颁布的文件还是民间发表的言论,都已积累了很多材料,无视这些成果当然不行,但照搬也非正确态度,阮真对这些材料进行深入阅读,写下十六余万言笔记并编成《中学国文教学研究论文提要》一书,虽未曾出版,但对他的研究工作十分有益。例如,为了研究国文教学的目的,阮真曾搜集国内学者、教师所发表的意见和全国教育会联合会、教育部课程标准起草委员会所拟的"目的"二十种,分别进行比较;同时他又参考了 1917 年

---

① 阮真著《中学国文教学法》,重庆:正中书局,1936 年版。(本书第 168-171 页)
② 阮真著《中学读文教学研究》,上海:中华书局,1940 年版。

美国全国英文联合委员会的报告,然后拟出了认为切实可行的教学目的。这些都显示了阮真独特的眼光、开阔的视野和严谨的态度。

此外,他对语文课程究竟应该安排哪些具体内容、阅读的教材究竟应该怎样编排,都以严谨的态度或进行统计分析、比较鉴别然后提出自己的建议,或进行问卷调查甚至访谈获得第一手资料,再加以分析,最后设计出自己的方案。可以说,阮真和当时另一位教育心理学家艾伟,在国文教学研究的科学性方面,走在了其他语文教育家的前面。

除了对这些国文教学中涉及的重要问题作横向比较研究,用实际的方法作数据分析以外,阮真还对国文教学的发展历史作了纵向的分析比较。从"癸卯学制"到20世纪30年代初,国文教学已经有三十年的历史,由于国文与时代、思潮、普通民众的关系密切,所以一直受到社会的关注。回顾这一段历史,理清国文教学发展过程中的一些问题,有助于更好地建设国文教学的理论。为此阮真发表了一篇论文,题为"时代思潮和中学国文教学"。他将三十多年来中学国文教学发展分成六个时期:①中学为体西学为用时代;②注重读经时代;③废止读经时代;④提倡白话文新思潮时代;⑤研究国学整理国故时代;⑥翻译文学大盛时代。他认为三十余年间剧变的思潮对教育产生了重大影响,而于国文教学影响尤大。他认为这里有五大原因:(一)教中学国文者多注重文章的内容和思想,而不注重文章的本身与文章的形式。(二)因为人生观与伦理思想的改变,古人的老文章多被摒诸教材之外。(三)因为文学革命,各种文学的体式尚在逐渐改造,而未完全确定。(四)教国文者多把国学与国文混为一谈,国文的地位往往跟着国学的地位而改变。(五)许多附和政治革命与社会革命者,往往利用国文教学宣传其主义。为此,阮真提请关心国文教学者须注意以下事实:(一)历来国文教师没有满意的人才。(二)历来国文教学没有很好的成绩。(三)旧国文教师不能应付时代思潮的剧变。(四)新国文教师于教学上没有一致的思想。(五)国文教材教法没有公共的轨道,遂致主张分歧,教学紊乱。因此,他认为应当在中学国文教师中提倡学习和研究教育学、心理学和教学法,俾教学上有"一致的中心思想",寻找中学国文科各个方面研究的一个"公共的轨道"。这些方面包括:国文科的学科宗旨、教学目的、教学进程与标准、教材教法等。他认为要从事这些工作不能仅指望少数几个学者而需要社会各方面的通力合作。

阮真这种纵与横相结合的科学研究方法即使在今天仍值得效法。

总之,阮真研究几乎涵盖了国文教学每一方面,皆细致详尽,他自称头脑"半文学半科学",在国文教学上是"百战老卒""行伍出身",询非虚言。而以一人之力写出六部国文教学法著作,至今无人出其右。

二、蒋伯潜著《中学国文教学法》

蒋伯潜的《中学国文教学法》是20世纪40年代国文教学法研究的代表性著作。

（一）关于蒋伯潜和《中学国文教学法》

蒋伯潜（1892—1956），原名起龙，又名尹耕，字伯潜，以字行，浙江富阳人。1911年毕业于杭州府学堂，因家贫在本县紫阆小学、美新小学任教四年。1915年考入北京高等师范国文系，深受钱玄同、马叙伦影响。1919年毕业后至浙江嘉兴省立二中任教。先后在杭州一中、省立第一师范女子中学、杭州师范、台州六中等任教。1938年应周予同等邀赴沪在大夏大学、无锡国专等校任中文系教授，并兼任世界书局特约馆外编审。曾为世界书局编撰初中、高中国文十二册，世界书局总编辑署为"蒋氏国文"。初中六册以"记叙""论说"等四种文体分类；高中六册，前四册以中国文学史为期，后两册以中国学术史为纲。十二册均为活页装订，出版后颇受教育界欢迎。又为开明书店编选及注释《开明活页文选》。后又与其子蒋祖怡合编中学国文辅导自学读物。这一套课外读物由世界书局于1939—1940年间陆续出版。（详后述）

蒋伯潜是学问渊博的国学名家，在大夏大学和无锡国专时期，除讲授国文教学法外，还讲授《十三经概论》，并有论著出版，凡50余万字。并有《校雠目录纂要》《经学》《诸子学》《文字学》《宋明理学》《诸子通考》等专著，还编有《诸子索引》，计22部子书约200万字，交正中书局，可惜未能出版。1949年以后应浙江图书馆馆长张宗祥之邀任图书馆研究部主任，1955年转入浙江文史馆，任馆外研究员。1956年因病去世。

《中学国文教学法》于1941年由上海中华书局出版，当时的上海是一座"孤岛"，因此也可以说此书是一部"忧患之作"。关于写作此书的缘起，作者在自序里说得很清楚。五四以来国文教学虽屡经改革，取得了很大成绩，但中学生国文程度低落也是大众公认、无可讳饰的。作者在浙江曾四次主持中学生毕业会考的国文考试，也觉得一届不如一届。于是老派人物指责中学国文成绩低落的原因，称现在学校的国文教学不如科举时代的家塾，五四以后学校的国文教学不如五四以前。对此蒋伯潜作了具体分析，并不同意这类意见，其观点与朱自清相似。[①] 所以蒋伯潜认为，中学生国文程度低落的原因要从国文教学本身去找：教学的目的、教师的素养、课内讲读的教材和教法、习作的指导和批改、各种课外工作的指导、教师的进修等种种问题都应该"平心静气地逐

---

① 叶圣陶、朱自清《中学生的国文程度》，《国文月刊》创刊号。

一加以检讨,以求改进!"①基于这些问题,加上蒋伯潜本人正任教大夏大学国文系国文教学法课程,所以他要写这一本书,由于他本人有长期的中小学国文教学经历,所以与阮真一样对自己的著作很自信。他在自序的最后说:

> 我自民国八年五四以后,在旧制新制的中学师范教授国文,已二十年。前年避地来沪。今年上半年,执教于大夏大学,所任之课,有中学国文教学法一学程。参阅时贤所著国文教学法,大抵偏重于教学原理,陈义甚高。乃就二十年经验所得,草成此编:虽卑之无甚高论,但力求甚切合于实际情形,冀稍有助于同学诸君将来之应用。②

(二) 蒋伯潜《中学国文教学法》的基本内容

该书由绪论、本论、余论三部分组成。"绪论"的题目是"国文教学的目的与国文教师的素养"。"本论"分为三部分。第一部分"课内讲读"共分四章:(1)教材的选择与排列;(2)预习的指导;(3)教师的准备;(4)课内讲习。第二部分"习作批改"也分四章:(1)命题;(2)指导;(3)批改一(字与词的批改);(4)批改二(章句与内容的批改)。第三部分"课外指导"也由四章组成:(1)课外阅读;(2)课外作业;(3)课外习字;(4)课外活动。"余论"是专论"国文教师的进修",提出了中学国文教师应该继续进修的几种课程,包括文法、修辞学、文字学、文学史、学术史、古书校读等。

1. 关于中学国文教学须有"正副目的"和教师的素养

关于中学国文之目的,五四以来一直有争论,争论的分歧是思想修养和语文能力在教学中位置究竟该如何摆的问题。蒋伯潜提出国文教学目的有二:(1)正目的——国文一科所特具的教学目的,是使学生对生活所需的工具——国文,能运用,能了解,且能欣赏。(2)副目的——国文科与其他科共有的目的:①能使学生了解我国固有的文化之一部分——学术和文学的流变;②使学生明了我国固有道德的观念及修养的方法,并培养或训练其思辨的能力。蒋伯潜正副目的的说法继承和发展了陈启天的意见。陈启天于1920年发表过《中学的国文问题》,提出了国文教育目的"中学国文要旨",已经用了"正副目的"二词。③但蒋伯潜的更系统全面。他认为,国文教学的正目的,还在于文字方面,副目的却是在内容方面——知识的获得、道德的修养、思辨力的培养训练。达到这些目的,教师的责任重大,他们不但须对学校及行政机构负责,对学生及其家长负责,还要对社会、国家负责。所以,不能不提教师要有相当的

---

① 蒋伯潜《中学国文教学法·自序》,上海:中华书局,1941年版。(本书第180页)
② 顾黄初、李杏保主编《二十世纪前期语文教育论集》,成都:四川教育出版社,1991年版,第154页。
③ 顾黄初、李杏保主编《二十世纪前期语文教育论集》,成都:四川教育出版社,1991年版,第154页。

素养。

国文教师究竟需要哪些素养呢？蒋伯潜提出要有五点：第一，须有相当的学力。不但要精通他所教的教材，就是文学史、学术史、文字学、修辞学、文法以及各种文学，都应有相当的常识。第二，须有熟练的技能。如口才，作文（文言和白话），黑板上能写行书、楷书，批改作文能看出学生习作中的疵病，予以增删改润，而且指示其所以然，批改得好，并且批改得快。第三，须有清灵的头脑。要了解时代思潮，了解现代青年的心理，尤其他们的学习心理，头脑清灵方能运用好的教学方法。反之，头脑不清而笨拙的教师决不能教出文思清爽而敏捷的学生来。第四，须有弘毅的愿力。愿弘，故有希望学生青出于蓝而青于蓝的热诚；力毅，故有"人不知而不愠"的"诲人不倦"的精神。第五，须有中和的态度。对学生，则温而厉，威而不猛，公正而不偏颇，这叫"中"；对同事，则和而不同，恭而安，这叫"和"。这五点要求在今天也是很有意义的，尤其"中和"的态度更为重要。加拿大当代学者马克斯·范梅南说得好："教育者需要具备调和传统和文化对年轻人的影响的能力。"[1]有追求的、优秀的语文教育工作者也应该具备这种"调和"的能力：调和理论和实践的能力，调和外国的和中国的教育理念、方法的能力，调和传统和现实的能力。

2. 关于讲读与写作都要以学生为中心

蒋伯潜认为国文教学须以学生为本位，教师的教学要以学生为中心展开工作。

第一，讲读教学要以学生为中心。

蒋伯潜认为"教学"与"教授"不同，教授完全以教师为中心，学生处于被动地位，学生只须"受"教，不必自学；而教学则以学生为中心，不但须使学生有自学的机会，而且须加以督促、辅导和鼓励，"就是教师方面的'教'，也得顾到学生的需要、能力和兴趣。此在各种学科，莫不皆然；而以国文一科为尤甚"。他批评"我国的国文教学远承科举时代的遗习，学生完全处于被支配、被拘束的地位，教师施教时，并不顾到学生的能力和兴趣；所谓需要，不过把国文当作科场应试的敲门砖而已"。他指出过去科举时代只重记诵不讲解，而如今学校走到反面，只讲而不读，这也是不对的。所以从学生为中心出发，他提倡讲读两项并重。为此他认为讲读教学应坚持确当的选材标准与组织形式，要坚持三个原则：一是顾到国文教学目的；二是顾到学生的年龄程度；三是顾到此时此地的需要。他提出教材编写以单元形式进行组织，分为中心教材与附属教材，中心教材由教师在课内讲读，附属教材由学生课外自读。他还提出讲读教学大致有四个步骤：预习的检查——试讲与范讲——试读与范读——讨论。

---

① 马克斯·范梅南著《教学机智——教育智慧的意蕴》，李树英译，北京：教育科学出版社，2001年版。

四步之中贯穿一条线索,即培养学生的自读能力,而最重要的是讨论。讲读教学还须重视课后抽阅笔记、指导温习与考查成绩三项工作。

第二,作文教学要以学生为中心。

以学生为中心还体现在作文教学中。蒋伯潜认为:

(1)作文命题应以学生为中心,做到四个"顾到":顾到学生的能力,顾到学生的生活经验,顾到学生的心理与兴趣,顾到学生的需要。"总之,命题当以学生为中心,使学生能作,易作,喜欢作,需要作。果能如此,则学生将以习作为乐事了。可是题目的范围,勿过狭窄,勿太宽泛。过狭窄了,易有苦涩拘束之弊;太宽泛了,易有肤浅浮滑之病。"难能可贵的是蒋伯潜还在书中列了不少可供参考的题目,他将题目分为甲——"记叙描写类",下分"自身""家庭""学校""故乡""学业""事实""时令""气象""名胜""人""物"十一类,每类下又分别提供若干题目。乙——"议论说明类",下分"修养""学业""家庭社会""时事""岁时""史事""文艺""学术"八类,每类下又有若干题目。丙——"应用文件类",下分"书信""柬帖""书启""规约""公文""哀祭""联语""其他稿件",每类又有若干小题目。丁——"文艺小品类",包括"故事寓言""小说话剧""歌诗""小品文"共四类,每类又系以若干小题目,十分有用。

(2)指导作文要抓"一般的指导和特殊的指导"两个方面。所谓"一般的指导"包括审题、立意、取材及用材、结构四个方面。在这四环节的指导中,显现出蒋伯潜的识见。例如他在"取材及用材"一节中指出要学生学会收集材料:"作文和烧菜一样。没有丰富新鲜的材料,即使是烹调妙手,也烧不出一碗可口的菜来。作文没材料,便嫌空;材料少,便嫌枯。材料须预先收集,或得之亲自经历的生活,或以观察、调查得之自己生活以外的生活,或以剪报、抄书得之阅读的书报,或以请益、谈话得之师友及他人。"教师要对此予以指导,"材料的搜集,在于平时;指导亦宜于平时为之"。在"本论二 习作与批改"的第二章"指导"里详细地列出了具体指导的各种方法。再如在指导如何组材结构时,蒋伯潜提出要着重抓三点:一是层次(作文内容安排);二是联络(文章内容的上下呼应层层推进);三是变化。在讲解这些内容时,蒋伯潜利用中国古代文章大家的各种手法,例子信手拈来,无不贴切典型,让人一听即明白,绝无高头讲章陈义过高的感觉,十分实用。

所谓"特殊的指导"指对各种不同文体的写作予以指导,蒋伯潜说"各种体裁、各种作法,在习作时,都应予以特殊的指导"。在该书中,他比较详细地予以示范的是关于如何写作(尺牍的款式、语气、措辞、称呼等)的指导。还引了梁启超《中学以上作文教学法》中的相关材料。

(3)作文批改可采用学生自改和黑板练习两种方式。作文批改历来是国文教师最繁最苦的工作,他说:"我却认为批改作文,是教师应负的责任;潦草敷衍的批改等于不批改,于学生毫无好处。"教师认真改为能引起学生注意与兴趣,学生会有进步,反之学生有进步也必能引起教师的批改兴趣,"学生学业的进步,是劳苦的教师们的精神上最大的安慰"。因此他提倡要改革方法。"黑板练习"是蒋伯潜从他老师张相(献之)那里学来的。"黑板练习"每星期一次,由教师命题,指定二三名学生当堂在黑板上写,写毕,边批改边说明理由。每学期可轮流一次。另一种即学生自己批改。

"作文批改"是蒋伯潜该书的重点,从字与词到章句内容的批改,书里都举了详细例子,十分实用。

3. 关于课外指导

强调课外指导是蒋伯潜国文教学改革的一个显著思想,也是他花费极大功夫所做的一件事。在同辈教学法专家中,他的论述最为详赡,可以与叶圣陶互相发明。该书共有三方面的本论,课外指导占据三分之一,共有四章之多。可见他对课外指导的重视,他说:"我以为,要达国文教学的目的,单靠课内的教学是不够的,非把课外教学看得和课内教学一样重要不可。"关于课外指导,该书四章分别是课外阅读、课外作业、课外习字、课外活动。其中关于课外阅读是重点。

他之所以认为课外阅读指导重要,一是因为要想使学生国文有进步仅靠课内是不够的,二是青年学生求知欲强烈,课外自由阅读兴趣很浓厚,虽然没有教师指导他们也在课外看,他们"几乎无所不阅,结果是无往不迷",因此不加指导往往给不良读物机会。学校当局或教师或听其自然或竭力禁止,结果是无效。所以蒋伯潜指出:"最好是因势利导,替他们选择妥当的读物,指导适宜的读法;自由阅读的兴趣习惯和能力养成了,不但在校时可以得许多益处,将来出了学校,也可以自己去努力进修了。"蒋伯潜的课外阅读指导分为:(1)读物的选编,其宗旨要适合学生的程度和兴趣。包括小说、诗词、古文、剧本、野史、笔记以及近现代人编的读物。(2)阅读的指导。蒋伯潜主张一是可以组织一个读书会,二是介绍读物,三是指示读法,四是规定办法,要求是学生在阅读课外书籍时不仅仅注意故事情节,还要注意"文学的技术",还要写"书面的报告"等,限期交付,教师要予以批阅。

关于"课外作业",蒋伯潜主张课外作文分为两类,一类是平时的,一类是假期的。平时的作业是日记或周记。怎样指导学生写真实有助国文的日记、周记,蒋伯潜也有具体的办法。假期的作业包括写大楷、记日记周记以及学校的功课,作者认为可以写周记和读书报告。此外在读书上尝试"诵读""比较""联合"。所谓"比较"即将各种体裁读物作横向比较,"联合"指"零零碎碎"的常识能连贯综合起来。他说:"这种连贯综合的复习,比较枝枝节节地去温读,要好得多了。"蒋伯潜的这些经验非常切合实际,有裨语文知识的系统化,不是有实际经验者绝想不到。此外,还可以鼓励学生与教师通信,把写信当成假期作业。关于师生间通信的好处,蒋伯潜意见也是非常正确的,他要求教师要重视阅读学生的来信,及时回复等。

关于习字,蒋伯潜强调现代中学生与古代不同,以实用为主,故要达到四个要求:正确、清楚、匀称、敏捷。至于怎样练字,蒋伯潜参照中国传统书法教学方法也提出了一系列可资实用的训练法。

关于"课外活动",是指课外与国文有关的一些活动:包括演说辩论、话剧表演、办校刊、请校外名人做演讲时要求学生做记录、文字游戏如字谜等。总之,"到处留心,是学国文的好法子,也是教国文的好法子"。

对于课外活动指导,蒋伯潜不但论述详尽,而且身体力行做了许多事,他曾为世界书局编写课外读物"中学国文自学辅导丛书",初中部分六册仿《文心》用故事形式编写,每两册为一组,第一组《字与词》,第二组《章与句》,第三组《体裁与风格》;高中部分也分六册:《骈文与散文》《小说与戏剧》《诗》《词曲》《子》《经》。后来由于种种原因,只出版了初中部分前四册。高中六册由蒋伯潜及其子蒋祖怡共同完成,后来在1996年由上海书店出版社出版。

4. 关于教师的进修

蒋伯潜在《中学国文教学法》的"余论——国文教师的进修"这一部分中,提出了他对语文教师应该进修的内容和方式的看法。与阮真一样,蒋伯潜在中学及师范学校长期从教,也是"百战老卒,行伍出身",故对国文教师所需要所缺少的知识非常清楚。他说:"教师多费一分心力,学生即多得一分进益。师生间的精神感应是很快的。……教师不但当有教不倦的精神,也须有学不厌的精神,努力进修。如此,方能以身作则,造成好学的校风。"那么,语文教师究竟最需要进修哪些科目呢? 蒋伯潜认为,我国学术文艺浩如烟海,只要教师自己想努力,园地很大,而且近代以来外国的学术思想、文艺潮流大量涌进,所以谈进修如"一部十七史,不知从哪里说起"。他认为一个语文教师首先要从文法、修辞学、文字学、文学史、学术史这五个方面下功夫,因为这五个方面和语文教学有直接的关系,是一个语文教师的本。

(1)文法和修辞

蒋伯潜认为教学语文时常用到文法和修辞学,当时流行的文法书,文言文的以马建忠的《马氏文通》、白话文以黎锦熙的《国语文法》"最详尽",可以读。还有王引之的《经传释词》、刘淇的《助字辨略》是从古籍中搜集例证研究国文中虚词的书,杨树达的《词诠》、俞樾的《古书疑义举例》是研究古文中特殊句法的书,刘师培的《古书疑义补》、马叙伦的《古书疑义举例札移》则可以补正俞书,这些书都应该读。关于修辞,他提到张文治的《古书修辞例》,搜集例证很勤,但是只论及"改易""增加""删节""模拟""繁简"五个方面。陈望道的

《修辞学发凡》,搜集的例子文言、白话都有,"比较的算完备了",但是论及"风格"部分太简单了。他希望有人把古人论文法修辞的话好好收集起来,参考近人的议论,再和西文作比较研究,或许在文法修辞上就可能有相当的成就了。他说:"我以为研究文法和修辞,当根据完形心理学,作整个的观察研究,由整篇以研究句语,从整句以研究各个的词。"因为词不能离开句子,句子不能离开全篇。从这里我们可以看出,蒋伯潜所谓的进修,实际就是要求教师要有研究,要带着问题读书进修研究,并且还要结合国外先进的教育心理学理论,并不是仅仅读一点现成的书那么简单。

（2）文字学

蒋伯潜说过去人研究"小学"（文字学）死守《说文解字》的范围,只重形义,不顾声韵,把声韵分立为音韵学,研究文字只重秦篆,不重视秦篆以前的文字,籀文已经很少有人研究。现在有人研究甲骨文、钟鼎文,但还是有许多人"笃信许书",如章太炎不相信甲骨文等。因此,蒋伯潜说:有志进修的国文教师,如果想在文字学方面更求深造,应当改变他研究的态度,要从音形义三要素出发进行研究。他认为清代研究《说文解字》四家中朱骏声的《说文通训定声》是一部很有成绩的书,他还以自己老师张相（献之）的《字例》为例,说明中学教师在这方面加强修养的重要性。

（3）文学史

文学史对一个语文教师来说其重要性自不必言,我们常说阅读理解作品要知人论世,脱离了具体历史背景解读作品常会出现谬误,而不熟悉文学史就会面对一篇新阅读的作品无从下手。蒋伯潜认为当时坊间出版的文学史很多,但是大多数的文学史并不是文学流变的历史,而是"许多文学家的小史";"不是全部文学的历史,而是文章——杂文学——的历史"。这些文学史虽然包括了诗、词、曲、小说、戏剧……,各有专史,但还没有包举全部文学——纯文学（文艺）和杂文学（文章）,也没有原原本本地叙述其源流变迁及变迁的理由。因此,蒋伯潜说:国文教师要进修文学史,除了对各个时代的作家作品要研究清楚以外,还要对一种文学本身的流变搞清楚。此外,教师要有一种大文学史的概念。如果一部文学史只是介绍骈文散文,那是文章史;如果仅仅讲解诗文词曲,那就叫诗文词曲史。他以《诗经》为例说明,文学史研究应该关注俗文学;他以佛教传入后影响我国文学、近代西洋翻译作品传入影响我国现代文学为例,说明文学史研究还要注意翻译作品;还有文学作品与音乐的关系,唐五代词的兴起和发展就是证明;还有明清小说同唐人话本的关系;等等。他认为文学与社会关系密切,进修文学史的教师对此要非常注意。王充云:"知今不知古,谓之盲瞽","知古不知今,谓之陆沉"。(《论衡·谢短篇》)无论哪个学科,熟悉其历史,明白其发展现状,才能真正掌握其精髓。

（4）学术史

进修学术史可以了解我国固有文化最重要的一部分，了解我国历代学术对语文教师来说也是基本的修养。蒋伯潜认为当时各种各样的哲学史、学术史、思想史以及《国学概论》《诸子概论》一类书如"雨后春笋"般出现，所以如不加以谨慎选择，就会误信某一种学说，"花了买书的冤枉钱，还是小事；白费精力时间，又得了一种错误的知识，或竟以误传误，那可不是玩的"。他以章太炎和胡适之关于诸子十家起源的讨论为例，说明学术讨论一定要"平心静气"，实事求是。他认为当时有些学者："或因信而好古，硬替古人辩护，是曰盲从；或因疑古过勇，一笔抹杀，是曰武断"，都是要不得的态度。然后，他以对老子、孔子、秦始皇焚书坑儒等历史的评价为例，说明细心分析评价的重要性。他说："要明白古代各派的学术，不能仅仅以阅读学术史和所谓的概论为满足，必须进而阅读整部的古书。古书有真有伪，有半真半伪……要读这书，便不得不先加以辨认。"

（三）蒋伯潜《中学国文教学法》对语文教师的启示

笔者认为蒋伯潜所谓"教师进修"和我们今天的理解稍有不同，他说的"进修"，其实就是教师要研究这五门课程，而不是仅仅读这些课程的书。就像朱自清当年写《经典常谈》时的读者对象是高中生，而如今高中生不可能有能力读一样，蒋伯潜说的"进修"实际就是"研究"，无论哪一门课程，现今大部分语文教师可能并不具备这种能力，但是有些语文教师经过努力还是能够做到的。不管怎样，我以为蒋伯潜所论至少在三个方面可以启发我们：

第一，教师努力进修可以为学生树立榜样。这似乎老生常谈卑之无甚高论，却是真理。《学记》所谓"学然后知不足，教然后知困。知不足，然后能自反也；知困，然后能自强也"。上海著名特级教师沈蘅仲先生说："如果说学生时代的读书是为了求知，为了兴趣，则执教时代的读书就更为明确地是为了提高学识修养，做好教学工作了。事实上从个人的体会来说，我是从教书中才更感到了读书的需要，读什么怎样读的问题也是在边教边读中逐步明确的。"我们都知道教师学养厚实了，教学就能左右逢源。如果教师自己整天忙于许多无效劳动或者无聊的活动，因而缺乏时间进修，那么怎么提高自己？如何影响学生？可惜，现实状况就是如此。

第二，教师进修应以"国学"科目为本，以自学为主，以锻炼内功为要。为什么先要学习自己国家的学术？因为语文教师教的是母语，这是"本"，这个"本"不牢靠，则会成无源之水无本之木。道理不赘述。为什么又要强调自学？蒋伯潜说得好："现在的教育行政机关对于教师的进修已知注意了，开办假期讲习会呀，规定教职员平时进修的工作呀，组织教学研究会按学科分组研究呀，发行出版物呀，可说是在竭力提倡或督促了。可是学问的进修，不是他律的,是自律的;不是形式的,是实际的。"我们现在也有这类进修,每年寒暑假都有语文教师培训,但是往往形式大于内容,效果并不好,结果进修反而成了负担。有的甚至请来一些束书不观游谈无根之辈在那里放言高论,徒然浪费青年教师的时间,用鲁迅的话"无异于谋财害命"。宋儒云"进修专在己,得失尽由人",教育说到底就是自我教育,"反求诸己""学而不厌"是语文教师永远应该坚持的。

第三,提高鉴别能力,知道向真正的大师学习,而不做二道贩子。现在出版物铺天盖地,网络上就更无论矣。每年的名人"著作"不断问世,似乎人人都可以出书,但究竟多少是有价值的? 吕思勉先生说:"今日所谓文明之国者,其印行书籍之多,闻之诚足骇人。然细思之,彼之所谓著述,果皆卓然不朽者耶? ……往尝与钱子泉论学生作论文事,予素不以为然,以其实无所得,而徒教人以剿袭也。子泉曰:'……其所谓论文者,固不待阅,徒以理度之,而可知其程度如何者也。'予闻其言而韪之。"①这几年笔者读过不少研究生论文,也读过不少中小学教师的论文或著作,甚至有些还是名人的大作。但是正如17世纪法国哲学家梅特里《人是机器》一书里说的:"人们只是由于滥用名词,才自以为说了许多不同的东西,实际上他只是在说一些不同的词或不同的声音,并没有给这些词或声音任何真实的观念或区别。"②所以,我想如果语文教师要提高学识,就要去读一些经过时间考验的经典,而不必赶时髦读流行的名人之作。当然这需要提高自己的识鉴力,能够识得真金时,自然不会被"镏金铜"所骇。

三、科学、艺术各有擅场:阮真、蒋伯潜《中学国文教学法》之比较

阮真《中学国文各学程教学研究》一书可以视为他《中学国文教学法》一书的准备,主要精神都体现在后书了。因此,将阮著《中学国文教学法》和蒋著《中学国文教学法》作一比较。

阮真的《中学国文教学法》和蒋伯潜的同名著作,是20世纪30年代和40年代国文教学研究的代表性作品,加上王森然的《中学国文教学概要》,实际上标志着现代语文教学学科的体系已经确立,国文教学从课程标准、课程设置、教材编写、课堂教学的原理、学生的课内外学习的安排、作业的批改,以及教学的评价、教师的进修等重要问题,均已有切实可行的计划。而且,这些论著不但能从传统语文教育中汲取精华,还引进了国外教育学、心理学、文章学等先进的理念。比较阮著和蒋著的异同可以给我们一些启发。

---

① 吕思勉著《吕思勉论学丛稿》,上海:上海古籍出版社,2006年版,第328页。
② 拉·梅特里著《人是机器》,北京:商务印书馆,1996年版,第38页。

（一）两书的相同之处

首先,两书作者的经历颇多相似之处。两人的行状在那一代人中是非常典型的。从旧学开始,打下良好的国学基础,然后接受新思想新思潮,是救国救民、启发民智的国家复兴的知识分子。他们都教过小学、中学、大专、大学、研究生。几十年教学国文,研究国文教学法,所谓"百战老卒,行伍出身"毫无虚言,积累了经验和案例。所以,两书是两位学者水到渠成的作品。从书中内容我们可以看出,他们对中学国文教学的每一个方面都非常熟悉,对任何材料、案例的运用皆能得心应手,丰富的学养、敏锐的观察、犀利的批判精神,是他们的共同点。

其次,他们都对当时国文教学中出现的那种"陈义过高"脱离青少年实际的课程内容表示不满,所以都强调国文教学必须从实际、实用出发,要从青年踏上社会需要这一点来培养其技能,但是他们也反对把国文仅仅当成一种谋生的工具,对于有潜能的学生仍然需要发展其不同的才能。在国文教学的目的拟定上,在课程内容安排上,他们都有相同的主张,例如阮真有具体而详尽的初高中国文教学目的,以及关于"主要学程、辅助学程、特设学程"等的设置,蒋伯潜有"正副目的"的制定等,无不体现要关注不同特点的学生这种思考。

第三,在国文教材选择和排列问题上,对文言和白话文章的取舍上,两书都采用比较中和的态度,以实际需要为出发;在具体教学方法上不论是读文还是作文,两书都主张要有计划性,反对随意性等。要求学生课内课外联系,凡读书皆需有笔札功夫,等等。尺牍、公文皆详为示范,俾学生能效仿。

（二）两书的相异之处

从两个人的经历看,虽然都是从小学、中学一直教到大学,但两人的教学和著述重点略有不同。阮真从南京高等师范学校毕业,受陶行知教育思想影响比较大,且一生专门从事国文教学研究,而蒋伯潜还是一位国学研究的大家,国文教学研究只是他一部分工作,两人的不同兴趣和专业方向,在两书中也可以显现出来。

首先,在评价当时教育部或其他同行制定的国文教学目的、课程设置方面,阮真的批评更加具有锋芒,而蒋著更多的是建设性的意见。阮真的批评背后往往有扎实的科研、案例和数据为依据,而蒋著多数是自己教学的经验性内容。因此在制定教学目标、教材分配乃至作文评分等方面,阮著更为详尽,而蒋著比较简略。尤其是在作文评价上阮著制定了详尽的评分标准,体现出追求科学化的倾向,而蒋著采用的仍是传统评分方式。究竟哪一种更有效须视不同场合起不同作用,不能随意分甲乙。从实用角度看,蒋著提出的一些方法似更有可操作性,例如作文教学的各个环节——命题、批改、讲评等方面。阮著往往提出原则意见,一条条较细致,而蒋著提供的实际案例更丰富,在文章修改方面提出的案例更生动。在语文学科研究方面,阮真的研究更显示科学性,例如在评分方面,阮著那些分类统计方法很有科学性,但是较难把握。

其次,在安排阅读与写作的要求上,阮著强调"要提高学生之实际程度,必须放低教学标准",因此对选材选文拟出了各种文体的比例安排,从文体上作分类。而蒋著则从传统的文字音韵、读古书的准备功夫等入手加以指导,所选例文往往都是传统名篇名著,难度稍高。体现在作文上,阮真两书对实用文体(如文牍)给予高度重视,而蒋伯潜在作文具体指导上,不厌其烦一一示例,如对学生作文态度上的批评,至今仍可为药石。

第三,学生的课外活动安排方面,蒋著提出了比较详细的几个方面,尤其值得一提的是蒋著反复强调国文教师的修养,提出从五个方面进修的意见,是非常中肯的。

总之,两书各有千秋:阮著在科学性、系统性上更强,而蒋著在实用性、操作性上更强。两书即使在今天仍具有重要的意义。例如:新课程改革以来,我们有没有出现过那种"陈义过高"的语文教学批评的立论?许多非语文教学专业的学者、记者常常用惊世骇俗的言论来批判语文教学,常常用一些文学理论的概念套到语文教学上来,有人甚至一天也未到中小学教过语文,却在那里纵横捭阖议论教学法,对一些不熟悉的国文教学名家妄加月旦。近年来又常有一些"不配谈读经"的人利用社会各界对语文教学现状的不满,提出要让青少年"读经"、学"国学"等,试图以此来拯救世道人心。这些被当年鲁迅讥之为"沉渣的泛起"的东西,如今又吃香了。而语文教学研究界本身又缺少像阮真、蒋伯潜这样富有热情又有真知灼见的语义教育研究专家,不少新晋专家把语文教学研究弄成"经院哲学",用引进甚至自创的名词术语来糊弄一线教师;有的甚至数典忘祖否定现代语文教学的传统,否定这些大师的存在,好像语文教学是没有科学研究的,有之是从他们开始的。所有这些都需要我们用"平心静气地逐一加以检讨"的态度去对待,用乾嘉学派的实事求是学风去研究。而最好的方法就是读一读阮真、蒋伯潜等人的书。再如,两位先生国学基础扎实,在两书中不但经史子集材料信手拈来,摇曳生姿;于书法、楹联、外国文艺等例子也谙熟于心、涉笔成趣,真可谓"资之深则取之左右逢源"。这也是我们今天语文教学研究者的楷模,对我们来说"虽不能至,心向往之"的精神还是需要的。南宋讲究事功经世的永嘉学派代表人物叶适说:"读书不知接统绪,虽多无益也;为文不能关教事,虽工无益也;笃行而不合于大义,虽高无益也;立志不存于忧世,虽仁无益也。"(《叶适集·赠薛子长》)两位前辈以及许多从事国文教学的大家不但在读书、为文、笃行、立志四方面为后人作出榜样,而且在积极用世、教育青年一代上作出了贡献。这一点,更是我们今天的语文教师应该向前辈学习的。

2016 年 3 月于复旦十舍螳蛄居

目 录

中学国文各学程教学研究

中学国文教学法

中学国文教学法

教学目的——正目的——运用了解欣赏本国的文字——副目的——了解我国学术文学的流变——获得明确的道德观念正当的修养方法——培养思辨能力

教师素养——学力——技能——头脑——愿力——态度

中学国文各学程教学研究

阮 真 著

1930

百年语文教育

经典名著

百年语文教育

经典名著

國立中山大學教育
學研究所叢書之八

中學國文各學程教學研究

陳 真如

自　序

　　自新学制实行后,各地方高初级中学之国文学程,往往校自为风,人自为政,于是国文一科之学程,乃糅然杂出。据作者所见,除普通必修之读文作文与附属于读作之语法、文法、修辞学、作文法及演说辩论外,其他学程,尚有三十七种之多。以学程名目论:有因分别过细而多设名目者;有综合数学程,另易一名者;有名同而实异者;有名异而实同者。以修习性质论:同一学程,有属于普通必修者;有属于普通选修者;亦有属于分科选修者。以教学进程论:则各年级之排配不定;以教学分量论:则学时学分亦无一定。各校于国文学程之增设,或则自为主张,标奇立异;或则转辗模仿,互相抄袭。教务主任不明学程之内容,而教师则任意俯拾教材,各行其长,各掩其短。各学程之教学目的不定,而教材教法乃无标准可言。

　　作者按中学国文科之宗旨目的,学生之程度需要,教学之功效,而为高初中学国文科各种学程之整理,去其高深,取其浅近;删其繁杂,留其简要;合其类同,分其别异;乃定为普通必修学程九种,初中选修学程二种,高中普通选修学程四种,分科必修学程六种。除中国文学源流一种为普通选修与文系必修重见者外,共计二十种。除读文作文各已另著专书外,作者于各学程,皆酌定其教学时间与学分,而复于各章分别详拟其教学目的,教材大纲,教学方法。凡此所言,多本作者实际教学之经验,复参考其他书籍,时人论文,为审慎之考虑与计划者。虽个人所见,容或有失当之处,然使各校教师与校长教务主任,教育行政当局与课程研究专家,苟不欲使中学国文学程长此紊乱而毫无目的标准,则作者鄙陋之见,固有足为参考之价值者。

　　作者研究学程目的教材教法之根本见地,与一般教师所见有不同者,约略述之,可分五端:

　　一、作者以为一种学程之设立,必求其教学实效,不可视为具文,故旨近而言切,不敢为好高骛远之主张。

　　二、时人以为提高教学标准,即是提高学生程度;而作者以为欲提高学生之实际程度,必须放低教学标准。

　　三、作者熟察中学科目纷繁,学生精力时间有所不及,以为一学程之设立,必须审察学生需要之轻重缓急,而教学尤须注意时间与精力之经济。必使费力少而成功多，费时省而收效宏，勿使枉费时间精力于不急之务。故学程不以多设为贵，而教学必须重视效率。

四、作者以为教学必须培养学生之能力，故重视练习与研究，而不偏重书本之知识；同时注意方法之学习比较知识之获得更为重要。

五、作者以为研究学程，当以社会需要与个人需要为标准。故定全体学生需要者为普通必修学程，学生或需要或不需要者为普通选修学程，一部分学生特别需要者为分科必修学程。

本书除首二章讨论国文学程及末章结论外，其余各章皆为国文科各学程之教学研究，故标名为"中学国文各学程教学研究"。书中所谓学程，即课程中各单位，通常所谓科目。唯科目二字，多系指国文数学等各种学科，而此处所谓学程，则指一学科中某一更小而独立之单位。

本书属稿初成，蒙本所主任庄泽宣先生审阅一过，指正其错误处，作者深为感谢！唯本书所论各种学程之教材，包含甚广，作者学识浅陋，不能于各种教材均有专精研究，恐仍难免谬讹缺漏之处，尚祈国内学者教而正之！

十九，一，十，作者自序于中山大学教育学研究所。

第一章　中学国文各学程总论

（一）旧制中学之国文学程

旧制中学的国文学程,元年部定除读文作文外,在一年级有书法一项,每周一小时,教授一年;在二年级有文字源流一项,每周一小时,教授一年;在二三年级有文法要略一项,每周一小时,教授二年;在四年级有文学史一项,每周一小时,教授一年。学程简表如下:

第一学年 每周七时	第二学年 每周七时	第三学年 每周六时	第四学年 每周六时
讲读四 作文二 书法一	讲读三 作文二 文法要略一 文字源流一	讲读三 作文二 方法要略一	讲读三 作文二 文学史一

按元年部定中等学校课程表,于师范学校及实业学校,其国文科学程略相同,唯每周教学时间稍有出入,今不易查得,姑从略。

查上表于国文一科,除讲读、作文外,增设四种学程。在部中增设是项学程的本意,除书法一项属于补习性质,文法一项属于辅助读作者外,其文字源流及文学史两项,都是属于预备性质的。因为中学毕业生是预备升大学的,预备进大学文科的学生,不可不在中学时,先授一些文字学和文学史的常识,使他略有一些普遍的系统的概念。但是,订下一种学程的名目,酌定每周一小时的时间,很是容易,而这些学程里边,应该选些什么教材? 应该怎样教法,方能在教学上发生功效,使学生得些切实有用的知识? 这都是极困难的事情。

以文字源流言,中学生能否对于素未谋面的古籀篆隶发生兴趣? 这三十几点钟教完的文字源流,即使知道了一鳞一爪,无异加上了一些读书人的装饰品,究竟于读古书,通方言,识字体,有什么用处? (要有最粗浅的用处,非定每周三四小时,教授一年不可。)而且教者十之七八未曾通得文字学,学者几乎完全未曾切实了解,即一鳞一爪亦不能得,则学程等于虚设了。虚设学程以浪费教学时间,这是很不经济的。

以文学史言,中学生只读一些唐宋明清文和现代文,至多再选读了一些经史子文,所谓辞赋骚七,所谓骈俪连珠①,所谓古近体诗,所谓乐府词曲,所谓古

---

① 辞赋骚七,骈俪连珠:皆为古代文体,骚,即《离骚》;七,即西汉枚乘《七发》。(编者注)

小说传奇杂剧,所谓各代各体各派各家之代表作品,多不曾见过面,而三十几点钟内教完的一本二万余字的文学史,于各家各派说得三言两语,能否使学生了解而发生兴趣? 虽然按时教完课本,而不得其毫末之益,则学程又等于虚设了。若欲举例讲解,或令学生参考各代各体各派各家之代表作品,使其稍稍明了,则每周一小时的教授,再加一小时的自修,十年不能毕业。仅仅把两汉魏晋的辞赋,各家选一篇来讲,恐怕已经要教一学期了。因为这种古典文章,不是学生所能看的。

我们再要问一问,一百个中学毕业生,升入大学的有几个? 一百个升大学的学生,入文科的有几个? 这些短时间教完的文字源流和文学史,对于一般中学生究竟有没有需要? 教学上有没有发生功效? 我们何苦要强迫一般的中学生枉费精力时间,去学那不了解、不需要、无功效、无兴趣的学程? 教师为了薪水而上课,学生为了怕犯规扣分而上课,何如省些枉费的时间,来教切实有用的功课呢?

以书法言,中国旧时读书人确是很讲究的。但我以为实在讲究得太过。从前科举取士很苛刻,书法不好的往往要落第,无怪他们要牺牲极多的光阴来讲究。但在现在的学生,我们只希望他们写得清楚端正,不值得多费工夫去讲究。因为现在学校的功课很多,教学时间是极经济极宝贵的。如果花了时间去讲究不急要的书法,宁可省些时间去学急要的功课。书法的技能,如果只求清楚端正,我以为在小学毕业时,就该养成的。只要教师略加注意,我以为有十二分的可能性的。至于在中学,我以为只要注意平日作文及各种课卷写得清楚,书法也就容易进步些,不必特设学程来教学了。现在中学生的书法,确是有许多太幼稚,太糊涂,潦草得不成样子,然而我以为这是平日写作文及课卷太漫不经心,任意涂鸦,潦草塞责,而国文教师不加注意的缘故,却不是少了特别教学的缘故。纵使每周一小时,教学十年,倘若不注意平日写作文及课卷,仍然任他们漫不经心地乱涂,我以为教学总归没有功效的。因为书法之中,不仅是技能的问题,还有习惯的问题。习惯坏的学生,无论怎样特别教学书法,离开了字帖就会任意乱涂的。我最不解的是,各校特设书法学程,花了时间来教学,而平日绝不注意作文和课卷的书法,使学生养成了坏习惯。这是矛盾之极的教法了。那么何必虚设学程,敷衍上课时间呢? 教授别种的学程,因为应用练习的机会太少,我们要假设机会,给学生做应用练习。教授书法,因为应用练习的机会太多了,我们反不加注意,还要特定时间来练习,岂非大谬!

以文法言,确是初中学生必修的学程,且待下章详论罢。

（二）新制中学之国文学程

新制中学的国文学程,好像从前教育部没有详细订明颁布,只有全国教育联合会新学制课程标准起草委员会颁布的一本新学制课程纲要(十四年六月出版)。这纲要中,初中国文课程是叶绍钧和胡适起草的;高中国文课程是胡适起草的。但在未颁布之前,各校已经各自为政;在既颁布之后,各校也不一律遵行。最近,教育部又组织一个中小学课程标准起草委员会,拟定了中小学课程暂行标准。关于初中国文课程是孟宪承、孙学辉、刘大白、刘奇四人起草整理的;关于高中国文课程是孟宪承、胡适两人起草整理的。但都没有说到特设学程和选修学程,因为在初行新学制时,高中倾向分科,现在又倾向不分科了。新定的暂行课程标准,现在还在试行时期,究竟能否使各校遵行,还未可定。我现在只好将两次课程标准起草委员会所颁布的中学国文学程和颁布前后各著名中学的国文学程,举些例来讨论罢。

1. 全国教联会课程标准起草委员会拟定的中学国文学程(十四年六月商务书馆发行)

（甲）初中国文学程表

学程及学分总分配 共三十二学分	各学年每周教授时间分配		
（1）读书 { 精读 十四学分 略读 六学分 } 共计二十学分 （2）作文 { 作文和笔记 四学分 文法讨论 三学分 演说辩论 三学分 } 共十学分 （3）写字——二学分	第一学年 每周六时	第二学年 每周六时	第三学年 每周五时
	读书三 作文二 写字一	读书三 作文二 写字一	读书三 作文二

按该纲要中,只有学程及学分总分配,没有各学年每周教授时间分配。如果按每周教授一时,自修一时,修习满一学期为一学分的标准,来分配教授时间,初中三学年共计国文三十二学分,每周不过教授四小时。照他们的学分分配来定教授时间,很不容易。所以他们也只好不定教授时间了。但照我推测,写字不过每周一小时的练习,大概没有自修,所以修习二年不过二学分(每学期半学分)。但我看他们的作业支配,写字三学年都有,那么教授时间更不易定了。还有照我的时间分配:总计读书只有十八学分,他们却定二十学分;总计作文已有十二学分,他们却定十学分;两者都稍有出入。照他们的定法,或

9

者只好打破上课时间,倾向道尔顿制①的办法了。还有他们把文法和演说辩论,都归入作文中,我也赞同,不过学分和时间,更不易划定。而且作文和笔记只有四学分,则作文的学分太少。至于写字不必特定时间来练习,我在上面已经讨论过了。

(乙) 高中国文学程表

学程及学分总分配 共二十四学分	各学年每周教授时间分配 (第三年无普通必修学程)		
1. 普通必修国文 十六学分 (包括读书作文文法三学程) 2. 文字学引论 四学分 (第一组特设学程) 3. 文学史引论 四学分 (第一组特设学程)	第一年 每周四时	第二年 每周四时	第三年 第一组特设 每周四时
	读书二	读书二	文字学引论二
	作文及文法二	作文及文法二	文学史引论二

按该纲要中,也只有学程及学分的总分配,下面的各学年每周教授时间分配,是我推测他们的用意而假拟的。教学时间这样少,而他们所定的教学标准颇高,教材分量颇多,这是我最怀疑的一点。我推测他们的用意,大约因为各科目学分时间太繁多了,国文的学分时间不得不减少;但为提高学生国文程度计,教学标准不得不提高,教材分量不得不增多,——横竖国文可以课外去读的。上课虽然只有四小时,课外可以去读十四小时或廿四小时。但是,我要问定纲要的先生们,是否把学生课外的自修时间,全盘计算,按各科目的学分时间分配过呢?全体的上课时间有没有减少,自修时间有没有增加呢?(阅者如要研究中学生自修时间,请参看拙著《中学国文校外阅读研究》第四章。)要行这种办法,我以为至少要使学生的自修时间,两倍于上课时间。各科的上课时间都非减到极少不可。否则只好根本推翻现在的班级教学制,实行道尔顿制,或者试行我所谓复分团制。(参看拙著《中学读文教学研究》第一章,是书去年在广西教育厅出版,今拟修改,再在民智书局出版。)

该纲要中把高中第三年的普通必修国文除去,而为普通科第一组特设文字学引论和文学史引论二学程,为预备升入大学文科之用,这是我很赞同的。不过该纲要对于普通国文选修学程和其他分科国文必修学程,都没有提及。现在各校已经有增设这些学程的了,我们还有讨论的余地。

---

① 道尔顿制:由美国教育家帕克赫斯特创建的一种教学组织形式和方法,是一种彻底的适应个性的教学方法。此法要废除班级授课制,指导每位学生各自学习不同的教材,以发展其个性。(编者注)

2. 教育部课程标准起草委员会拟定的中学国文学程(十八年八月教育部印行)

初高中各级国文学程时间表

初中第一年 每周六时	初中第二年	初中第三年	高中第一年 每周四时	高中第二年	高中第三年
1. 精读及文法修辞(三) 2. 略读指导(一)同上 3. 作文及口语书法(二)	同上	同上	1. 精读略读及文法修辞研究(三) 2. 作文练习及评论作文(一)	同上	同上

这次拟定的纲要和上次不同处有四点:一、高中三年级亦有普通必修国文,学程时间皆划一不二;二、上次把文法附入作文中,此次把文法和修辞附入阅读指导中;三、上次定学分而不定时间,此次定时间而不定学分;四、上次把书法独立,此次把书法附入作文中。我细看他们的纲要和标准,多少受了一些以前四种拙著的影响。但是,如果照现在的班级教学制度来定中学国文学程,我仍然主张高中普通科第一组(或称第一系或文系)必要有特设的国文学程的;高中各分科,也该有特种必修的国文学程;高中或初中,也该有普通选修的国文学程。不过我以前所写的四本书,对于这一部分还没有详细讨论罢了。我反对近年各地高中国文选修学程太多,并非根本主张不要选修学程;我反对以国学概论、群经发凡、诸子述略一类的学程为高中文系特设学程或普通必修学程,并非反对高中文系不要特设学程。我去年在报上看见过教育部颁布的高中课程表,好像仍然有文学史、文字学、国学常识(或概论)一类学程的。现在我在中小学课程暂行标准中,没有见到这些学程。我不知是他们还没有讨论到呢,还是他们主张根本取消? 或者因为他们感觉到近年各中学国文学程的紊乱而主张划一,这也说不定的。

3. 广州执信学校的国文学程(据《教育杂志》十四卷号外学制课程研究号,廖世承著《关于新学制草案中等教育课程之研究》)

(甲) 初中国文学程表

第一学年 每周六时	第二学年 每周五时	第三学年 每周五时
讲读　作文　习字	讲读　作文　习字 文字源流	讲读　作文　文法要略 文学史略

按此表于各种学程,都没有写明时间,但我们看他国文科的时间,便可知

道除讲读、作文外，其他学程都是每周一小时。这表中的国文学程，是从部定旧制中学国文学程缩小而成的，不过把国文科的时间减少了些，把习字延长二年，把文法要略缩短一年罢了。但在程度缩退二年的初中国文学程中（按新制初中第一年即旧制小学第七年，初中第三年即旧制中学第二年），仍然发现文字源流和文学史略，那么选材和教法上更要倍加困难了。我不知道他们的教师是自编课本呢，还是仍然用的从前教育部审定旧制中学适用的共和国教科书文字源流和文学史？我推想他们定下这个学程表，大概有两个目的：第一，要把初中毕业的国文程度提高，使他和旧制中学国文毕业程度相等。第二，要把旧制中学的国文学程在初级中学教完，使不进高中的学生也可有些文字学和文学史的知识；要进高中的学生还可多学一些文学或国学。学生程度较旧制缩退了二年，国文科时间又较旧制减少，而国文的学程并不减少。这在课程表的形式上看来，似乎很完全，程度也似乎提高了。只要课程表的形式完全，似乎不妨减少讲读；照该表推测，初中第二、三年国文讲读仅每周二小时。初中毕业生的国文不妨不通，而文学史和文字源流的学程却不可牺牲！这大概是因为他们认为这些学程对于初中学生有普遍的急切的需要，教学上有极大的功效，或是学程的本身有非常的价值，或是部定旧制中学的国文学程必须在初中教完的缘故。而学生的实际程度和实际教学的情形可以不问了。

（乙）高中国文学程表

第一学年 每周五时	第二学年 每周五时	第三学年 每周五时
讲读　作文　习字法 文体类别　文体程式	讲读　作文　字体概论 文体沿革　文学研究法	讲读　作文　文学史 经学概要　子学概要

按该校有普通科、家政科、师范科三种课程表，但是国文学程时间，完全与此表相同。

上表中也没有写明各学程的教授时间。据我的推测，大概除讲读二时、作文一时外，尚有二时教授其他学程。照这表的形式上看来，确是与初中学程表程度衔接的，而且把学程扩展提高，这是很完善无缺的。但是，国文科的教授时间这样少，学程的分目这样多，讲读的时间，不得不减至极少了。而这些学程，究竟是不是普通必修的？是不是师范科与家政科也是必修的？有没有加入的必要？这都是很可研究的问题。

以习字法论，该校在初中本定有习字学程，何以不和学生讲习字法，要待到了高中，习字学程早已修完的时候，再来讲呢？如果说，这种习字法的教材，是篆隶碑帖各种书法的专门学，或是书法的宗派和历史，那么高中普通科、家政科和师范科的学生，实在没有闲工夫去学它。即使学过了，我敢说，百分之九十九的学生都没有需要的,至多不过加上一些读书人的装饰品罢了。实在不值得教一般高中学生牺牲了国文科中极经济的时间夫学习它。

论到文体类别,我以为教读文时,可以随时指示,待教得多了,再归纳成一个表,也就够。实在不必设为一种学程。

所谓文体程式,我不知是教的各种应用文件程式呢,还是普通文体的格式?普通文体,实无一定程式可言;有的,只有各种应用文件。

应用文件的教法,重在实际练习,却不重在只讲程式。倘使只讲程式,学生随便买一本应用文,一看便知,何必加设学程呢?

论到文体沿革,似乎是和文体类别衔接的。我在上面说过文体类别不必成为一种学程,历代过去文体的沿革史,在高中更无教学的需要。

论到字体概论,似乎是和文字源流衔接的。但在高中也无教学的需要。

至于文学研究法,本是高中学生很需要的。但须把教材的范围确定才好。因为有些学校,在同样的课程中,教材很不同。

文学史一门,在高中三年级的程度,自然也可讲些大略。不过教材中多要根据学生已经读过的文章,为引证的实例,方有实际的功效。我们要注重使学生知道文学的门径、源流、趋势,却不重在五千年来整部的文学史的体例和形式的完全。所以我主张改为中国文学源流。

讲到经学概要和子学概要,我以为在高中普通科的学生,绝对没有学习的需要和能力;家政科和师范科的学生,自然更可勿论了。试问高中学生各年讲读文章的时间已减到每周二时,又没有时间去课外阅读,究竟读过几部子书,几部经书呢?倘使还没有读得一部半部的经书子书,便来讲概要,我敢说在教学上不会发生功效的。

4. 前江苏一中变更部章的四年制国文学程(据舒新城《中学学制问题》所载,见《教育杂志》十四卷一号)

各级国文学程表

第一二年必修	第三四年必修	第三四年文科选修国文学程							
各年每周七时	各年每周四时	一年每周四时	一年每周二时	一年每周一时	一年每周二时	一年每周二时	一年每周二时	一年每周三时	一年每周三时
国文	国文	应用文	美文	文学要义	文字学	文学史	新闻学	书法	国语

按该校实行新学制后之国文学程,作者未曾查得。然此表于三四年级分科,已为改行新学制之预备,其实行新学制后之国文学程,大约不致相差甚远。

此表于各级国文必修学程,皆不详列;但在第三四年加设国文选修学程至八种之多。在这八种学程中,我以为书法和国语,都属补习性质,不必如此重视;如果在小学已经学好的,在中学可以不必再学。应用文每周四时,教学一年,在各种选修学程中最为重视,大概把各种应用文都包括在内了。至于美文、文学史、文字学三学程之改为选修,自较必修者为适宜。所谓文学要义,不知讲的什么教材?至于新闻学一学程,即以选修论,在中学似乎没有加设的必要。因为中学生毕业后要从事新闻事业的,百人中恐怕不得一二人;大多数学生,实在没有需要的。近年有好些高中校,于国文选科,加设新闻学学程,大概因为有一二学校根据西洋各国重视新闻学的偏见,有此主张;而各校群起盲从罢了。不知道中国的新闻事业,现在还追不到英美的百分之一,不需要许多的新闻人才,况且新闻的专门人才,还该在专门学校中去培养。而高中国文教师,十九不能教新闻学,在中文中更无适当的教材可采用,教学的成绩,也可想而知了。

5. 前东大附中试行新学制后之国文学程(见廖世承等编,中华书局出版的《试行新学制后之东大附中》)

(甲) 初中国文学程表

第一年 必修 七学分	第二年 必修 七学分	第三年 必修 六学分	普通科选修学程			职业科选修学程	
1. 国语文三 2. 文言文二 3. 语法及作文一 4. 书法一	1. 国语文三 2. 文言文二 3. 文法及作文一 4. 书法一	1. 国语文二 2. 文言文二 3. 演说辩论一 4. 作文笔记一	国音 四学分	国文 B 四学分	国文 C 六学分	国文 B 四学分	国文 C 四学分
			国音练习二 国音学概要二	书信及尺牍规范二 公文程式及文柬二	诗词歌曲三 戏剧三 小说三	商用文尺牍四	中文尺牍四

此表中合计初中三年必修的国文学分,仅二十学分,普通科选修的十四学分,职业科选修的八学分。如果按学分来定每学期每周的教授时间,那么一二年级必修国文,每周不过四小时;三年级必修国文,每周不过三小时。其他选修学程,都是教授一年的,大概除普通选修国文 C 每周三小时外,其他都是每周二小时。

该校于初中第二年即分普通科与职业科,故国文必修学分减少,选修学分加多。

先论必修学程罢。国语文和文言文,虽然分开学分,教授时间大概是混合的,不过选材的分量不同罢了。第一年的语法及作文,只有一学分;第二年的文法及作文,也只有一学分。那么以每学期言,语法或文法,各只有四分之一学分;作文也只有四分之一学分。(按原课程表中均注明语法文法各每年二分之一学分,作文每年二分之一学分。)因为教授时间很少,学程很多,所以不得不把学分定得这样少,这是要原谅他们的苦衷的。但是,第一、二年都有书法,都是每年一学分。第一、二年的语法、文法、作文三学程和书法一学程的学分相等,位置相等,似乎有些不分轻重了。难道书法这样重要? 语法、文法及作文这样不重要吗? 我知道他们的困难完全在于教授时间太少,学程很多,书法又是牺牲不得,只好把作文减少了。至于演说辩论,本来可以附属在作文中的。在一二年级的口语练习,和作文练习同等重要,却在第三年始行加入,又是本末倒置了。在第三年的作文中发现笔记,难道笔记可成一种学程吗? 必要待第三年方才可以做笔记吗? 这又使我莫明其妙!

我以为既然教授时间很少,学分很少,学程不必分得极细。国语、文言可以不必分,语法、文法、演说辩论都可归在作文中,笔记是作文练习之一种,可以不必提出来,不必要的书法可以根本取消。譬如中医开药方。药科种类极多,分量极少的时候,只好和作丸药来吞服。人家也不会说东大附中的国文学程不足为别校楷模呢!

再论选修学程罢。普通科选修国音学程,原属补习性质的学程,如果学生已在小学习熟的,便可不必习。但那时初行注音字母,有的学生在小学没有学过,在初中补习一下也好。不过我想似乎不必定为四学分。因为教材只要注重国音练习,却不必讲国音学。普通科选修国文 B 中所包括的学程,就是普通应用文和公牍应用文的一部分;普通科选修国文 C 中所包括的学程,就是所谓美文或文艺文;这我都认为有特设学程教学的必要的。职业科选修的商用文尺牍和中文尺牍,大概就是普通所谓职业应用文的一部分。不过是项学程中重要的教材不仅是尺牍;而商用文尺牍与中文尺牍,性质差不多,不过一是商用的,一是普通用的罢了。我想所谓商用文,也是中文写的,那么这两种学程——同是职业科选修的——更不易分别了。

(乙)高中国文学程表

第一年必修四学分	第二年必修四学分	第三年必修二学分	升学组第一系(文系)选修					商科选修	师范科选修		
			四学分	四学分	国文A四学分	国文B六学分	国文C六学分	四学分	八学分	八学分	四学分
古文2 应用文1 演说辩论1/2 作文 笔记1/2	古文2 应用文1 作文 笔记1	国学概论1 文学概论1	文字学	文学史	国学常识	诸子述略3 群经发凡3	古代文学作品及批评3 近代文学作品及批评3	商用文	国文补篇	国文教学问题及教法	儿童文学

15

此表中合计高中三年必修的国文学分,仅十学分,升学第一组选修的倒有二十四学分,商科选修的四学分,师范科选修的也有二十学分。近年高中倾向分科最甚,选修学程最繁的,要算东大附中第一了。如果按学分来定每学期每周的教授时间,那么一二年级必修国文,每周不过二小时;三年级必修国文,每周不过一小时。其他选修学程,有教授一年的,大概六学分的每周三时,四学分的每周二时。有教授二年的,如国文补篇和国文教学问题及教法(原表分国文教学问题及国文教学法二门,上表中归并简写),都是每周二时。

该校于高中一年级起即分科,故必修学分极少,选修学分极多。先论必修学程罢,第一、二年的古文,每学期只有一学分;应用文每学期只有半学分;第二年的作文笔记合起来,每学期半学分,分开来各有四分之一学分;第一年的作文和笔记,演说和辩论,各每学年半学分,合起来每学期还有四分之一学分,分开来每期只有八分之一学分了。教授时间这样少(每周只有二时或一时),学程仍然分得这样细,学分要算到小数点下二倍去,我不能不佩服东大附中国文教师头脑的细密了。

在高中必修学程中,又有应用文一学程,不知和初中选修国文 B 有没有重复?如果学生在初中已经选修过的,在高中不知是否可以免了必修?国学概论和文学概论两学程,定为高中三年级普通必修学程,我却不敢赞同。

所谓国学概论,讲些什么教材呢? 他们的教材纲要是:

(甲) 六艺概论——《汉书·艺文志》《六艺略》——《隋书·经籍志》一(经)——《文史通义》(《原道》)

(乙) 史传概论——《隋书·经籍志》二(史)——《四库提要》史部总叙——《文史通义·书教篇》等

(丙) 诸子概论——《汉书·艺文志》诸子略、术数略、方技略等——《隋书·经籍志》三(子)——《史记》司马谈《论六家要旨》

(丁) 集部概论——《隋书·经籍志》四(集)——《四库提要》集部总叙——《文史通义》文集篇、诗话篇等

除上列四目外,并以章太炎讲本国学概论作辅助教材。

原来所谓国学概论,除《史记》一篇,《文史通义》几篇外,大部分的教材,只有乞灵于三篇大文,这便是《汉书·艺文志》《隋书·经籍志》《四库提要》总叙了。我以为这是国学书目概论,却不是国学概论。这三篇大文真不易教,里边所举的书目不下数十万卷,我不知他们教师读过几卷? 学生读过几卷? 如

果教师学生都没有读过千百分之一，就是把书目读过一百遍，也未必有用罢。我以为所谓国学概论是根本不成立的。第一，国学本身不是一种有系统的专门学，决不能像地质学概论生物学概论的有系统可寻。所谓概论，何从概起？所谓国学概论，是哪一种国学的概论呢？第二，现在所谓国学概论，无异目录学的变相，便是章氏讲本，有好些学校采为教材的，中间所举书目不下十万卷，教师学生都没有读过，教者如何说得清楚，讲得有味？听者如何能有头绪，有兴趣？教者捧着讲义念书目，学生既不听讲，又不看书，白白耗费时间精力，教学上是否得着丝毫成绩？现在的中学国文教师，明明是人人不能讲的书，偏不肯说不能讲，不敢说不能讲。学校既然设了学程，买了课本，教师不得不强不知以为知，硬着头皮去胡讲一下；或是照书念一遍；或是在别的书上找些无关大体、不得要领的材料写满几黑板，反成越讲越支离，越说越糊涂了。学生终于没有领略到千百分之一的国学概论，他们何尝不知道呢！但在中国教育界里，有几个名人提倡国学，自然该有许多人崇拜国学。几个著名学校加上国学概论的学程，他们便不敢不盲从。学校没有国学概论的学程，恐怕失了好学校的资格；教师不会教国学概论，恐怕失了国文教师的面子；不问学生有无兴趣，有无需要，有无了解得半分，只要讲完书本，他们将来一定能读古书治国学了。但我以为专读古书治国学的人，全国只需要得几十个，那么在高中文系还没有教国学概论的必要罢！

讲到文学概论，我主张在高中文系去教，不宜定为普通必修的学程。因为这学程中讲的文学原理、派别、批评，已有专门的预备性质了。但是，现在有好些高级中学加设这门学程，而所用的教材很不同。大概有的专门文学原理，有的兼及文学评论，有的教中国文学史概论，有的教中国文学评论，有的简直来教《文心雕龙》。这种同名异实的学程，五花八门的教材，究竟是什么原因造成的呢？我以为都由于各校教务主任喜抄别校的学程，而各校国文教师，各有所长，未必兼通中西文学的缘故。学程的内容——教材——既没有一定，我对学程的名目，很难下评论了。就拿西洋的文学评论原理来讲罢，这是我曾经教过五班学生的。我感到最困难的，便是举例。空讲原理，学生当然不能明了。如果要举西洋文学的实例来印证，我也举不出；就是举出来，学生也不能看。如果要举中国文学的实例来印证，把中国古代文学戴上西洋帽子，总觉得不妥当。

东大附中的文学概论，教的什么教材呢？我看他们的教材纲要是中西合璧的。中国文学概论之部，以刘永济①《文学论》为根据；西洋文学概论之部，以

---

① 刘永济（1887—1966）：字弘度，号诵帚，晚年号知秋翁，著名国学家，一级教授。著有《词论》《十四朝文学要略》《〈文心雕龙〉校释》等。（编者注）

温吉士德《文学评论之原理》为根据;所开纲要,与两书原有章节相同,我可不必引证。但他们规定在一学分之内,十几点钟教完。我想即使学生程度很高,也未必能教得如此神速。

再论选修学程罢。上表中有文系选修学程七种,商科选修学程一种,师范科选修学程三种,共计十一种,下面再来一一讨论。

(1) 文字学 文字学确是高中文系学生需要学习的,不过教材和教法上很要注意。我以为至少要定六学分,每周三小时,教学一年,可使学生于形声训诂得些切实应用的知识。但是,多数教师只能教形体部分,训诂就很少人能教,声韵部分是十九不能教的。要求形声义兼通的,在大学文字学教授中也不易多得。我知道大学的文字学教授,也有自己讲不明白,便用臆测武断来解决许多纠纷的困难问题的。在大学教文字学,每周三四小时,教学二三年,学生能得切实应用的知识的,还是很少;在中学只有每周一二小时,教学一年,实在很少功效。所以在教材和教法上很要注意。

(2) 文学史 这个学程我在上面已经讨论过,请参看第三小节。

(3) 国学常识 我初看见这个学程名目,想不到他们教的什么东西。后来查看教材纲要,方才知道是文字学、文学史、读文、文法四种学程的混合学程。他们的教材纲要如下:

(甲) 关于文字学者,以何仲英《中国文字学大纲》及王筠《文字蒙求》为范围。

(乙) 关于文学史者,以曾毅编《中国文学史》为范围。

(丙) 关于中学读物者(文章学讨论范围附此),以许国英编《国文读本评注》四册为范围。

(丁) 关于指导读古书者,以沈恩孚《国文自修辑要》及陈中凡《古书读校法》为范围。

(戊)关于文法学者,以章士钊《中等国文典》为范围。

我再看他们的教学方法,是主张“做成测验式问话式的问题来讨论测验”。这种学程,大概是因为学生学过文字学、文学史、读文、文法四种学程之后,还没有得到国学常识,所以要再费每周二小时,教学一年;或者是因为特别注重国学,所以要“提要钩玄”,把国学常识提出来讨论;或者是专为预备大学入学试验,再来复习一下的。那么只能算是各学程的复习,不能成为一种学程了。

(4) 诸子述略 这学程和子学概要性质相同,在上面已经讨论过。

(5) 群经发凡 这学程和经学概要性质相同,上面也已讨论过。

(6) 古代文学作品及批评 我以为可改为高中普通选修学程。高中的学生该要能欣赏古代文学作品。

（7）近代文学作品及批评　我以为可改为初中三年级普通选修学程。初中学生该要能欣赏近代文学作品。

按东大附中在初中普通科选修学程国文C,亦有文艺文,大概性质和此两学程相同,不过程度有深浅罢了(参看本节初中国文学程表)。但我看他们的教材纲要,初中的注重文艺作法,高中的注重文艺选读,这又是本末倒置了。我想大概是两个教员各开纲要,没有接洽的缘故。

（8）商用文　这学程又和初中职业科选修学程商用文尺牍相同,大概教材有些不同;但均不见教材纲要。

（9）国文补篇　这补篇二字,我又不解。细细推想,大概是因为高中普通必修国文很少,师范科学生的国文却很重要,所以要补充几篇文章来教他们。我所推想的不知对不对,因为我没有看见他们的教材纲要。

（10）国文教学问题及教法　这也是师范科的选修学程,大概是教小学用的。我从前也主张师范科国文学程要教小学国文教学法,后来仔细一想,这有大部分属在小学教学法范围,不是中学国文教师所能教了。我想与其请中学国文教师教,还是请教育学教师教好些,因为重在教法而不重在国文。

（11）儿童文学　这学程在师范科确是很重要的,可惜中国很少专家去研究,而大学文科毕业生都不能教,科举老先生更不必说了。我没有看见他们的教材纲要,不知他们如何教法。但我以为不如改为儿童文学研究,指导师范生去研究。

6. 中国公学初行学科制之国文学程(见《教育杂志》十四卷一号,舒新城著《中学学制问题》)

各期国文学程表

第一学期 五学分	第二学期 五学分	第三学期 五学分	第四学期 五学分	第五学期 四学分	第六学期 三学分	第一系选修学程			
读三 作一 写一	同上	读三 作一 文法一	读二 作一 文法一 演说一	读一 作一 作文法一 演说一	读一 作一 修辞一	三学分 文学概论	二学分 文字源流	二学分 中国 文学史	六学分 世界 文学史

按上表为舒新城先生主任教务时所拟,这还是按旧制四年分配的。不过把前三年的必修学程分为六个阶段,按学力分班,第四年全为选修学程罢了。这也是预备行新学制的过渡办法。

此表和旧制不同的地方只在前三年教授时间减少;把文法一学程分为文法、作文法、修辞三学程;在二年级下及三年级上,加上演说一学程;把文字源

19

流和文学史改为第一系选修学程;又加上文学概论、世界文学史两种选修学程。按原课程表中第一系选修学程,尚有文学名著一种,我不知是中文的还是英文的,故不录入。文学概论、文字源流、文学史三种学程,在上面都已讨论过。此表中改普通必修为文系选修,似较适宜。但世界文学史一项,我以为在高中文系尚无教学需要;因为高中文系学生只要知道世界近代文学,还没有程度去研究中古以上希腊罗马的文学。就需要上说,世界近代文学已和中国现代文学发生关系,而希腊罗马的文学却无关系了。最奇的是该校于世界文学史定六学分,中国文学史定二学分。大概以世界文学着眼,中国文学的位置,确是很小了。但我们教的是国文啊!

7. 前江苏三师校变更部章之国文学程(见《新教育》五卷二期,钱基博[①]著《江苏第三师国文科教授进程说明书》)

各级国文学程表

年级 学程	预科	一年级	二年级	三年级	四年级
必修	1. 读本 2. 作文	1. 读本 2. 作文 3. 文字源流	1. 读本 2. 作文	1. 读本 2. 作文	1. 读本 2. 作文
选修			1. 中国文学研究法 2. 看史 3. 看小说 4. 日记及自由著作	1. 特殊文学研究 新闻学 小说学 笔记学 楹联学 童谣学 2. 看子书 3. 看旧小说 4. 日记及自由著作	1. 中国文学史概论 2. 读易法,读诗法 3. 看《易经》,看《诗经》 4. 日记及自由著作

上表是从教授进程说明书中摘录出来的。原文在各学程下没有写明时间学分,我因为看见有些选修学程很奇特,所以在此来讨论一下。他们的各级必修学程,只有读本、作文,我可不必讨论。在一年级讲文字源流,还是旧制的遗规,在上面已讨论过了。

在二年级选修学程中讲中国文学研究法,教材分“文学通论,世界文学趋

① 钱基博(1887—1957):字子泉,别号潜庐,江苏无锡人,古文学家、语文教育家。历任上海圣约翰大学国文教授、清华大学国文教授、无锡国学专修学校校务主任、光华大学中国文学系主任及文学院院长等职。主要著作有《经学通志》《现代中国文学史》等。(编者注)

势，中国文学研究法，共三章"，这大概就是文学概论。我推想何以把第三章章名作了学程总名？这大概因为注重文学研究法，而且注重中国的文学研究法了。其他三项，原文虽注明选修，大概是课外规定的作业，可以不用讨论。

在三年级选修学程中讲特殊文学研究，包括五种学程，而且把笔记、楹联、童谣，都成为"学"，这是我很不解的。我以为师范校没有教新闻学、小说学的需要；而笔记、楹联、童谣，根本不成为"学"。笔记只有一些简单的方法，这是作文法的极小部分；楹联可讲亦可不讲，这是文艺中附属的极小部分；童谣可在儿童文学中去研究，这是儿童文学的极小部分。任意掇合一些无关大体的教材，成为一种混合学程，真可谓"特殊"了。

四年级选修的文学史概论，在前面已经讨论过。

四年级选修学程中，尚有"读易法""读诗法"，合为一学程。并且在课外教学生读《易经》，读《诗经》。他们的教材，还有"并参考毛奇龄《仲氏易》序，姚配中《周易姚氏学》，焦循《易通释》，成蓉镜《周易释爻例》，陈启源《毛诗稽古编》，陈奂《毛诗说》，魏源《诗古微》"，钱先生何以对《易经》《诗经》如此重视，要学生如此精读而且参考多书呢？他自己注明说："以其为中国哲学文学之鼻祖。"但我看见在大部的哲学史上，《易经》只占得几页，在大部的文学史上，《诗经》也只占得几页。那么所谓"鼻祖"之书，苟非专门研究者，不必如此重视了。即使专门研究者，对于现代的新发明新创作，还该比古代"鼻祖"之书，更重视千倍呢！

8. 集美校高级师范文史地科的国文学程

高级师范文科国文学程时间表（学程下之数字，即每周教授时间。）

各学期同	一学年	一学年	一学年	一学年	一学年	一学期	一学期	一学期	一学期	一学期	
读文三（内分学术文模范文）作文二	文字学二	文学史二	国学概论二	诗学二	词学二	文学概论三	小说学二	戏剧学二	新闻学二	应用文三	儿童文学	历代散文名著

集美校各部国文科的学程时间略有不同，大约中学最守部章，师范多有变更。我教高师文科最久，所以还能记忆，其他记不清楚了。在初级师范大约每周国文六七小时，除读文、作文外，或兼讲文法，任教师自便。国语特设学程，大约每周一二时，教授一年。高师分文、理、艺术、教育四科。在文科没有英文、算学，故国文学程特多，且皆属必修。教务课在制定课程表之前，曾经参考中国公学、浦东中学、南开中学、前东大附中、江苏一中几个著名学校的课程，

所以他们的课程表定得很美备。后来实行的时候,就发生困难了。儿童文学由某先生随便拟了些大纲,没有人教,只好取消。新闻学由某先生东扯西拉地找些没有系统的材料,教了一学期,从此以后,也不教了。国学概论,改请了三位教师,还是教不完章太炎讲本四分之一,也就没有人教了。我曾查问全班学生,没有一个人懂得讲义,而且没有一个人发生兴趣,他们全体主张不要教。(后来我听见广西桂林第一师范国文教师黄深卿先生也说,他在该校教国学概论,教了一个月,就教不下去了。我不知前东大附中和其他学校教国学概论的成绩如何?)戏剧、小说是勉强请两位英文教师担任的,他们也教得很苦。后来我在教务会议席上,讨论第二班高级文科课程时,建议说:"现在好些有名的高级中学课程,喜欢模仿大学。所以学生程度很低,课程标准很高;教学时间很少,课程分得很紧;据我看来,未必一定是对的。"于是才把诗学、词学合并为韵文,又把国学概论和散文名著取消。

诗词、小说、戏剧如果合并为文艺文,注重选读而不注重学理,在高中本是可教的。但如加上了"学"字,便有专门性质,该在大学文科去教了。其他各学程,我都已在前面讨论过,此处可不用再论。

（三）本 章 结 论

从上举六个学校的国文学程中,已可见得近年一般中学国文学程的大概情形了。近年一般中学的国文学程,虽各有出入,然学程太繁,标准太高,却是近年的流行病。我推想其原因:或是由于国文教师多有自夸渊博、好高骛远的主张的缘故;或是由于国学思潮与新文学思潮的促成,而各校转辗模仿,教务主任于课程内容不能明白,于课程位置需要、教学功效,没有研究的缘故;或是由于高中的"高"字误人,把学生程度想象得太高的缘故。作者评论各校国文学程,或有得罪各校国文教师与教务主任处,然如长此紊乱,行之十年而不见害,教学成绩确是优良,学生程度确是提高,则可抉吾目而悬诸国门!

至于部定旧章,现在固不适宜;两次课程标准起草委员会所定学程,又太简单。新近颁行的高初中国文课程纲要,于读作文及几种附属于读作之辅助学程外,并无提及特设学程或选修学程,大概仅规定必修学程使各校易于一致遵行,而于选修或特设学程仍让各校自由的缘故。

本章所述,近年一般中学校所设的国文学程很多。有的是初中普通必修的,如读文、作文、书法、文法、修辞学、作文法、演说辩论、文字源流、文学史略,等等;有的是初中选修的,如国音、应用文、文艺文、商用尺牍、中文尺牍,等等;有的是高中普通必修的,如读文、作文、习字法、字体概论、文体类别、文体程式、文体沿革、文学研究法、经学概要、子学概要、文学史、应用文、国学概论、文学概论,等等;有的是高中普通科第一系必修或选修的,如文字学、文学史、应用文、美文、文学要义、新闻学、书法、国语、国学常识、诸子述略、群经发凡、古代文学作品及批评、近代文学作品及批评、世界文学史、小说学、戏剧学、笔记学、楹联学、童谣学、读易法、读诗法、国学概论、文学概论、诗学、词学、历代散文名著,等等;有为商科选修的,如商用文是;有为师范科选修的,如国文教学问题及教法、儿童文学,等等。同是一种学程,有的属于初中必修,有的属于高中必修,有的属于初中选修,有的属于高中文系必修或选修;同是一种学程,往往教授年级不同,时间不同,学分不同,名目不同,甚至学程内容——教材——也可决然不同。这是什么原因造成的呢? 说得坏些,是由于教育部的章程解体,法令无效,校自为风,人自为政(指一个教师的主张)的缘故;说得好些,是由于各校很有试验的精神,能够斟酌各地各校的特别情形与需要的缘故。

但是,我以为随意定下一种学程,在起初不问学科的宗旨目的、学程的位置、学生的程度与需要,在中间不问学程的内容,最后不问教学的功效,这种没有研究目的的试验是毫无结果的;这种试验的精神是没有用的。有人说,中国幅员广大,各地方情形不同,教育法令不宜统一,学程的增减,也有斟酌的必要。这话我信为有一部分的真理的。但是,我以为特种职业学程与应用的学程,自然应该有些斟酌。难道中学国文学程也有因地制宜的必要吗? 实际上各校国文学程的复杂离奇,不过由于校长对于国文的倾向态度不同,教务主任的头脑不同,教师的学问经验不同、主张不同罢了。他们何曾顾到地方情形和特别需要呢? 如果各校教师和教务主任对于课程能为客观的研究,那么国文的学程决不至于这样离奇,用不着我来总算这片糊涂账了。

上述各种学程,名目杂出,兹按修习性质,分类列表如下:

一、主要的(二种十二项名目):

(1) 读文(或称读本,或称读书,或称讲读,或分略读、精读,或分国语文、文言文、古文,或分学术文、模范文)

(2) 作文(或以作文、笔记并举)

二、辅助的(四种六项名目):

(3) 文法(或与语法并举)

(4) 修辞学

(5) 作文法

(6) 演说辩论(或称口语练习)

三、补习的(二种六项名目):

(7) 国语(或称国音,或兼教国音学)

（8）书法（或称习字，或称写字）

四、应用的（二种八项名目）：

（9）应用文—书信—尺牍规范—公文程式—普通文牍

（10）商用文—商用文尺牍—中文尺牍

五、教学预备的（二种三项名目）：

（11）国文教学法——国文教学问题

（12）儿童文学

六、升学预备的：

（甲）关于国学研究的（六种九项名目）：

（13）国学概论

（14）国学常识

（15）子学概要（或称诸子述略）

（16）经学概要（或称群经发凡）

（17）文字学（或称文字学引论）

（18）文字源流

（乙）关于文学研究的（十二种十四项名目）：

（19）文学史（或称文学史略，或称文学史引论）

（20）文学要义

（21）文学概论

（22）文学研究法

（23）读易法

（24）读诗法

（25）字体概论

（26）文体类别

（27）文体程式

（28）文体沿革

（29）世界文学史

（30）新闻学

七、文艺欣赏的（八种九项名目）：

（31）文艺文（或称美文）

（32）诗学

（33）词学

（34）戏剧学

（35）小说学

（36）散文名著

（37）古代文艺作品及批评

（38）现代文艺作品及批评

八、其他的（四种四项名目）：

（39）书法学

（40）笔记学

（41）童谣学

（42）楹联学

以上共计八类，四十二种，六十九项名目。

第二章　对于中学国文学程的意见

（一）中学有无设立国文选修学程的必要？

讨论这个问题，先要问一问中学教育的目的，是专为升学预备呢，还是专为职业训练呢，还是二者兼顾呢？据我的观察，现在中学毕业生能升大学的很少，投身于小学教育界、党政军事界，以及工商界的很多。专科的职业学校学生不必说，就是普通中学毕业生，也有许多投身于职业界，或欲求职业而不得的。我虽没有调查过，但可知道升大学的绝对是少数。从前中学毕业生的出路，多为小学教员；现在因为小学教员的生活太苦，做别种职业又无专长，无资本，许多投身于党政军界，为着自己的生活与欲望，从事革命工作了。我尝听见现任的教员说，倘使做教员没有薪水，我们只好去革命！他们又把在党政军界得着好机会的，视为个人的革命成功。许多人把革命视为谋生之路，所以党派相争，倾轧日甚，革命将无了时！再看政府所在的大都会，谋事的人盈千累万；各机关考几个科员书记，报名的人便有几千几百。即幸有投身于工商界的，因无专学专技，工作效率反不如学徒出身者。那么中学的教育，升学预备与职业训练，不能不兼筹并顾了。如要兼筹并顾，则普通必修的学程时间，不能不减少，而适应各种学生特别需要的选修学程，不能不加设。所以我认为普通中学也有加设选修学程的必要，至少要在初中三年级加设普通选修学程，在高中加设分科必修及普通选修学程。以国文科论，普通必修的学程时间也要减少，则为预备升大学文科的学生计，为性近文学的学生的兴趣需要计，为分科学生的特别需要计，也不能不加设各种选修学程。即是说，普通中学毕业生个个预备进大学的，但有的要进文科法科教育科，有的要进理科医科农工商科，各种学生所需要的国文科的知识技能，要达到的教学标准，也该有些差别。那么高中国文科普通必修的学程时间，也不能不减少，各种选修的学程，自然不能不加设了。

（二）中学国文学程的整理

上章所述中学国文学程，有八类四十二种之多，究竟哪几种是该属初中必修的或选修的？哪几种是该属高中普通必修的或选修的？哪几种是该属高中分科必修的？哪几种是绝对不宜设的？学程性质相近的,应该如何合并？性质相异的,应该如何分别？各学程应该定在何年级教,方合学生程度而有功效？各学程应该教授几多时间？这笔账,让我根据学科的宗旨目的、学程的内容、该学程在国文科中的位置、教学的进程、学生的程度兴趣需要、教学的功效,在此先来整理一下罢。至于各种学程的教学目的、教材大纲、教学方法,尚待在后逐章分论。

1. 初中各级国文必修学程及三年级国文选修学程

第一年必修 每周六时 十二学分	第二年必修 每周六时 十二学分	第三年必修 每周四时 八学分	第三年选修 八学分	
读文四 作文及演说一 语法及练习一	读文四 作文及演说一 文法及练习一	读文二 作文及辩论一 修辞学及作文法一	每周二时 教授一年	每周二时 教授一年
			中国 现代文艺	普通 应用文

说明:

（1）一二年级读文时间宜多,均定每周四时;三年级因加设选修学程,减少必修的读文二时。

（2）各级作文及演说或辩论,每周仅一时,各可间周行之。规定作文时间不必太长,因为初中学生注重练习作短文,即偶作长文,亦可在课外练习。（约每四周课外练习一次）

（3）演说或辩论,本是辅助作文的,也可说是口语的作文,所以应该与作文学程联合,间周各作一次。演说辩论的原稿,也可代替课外作文。

（4）初中作文练习次数宜多,时间宜短,故教语法、文法、修辞学及作文法时,亦须注重练习。

（5）语法、文法、修辞的练习,多是属于单句或片段练习,虽可辅助作文,促进作文教学的功效,而目的则与作文不同,故不可代替正式作文。

（6）选修学程可令学生任意选修。性近文学的可以选修现代文艺;毕业后要就职业不能升学的可选修普通应用文;学生因为要选修别种学程而不能选国文学程的,也可听其自便,不必规定。

（7）普通书法的技能,在小学毕业,即须养成,在中学只要注意作文及各种课卷写得端正清楚,不必特定时间练习;初中学生更没有学习碑帖的需要,因为他们没有这种闲工夫。

（8）国语国音,如在小学已经学熟的,在初中可不用补习。

（9）所谓文字源流和文学史略等学程,在初中均没有教学的需要。

中学国文各学程教学研究

2. 高一二年级国文必修学程及三年级国文普通选修学程

第一年必修 每周五时 十学分	第二年必修 每周五时 十学分	第三年国文普通选修学程 共十四学分			
读文三 作文及 辩论学二	读文三 作文及文学 研究法二	每周二时 教授一年 中国古代文艺	每周二时 教授一年 世界近代 文艺(译本)	每周三时 教授一学期 公牍应用文	每周三时 教授一学期 中国文学源流

说明:

(1) 高中第一年国文必修学程,与初中略同,唯作文及演说辩论改为每周二时,仍间周一次行之。高中学生作文较长,故有延长为二小时的必要。如作应用短文或练习速作时,作文时间可由教师酌减,而以其余时间为讲授作法或批评作文之用。课外作长文,以每星期二篇为规定至少限度。

(2) 演说辩论,可在课外练习;在课内可略讲一些辩论学理。

(3) 第二学年必修学程中,作文和文学研究法,亦间一次教授。

(4) 文学一科,本有普遍性的,和其他专科有些不同。尽管是工人医生,他们也有欣赏文学的需要,他们也许研究文学,成了伟大的文豪。所以文学的普通选修学程,可以酌设;而在必修国文将毕业的时候,必须授以文学研究法。但所谓国学,则无必修的需要。

(5) 高中第三年没有普通必修的国文学程,因为下面还有分科必修的国文学程。

(6) 第三年国文普通选修学程,各科学生均可随意选修。这是为各生的天才兴趣与特别需要而设的。但如学生有要选修别种学程而不能选修国文学程的,也可听其自便,不必规定。因为在高中二年级终了时,普通必修的国文,应该完毕。

(7) 普通选修学程,可视学生选修的多少而斟酌开班,因为这本来不是必设的学程。

(8) 高中自第一年起即可分科,但第一、二年的普通必修国文,实无分别的必要,故国文在第三年,始有分科必修学程和选修学程。

(9) 中国古代文艺,包含诗歌词曲等;西洋近代文艺,包含诗歌小说剧本等;不必分设许多学程。

3. 高中第三年分科必修国文学程

普通科第一系(文系)必修学程(共十八学分)				师范科必修学 程(学分酌定)	职业科必修学 程(四学分)
每周三时 教授一学年	每周三时 教授一学年	每周三时 教授一学年	每周三时 教授一学期	每周四时 研究一年或半年	每周二时 教授一学年
古书选读	文字学	文学概论	中国文学源流	儿童文学研究	职业应用文

说明：

（1）高中第三年虽然没有普通国文必修学程，但仍有分科必修学程。不过学程视各科的需要而设，不如普通国文之一律教学罢了。

（2）普通科第一系的国文必修学程很多，这是为预备进大学文科的学生着想的。普通科第二系（理系）没有国文必修学程，或者可以规定各生必须选修一种普通选修学程。但如理科必修的学程很多，也可不必规定，完全让他们随意选修好了。

（3）师范科的儿童文学，是一种研究学程，不宜作为讲读学程。中国现在对于儿童文学，尚少专家研究，师范生该搜集儿童读物，来做研究功夫。至于该学程中必须讲读的材料，却是很少。有人拟儿童文学的教材大纲，只拟了一些儿童文学的分类，如故事、歌谣，等等，师范生又何用讲读这些材料？可见这学程完全属于研究，而不属于讲读的了。

（4）职业科的国文必修学程，只有职业应用文四学分，使学生可以多去选习职业科的学程，或其他国文选修学程。

（5）文学源流虽同为普通选修学程，而在普通科第一系则为必修学程。

（6）文学源流与文学史性质相同，而编制不同。文学史注重系统编制，而文学源流则重在纯文艺之派别流变；文学史注重理论，而文学源流则注重实例。

（7）所谓国学概论、国学常识、子学概要、诸子述略、经学概要、群经发凡，读易法、读诗法、中国文学史、世界文学史、新闻学等学程，即在普通科第一系也没有加设的必要。

（8）所谓文学要义、文体程式、文体类别、文体沿革、字体概论等学程，根本不能成立为各种学程。

（9）所谓商用尺牍、中文尺牍等学程，可以包括在职业应用文中。

（10）所谓国文教学问题及教法，应该归入各科教学法中。

（11）所谓书法学、笔记学、童谣学、楹联学等学程，根本不能成为一种学，也没有教学的需要。

（12）国语国音是小学的补习学程，上面已经说过。数年前，初行注音字母，高初中学生在小学没有学过，所以当时中学多设国语国音学程。此后国语国音，在中学国文学程上，实无其位置。如果初中学生还有在小学没有习熟国语国音的，只好在课外补习。

在本章中，作者所拟定高初中学国文学程，计有普通必修之主要学程及辅助学程共九种；初中国文选修学程二种；高中普通选修学程四种；高中分科必修学程六种。除文学源流一种为高中普通选修与分科必修重见者外，共计二十种。此二十种学程中，除读文、作文两主要学程已另著专书研究外，兹将国文辅助学程——语法、文法、修辞学、作文法、演说、辩论——合在下一章讨论之；其余十二种学程之教学目的与教材教法，在下面各章，分别讨论。

第三章 国文必修科辅助学程之教学

（一）语 法 与 文 法

语法与文法,性质相同。语法也可叫作白话文法,文法也可叫作文言文法。教学目的,都在辅助读文作文的。在初中一年级,宜先教语法。待语法清楚了,学生读作语体文的困难,已经减少,然后再在二年级进修文法。文法讲得有些头绪了,同时可以渐渐地读作文言文。现在语法课本很多,而以黎锦熙《新著国语文法》较为完善;文法书也有不少,如《马氏文通》《汉文典》,教授初中都不很适宜。比较的还是用章士钊《中等国文典》好些。不过这书中所举的例子,多是高深的古文,最好教师自编讲义,从学生的读本中举些浅近的例子,教学生去做练习。教材大纲如下:

1. 绪论
2. 词类的区分和定义
3. 单句的成分和图解法
（1）主语——（2）述语——（3）补足语——（4）形容的附加语——（5）副词的附加语
4. 实体词的七位
（1）主位——（2）呼位——（3）实位——（4）副位——（5）补位——（6）领位——（7）同位
5. 句中主要成分的省略——并各种短语
6. 名词细目
7. 代名词细目
8. 动词细目
9. 形容词细目
10. 副词细目
11. 介词细目
12. 单句的复成分——附加成分的后附
13. 复句
（1）包孕复句——（2）等立复句——（3）主从复句
14. 语气——助词细目
15. 叹词细目

16. 段落篇章和修辞法举例

17. 标点符号

　　文法的教材分类，大致与语法同。其完全相同者可以不讲。唯助字、介词、副词、连词、叹词，及单句复句的组织位置，与语法有特别不同之处，须特别注意，并使学生与语法比较，多做练习。

　　语法文法，共计四学分，分两年教学。但须先于语法学习清楚，而后再学文法，可以节省时间。故即延长语法为三学分，缩短文法为一学分，亦无不可。

　　语法文法的教学亦可采用英文文法的循环教学法，先教大概，然后再详细分教。教学时要注意练习，最好与读文作文联络，从读文作文中举出各种句子，教学生做分析，修改，填补，组织各种练习。文法语法的文句组织不同处，可令学生做对译练习。书本或讲义，可令学生自读，上课时，只须指示阅读分量，问答考查，或令学生当堂做练习题，在黑板上讨论订正。练习课卷的订正，亦可由教师做好范作，令学生自行对照修改，以省教师修改课卷之劳，而学生更易得益。但教师仍须复看一遍，一以考查练习之成绩，一以考查学生是否认真修改。

（二）修辞学与作文法

　　修辞学和作文法，中国从前文家都把它们混合在一起的，就是所谓文章义法。大概论的是文意文势句法篇法。中间有许多可以意会而不可以言传的方法，如养气、神韵、义理，等等，甚至用阴阳刚柔等字眼，含糊范统地说一回，令人莫明其妙！这是只可以和文学专家讲讲，而不可以教初学的。因为这种方法，要看过几千篇文章，熟读深思，细细地玩味揣摩，然后脑筋中有些含糊的，不可举以语人的概念，这就是所谓"心领神会"！旧式的作文法，还有许多似是而非的譬喻，如击蛇法、贯珠法、画龙点睛法，等等。旧编文法要略，论到章法篇法，也往往有这种花样。就如梁任公讲的《中学以上作文教学法》，也有侧重法、类括法、鸟瞰法、移进法四种。这种方法，虽然可以引导初学，但其弊病则在容易误解，容易拘泥，便成固执不通，难免以词害意了。

　　近年首编修辞学教学生的，要算胡怀琛①先生。他编了一本《修辞学要略》，上编分用字、造句、措辞、谋篇四章。他自己说："虽不能拘拘于定法，然尚有大概可言。"下编根据姚氏古文义法，分声色格律神理气味八章，他自己说：

---

　　① 胡怀琛（1886—1938）：原名有怀，字秀仁，后改寄尘。胡朴安之弟，安徽泾县人。南社成员，民国时期著名的学者、报人、诗人，也是语文教育家，著有《国学概论》《墨子学辨》《老子学辨》《文字源流浅说》和《修辞学发微》《中学国文教学问题》等。（编者注）

"则唯有心领神会而已。"但如根据逻辑的分类,修辞学是否只有这些法式?而教学上最不易得到成绩的,就是所谓"心领神会"!可见要用科学方法来整理研究中国的修辞学,用具体浅白的文字来表达旧式修辞学说的含义,确是很不易了。

最近有王易[①]著的《修辞学》(商务印书馆十六年六月出版)分上下二编。上编分定义、论辞、论修辞三章;下编分修辞论之组织、辞藻论、文体论三章。这本书对于修辞的法式理论,稍稍完备,而内容引证的材料很少。以为教材,则枯燥无味,而且有些地方不易明了,很少实用。但如教师能在学生已经读过的文章中,多举些实例来讲,或者较能引起兴趣,而有实际的功效。教法亦须和读文作文联络,最好举读文作文中的句子和教师修改的句子,教学生做比较的研究。其他教法,大致与教文法同。

讲到作文法的书,旧的有《文学津梁》《文学研究法》《实用文章义法》等书,大都是讲古文的义法的,不适中学教学之用。新出的有陈望道《作文法讲义》、夏丏尊《文章作法》。夏著分六章,其内容为:一、作者应有的态度;二、记事文;三、叙事文;四、说明文;五、议论文;六、小品文。中间举例很多,且附练习题目,于作文历程,指示甚详,颇易发生兴趣,可作主要教材。陈著把修辞作法合而为一,于选词、造句、分段及文章的美质,多有论列,亦可作为参考用书。他如张九如的《初中纪事文教学本》、孙俍工的《记叙文作法讲义》《论说文作法讲义》,都可为参考或课外阅读之用。至于诗歌、小说、戏剧的作法,属于文艺范围者,我主张在高中文学研究法中去教,在初中还没有教学的需要。即使高中学生,对于现代文艺,还是重在研究,而不重在写作。因为文艺的作品,虽然学生也可自由练习写作,而我们却不能期望一般学生都能写作的。所以我主张在高中二年级的普通国文必修学程内讲文学研究法,却不名为文学作法。文学研究法中,教材与教法上的问题,比较的多,所以我在下面特辟一章讨论,不在本章中讨论了。

作文法的教法,也要和读文、作文联络的。简单说一句,就是要以读文为引证的范例,作文为实际的练习,而后教学方有兴趣,方有功效。夏氏《文章作法》中有详细的指示,阅者可以参考。

（三）演说与辩论

演说与辩论,也可说是口语的作文,本是可以辅助作文的。在初年级,口

---

① 王易(1889—1956):字晓湘,号简庵,江西南昌人。现代著名词曲研究专家,曾任教于中央大学、复旦大学、中正大学、心远大学等,著有《国学概论》《修辞学通铨》《乐府通论》等。(编者注)

语练习比作文更重要。我在《中学作文教学研究》第五章已经说过,所以我在上章定初中一二年级作文与演说间周一次,初中三年级作文与辩论间周一次,在高中还有课外练习。

关乎研究演说的书,无论著本或译本,我在中国还没有看见过。从前南高演说研究会中,有些零碎的翻译,出过两本会刊,我现在也找不到了。在此,只好根据我的记忆来定些教材大纲罢。好在这学程本来注意练习,讲授的部分是很少的。

1. 总论:

(1) 演说的意义和功用——(2) 演说的起源——(3) 演说的种类

2. 演说的材料论:

(1) 材料的搜集——论证、物证、图证——(2) 思想的组织——(3) 标题和标目

3. 演说音语论:

(1) 语言——(2) 语调——(3) 音调——(4) 语调与音调的配合及变化——(5) 语调与音调的表情——(6) 发声器官的卫生

4. 演说容态论:

(1) 容貌的表情和暗示——(2) 姿态的表情和暗示——(3) 演说者与听众的关系

5. 演说修辞论:

(1) 庄严——(2) 滑稽——(3) 语彩——(4) 语趣——(5) 警辟——(6) 和缓——(7) 层叠——(8) 排偶——(9) 抑扬——(10) 反复

6. 演说家的修养论:

(1) 忠实的心地——(2) 诚恳的态度——(3) 勇敢的气概——(4) 和爱的精神——(5) 深沉的思虑——(6) 机敏的动作——(7) 整洁的衣冠

如果拿上面的大纲,写成一本书,他的偏颇挂漏,也和近人著修辞学一样,只能说是演说常识,决不能说是演说术的全体。不过中学生的演说,原要注重应用练习;对于演说的方术,便只教这些常识也不妨。演说的练习,可先教学生选择题目,搜集材料,拟定稿子,然后假设机会,假设各种不同的听众,令学生当场演说。演说之后,要以假设的听众为对象,作恳切的批评。但有时也可只限学生作五分钟或十分钟的预备,临时出题,令他们演说,以练习敏捷的思考,机警的口才。教学的进程,可先注意思想的组织和音语的清楚;次注意语

调音调的变化及容态;再次注意修辞。关于修辞的一部分,可与修辞学联络。修辞学的起源,本来是从演说的修辞来的。虽然写作和口语,略有些分别,根本原是相通的。

关于研究辩论术的书,现在只有共学社出版,费培杰译,美国 Ketcham 原著的一本《辩论术之实习与理论》。这本书分二编。第一编论辩论术之习惯,分八章,内容如下:

(1) 辩论术之定义及其重要——(2) 题目——(3) 题目的分析——(4) 证据——(5) 编要略——(6) 编辩词——(7) 复辩——(8) 演述辩词

第二编论辩论术之学理,分六章,内容如下:

(1) 归纳认证——(2) 演绎论证——(3) 因果论证——(4) 类比论证——(5) 谬误——(6) 驳论——附录辩论题目

关于学理的一部分比较高深,所以我主张在高中教。在初中教演说辩论,只要略讲一些应用方术,注重实际的练习好了。

辩论的练习,在教法上也和演说差不多。不过因为有两方面的辩驳,在选择题目要特别注意,最好取不曾解决的问题,使两方面都可自由主张,都有理由可说。而尤须注意认证的确凿,措辞的审慎,思考的精密。此外还有几点要注意的:就是发言要守次序守规则;辩词不能分歧,逸出范围;不能因好胜而争意气;要使学生有服从真理的精神,养成学者的态度,胜败不介于胸中。这都是教师要预先剀切训导的。

第四章　中国文学源流之教学

（一）教 学 目 的

本学程拟定为高中普通科第一系（文系）三年级必修学程，及高中三年级各科普通选修学程，每周三小时，时期半年，定为三学分。教学目的如下：

1. 教授各体文学的渊源、派别、流变及今后的趋势，使升学的学生可为进修专门文学及文学史的预备，不升学的学生略知研究古代文学的门径。

2. 略举中国文学上各时代各体各派各家的代表作品，使学生为普遍的欣赏，引起其研究古代文学的兴趣。

3. 取平日已读的选文及课外阅过的文学书籍，与文学源流相印证，整理其已有的经验，使学生于各体文学略有系统的观念。

（二）教 材 大 纲

1. 总论：

（1）中国文学之起源

（2）中国文学之分类

（3）中国文学之派别

（4）中国文学之流变

2. 群经文：

（1）五经之删述——上古文学之整理

（2）群经文在文学上之位置

（3）群经文及于后世文学之影响

（4）后世经术派之文学

3. 诸子文：

（1）战国诸子之渊源

（2）秦汉诸子之绍述

（3）诸子文在文学上之位置

（4）诸子文及于后世文学之影响

4. 史文：

（1）史文之渊源

（2）史文之派别

（3）史文与小说文之关系

（4）史文及于后世文学之影响

（5）历代史家著述略说

5. 散文：

（1）魏晋六朝之文风——古文之崛起

（2）古文之渊源

（3）唐之古文

（4）宋元之古文

（5）明清之古文

（6）现代文体之趋势——白话文之提倡

（7）白话文之派别——文言白话混合之趋势

6. 韵文：

（1）最古之韵文

（2）《诗经》及《楚辞》——上古韵文之整理及创作

（3）汉之辞赋

（4）汉之古诗及乐府

（5）魏晋之诗及辞赋

（6）南北朝及隋之诗词（破坏诗格之长短句）乐府

（7）唐之歌行及律诗

（8）三唐诗体之派别——诗之极盛时代

（9）五代之词曲

（10）南北两宋之诗体

（11）南北两宋之词派——词之极盛时代

（12）元之词曲

（13）元之戏曲及杂剧

（14）明清之诗词

（15）明清之戏曲及杂剧

（16）现代戏剧脱离韵文之势——剧本创作之萌芽

（17）现代诗体之破坏——欧化俗化与摹古

（18）今后诗体建设之趋势

7. 小说文：

（1）小说文之渊源

（2）秦汉之小说

（3）唐宋之小说及传奇

（4）明清之小说及传奇

（5）小说传奇与戏剧之关系

（6）现代小说作家之派别

（7）今后小说之趋势

（三）教 学 方 法

据作者在高级师范及旧制师范四年级教授文学史的经验,感到极困难的
有数点如下:

1. 学生平时在课内读过一二百篇选文,往往只限于几家文章、几种文体。
于历代各体各派各家之代表作品,十九未曾见过面,教者若不多举实例,决不
能使他们明白。

2. 一部五千年的文学史,若要多举实例来教,决非短时所能教完;若教学
生自去参考阅读,既无时间,又无能力。例如讲到汉魏的辞赋,学生在平时没
有读过一篇,我们大讲司马相如、扬雄、王褒、班固、张衡,学生还不知道辞赋是
什么东西,更哪能知道各家作品的特色?

若要各家举一篇代表作品来讲,那么每周一二小时,在半年内还不能讲完
几家的代表作品,一本二万余字的文学史,直可讲十年。若在教完一小时之
后,教学生花数十小时的自修,去做参考阅读功夫,这是事实上不可能的。

3. 坊间所出中学文学史课本,太重专门文学史的编制。而教授时间既短,
课本不得不简略。于是对于各代各体各派各家之作品,只能以一二语了之。
例如说:"陶诗清幽淡永,谢诗雕琢,仍归自然。"倘学生不多读陶谢之诗,何能
明白? 何况没有读过一首呢?

4. 专门式的文学史,以时代为纬,文体家派为经,往往在每一时代中,众体
杂陈,各家并举。进一时代,又作一次循环,非脑筋复杂,记忆坚固者,头绪不
易清楚。

5. 专门式的文学史,于过去文体,非中学国文教学所需要,不宜于学生阅
读者,往往讨论很多(如辞赋骈俪连珠八股等),而于学生已经阅读之文,讨论
很少。教材不根据学生的需要,而编制又不根据学生的经验为出发点,所以在
教学上很少功效。

我因为经验过上面的几种困难,所以想打破专门文学史的形式编制,根据

学生已有的经验为出发点,找些适合中学生需要的教材,另编一种文学源流的教本。上面所述的教材大纲,是我一种大概的计划,到编书的时候,当然还要斟酌改变其一部分。

教学方法上应该注意的几点如下:

1. 教授文学源流须先行印发讲义及参考举例之文,令学生预习,并列举疑难问题,然后在上课时详加讨论。(最好每上课一时,有自修二时。)

2. 教授文学源流于各家作品须多举实例。是项举例,最好为学生已经读过的文学作品。如能与课内外阅读和其他文学选修课程联络亦好。(是项选修课程,如中国现代文艺、中国古代文艺、古书选读等。)

3. 所举实例,如学生未曾读过的,必须详加注解,使学生减少阅读困难,节省阅读时间。

4. 对于文学家的姓名里居生平事迹及著述与时代背景,须编成短史,令学生自己参考,不宜在上课时多讲,更不宜多写黑板,免致抛荒主题,而使学生减少兴趣。

5. 教授文学源流于近代宜详,于古代宜略。

6. 文学史上的过去文体,与现代文体关系较大者,讲授宜详;与现代文体关系较少,或无甚关系者,讲授宜略,或竟可不讲。

7. 教授文学源流,于经史子书,非属纯粹文艺的部分,讲授宜略;于韵文小说剧曲,属于纯粹文艺的部分,讲授宜详。但戏剧在中国文学史上尚附属于韵文,而不占重要的位置;在现代创作上,也还在萌芽时代,远不如小说的进步快而成绩多。故戏剧一项,不能分立一章来教。

8. 从前编文学史教文学史者,往往把文字学史、哲学史、史学史混杂不清。我以为文学史应以纯文学为主体。而于经史子书,仅取其与文学有关系的方面讲之,在哲学史学方面,可以不讲。而文字学史,可在文字学上略讲之,更不必牵涉在文学史内。

9. 教授文学源流,固有难免考据之处。但如太重考据,则减少学者兴趣。在中学教学上尚宜注重欣赏而不宜注重考据。宜详于流变及趋势,而略于渊源。例如近人于《木兰诗》及李商隐《锦瑟》诗,考据至数万言,非中学生所宜读者。读文学史固有疑义不能解决处,也只好阙疑不论,待将来到大学专修文学史时去研究解决。

10. 教授文学源流,在讲毕一种文体或某一时期之某种文体时,必须撮其大纲,作一表解,使学生于宗派家数,源流趋势,明其头绪,而记忆亦可较为强固。

11. 教授文学源流,宜令学生多作笔记。笔记要注重疑问及心得,不仅在抄写黑板字。

12. 每学期宜出研究题目十数个,令学生自择一题研究,或分组研究之。但题目范围宜小,参考书籍必要指明。

13. 教学文学源流之成绩,可以平时问答、笔记及研究论文定之;在必要时,亦可举行测验。

14. 必修或选修文学源流者,必须同时选修或旁听中国古代文艺。

第五章　文学概论之教学

（一）教　学　目　的

本学程拟定为高中普通科第一系（文系）必修学程，每周三小时，时期半年，定为三学分。教学目的如下：

1. 使学生知道文学的种类、性质及批评的原则、赏鉴的标准，以为专门研究文学的预备。

2. 使学生于中国现代文艺及西洋近代文艺，有赏鉴及批评的眼光。

3. 使学生略知西洋文学的派别及趋势，扩展其对于中国文学的见解，并为进大学文科时研究"比较文学"的预备。

（二）教　材　大　纲

上编　文学原理论

1. 总论：

（1）文学的界说（中国的界说，西洋的界说）

（2）文学的要素（思想、想象、感情、风格、艺术）

（3）文学的特性（主观的，具体的，永久的，普通的，非实用的）

2. 文学发生的原因：

（1）社会的需求（群众的、宗教的、乐歌的、应用的）

（2）心理的需求（游戏性、历史性、自表性、模仿性）

3. 文学与思想：

（1）思想的重要

（2）思想的本质（普通的、实行的、永久的）

（3）文学思想与哲学思想（文学思想和哲学思想的不同，文人与哲人，文学在文化史上的位置，文学家的人生观）

（4）思想的表示（直写法、假托法）

4. 文学与感情：

（1）感情的重要

（2）感情的本质（普遍、人道化、超卓、同情）

（3）感情的表示（深厚、节制）

5. 文学与想象：

（1） 创造的想象

（2） 解释的想象

（3） 联想的想象

6. 文学与人生：

（1） 文学与人生的关系（人生的批评、人生的指导、人生的描写、人生的慰藉、人生的融和）

（2） 文学上所表现的人生（选择的人生、合于论理的人生）

7. 文学与言语：

（1） 言语之界说、起源、演变

（2） 言语与文学之关系

（3） 中国言文之分合问题

8. 文学与道德：

（1） 道德之意义（道德定义、道德标准、中西学者之道德观）

（2） 道德与文学之关系（真的表现、善的表现、美的表现）

（3） 文学功能与道德

9. 文学与个性及国民性：

（1） 文学与个性（文学与个性及人格，作品与作者，作家的个性与人类感）

（2） 文学与国民性（国民性之意义，国民性之表现，国民性与文学之关系）

10. 文学与时代精神：

（1） 时代精神之意义及其表现

（2） 时代精神之特性（累积性、变易性、普遍性、因袭性、创造性）

（3） 文学与时代精神之关系

11. 文学之形式：

（1） 文学上形式之重要

（2） 中国古代文体之分类（散文之形式分类、韵文之形式分类）

（3） 西洋散文体裁之分类（解说、论辩、描写、记述）

（4） 西洋诗体之分类（史诗、抒情诗、剧诗、牧歌、哲理诗、讽刺诗、反省诗、描写诗、小诗……）

12. 文学之模仿与创造：

（1） 模仿之重要（模仿为必经之阶，模仿之真谛，模仿有助于创造）

（2） 创造之重要（创造之真谛，创造之需天才，创造之极则）

（3） 模仿之流弊

（4） 创造之流弊

13. 文学与女性

（1）女性与文学艺术之关系

（2）文学上女性的情绪表现（温柔、忧郁、悲哀、怨恨、快乐、恐惧）

中编　文学批评论

1. 文学批评的意义、种类、目的

2. 客观的批评与主观的批评

3. 科学的批评

4. 伦理的批评

5. 赏鉴批评与快乐批评

下编　文学派别论

1. 西洋近代文学的渊源

2. 古典主义

3. 浪漫主义

4. 自然主义——印象的自然主义

5. 写实主义——写实主义和自然主义的辨别

6. 新浪漫主义——新浪漫主义和自然主义浪漫主义的辨别

7. 颓废派的艺术和象征主义——象征主义和印象主义辨别

8. 享乐主义

9. 新理想主义——人道主义

10. 中国现代文艺作家之派别

附注：是项教材，作者曾教过五班学生，初编讲义，参考下列诸书：

（1）温吉士德《文学评论之原理》（景昌极、钱秉坤译）

（2）梅光迪《文学概论》

（3）本间久雄①《新文学概论》

（4）黄忏黄《近代文学思潮》

今复参考余鸣銮《文学原理》及王森然《中学国文教学概要》第二篇，略有修改。

（三）教　学　方　法

看了上面的教学目的和教材大纲，可知所谓文学概论的学程，绝对不是文学史的概论，更不是中国文学批评的概论，尤不是教些《文心雕龙》可以搪塞

---

① 本间久雄（1886—1981）：日本文学评论家、文学博士。早稻田大学毕业。留学英国，曾任早稻田大学教授，致力于日本明治文学史、英国文学、文艺理论的研究。著有《明治文学史》《新文学概论》《生活的艺术化》《欧洲近代文学思想概说》《文学论考》《明治文学作家论》。（编者注）

的。这种学程,原本是为要扩展学生对于文学的眼光见解而设的。文学源流(或文学史略)是进修专门文学史和古代文学的预备,文学概论是进修"比较文学"和研究现代文艺的预备。这两种目的,本是容易看得清楚的。无奈有些学校的教务主任不知课程的目的和内容,有些经验和见解狭窄的国文教师,就随便拿些不相干的教材来敷衍塞责,所以教材弄得各不相同,教学的目的和意义,完全失去了。老实说,现在的高中国文教员,因为各人提倡国学,校长崇拜国学,似乎不得不偏向国学方面去研究。一走进了国学的圈套,便觉整日整夜,终身去读古书,还是不足,哪里还顾得到西洋文学? 便是我自己,自从教高级文科以来,觉得古书读得太少,也不得不埋头在古纸堆中了。头脑一埋在古纸堆中,哪里还掉得出来? 所以对于现代的文艺,也无暇去看了。但是,我们教中学生,却不要他们埋头在古纸堆中,我们教他们除读些中国古代文学的重要作品外,还要他们放开眼光看一看世界的文学,至少也要知道一些世界文学的思潮,有些比较的概念。越是研究古代文学的人,越是不能不知近代西洋文学思潮,方才不致养成偏僻怪谬,越钻越不通的古董国学家。不过中学国文教员对于西洋文学有研究的,实在很少,所以略读几句英文的国文教师,不得不担任这科。我自己尝想我实在不配教文学概论,而在学校方面,因为无人能教,不得不勉强我去教了。其实,我以为文学概论在大学中原是西洋文学系的课程,如果国文教师大家不能教,不如请西洋文学有研究的英文教师去教,比较好些。

我教文学概论遇到的困难,当然比教文学史更重大了。现在约略举出几条如下:

1. 教授这种空洞的原理,非举例不能明白。我不能举出西洋文学的例子;就是举出来,全班学生无一能读。所以学生倒很原谅,他们以为还是不举西文例子好。但我总觉得惭愧而且抱歉。

2. 我举了好些中国散文诗词的例子,不免"李戴张冠"的毛病。

3. 对于各派的主义,只有字义上的认识,没有作品上的认识,教者学者,都不易感到兴趣。有些类似而又不同的主义,在字义上的辨别,恐怕不易得到清晰的具体的概念。

我们如果要补救上面的三种困难,教学上应该怎样注意呢?

1. 教学生多读些近代西洋文艺的翻译作品,最好同时选修世界近代文艺。如果要明白中国现代文艺的作风派别,也不得不多读些世界近代文艺。因为中国现代文艺,多少受了世界近代文艺的影响了。

2. 先发讲义,并指定参考书,教学生自己去看,然后在教室讨论。

3. 指定中国现代新文艺作品数种,教学生详细阅读,练习批评。

4. 令学生课外阅读中国文学批评书,如《文史通义》①《文心雕龙》,以及陈中凡②《中国文学批评史》等书,比较中西批评标准与学说的异同,做一种比较的研究。

5. 教学成绩,以阅读笔记、批评论文、研究报告定之;遇必要时,亦可举行测验。

附注:本学程在教学上虽然有很多困难,但因中国现代文艺已经有好些部分西洋化,而文学已有大同的趋势,决不能让一国来闭关自守,所以在高中文系,实有教学的必要。我们只能希望此后的中学生和中学国文教师能提高英文程度。至于世界文学史,我便不主张在中学教了。

---

① 《文史通义》:一部史学理论著作,是清代著名学者章学诚的代表作,与刘知几的《史通》一直被视作古代中国史学理论的双璧。(编者注)

② 陈中凡(1888—1982):原名钟凡,字斠玄,号觉元。中国古典文学学者,"中国文学批评史"学科奠基者之一。著有《经学通论》《两宋思想述评》《中国文学批评史》《中国韵文通论》等。(编者注)

第六章　古书选读之教学

（一）教　学　目　的

本学程拟定为高中普通科第一系（文系）三年级必修学程,每周三小时,时期一年,定为六学分。教学目的如下:

1. 使学生多读一些重要的古籍名著,以为专门研究古代文学的预备。

2. 使学生多了解一些中国古代文化,以为专门研究文化史、哲学史、伦理学史和政治思想史的预备。

3. 培养学生阅读古书的能力。

（二）教　材　大　纲

1. 史书:

（1）《战国策》　十余篇

（2）《国语》　数篇

（3）《左氏传》　三十余篇（课外全读）

（4）《公羊传》　数篇

（5）《谷梁传》　数篇

（6）《史记》　二十余篇（课外可多读）

（7）《汉书》　前后《汉书》各选十余篇

（8）《三国志》　数篇

（9）《资治通鉴》　数篇

以上各书约选百篇左右,一学期读毕。

2. 子书:

（1）《论语》　选读十余章（课外全读）

（2）《孟子》　选读二十余章（课外全读）

（3）《荀子》　数篇

（4）《墨子》　数篇

（5）《管子》　数篇

（6）《韩非子》　数篇

（7）《淮南子》　数篇

（8）《庄子》　数篇

（9）《老子》　略讲大概

（10）《吕氏春秋》　数篇

（11）王充《论衡》　数篇

以上各书约选六十篇左右，十五星期读毕。

3. 经书：

（1）《礼记》　节读十余篇

（2）《书经》　三篇（《禹贡》《洪范》《周官》）

（3）《易经》　一篇（乾文言）

以上各书约选读二十篇，在三星期内读毕。《诗经》归入"中国古代文艺"课程中选读之。

上列古书，共二十三种，选读范围约一百八十篇。各篇篇名，作者尚未详细鉴别原书，故未开入，编辑是项读本时，当根据本学程教学目的，细加审择。

（三）教 学 方 法

本学程以学生自行阅读为主，教师只负指导责任，不必在课堂讲解。除选定一百八十篇必须精读者外，其余可令学生在课外自由阅读原书。唯《论语》《孟子》《左传》三书，可责令学生全书略读，《史记》亦可多读，其余任学生所好读之，可以不必规定。教学上应注意之点如下：

1. 欲养成学生读古书的能力，必须教学生自己读古书。如有困难处，须教学生用自力去解决；教师只能告以解决的方法，不宜代为解决。

2. 阅读古书与文字学及文学史有联络的关系处，教师宜指示之。

3. 学生阅读讲义或书本时，可令自加新标点，教师随时考查，矫正其标点错误处。如是项矫正工作太繁，可先由教师规定矫正的一书或一种讲义，令学生相互分任矫正之。

4. 读史书须注重叙事记言状物的作法研究；其有事实相类或相同而作法不同者，可为比较的研究；亦可令作史事的评论，以证读书的心得。

5. 读子书可令学生摘记其要点及文章的精彩处；或可将其学说分析，作一表解。

6. 读经书只须了解大意或笔记要点，不必做其他研究。

7. 关于考据及统论学术之书，中学生尚无阅读能力，可不必多费工夫去参考；更不宜教学生去做考据的死功夫。

附注：近人于中学生古书阅读篇目，往往录入《汉书·艺文志》《隋书·经籍志》《四库提要》总叙等篇,似唯恐中学生知书名不多者。试问其曾教过中学生而发生教学之兴趣与功效否?钱基博《国学必读》与《古书治要》中所选篇目,多有不宜教中学生的,不料竟有好些人去抄袭他。选择古书阅读教材者,应当注意研究一下。拙著《中学国文校外阅读研究》第二、三章,可供参考。
(本丛书之二,民智书局出版)

中学国文各学程教学研究

第七章　文字学之教学

（一）教学目的

本学程拟定为高中普通科第一系（文系）三年级必修学程，每周三小时，时期一年，定为六学分。教学目的如下：

1. 教授声韵上应用的常识，使学生能辨声别韵，自为反切，且知注音字母的来历；并略讲字音因时代地域气候不同之变迁，以及声韵之通转，以为专门研究古字读音及方言语音之预备。

2. 教授六书释例及字体沿革，使知造字原则，以及字体变迁之程序。

3. 略讲训诂大要，以为读古书之助。

附注：此三条目的，以首条上半为最要，下半次之；第二条又次之；第三条最缓。今日中学校教文字学，只教学生会写几个古体字，在教学目的看来，可谓缓急失宜，本末倒置。如万一教授时间不足，则注重第一条及第二条之六书释例亦可；如教师不能讲声韵通转，则在第一条中仅教应用反切法及注音字母来历亦可。先其所急，后其所缓，这是教者应当注意的。

（二）教材大纲

1. 字音篇：

（1）字音的起源

（2）发音机关图说

（3）声韵的区别

（4）声母的分类及归并

（5）四声的辨别

（6）字音的刚柔

（7）反切法

（8）注音字母的来历

（9）注音字母与英德法日世界语字母的对照

（10）古今音韵的变迁

（11）声母的通转

（12）韵母的通转

（13）韵部的沿革

（14）新方言辑要

2. 字形篇：

（1）字形的起源

（2）造字的原则——六书释例

（3）通假字

（4）许书简字

（5）古今通用字

（6）俗写简字及其功用

（7）古今字形的变迁——八卦、书契、大小篆、隶书、草书、真书

（8）字形变迁的原则——由简生繁（孳乳），以简御繁

（9）世界文字的起源和变迁

（10）世界文字改就简易的趋势

3. 字义篇：

（1）字义的变迁与分合

（2）训诂法释例

（3）历代训诂学概说

上述教材大纲，参考何仲英《中国文字学大纲》及王森然《中学国文教学概要》第二篇文字学学程，加入作者意见，略有增删，并据教学目的，重为编次。

（三）教　学　方　法

是项学程，每周讲授二小时，应用练习一小时。教授上须注重学生的实际应用，勿多涉理论。必须练习的项目如下：

1. 辨声练习

2. 辨韵练习

3. 四声练习

4. 反切练习

5. 注音字母拼音练习

6. 国语及方言的听音练习

7. 辨识文字的韵部练习

8. 辨识文字的六书别类练习

上列八种练习之外，如学生中有于文字学特有研究兴趣者，尚可为下面的几种研究：

1. 通俗字研究

2. 简字研究

3. 古书中字古今音读同异研究

4. 方言中音读研究

5. 方言与国语的比较研究

附注:现在一般中学教学文字学,既不研究,又不练习,可谓毫无用处。所以学生上了几十点钟课,拿了百来张讲义,完全不能应用。不过以研究而论,如要有系统的研究,当然不是中学生所能做的。我们只能教学生去做一部分的片段的工作;或者仅仅搜集些研究资料,也未始不可。所以练习和研究的成绩,至少当占成绩50%。

第八章　儿童文学之研究

（一）研　究　目　的

本学程拟定为高中师范科三年级研究学程,每周四小时,研究一年或半年。学分视研究成绩之多少定之(约为二学分至十学分),研究目的如下:

1. 搜集儿童文学读物或可为儿童文学的资料,以供研究。

2. 鉴别现行儿童文学读物的价值、位置(教学上的位置)、分类、程度,以供小学及幼稚园的采用。

3. 儿童文学的改编、摹作、翻译、创作,以供小学及幼稚园教师的研究采用。

（二）研　究　大　纲

（甲）关于讲演的:

1. 儿童文学的意义及范围

2. 儿童文学在文学上的位置和价值

3. 东西洋儿童文学作家及作品

4. 中国古代及现代的儿童读物

5. 儿童文学的研究法

（乙）关于研究的:

1. 关于小学初年级及幼稚园生的谈话和歌唱资料:

（1）儿歌(宜取句法简单且多重复而易于记忆的韵语;材料不必要有深意,但要和儿童官体的动作和表情相配合)。

（2）物语(鸟兽鱼虫的假托语,略含人类生活意义,但要合于儿童生活经验者)。

（3）动物故事(须绘图表明动作历程,而取材要有趣味)。

（4）谜语(取材要浅易有趣,语要叶韵)。

（5）歌谣(相传的歌谣,以合于本地民情风俗,而为五岁至八岁的儿童能了解而有兴趣者为限)。

（6）自然界的故事(如日月星辰、山川草木,为儿童所习见之物演成的故事)。

2. 关于小学中年级生(九岁十岁)的读物:

(1) 歌谣(材料较前略深)。

(2) 谜语(材料较前略深)。

(3) 神怪故事(如神仙、月娘、孙行者、猪八戒等,但不宜取神经易受刺激的鬼怪或残酷的事,恐吓儿童)。

(4) 民间传说(如名人逸事、孟姜女故事、徐文长故事、乾隆皇帝游江南、洪秀全造反等。但取材须注意勿使儿童心理上有恶影响者)。

(5) 寓言(要含有讥讽教训的意味的)。

(6) 谐语(隽巧的滑稽语和笑话,但取材要注意勿近于下流的)。

(7) 谚语(与历史乡土风俗节候人情有关的谚语,但勿取流于迷信的)。

(8) 戏曲(合歌唱与表演为一的歌舞剧,近人已略有创作。如月明之夜,葡萄仙子等)。

3. 关于小学高年级生(十一二岁)的读物:

(1) 英雄传记[如岳飞、关羽、刘备、马援、诸葛亮、韩信、张良、郑成功、蔡锷,等等,要取对于民族有功绩者,先读近代,渐读古代,编为各种单行本,或数人合一本(圣贤学者伟人的传记,有著述或政治主义者,宜在中学去读,不入儿童文学范围内)]。

(2) 游记(以记述异闻、逸事、风俗、习惯及描写名胜者为限,关乎考古的或政治,实业,教育社会学者的专门考察,可不选入。文体以浅近的白话为限)。

(3) 新诗(宜选浅近有趣的叙事、抒情、写景的诗。社会问题诗和哲理诗,尚不宜选)。

(4) 小说(宜选历史小说、探险小说、笔记小说、短篇故事小说)。

(5) 剧本(要取儿童的经验相近、易于想象表演者)。

(三) 研 究 方 法

第一步,搜集资料。搜集的范围如下:

(1) 小学国语教科书

(2) 已出版的各级儿童读物

(3) 通俗旧小说,剧本,平话,鼓词

(4) 各地方谚语,歌谣,故事

(5) 新小说,剧本,诗歌

(6) 历代史传,笔记,杂录

(7) 现代各种文艺杂志

（8）各小学优良的儿童作品

（9）东西洋各国的儿童读物

第二步,鉴别读物,鉴别的标准如下:

（甲） 文字方面的标准:

（1）字体要简易而通行

（2）文句不可太长

（3）句中文法次序须和语序相合

（4）初年级读物,字句要多重复,语气要合儿童口吻

（5）篇幅不可太长

（乙） 内容方面的标准:

（1）内容要多变化,要使儿童有兴趣

（2）内容要合乎儿童的经验

（3）思想要积极的、快乐的

（4）在童话故事中习见的材料,要用不习见的方法去配搭,使儿童觉得新颖有趣

（丙） 插图方面的标准(幼稚生和小学初年级生的读物,插图宜多):

（1）插图要明了,最好有色彩

（2）动物故事的插图,要模拟人的动作模样

（3）要用连续的图画,表示种种发现动作的历程

第三步,翻译,改编,摹作及创作。是项工作,可令学生各按所长,分工为之。

附注:作者未曾教过是项课程,且素少研究。是篇参考时人论文而成。参考诸篇如下:

1. 吴研因①《小学国语文教学法概要》(见《新教育》五卷四期)

2. 周作人《儿童文学》(见《新青年》八卷四号)

3. 俞子夷《小学初年级读法教科书改革问题》(见《新教育》四卷三五期)

---

① 吴研因(1886—1975):原名辇赢,江苏江阴人。近现代教育家,曾任江阴县立单级小学校长,上海中华书局、商务印书馆编辑,江苏省立第一师范学校教员兼附属小学主任,上海尚公学校校长。(编者注)

第九章　中国古代文艺之教学

（一）教　学　目　的

本学程拟定为高中三年级各科普通选修学程,每周二小时,时期一年,定为四学分。教学目的如下:

1. 教授历代各体各派之纯文艺作品,以引起学生欣赏及研究之兴趣。

2. 使学生于古代文艺与现代文艺,有系统的概念和比较的观念。

3. 使学生能于古代文艺中,领略其作品的精神,艺术的手段,文辞上的资料和工具,以为创造现代文艺之助。

4. 使学生于古代文艺中,领略古代文化和民族精神之一部分——如民族的思想、情感、想象,各时代作品之风格,各时代之政制、风俗、礼教,等等,均可在作品中窥见一斑——以为学生了解中国文物,或为将来研究中国文化史之助。

（二）教　材　大　纲

上编——关于诗歌词曲的:

（1）古歌谣

（2）国风与雅颂

（3）古乐府——恋歌、吴歌、横吹曲、杂曲、郊祀歌

（4）古诗——三言、五言、六言、七言以及杂体诗

（5）唐以下之五七言古诗

（6）白居易之新乐府

（7）唐以下之五七言律诗、绝句及排律

（8）六朝之长短句

（9）五代北宋之小令

（10）宋以下之词

（11）元以下之曲——小曲、弹词、剧曲（节选）

（12）古今箴铭颂赞选略

中编——关于辞赋及短简小品的:

（1）《离骚》及《楚辞》

（2）枚乘《七发》

（3）两汉魏晋之辞赋

（4）六朝及唐宋以下之小品

（5）六朝及唐宋以下之短简

（6）古今楹联选略

下编——关乎小说的：

（1）六朝以前之小说（如《汉武内传》《列仙传》《西京杂记》《世说新语》《拾遗记》等，均可酌选）

（2）唐宋之小说（如《教坊记》《明皇杂录》《太真外传》《宣和遗事》《太平广记》等，均可酌选）

（3）元明清之小说（如《水浒传》《西游记》《三国志演义》《红楼梦》《儒林外史》《镜花缘》等，均可酌选）

附注：关于下编之取材，可参考下列各书：

（1）吴增祺选《旧小说》（商务印书馆出版）

（2）郑振铎选《中国短篇小说集》（商务印书馆出版）

（3）鲁迅编《唐宋传奇集》（北新书局出版）

（三）教 学 方 法

本学程以学生自行阅读欣赏为主，教者只须于每种文体，略说源流派别，及各家作品之特色与价值。文字上有须注释考证之处，可另编讲义，令学生自阅之。如是项读本不易编辑，可暂取蒋善国《中国文艺丛选》《中国诗选》《胡适词选》、郑振铎《中国短篇小说集》、鲁迅《唐宋传奇集》、郑实于辑《长短句》、吴增祺辑《历代名人小简》、某书局《历代白话文范》诸书用之。教学上须特别注意之点如下：

1. 普通作品只须略读一过，其尤重要者，可令学生细读数次，或熟诵之。

2. 讲授及选材，于各时代特创之文体，须特别注重；于后代模仿之作品，可略及之，或竟可不讲。

3. 重要作品，可令学生评论其作法，以验学生欣赏程度之高下。

4. 学生之有文学天才者，亦可取一二作品，令摹作之。

5. 关乎小说之部，学生如已在课外读过者，可略而不读。

6. 作品内容之重要者，令学生笔记之。

7. 本学程可与"文学源流"联络并教，使学生得互相印证之益。

附注:近年各中学于高中国文选修学程,有分设诗学、词学、小说学,等等;甚至有以楹联学列入学程者。作者以为都没有分设的必要,故统以本学程包括之。至于楹联学,虽为世俗酬应所需,但在文学上的位置很微小,更没有设为一种学程的必要,所以只在中编之末附及,略讲一些大概好了。即完全不讲,亦无妨害。

第十章　中国现代文艺之教学

（一）教 学 目 的

本学程拟定为初中三年级国文选修学程,每周二小时,时期一年,定为四学分。但如学生因欲选修其他学程,在选修本学程一学期修满二学分后,不能继续选修者,亦可听其自便。教学目的如下:

1. 教授现代各体各家的著名文学作品,使学生欣赏,引起其研究现代文学的兴趣。

2. 培养读书的习惯与能力。

3. 启发一部分学生的文学天才,使为浅近作品的模拟练习。

4. 使学生略知中国现代文艺派别的大概,为升高中时,进修文学源流、文学概论、西洋近代文艺、中国古代文艺之预备。

（二）教 材 范 围

1. 现代文学通论:

（1）胡适《五十年来中国之文学》

（2）胡适《文学改良刍议》

（3）胡适《建设的文学革命论》

2. 现代的新诗（下列各家作品,均可酌选）:

（1）胡适《尝试集》

（2）刘大白《旧梦》《邮吻》

（3）康白情《草儿在前集》《河上集》

（4）刘半农《扬鞭集》

（5）陆志韦《渡河》

（6）俞平伯《冬夜》

（7）汪静之《蕙的风》

（8）谢婉莹《春水》《繁星》

（9）宗白华《流云》

（10）郭沫若《女神》

（11）徐志摩《志摩的诗》

（12）白采《白采的诗》

以上取有创造的贡献者十二家,其他模仿的作家不选。

3. 现代的散文小品(传记、书札、游记均属之,下列各家作品,均可酌选):

(1) 鲁迅《热风》《华盖集》(有正续二编)

(2) 周作人《自己的园地》《雨天的书》《谈虎集》

(3) 孙福熙《山野掇拾》《大西洋之滨》

(4) 郑振铎《山中杂记》

(5) 瞿秋白《新俄国游记》

(6) 郁达夫《日记九种》

(7) 郭沫若《我的幼年》

(8) 冰心《寄小读者》

(9) 田汉《蔷薇之路》

(10) 田汉、宗白华《三叶集》

4. 现代的小说(下列各家作品,均可酌选):

(1) 鲁迅《呐喊》《彷徨》

(2) 叶绍钧《隔膜》《火炎》《城中》

(3) 冰心《超人》

(4) 郁达夫《沉沦》

(5) 王鲁彦《柚子》《黄金》

(6) 高长虹《光与热》《时代的先驱》

(7) 王统照《春雨之夜》《黄昏》

(8) 庐隐女士《海滨故人》

(9) 张闻天《青春的梦》

(10) 蒋光赤《鸭绿江上》《少年漂泊者》

(11) 许钦文《故乡》《毛线袜》

(12) 白采《白采的小说》

5. 现代的戏剧(下列各家作品,均可酌选):

(1) 田汉《咖啡店之一夜》《湖上的悲剧》

(2) 侯曜《复活的玫瑰》《山河泪》《弃妇》

(3) 蒲伯英《润人的孝道》《道义之交》

(4) 洪深《贫民惨剧》《赵阎王》

(5) 郭沫若《三个叛道的女性》《棠棣之花》

(6) 徐公美《歧途》

(7) 欧阳予倩《泼妇》

(8) 宋春舫《枪声》《朝秦暮楚》

（9）西林《亲爱的丈夫》《酒后》

（10）王统照《死后的胜利》

6. 现代的文艺批评：

（1）孙俍工《新文艺评论》

（2）郭沫若《文艺论集》

（3）郁达夫《文艺论集》

（4）台静农《关于鲁迅及其著作》

（5）闻一多、梁实秋《冬夜草儿批评》

附注：现代的文艺作品非常之多，尤其是小说、新诗和散文小品。个人所见，难免有挂漏之病。此后中学生与中学国文教师，均无暇尽读。如欲选为中学国文教材或课外读物，必须做一番鉴别整理审择的功夫。第一，当以文学的观点来审定比较有价值的作品；第二，当再以教育的观点来审定哪几种合于中学国文教学的目的、学生的程度。然后再从这些审定的书中来选择教材，方才不致有偏颇挂漏、选择不精当的毛病。本篇所举各家作品，不过为教者的参考而已。将来如编辑是项课本，非将现代文艺作品完全搜集，做两年的研究——鉴别、整理、审择——不可。如为指导学生阅读计，为学生的时间精力与购书的经济计，也不可不做一番这种研究工作。

（三）教　学　方　法

本学程以学生自读为主，教者责任，只要选材精当，指导得宜。教学上应注意之点如下：

1. 教师于精选各体各家代表作品后，须对各家作品为简切的大概的批评，以指导学生。

2. 教授（文学概论）时，其一部分举例，可与本学程教材联络。

3. 教授（古代文艺）时，可取古代某种作品与现代某种作品为比较的评论。

4. 学生于文学有特别天才者，亦可令其模习；但题材不宜限定，最好令学生自由作之。

5. 每篇读毕之后，可令学生笔记要点、大意及其所感生之兴趣。

6. 教学成绩以笔记及练习定之，必要时，亦可举行测验。

第十一章　世界近代文艺之教学

（一）教 学 目 的

本学程拟定为高中三年级各科普通选修学程，每周二小时，时期一年，定为四学分。教学目的如下：

1. 使学生略知世界近代文艺名著之大概，为普通的欣赏。

2. 使学生略知世界近代文艺之思想与艺术，及于中国现代文艺创作上之影响，以为研究及批评现代文艺之预备。

3. 使学生扩展对于文艺的眼界，对于中国古代文艺与现代文艺，有些比较的概念。

4. 使学生认识世界文艺作品之派别，略有具体的概念，并可与文学概论相印证。

（二）教材范围（下列各家作品，可备选读）

1. 俄国近代文艺：

（1）普希金（已译者有《普希金小说集》《甲必丹之女》《巡按》《外套》等篇）

（2）屠格涅夫（已译者有《罗亭》《贵族之家》《前夜》《父与子》《新时代》《春潮》《薄命》《初恋》《胜利的恋歌》《村中之月》《猎人日记》《畸零人日记》《屠格涅夫散文诗集》等）

（3）杜思妥益夫斯基①（已译者有《穷人》《一个诚实的贼》《主妇》等篇）

（4）阿史特洛夫斯基②（已译者有《贫非罪》《雷雨》《罪与愁》等篇）

（5）托尔斯泰（已译者有《复活》《忏悔》《活尸》《我的生涯》《黑暗之光》《黑暗之势力》《假利券》等篇；尚有托氏小说集及短篇小说集、儿童文学数种）

（6）柴霍甫③（已译者有《伊凡诺夫》《三年》《海鸥》《妻》《三姊妹》《抑

---

① 杜思妥益夫斯基（1821—1881）：现译作陀思妥耶夫斯基，俄国著名文学家，19世纪群星灿烂的俄国文坛上一颗耀眼的明星，与列夫·托尔斯泰、屠格涅夫等人齐名，是俄国文学的卓越代表。他所走过的是一条极为艰辛、复杂的生活与创作道路，是俄国文学史上最复杂、最矛盾的作家之一。著有《罪与罚》《双重人格》《卡拉马佐夫兄弟》和《白夜》等。（编者注）

② 阿史特洛夫斯基（1823—1886）：现译作奥斯特洛夫斯基，俄国剧作家。（编者注）

③ 柴霍甫（1860—1904）：今译作契诃夫，俄国作家。著有《变色龙》《公务员之死》等。（编者注）

郁》《樱桃园》《犯罪》《柴霍甫短篇小说集》等)

（7）安特列夫(已译者有《小天使》《往署中》《人的　生》《七个被绞的人》《黑假面具》《比利时的悲哀》《邻人之爱》等篇)

（8）爱罗先珂(已译者有《桃色云》《枯叶杂记》《世界的火灾》《过去的幽灵及其他》等篇)

附注:近人翻译西洋文艺,以俄国为最多。此处仅举最著名者八家,以供选择教材之用。此外尚有十余家不举其名。而各家合集尚有《俄国小说集》《新俄短篇小说集》《新俄诗选》等。

2. 法国近代文艺:

（1）嚣俄①(已译者有《活冤孽》《死囚之末日》等篇)

（2）莫利哀(已译者有《悭吝人》《夫人学堂》《时髦女子》等篇)

（3）莫泊桑(已译者有《遗产》《一生》《水上》《田家女》《人心》《胡须》等篇;此外尚有《莫泊桑的诗》及《短篇小说集》)

（4）小仲马(已译者有《茶花女》,是书有林译夏译刘译三本)

（5）都德(已译者有《磨坊文札》《小物件》等篇)

（6）左拉(已译者有《一夜之爱》《洗澡》《猫的天堂》《失业》等篇)

（7）梅黎曼②(已译者有《炼魂狱》《神秘的恋神》《铁血女郎》等篇)

（8）罗曼·罗兰(已译者有《贝多芬传》《爱与死》《白利与露西》等篇)

附注:按法国近代小说剧本,已译者有二十余家,共六十余种作品。

此外尚有《法国短篇小说集》《各家小说集》《短篇杰作集》《法国歌谣集》等。此处亦仅取其最著名的几家而已。

3. 英国近代文艺:

（1）萧伯纳(已译者有《武器与武士》《华伦夫人之职业》等篇)

（2）嘉莱尔(已译者有《阿丽思漫游奇境记》《镜中世界》等篇)

（3）王尔德(已译者有《狱中记》《同名异娶》《一个理想的丈夫》等篇)

（4）高德·司密斯(已译者有《窘新郎》等篇)

（5）雪莱(已译者有《雪莱诗选》《雪莱的情诗》等书)

附注:英国作品,林纾译的最多,共有九十四种。如狄更司的《贼史》《冰雪因缘》《块肉余生述》等篇;史各德的《撒克逊劫后英雄略》《十字军英雄记》《剑底鸳鸯》等篇;均可选读。近年所译英国作品,共计不过三十余种。除专著外,尚有《英国近代小说集》《近代英国小品集》等。

---

　①　嚣俄(1802—1885):今译作维克多·雨果,法国 19 世纪浪漫主义文学的杰出代表,著名的小说家和诗人,法国浪漫主义文学运动的领袖,是法国文学史上最伟大的作家之一。著有《巴黎圣母院》《悲惨世界》《海上劳工》《笑面人》和《九三年》等。(编者注)

　②　梅黎曼(1803—1870):今译作梅里美,法国作家。代表作《卡门》《攻占棱堡》等。(编者注)

4. 德国近代文艺：

（1）戈德①（已译者有《浮士德》《少年维特之烦恼》等篇）

（2）霍普特曼（已译者有《异端》《职工》《火焰》《獭皮》《日出之前》等篇）

（3）苏特曼（已译者有《忧愁夫人》）

（4）司笃姆②（已译者有《灵魂》《燕语》《茵梦湖》等篇）

5. 欧洲其他各国的近代文艺：

（1）挪威（已译者有易卜生的《娜拉》《国民之敌》《小爱友夫》《海上夫人》《易卜生集》等）

（2）瑞典（已译者有《史特林堡戏剧集》）

（3）丹麦（已译者有安徒生的《月的话》《旅伴》及《童话集》等）

（4）比利时（已译者有梅脱灵③的《青鸟》《爱的遗留》《茂娜凡娜》等篇）

（5）波兰（已译者有显克微支的《你往何处去》《炭画》《短篇小说集》等）

（6）意大利（已译者有亚米契斯的《爱的教育》，科洛堤的《木偶奇遇记》等）

附注：此外杂译欧美小说者尚有周作人的《现代小说译丛》，鲁彦译的《世界短篇小说集》，胡适译的《短篇小说》，胡愈之译的《近代英美小说集》，周作人等译的《欧洲大陆小说集》等。

6. 日本的近代文艺：

（1）武者小路实笃（已译者有《一个青年的梦》《人的生活》《爱欲》《妹妹》《母与子》《武者小路实笃集》等）

（2）菊池宽（已译者有《第二次接吻》《恋爱病患者》《珍珠夫人》《菊池宽集》等）

（3）芥川龙之（已译者有《芥川龙之集》《芥川龙之小说集》）

（4）内山花袋（已译者有《棉被》一篇）

（5）国木田（已译者有《恋爱日记》《国木田独步集》）

附注：日本近代文艺作品，已译者不下二十余种。此外尚有合集，如《日本现代剧》《近代日本小说集》《现代日本小说集》《日本的诗歌》《日本近代小品文选》等。

---

① 戈德（1749—1832）：今译作歌德，德国诗人、剧作家、思想家，代表作有《少年维特之烦恼》《浮士德》等。（编者注）

② 司笃姆（1817—1888）：一译史托姆。德国诗人和小说家。早期小说《茵梦湖》甚有名。其他小说还有《在大学里》《淹死的人》等，抒情诗深受民歌影响，简单朴素，风格优美。（编者注）

③ 梅脱灵（1862—1949）：一译梅特林克。比利时剧作家、诗人。著有《盲人》《佩利亚斯与梅丽桑德》《青鸟》等。（编者注）

7. 印度近代文艺:

印度文艺,被译者只有太戈尔①一人。但他一人的诗文小说剧本,已译者有十余种。如《春之循环》《家庭与世界》《沉船》《谦屈拉》《太戈尔的诗与文》《新月集》《园丁集》《戏曲集》《短篇小说集》《印度故事》等。

附注:作者对于是项学程,尚无教学经验;平日所看书籍,很是寡陋。本章参考谭正璧《中国文学进化史》,又根据作者平时阅《小说月报》及《东方杂志》所知几个著名的作家,约略举之。偏颇挂漏的地方一定很多。不过这许多家的作品,决不是要学生全读的。教者可在其中再选最重要的几家,每家选一二篇译笔最好的代表作品给学生去读。除选规定的小说戏剧散文四五十篇,诗数十篇外,其余让学生自由去读好了。

（三）教 学 方 法

本学程注意学生自读,短篇可选印讲义,长篇或专集可购原书读之。如学校图书馆不能多备,可令学生分组合讲。教学上应注意之点如下:

（1）每一文艺作家须先讲其生平小史,以及作品、作风与其个性(是项材料,可参考近五年来之《小说月报》及《东方杂志》,与其他专著),每一二周演讲一次。

（2）翻译文笔须选其正确、流畅、爽利而有风趣著;否则虽属名著,宁可不选。

（3）上课时只须指示阅读的分量,方法,并引起学生之兴趣,然后考查其阅读成绩,不用讲解文字。

（4）长篇作品,可令学生在课外阅读,各随所好,阅读数种,不必限定。

（5）阅读成绩,可令学生做笔记及报告定之。报告须注意该篇之主要思想、全篇之结构、篇中之精彩处、译者之文笔、读后之感想。

---

① 太戈尔(1861—1941):今译作泰戈尔,印度著名诗人、文学家、社会活动家、哲学家和印度民族主义者。他的诗中含有深刻的宗教和哲学的见解,著有《吉檀迦利》《飞鸟集》《新月集》《小沙子》等。(编者注)

第十二章　文学研究法之教学

（一）教　学　目　的

本学程拟定为高中二年级普通必修学程,原是附在作文课程内的,不是一种特设的选修学程。近年各中学师范,在高级设此学程的很多,但是教材又各不相同。有的讲些修辞学和作文法;有的讲文学概论的一部分,如文学的定义、分类、派别,等等;有的把文学概论和中国文学作法联合并讲,内容分文学通论、世界文学趋势、中国文学研究法,等等;有的讲些中国文学批评,讲些诗话、词话,以及评文之书,似乎又牵涉到文学史的范围;有的讲些经书子书的读法,似乎又牵涉到国学概论的范围。这是什么缘故呢? 因为文学的界限在中国人的眼里看来是很不一定的。散文、诗歌、词、曲、小说、剧本是文学,笔记、楹联、童谣、新闻何尝不是文学?《诗经》是文学,《易》《书》《礼》《春秋》也可叫作文学;《左》《国》《史》《汉》是文学,孔墨老庄孟荀之书,何尝不可叫作文学? 经术注疏是文学,理学考据辞章都可混名文学。那么随便教哪一种都是文学了。再拿研究来讲罢:看书是研究,讲读也是研究;考据是研究,注疏校刊也是研究;抄书是研究,编纂整理也是研究;讲声韵平仄是研究,讲修辞作法何尝不是研究? 那么随便如何讲法都是研究了。而且在现在的时代,旧的可讲旧文学、旧研究法;新的可讲新文学、新研究法;谁能说他们讲的不是文学研究法呢? 教务主任和校长,不知道学程里面是什么西洋镜,教师何妨各人拿出老手段来,变些戏法给他们看看呢? 我以为文学的界说和研究的范围虽然很难确定,但在订定学程时,总须根据学生的需要,确定教学的目的,那么教材的选取也可有些标准了。

我以为在初中既然讲过语法、文法、修辞学、作文法等学程,在高中所谓文学研究法的学程中,所讲的当然不是这类教材。各校高中都有文学概论和文学史等学程,那么在文学研究法中,所讲的也不是这类教材。至于读书法和治国学的方法一类教材,顾名思义,根本不是文学研究法了。那么所谓文学研究法,究竟应该讲些什么东西呢?

我且根据中学国文科的教学目的和进程来讲罢。在初中一二年级,教学上所注意的是作文的语法通顺,读书时对于语法和文法了解清楚,所以在初中一二年级讲语法文法是帮助学生的初步的读文和作文的。在初中三年级,我们希望学生的作文,在修辞上和作法上都进步些,不仅要他们方法清通,同时对于文艺欣赏也要加上一些帮助,所以讲些修辞学和作文法。在高中一年级加上辩论学,也是同样的道理。在初中练习演说和辩论,我们只希望他们语调纯熟,口齿清楚,语法通顺,意思说得有条理好了;在高中,我们希望他们懂得一些思考方法、论理规则和演说辩论上的技术;这于读文、作文、演说、辩论都有帮助的。至于讲到高中二年级的文学研究法,我们从国文教学目的上看来,一个高中毕业生,应该要有一些研究文学的兴趣和能力,所以除必修的国文和选修的中西文艺选读之外,还要讲一些文学研究法。从教学进程上看来,在初中一二年级的作文,我们只希望学生能做通浅近的语体文;在初三高一的作文,我们只希望学生能做通浅近的文言文;在高中二年级的作文,已有学做文艺文的需要了。在高中二年级的学生,对于语法文法都已熟习;对于普通的修辞学和作文法,也已学过;所以在这时候,可以进一步再讲些文学研究法。我们根据中学国文科教学的目的和进程,那么可以确定本学程的目的了。本学程的教学目的有二:

(1) 使学生略知研究现代文艺的方法和门径,以为研究现代文艺的预备。

(2) 使学生略知现代文艺的作法,以为学作现代文艺之助。

我于本学程定了这两条教学目的的,知道有好多高中国文教师一定要反对的。他们反对的理由,可以说:"中国古代文艺作品之多,千万倍于现代文艺。现代文艺,占得什么地位?既然要讲文学研究法,何以不讲古代文艺研究法,单来讲些现代文艺研究法?"或者,还可说:"文艺不过是一些雕虫小技,研究文学,要从经史子书大处着眼,难道文学中所包含的只有文艺吗?"

第二种反对的理由是由于文学观念的不同,我可不必多来辩论。因为现代的文学家都承认只有纯粹文艺的作品,如诗歌、词曲、小说、戏剧和散文小品,可以算得文学;其余所谓经史子书,大半不是文学了。在经书之中,我们只承认《诗经》是文学,其余都不是文学了。中学生于纯粹文学有普通的研究的需要,在经史子书,除了几个要进大学文科的学生外,很少有研究的需要了。

第一种反对的理由是由于教学的观点不同。在中学国文教学上讲,研究古代文艺需要,实在不如研究现代文艺的需要的急切。现代社会所需要的文艺,当然是现代文艺;和现代国民生活关系最密切的,当然也是现代文艺。古代文艺,渐渐要让给专家去研究;而现代文艺,却有普通的欣赏和研究的需要。譬如吴瞿庵①老先生,现在还做他的《湖州守》,在我们看来,不过和古董家的欣赏古玩一样;这种作品和现代国民生活丝毫不生关系。但他是个词曲专家,他的专门研究,我们应当承认它在学术上有相当的地位和价值。倘使教现在的中学生也去做南腔北曲、小令长调、古近体诗,那便大可不必;倘使教他们去做

---

① 吴瞿庵(1884—1939):即吴梅,近代著名全能曲家,度曲谱曲皆极为精通,对近代戏曲史有很深入的研究。被誉为"近代著、度、演、藏各色俱全之曲学大师"。(编者注)

专门研究，也还没有需要。所以在高中普通必修的学程内讲文学研究法，我以为应当讲现代文艺的研究法。

至于笔记、楹联，我以为未必能成为一种"学"；童谣可在儿童文学内去研究，现在也还未成"学"；新闻学在高中没有教学的需要，我在本书第一章已经说过了。

我把本学程附属在高中二年级作文学程内，教学时间不过每周一时，不是一种特设的选修学程，本来可以不用特辟一章讨论的。但因为它和其他文学选修学程有类似而不易分别的关系，而且有些学校已设为特种学程，所以不能不特辟一章来讨论。上面已把教学目的确定，那么教材和教法，也可根据这种目的来解决了。

（二）教　材　大　纲

1. 新诗研究法：

（1）诗的背景——诗和美学的关系、艺术的冲动、艺术的形式及意义

（2）诗的范围——诗的特别范围、诗人与非诗人、诗人与作品

（3）诗人的想象——创作的想象及艺术的想象、诗中的想象、影像的选择及支配、影像派的诗

（4）诗人的文字——文字的功用、文字怎样传达感情、主要的情调、特殊的音色和辞藻

（5）声调及格律——声调的性质、声调的审度、音与义的冲突与妥协、散文的声调、音量强弱及音节

（6）韵节及自由诗——论韵节、论诗节、论自由诗

（7）中国现代新诗概说——新诗的创作和翻译、新诗的作法、新诗的派别

2. 小说研究法：

（1）怎样做小说——组织、体例、观察点、烘托、描写、对话

（2）小说的背景——情绪（Emotion）、地方色彩（Local Color）、空气（Atmosphere）

（3）小说的派别——古典派、浪漫派、写实派、自然派、新浪漫派、唯美派、象征派

（4）论短篇小说——特性、体裁、作法、功用

（5）中国现代小说概说

3. 戏剧研究法：

（1）戏剧的意义、要素、使命

（2）戏剧与人生社会及一般艺术的关系

（3）剧材的搜集——剧材的范围、搜集的方法

（4）戏剧的作法——结构、布景、对话、叙述、体式

（5）中国现代新剧的趋势——旧剧的改良、剧本的翻译和创作、新剧的表演

附注：本学程教材，可参考下列各书：

（1）《诗之研究》Bliss Perry 著，傅东华，金兆梓合译，商务印书馆出版。

（2）《新诗作法讲义》孙俍工编，商务印书馆出版。

（3）《短篇小说作法研究》张志澄编译，商务印书馆出版。

（4）《小说作法讲义》孙俍工编，中华书局出版。

（5）《戏剧作法讲义》孙俍工编，亚东图书馆出版。

（6）《宋春舫论剧》，中华书局出版。

（三）教 学 方 法

本学程的目的，在研究的预备和作文的帮助，上面第一节已经说过了，所以教学的方法，也要注意在这两点上，分条述之如下：

（1）讲授时要精选模范的作品作实例。

（2）每种作法讲毕后，要有相当的练习。

（3）举例以中国现代作品为宜，不得已时可慎选翻译作品。

（4）创作或摹作的练习，可令学生视其性之所近，择一种作之，不必各种都作。每学期作一二次，都在课外去做，不必限定时间。

（5）戏剧如有机会，可作一二次表演。

（6）学生如有好的创作，须要特别奖励他；如不能做的，不用去勉强他。

（7）教中国现代文艺、世界近代文艺及文学概论时，可与本学程教材一部分联络。教本学程时，须与读文作文联络。

附注：按孙俍工主张在初中三年级讲新诗、小说、戏剧的作法，王森然主张每生要交新诗创作二十首，小说创作五篇，剧本创作三篇，这种主张，我以为恐怕太过于理想了。

第十三章　普通应用文之教学

（一）教　学　目　的

说到国文的教材,各种文体,都是应用的。如果没有用的,便可不选作教材。那么特定一种应用文的名称,似乎有些不妥了。我听见好些国文教师发过这样的议论。但是,我们要仔细想一想,现在的中学国文教科书,已经把社会上各种应用文字都选入了吗? 我查过四部初中国文教科书,简直没有一篇应用文;便是人人必用的书札也很少,有的简直只占了全书百分之一。这是什么缘故呢? 因为国文教科书中所选的文章,都是些名人作品,他们取材的目的是要有好的思想、好的文笔而内容很有趣味的。应用文却不尽然。应用文的目的,以在事实上能发生功效的为好,不必定要文章做得好;要以用思精细、判事清楚、措辞得体的为好,不必定要文笔优美;而且内容多是枯燥无味的事实,很不易发生兴趣的。但是,在社会应用上,却以这类枯燥无味的应用文字,需要最大;会做文章的人,简直不会写应用文字的也很多;那么我们在国文教学上不得不特别注意了。但在应用文中间,还有一个重大的问题。就是专门的应用文,往往随着专门的职业而有分别。譬如写状子是律师的专长,没有法律知识的人便不能写;写照会是外交家的专长,没有外交知识的人也不能写;他如新闻记事、银行簿记,也都需要专门的知识的。因为各种应用文的用处不同,他对于各人的需要,也就有了分别。所以我们教应用文,就要视各人需要的大小,分别几种来教。

普通应用文是一般人需要最大的,所以我拟定为初中三年级的选修学程。这种学程是注重练习,不是注重讲授的,所以每周上课只有二小时,而练习却要一年。它的教学目的如下:

1. 讲授各种普通应用文件的体例格式,使能实际应用。

2. 练习各类各体普通应用文的作法,期于纯熟敏捷而无错误。

3. 阅读各种模范应用文件,使学生于事理人情法规及事实的因果,能为分析的考虑,精密而周至的应付。

4. 附讲与各种应用文件有关的常识,使能遇事措置得宜。

（二）教　材　大　纲

1. 书札:

（1）书札的界说及分类

（2）书札的称谓语、寒暄语、祝颂语

（3）书札的写法以及信内信面写法的格式

（4）研究书札应注意之点——感情与理智，质直与委曲，简切与和婉，卑亢与地位

（5）各种书札示范——问候，报告，邀请馈赠及答谢，请托及答允或拒绝，质问及辩驳，吉凶庆吊及答谢

（6）邮件寄递法说略——寄费、欠资、挂号、快递、保险、汇兑、候领、改寄、撤回

2. 电报：

（1）电报的种类及作法

（2）电文示范——通电、贺电、呈报电、私人电

（3）电报寄递法说略——等级、寄法、挂号、报费

3. 告白：

（1）启事作法及举例

（2）广告作法及举例

（3）布告作法及举例

（4）通告作法及举例

（5）报告作法及举例

（6）宣言作法及举例

4. 柬帖：

（1）婚丧礼俗及文柬举例

（2）应酬文柬举例

附注：关于祝词、贺词、贺联、挽联及庆吊诗文，入于专门文艺范围者，可不习。

5. 规章及条例：

（1）团体规约作法及举例

（2）会议规程作法及举例

（3）公务条例及细则举例

（4）私事条例举例

6. 契券及单据：

（1）聘书及关约举例

（2）婚书及合同举例

（3）各种租约举例

（4）各种买卖契券举例

（5）股票及证券举例

（6）收支账目及单据举例

附注：普通应用文的教材，坊间出版的有北京文化学社的《初级中学应用文》，商务印书馆的《中等应用文》，中华书局的《应用文件大全》，其他书局出版的这类书籍也很多，都可为参考之用。但有的体例不完备，有的材料太陈腐，所选的范作尤欠斟酌，都是不很适宜于直接做教材的。作者于是项学程，曾教过三班学生，很想编一本比较优良的教科书。

（三）教 学 方 法

本学程的教法，宜注重练习，而不宜注重讲授。徒重讲授，毫无兴趣，而且是没有用的。学生即使把全书看得很熟，等到要动手写作的时候，仍然错误百出，不知所措了。所以每教一种文体，都要教学生做几次的练习。要把书本的知识熟习了，变成能力，然后写作的时候，可以不必翻书。教学上应注意之点如下：

1. 每讲作法一小时后，即须做练习一小时，每星期至少练习一次。

2. 练习时间不用太长，有时一小时内可做数种练习。

3. 练习题目，最好为实际的。如无实际的材料，也可假设实际的问题。

4. 练习题目，有时可用范作原题。先令学生练习后，再令阅读范作，使自改正，以省教师修改之劳，而学生更可得益。

5. 所选范作，可令学生自读，不必教师讲解。待发现学生练习之错误后，教师再根据范作批评之。

6. 本学程的练习，亦可与作文课联络，令学生在规定作文时间作之。但不可在所有作文时间内均做是项练习，致使学生对于作文感觉枯燥无味。

7. 本学程的成绩，讲授阅读的试验，占40%；练习成绩，须占60%。

附注：现在各校教授应用文，多重讲授，一学期中仅练习一二次，这完全是由于学校以上课钟点算薪水，教师以上课为尽职，没有时间改卷的缘故。但如要使教学发生功效，教师必要注意学生的练习；学校也须注意教师的工作和待遇。

第十四章　公牍应用文之教学

本学程拟定为高中三年级各科普通选修学程,每周二小时,时期一年,定为四学分。教学目的如下:

1. 使学生熟习公牍上应用文字的格式体例以及各种专用词语,使能实际应用。

2. 练习各种公文作法,期于纯熟敏捷而无错误。

3. 阅读各种模范公文,使学生于事理人情法规及事实的因果,能为分析的考虑,精密而周至的应付。

4. 讲授各种政治机关(如行政、司法、立法、考试、监察各院及各部等)及公民团体(如党部会社等)之组织及统属关系,与公民学之一部分联络,使能依据法令规章,充分运用国民公权。

附注:本学程为公民领袖人物必须熟知熟习者,故在高中实有教学之必要,并非专为养成几个科员秘书的狭义的目的而设的。现在有些中学国文教师反对中学校教公文,未免把教学目的看得太狭隘了。我眼见有些党部机关的公文太不成样子,主张高中要教公文,有些同事笑我为绍兴师爷①。老实说,绍兴师爷那种险恶的手段,我们决不可学;但他们那种精密而深刻的头脑,简切而厉害的文笔,一文之发,事期必成,在办事上增加了极大的效力! 这是我们不可不学的。

（一）教　材　大　纲

1. 公牍文概说:

（1）公文的意义及功用

（2）历代公文的沿革及现行公文的改良

（3）公文的体式——公文的体制,公文的款式

（4）国民政府公文程式令

2. 公文作法:

（1）拟稿前的预备

（2）拟稿时的要件

（3）办理时的手续

---

① 绍兴师爷:明清之际,一般县衙门里有一种幕僚专为县令管钱粮、起草文件等,多用绍兴人,这些人往往把持衙门,操纵词讼,上下其手,欺压平民。故民间多称其为"刀笔吏"。(编者注)

（4）办理后的处置

3. 上行公文：

（1）祈请呈文作法及示范

（2）禀报呈文作法及示范

（3）声诉呈文作法及示范

（4）转呈呈文作法及示范

（5）呈文用语释例

（6）呈文用语简表

4. 下行公文：

（1）任命令及任命状格式举例：特任、简任、委任、特派、委派

（2）通令作法及示范

（3）训令作法及示范

（4）指令作法及举例

（5）教令格式举例

（6）批示作法及举例

（7）布告作法及示范

（8）下行公文用语释例

（9）下行公文用语简表

5. 平行公文：

（1）外交公文作法及示范——照会、通牒、抗议书、警告书、宣传书

（2）咨文作法及示范（咨呈文现已废除）

（3）平等机关的公函作法及示范

（4）非统属机关的公函作法及示范

（5）宣言、通电及通告书作法及示范

（6）平行公文用语释例

（7）平行公文用语简表

6. 典礼公文：

（1）国书及答词举例

（2）誓文举例——就职宣誓文、誓师文

（3）祝贺慰唁文举例——国际祝贺词及慰唁词、官吏就职祝贺词

（4）褒嘉文举例——功勋褒词、节孝褒词、耆老褒词

（5）典礼公文作法的特点

附注：关于本学程教材的参考书，坊间出版的很多，如中央书店出版的《公文程式大全》，商务印书馆出版的《公文程式举例》等。而各种应用文教科书中也有辑入一部分。他如各部院及地方政府的行政公报，各省教育厅的教育公

报,都可参考。现在出版的应用文教科书,关于公文一项,大都大略举例,编制不合教学程序,教师以自编讲义为宜。作者曾在高级师范教应用文两年,所选教材皆偏重教育行政机关及学校公文,而尤重于教育局、县视学及小学校应用之公文,因为我主张应用文字必要适合学生的实际需要的。所以教材大纲虽同,而各种举例及示范的文字,教者必须视各种学生的需要而加以斟酌。至于司法上之应用公文,属于律师专业范围者,可以不习。

(二) 教 学 方 法

本学程的教学,亦须注重练习。其教学上应注意之点,大致与普通应用文相同。因为应用文的方面太多,格式体例太繁,而各种学生的需要不同,所以作者主张分为普通应用文、公牍应用文、职业应用文三种学程。讲到教法,这三种学程,原是差不多相同的。本课程在教学上还有应特别注意的几点如下:

1. 教授时于上行公文宜详,要多举例多练习;下行公文宜略,有的只要举例,不必练习。

2. 平行公文,于公函之教授宜详,其他宜略。

3. 典礼公文仅举例备格,可不必练习。

4. 教材大纲中各项有写明"示范"二字者,均须慎选重要而优良之范文;仅写"举例"二字者,只须选些普通实例。因为公文之中,有些变化多的,与文笔优劣,关系甚大;有些呆板固定的,与文笔无甚关系。

5. 教授公文时,于分项叙述及重套叙述处,必须将头绪剔清,使学生易于明了。于发文及收文两者所处的地位,以及文中的口语辞气,尤须特别注意。

6. 公文中用词,细心斟酌,极有分寸。往往失之毫厘,差以千里,于案件关系重大。教师当令学生特别留意。

附注:各校教学公文,往往只讲格式体例,毫不练习。这种书本教学是全无用处的。教公文必须注重练习,练习方法与上章普通用文同。

第十五章 职业应用文之教学

（一）教 学 目 的

本学程拟定为高中三年级职业科必修学程，每周二小时，时期一年，定为四学分。教学目的如下：

1. 讲授职业上各种应用文字之格式体例，使能实际应用。

2. 练习各种职业应用文件之作法及办理手续，期于纯熟敏捷而无错误。而于广告文字，尤须使能自出心裁，变化不拘。

3. 附请与职业应用公文有关之各种法律规程（如商标法、专利法、免税章程等），使能遇事应付适当。

（二）教 材 大 纲

1. 职业应用文概说：

（1）界说及分类

（2）作法之特点

（3）办理之手续

2. 书信及公函：

（1）关于重要职员保荐及进退之书信——附合同及雇约

（2）关于货物承购及推销之书信——附承购及推销合同

（3）各公司商号及股东往来之公函——附相互订立之契券及单据

（4）公司商号与商会及地方团体往来之公函——附计划书、保告书及建议书

3. 呈文：

（1）公司及商号新建或迁移分铺之立案呈文及办理手续——附集股或合伙组织章程

（2）商标立案呈文及办理手续——附商标法

（3）请求专利呈文及办理手续——附专利法

（4）请求免税呈文及办理手续——附免税章程

（5）关于追索欠债及要求赔偿之呈诉及办理手续

（6）关乎地方风纪卫生及其他公益事业之连署呈请及办理手续

4.广告及传单：

（1）广告及传单之性质功用及作法

（2）广告之分类举例——报志广告、通信广告、游行广告、露天广告、赠品广告、附带广告、交换广告、电影广告、包办广告、招贴

（3）广告之体例——美术体（图画兼文字）、寓意体（图画兼文字）、新闻体、诗歌体、叙事体、问答体、谜语体、滑稽体、戏剧体、揭要体

5.契券：

（1）商店合伙议据——分伙议据——出推议据——出推分伙议据——退股据

（2）盘店据——生财顶首契——租屋契——卖买屋契，出典屋契

（3）借券——担保借券——抵押借券——收清据——兴隆票

6.簿票：

（1）收支簿式——流水簿式——总清簿式——货源簿式——存货簿式——批发簿式——回单簿式

（2）门市发票式——同行寄货发票式——栈票并存根式——货款清结账票式——货物收清回证式

（3）股票式——股票并息单式——预约券式——保险单式

（4）汇票式——银行钱庄本票式——支票式及支票存根式——期款存票式——分期票式——收清票式

（5）保单式——保结式

附注：本学程在特种职业学校或初中附设之职业班，亦可酌量教学。

如学生尚未学过普通应用文者，须兼讲邮件寄递章程，并电报书写及寄递章程。

本学程之教材，虽偏属商业应用文，而在实用上农工矿业之应用文，本属相仿。如各种专门职业尚需特种应用文件之教学，教者不妨搜辑附入，例如农业之租顶田契、矿业之承揽、建筑业之包工、航业之运输契约等。

本学程之教材，虽有《应用文件指南》及《应用文件大全》等书可以参考，然因法规及政治之改变，文件格式亦有改变，教者尚须向公司商号及市政机关搜求实际文件，方合应用。

广告本属专门学，本学程中仅及广告文字作法而已。因无专书可供参考，教者须从各方面搜集，已属不易。至于广告心理及广告术之学理，则在商业学中已有专科，本学程中可以不讲。

簿记亦属专门学术，本学程中仅讲普通簿票之式样而已。

本学程之教学，目的全在应用，本不求其文字之优美。如国文教师不能担任，则不如请商业教师担任。

（三）教　学　方　法

本学程的教学,亦须注重练习。教学上应注意之点,大致与普通应用文相同(可参看前第十一章)。尚有特别应注意之点如下:

1. 教学时,于书信公函呈文广告传单各项,均须注重练习,于契券簿票各项,只须明示格式。

2. 教学职业应用文于法律上之手续与文字相关处,须特别注意。

3. 教学书信公函呈文时,往往附及各种合同契券单据章程,同时即须讲明其作法要点。

4. 广告文之作法,变化不拘,练习最有兴趣,可指物拟题,令各生用各种方法作之。

5. 关于契券簿票之写法练习,一部分必须与商事实习联络者,已不在国文科教学之范围内,故可从略。

第十六章　结论

本书首章搜集旧制中学及新制高初级中学国文科内的各学程,根据作者个人的经验,按学科目的、教学功效、学生程度,讨论各该种学程在各级中学有无教学的需要。在第二章中,经作者整理而认为有教学的需要的,除普通必修学程外,有特设学程凡十二种。这十二种学程,可按修习性质,分类如下:

1. 属于初中三年级选修的,有中国现代文艺及普通应用文二种,各为四学分,均每周二时,时期一年。

2. 属于高中二年级普通必修的,有文学研究法一种,定为二学分,每周一时,时期一年。

3. 属于高中三年级普通选修的,有中国古代文艺、世界近代文艺、公牍应用文、中国文学源流四种。上两种均为四学分,每周二时,时期一年;下两种均为三学分,每周三时,时期半年。

4. 属于高中三年级分科必修的,共六种:在普通科文系,有古书选读、文字学、文学概论、中国文学源流四种;在师范科有儿童文学研究一种,在职业科有职业应用文一种。古书选读和文字学均为六学分,每周三时,时期一年;文学概论和中国文学源流均为三学分,每周三时,时期半年;职业应用文为四学分,每周二时,时期一年;唯儿童文学为研究学程,每周四时,研究一年或半年,学分当视研究成绩如何,再行酌定。

以上所述各种学程,除中国文学源流一种为高中普通选修与分科必修重见以外,共计十二种。此十二种学程,若再按教学性质之类似分组,约可分为下列五组:

第一组:文学研究法,文学概论,中国文学源流,共三种。

第二组:古书选读,中国现代文艺,中国古代文艺,世界近代文艺,共四种。

第三组:文字学一种。

第四组:儿童文学研究一种。

第五组:普通应用文,公牍应用文,职业应用文,共三种。

本书第一章所述,近年各中学高初级的国文学程,共有四十四种。

作者对于整理高初中国文课程的主张,认为可归入普通必修的辅助学程的,如语法、文法、修辞学、作文法、演说、辩论、文字研究法等是;有属于小学补习性质,不必在中学常设的,如习字(或称书法)及国语是;有不宜在中学教学的,如国学概论、经学概要、子学概要、读易法、读诗法、新闻学、楹联学、世界文学史等是;有不必特设学程的,如习字法、字体概论、文体类别、文体程式、文体沿革、文学要义等是;有一学程须分立为数学程的,如应用文之分为普通应用文、公牍应用文、职业应用文三种便是;有数种学程可合并的,如诗学、词学、小说学、戏剧学、历代散文名著等之合并为中国古代文艺、中国现代文艺、世界近代文艺是;有须确定其内容的,如文学概论,文学源流及文学研究法,各学程内容的分别厘定是;有须改变学程名目及教材组织的,如文学史的改为文学源流,而打破专门文学史的编制便是;有改教学为研究的,如儿童文学的改为研究学程便是。

第三章专论国文必修科之辅助学程。自第四章至第十五章,讨论各种学程的教学目的、教材大纲、教学方法,这都是作者认为有教学的需要的。作者主张设立这些学程的用意,也可分别来说。如文学概论、文字学、古书选读三种完全属于升大学文科的预备的。文学源流一种,属于升大学预备,亦可让普通学生选修的。三种应用文,完全属于应用的。但在初中只需学习普通应用文,在高中再须进修公牍应用文,这两种都是普通选修的。职业应用文一项,则为职业科学生所必修,其他学生都不用选修了。儿童文学研究为师范科学生所必修,其他学生也不用选修了。其他学程,如中国古代文艺、中国现代文艺、世界近代文艺,则属于普遍的欣赏与研究的。学生性近文学的,都可选修,所以定为普通选修学程。尚有文学研究法一项,则附属于普通必修学程的,不过因为和几种选修学程,如文学概论、文学源流,有类似而不易分别的关系,而且有些学校已特设为一种学程,所以特辟一章讨论。

中学国文教学法

1936

阮 真 编著

百年语文教育

经典名著

時代教育叢書

中學國文教學法

阮真 編著

正中書局印行

自　序

吾国讨论中学国文教学者,首自前辈蒋竹庄①先生。蒋先生于民元前三年在《教育杂志》一卷三期,发表《论小学以上教授国文》。其言曰:"中学教授国文,无秩然之蹊径可寻,退步可虑。其所以致此者,实有二弊:一则教师为能文之士,不肯虚心研究教授法;二则多讲授而不诵读,必致毫无成效。……"蒋先生在廿八年前所深虑者,其时社会人士尚未能注意及之。其后国文教学成绩,每况愈下,其见诸事实者,果不出先生所料。乃始有胡适之先生发表《中学的国文教授》于《新教育》五卷三期。民八以后,论者辈起。其散见于报志及为专书者,据作者所见,不下百篇,论者六十余人。各人所论,长者数万言,短亦数千言。而作者笔录提要,已盈十六万言。然大都各述经验,各抒所见,无为系统的研究与论述者。其为全部研究之企图者,唯王森然氏与作者二人而已。

王著《中学国文教学概要》,都十余万言。长在兼收并蓄,搜集宏富。而其短在不为逻辑之分类与问题之剖析,仍无系统可寻。而于科学的研究,王氏似犹未注意及之。唯其实地经验,则间有可资研究者耳。作者立论,最重逻辑。条分缕析,颇有系统。凡所言者,最切实际。自谓所贡献于今日之中学国文教学者,不无精到之见地与实际之指示。虽尝博览各家之说,而不肯贸贸然采取之。故恒有严格之批判。为真理之探求而不免获罪于师友与当世学者,此则当表其歉忱者也。

然犹自视缺然者,则于科学研究之功,曩日教授中山大学时,虽曾埋首两年,所成不逮什一。作者前著《中学作文教学研究》《中学国文校外阅读研究》《中学国文各学程教学研究》(三书民智出版),近复改著《中学读文教学研究》(原书在广西教育厅出版,存书全毁于兵燹,近已全部改著,由中华出版)。皆于中学国文教学为分门别类之研究与系统之论述。中间对于现行教学之批判与教学实际问题之讨论,最为详尽。然此犹只能谓为科学研究之整理预备工

---

① 蒋竹庄(1873—1958):即蒋维乔,字竹庄,别号因是子。江苏武进人。中国现代著名学者、教育家,著有《因是子静坐法正续篇》,编有《中国近三百年哲学史》等。(编者注)

夫,而不能谓为严密之科学研究也。

其已采取科学方法研究者,唯读文教材之分析(发表于十八九年中山大学《教育研究》)、作文程度之批判统计(附入《作文教学研究》发表)与作文题目之鉴别(已著成《中学作文题目研究》,民智出版,定价七角半)。此外如国文教学目的之分析统计研究,国文教学基本问题研究之提示,则皆发表于《中华教育界》。凡此诸篇,皆为稍稍近于科学研究者。故以作者八年来研究之成绩而论,尚不足以完成《中学国文教学法》之创作。

然今日各大学文科与师范科、教育科以及国学专科学校,为造就中学国文师资者,多已有"国文教学法"一科目之设立;而司其讲授者,大都由他科教授兼任,多非专门研究之人。作者前著各书,又只能为是科教学研究之参考书,而不甚适合为教本。其他更无善著可采用者。以是颇欲编成教本,以供各校之急切需要。今年五月,承陆师步青①与汪典存②先生之嘱,为正中书局时代教育丛书撰《中学国文教学法》一本,乃始着手著述,以成是书。其间所论,多写前著各书之精粹处与作者八年来研究之心得。唯教本为实际指示之书,与研究著述不同。故于研究过程与讨论批判之处,多从省略。其有涉及讨论者,必为前著各书所未及者,乃始补论之。

是书凡分五编二十五章,都五万三千言。如采为教本,则于每章,可为一小时之讲授,一小时之研究讨论,适合每周三小时教学半年之用。而于研究讨论,则可取作者前著各书与王氏书,为参考阅读之助。然是科教学目的,在使学生深切了解中学国文科中各种学程之教学问题研究,与教学之实施,必期其能熟习而应用于实际,教学乃有功效。故于半年讲授外,必须继以半年之教学实习与研究,而为之指导批评。而实习时间,当视班中学生之多少而酌定。如以每人实习二次为准,则一学期中, 亦须有每周三小时或四小时之实习也。

而作者尚欲有所声说者,此种著作,尚属草创。其间所论,有待于研究者正多。尚望当世教者与后起学者,为继续之研究,以补吾书之缺而正其误。勿蹈蒋竹庄先生所谓"能文之士,不肯虚心研究教授法"之病,是则作者所深盼者也。至于全部中学读文教材之选辑,实为今日教学上之急务。

---

① 陆步青:名殿扬,江苏吴县(今苏州)人,毕业于上海南洋公学,曾任江苏省立五中教务主任、省立一中校长兼南京高等师范英文讲师。著有《修辞学和语体文》。(编者注)

② 汪典存(1891—1949):汪懋祖,字典存,江苏吴县(今苏州)人,教育家。15 岁入苏州府中学堂,旋入上海方言馆,毕业于哥伦比亚大学师范学院,受教于杜威,获硕士学位,后被哈佛大学聘为研究员。历任国立北京师范大学教务长兼代理校长、国立北京女子师范大学哲学系主任兼教授、国立东南大学教育系主任兼教授,以及江苏省督学等。1927 年任首任苏州中学校长,著有《美国教育彻览》《教育学》等。(编者注)

然此非教学法范围内事,故本书未能及之。而作者之所以未编教科书者,实有二因:一则作者极端反对教部规定之课程标准与教材大纲,与当世之士,不敢苟同,欲遏流挽澜而不欲推波助澜也。二则今日书局所需要者为六个月编成之教本,作者不肯接受任何书局之条件也。区区苦衷,尚望读者谅之!

廿五年八月五日,作者自序于无锡师范。

中学国文教学法

第一编　总论

第一章　本书概说

本书定名为中学国文教学法,所论述的以中学国文科教学上的实施方法为范围。至于教学问题的研究讨论,现行教学方法的批判,均不在本书范围之内。因为本书重在实施方法的指示,不重在研究讨论与批判。关于研究讨论与批判的专著,作者已有《中学读文教学研究》《中学作文教学研究》《中学国文校外阅读研究》《中学国文各学程教学研究》《中学作文题目研究》五种出版,读者可以去参看。以下各章中,均有证引。他如语文教学基本问题的研究,教育制度的讨论,也不在本书范围之内。因为前者是专门的研究,作者拟另著专书;后者是制度的改革,只能为研究实验,不能为实际指示的。本书既然重在教学实施方法的指示,所以只能根据现行教学制度,来求实施教学方法的比较的改善。

第二章　中学国文教学目的

关于中学国文教学目的之研究,作者曾费两月时光,搜集国内学者教师所发表的意见和全国教育会教育部课程标准委员会所拟的目的共二十种,为分析统计的研究,并参考一九一七年美国全国英文联合委员会的报告,分别拟订。研究的全部经过,发表于廿三年六月的《中华教育界》,读者可以去参看。兹仅取研究结果,述说于下:

一、中学国文教学目的概述

(一) 初中国文教学目的:

1. 人人能用国语或国语文自由发表思想情感。

2. 作文演说没有文法上的错误,并有层次有条理。

3. 人人有看浅近书报的能力,并养成读书习惯。

4. 人人有赏鉴国语文艺的能力及兴趣。

(二) 高中国文教学目的:

1. 人人能看普通文言书报。

2. 人人能作通顺的文言文及应用文字。

3. 一部分学生能看平易的古书(如《左》《国》《史》《汉》《论》《孟》

《通鉴》等,但其他经书子书当除外)。

4. 一部分学生能欣赏古代文学(如诗歌、词曲、小说、传奇等,但骚、辞赋骈俪当除外)。

5. 培养极少数的天才生能仿做古文、诗歌及其他文艺。

二、中学国文教学目的分析

(甲) 关于读文的:

(一) 初中读文教学目的:

1. 养成优良的默读习惯,渐渐增加其速度。

2. 读音正确,解字得当。

3. 能读解普通国语文及国语文学。

4. 渐渐能读解浅近文言文。

5. 能应用语法文法,分析文句;并能划分文中段落。

6. 能分析文中意义,评判是非。

7. 能抉出文中要点,复述大意。

8. 增进常识,开展思想。

9. 引起文学兴趣,养成以读书为嗜好的习惯。

(二) 高中读文教学目的:

1. 能读解普通文言书报,确而且速。

2. 能利用目录,参考与所读文章有关系的材料。

3. 渐渐能补充所读文章的意义。

4. 能明了各种重要文章的体裁格式。

5. 能分析所读文章的意义,做成纲要。

6. 能用逻辑为正确的思考及判断。

7. 能朗诵文艺作品,表现其神情及风格。

8. 阅读文艺作品,能为字句的推敲及细细的玩味。

9. 一部分学生能阅读平易古书,剖析其意思。

10. 一部分学生能评判文艺作品艺术的高下。

11. 能明了著名作家的生平著作及其思想。

(乙) 关于作文的:

(一) 初中作文教学目的:

1. 就学生的生活环境及经验所及者,能为简明而有层次的叙事文、说明文。

2. 能写述故事、新闻;饶有兴趣。

3. 能为生活职业上必要的应用文,合乎格式而畅达情意。

4. 做简短的论说文,有明晰正确的思维。

5. 所作文字能思想清晰,文意切题,语法通顺,词语确当,段落分明,标点清楚。

(二) 高中作文教学目的:

1. 作描写记述的文字,能有情趣而曲尽其态。

2. 作论说文能有合乎逻辑的思考判断。

3. 为职业上社交上的应用文,能简明修洁,情文兼至。

4. 所作文言文字,能文法通顺,论理正确,见解切合,结构谨严,修辞雅洁。

5. 一部分学生能了解修辞原则,应用于作文。

6. 一部分学生能略习各种文章作法,应用于作文。

7. 极少数的天才生能为几种文艺作品之模仿或创作。

(丙) 关于演说辩论的(即口语发表):

(一) 初中口语发表目的:

1. 能说普通语言,音语清晰而圆熟。

2. 能当众报告事实,有条理,有层次。

3. 演说时,仪容姿态,端庄而自然,无局促不安的状态。

4. 能搜集材料,加以组织,说得有凭有证。

5. 能容纳他人的意见,不为无理的争辩。

6. 能知普通演说辩论之规则及方术,应用适当。

(二) 高中口语发表目的(除继续初中各条目的外,须注意下列各条):

1. 演说时能注意词句的修饰。

2. 发言精当而有力。

3. 辩论时能为精密而分析的思考,敏捷而周至的应付。

4. 有虚己下人而服从真理的精神。

上面已将初高中国文教学目的,分读文、作文及演说辩论三项,详细拟定。至于中学国文科各种辅助学程与特设学程的教学目的,以后论及各该学程时,再行拟定。

第三章　中学国文科中应设的学程

在民国十二年至十七年间,中学试行分科制与选科制的时候,各校国文科中所设学程,至为复杂繁多。据作者的调查统计,共有四十二种,六十九项名目。真是惊人的奇事。这些学程,有的是定为初中普通必修的,如读文、作文、书法、文法、修辞学、作文法、演说辩论、文字源流、文学史略，等等；有的是定为初中选修的，如国音国语、应用文、文艺文、中文尺牍，等等；有的是定为高中普通必修的，如读文、作文、习字法、字体概论、文体类别、文体程式、文体沿革、文学研究法、经学概要、子学概要、文学史、应用文、国学概论、文学概论，等等；有的是定为高中普通科第一系必修或选修的，如文字学、文学史、应用文、美文、文学要义、新闻学、国语、国学常识、诸子述略、群经发凡、古代文学作品及批评、近代文学作品及批评、世界文学史、小说学、戏剧学、笔记学、楹联学、童谣学、读易法、读诗法、国学概论、文学概论、诗学、词学、历代散文名著，等等；有的是定为商科选修的，如商用文、商用尺牍，等等；有的是定为师范科选修的，如国文教学问题及教法、儿童文学，等等。最奇怪的，如广州培正中学，国文科的选修学程中，还有所谓翻译学。这大概是因为英语教员的国文欠通，不能负教翻译的责任，所以加入国文科中去教了。既然称谓学，或许教的是翻译的方法，也未可知。上面种种学程名目，是从实际调查得来的，不是作者杜撰的。读者可以参看拙著《中学国文各学程教学研究》（民智书局出版）。

自从十八年教部颁布课程标准后，高中不行分科制，不过还有几种文学史、文学概论等选修学程，而初中绝对没有选修学程了。廿二年教部重改课程标准颁布后，把高中选修学程完全取消。把文字学、应用文包括在读文学程中，文法、修辞学、辩论术等，包括在作文学程中。这是注意到各学期每周各科上课时数太多，不容再设选修学程的缘故。然而高中间周作文一次两小时，教部规定为每周一小时。其不作文之一周，在作文时间内，规定为略读指导（即课外阅书指导），亦为每周一小时。则习作中又何有余时教这些学程？教部规定高中国文每周精读上课三小时。教材大纲中又说："第三学年以学术思想为纲，各授以代表作品；并得酌授文字学纲要及应用文件。"照后句话看来，至少第三学年的下学期完全免去精读文，用文字学纲要及应用文件来代替他。因为教部只有模模糊糊地附带说了一句，并没有规定时间，而编教科书的人仍然按每周三小时的精读，编足了精读教材，并没有省下一部分精读教材，把文字学纲要及应用文件编入读本中。所以各校对此没有办法，有的只好不教；有的只好增设选修学程，增加教部规定以外的上课时间。所以教部虽然没有选修学程的规定，而各校仍设选修学程。例如无锡师范，在一年级有《孟子》选读，二年级有应用文，三年级有子书选读。不过现在中学校中，初中大抵没有选修学程；高中师范虽有选修学程，也比试行分科制时代减少得多了。

今年二月十八日，教部新颁各科时数表，把高中教学，自第二学年起，分甲乙二组。甲组注重算学，增加算学时间；乙组注重英语、国文、论理，增加英语、国文、论理时间。所以在高中第二学年上学期，增加了国文三小时。在这三小时中，当然可以增设一种国文学程。究竟增设何种国文学程？因为新改的课

中学国文教学法

程标准还没有颁布,我们无从推测。如果要我来贡献些意见,我以为不如增加应用文。虽然应用文是普通必修的学程,不是乙组特修的学程。然而在高中竟无教应用文的时间,上面已经说得很明白了。甲组没有时间教,乙组不妨来特修。如果要甲乙组并有学应用文的时间,则第三学年的精读教材的编辑,只能以每周二小时为标准。省下一小时,教授一年的应用文。或者把略读指导一小时取消,改教应用文。如果应用文的教学时间,已经解决,那么高中乙组特设的国文学程,应该加入文学概论了。

我何以主张教文学概论而不主张教文学史、文字学和国学概论呢?

第一,因为教中国文学史与教西洋各国的文学史不同。西洋各国文学史的材料,古代很略,近代很详,所重的只有自 15 世纪到现在的五百多年的文学;而中国文学,则有五千年的历史,且所重在一千年以前至四千年以前的文学。因为除现代外,中国千余年来的文学,差不多都是模仿古代的文学。这中间最重要的三千年的文学,如果讲得太略,决不能使学生明白;如果要多举实例来讲,决非每周三小时一学期中所可讲了。而且中学生很少阅读的时间、能力与需要,教学是没有功效的。就是教部规定高中第二年的精读文以文学源流为纲,对于各时代代表作品之讲授,应注意其派别及流变,在高中学生的读文学文的能力需要来讲,还是可研究的问题。所以作者主张文学史应到专修古代文学的大学三四年级去讲,不宜在高中讲。

第二,文字学当然是国文的基本知识。与其在高中教文学史,则毋宁在高中教文字学。但在高中教文字学的目的,我在拙著《中学国文各学程教学研究》第七章中,规定三条如下:

1. 教授声韵上应用的常识,使学生能辨声别韵,自为反切,且知注音字母的来历;并略讲字音因时代地域气候不同之变迁,以及声韵之通转,以为专门研究古字读音及方言语音之预备。

2. 教授六书释例及字体沿革,使知造字原则,以及字体变迁之程序。

3. 略讲训诂大要,以为读古书之助。

照这三条目的来教,要使学生能达到应用的目的,非有每周三小时,至少教学一年不可。倘要一学期教毕,是不能达到应用目的的。而现在高中的国文教师,大多数只会教形体的部分而不会教声音训诂。便在大学中教此学程,也是多数失败的。所以一般高中,教此学程,往往只教学生会写几个古体字,以炫奇于流俗。这真可谓缓急失宜,本末倒置了。所以古时的小学,现在也不能不到大学中去教(教材大纲及教学方法,请参看拙著《中学国文各学程教学研究》第七章)。

第三,所谓国学概论是根本不成立的。因为国学本身不是一种有系统的专门学,决不能像地质学概论、生物学概论的有系统可寻。所谓概论,何从概起？所谓国学概论是哪一种学术的概论呢？现在所谓国学概论,大都是目录学的变相,在高中教学上全无兴趣和功效的。我在拙著《中学国文各学程教学研究》中有详细的批评,读者可以去参看。至于其他国文选修学程或必修学程(除辅助学程外),在拙著前书中所规定的,在不行分科制的中学,也没有设立的可能。

那么在现在不分科系的初高中学中,可以规定国文的主要学程、辅助学程、特设学程如下:

（甲）初中国文科应有的学程：

一、主要学程

1. 精读文

2. 略读文

3. 作文

二、辅助学程

4. 语法

5. 语体文作法

6. 文法

7. 文言文作法

三、特设学程

8. 普通应用文

现在一般初中,还有规定时间练习书法或补习国语的,作者认为这都是小学的事。小学的国文,完全是国语。如果学生到了小学毕业,注音字母还未学会,国语还未纯熟,那便是小学语文科教学的完全失败。在中学决无再来教学国音国语的时间。小学生练习书法,占语文科重要的位置。如果小学毕业生,书法还未端正清楚,小楷不能写在卷格内,那便是小学书法练习的完全失败。至于定要学王、赵、颜、柳、欧、苏的审美书法,作者认为这是今日学生的课外余技,最好作为假期作业之一,万不可再来占中学国文的教学时间,规定上课时间去练习。因为现在中学教学时间,至为迫促,各种学程,须审度其轻重缓急,决不能像旧日书塾教学,尚有优游暇豫的时间,天天来练习审美书法了。在书法的功用上讲,现在所急切需要的,也只求其能端正清楚,小楷能写在写卷格子内,达到小学毕业标准,已经够了。审美的书法,究竟是不急之务。在万分迫促的中学教学时间中,不得不把这种不急之务丢开。而且小学六年的教学,要达到书法练习的最低标准,是绝对可能的。所以这种责任,必须完全归之于小学。在中学所要注意的,只要严责学生把作文卷及考卷写得端正清楚,这就是应用练习。在各科应用练习的原则上讲来,最好假设实际的机会,使学生从实际上去练习。书法练习的实际机会最多,不必教师来假设,何以一般教师反放弃机会,不加注意,而还要在万分迫促的教学时间中,来特定练习呢? 况且,假如平时放弃机会,不加注意,任凭学生潦草涂鸦,即使有每周一二小时的特定练习,也是全无功效的。所以作者不主张初中还有练习书法的学程。

还有演说学和辩论术,在初中也无教学的需要。初中学生果然必须练习演说辩论,但重在练习,而不重在学术的研究。最好平时在课外作文的时间中,来做普遍的练习;课外再特定时间来做演说辩论比赛,以每学期一次为限。而初中学生所要知道的关于演说辩论的应用规则和方术,教师只要有两小时的演讲,随时的指导,也就够了。所以作者不主张初中有演说学、辩论术的学程。而文法、文言文作法与普通应用文的学程,则必须加入。因为初中读文,已渐渐加入文言文,所以文法与文言文作法,不可不习。要谋文言与语体的沟通,文法与语法的比较,则文法与文言文作法愈不可不习。又初中毕业生能升学的是少数,多数是要就业的。多数学生,到初中毕业,学校教育已经停止。所以普通应用文的教学,在初中实有急切的需要。又因为应用文是自成体系的,在读文教科书中,除些名人书札外,不能选入,所以不得不在三年级中,特设学程来教学。

（乙）高中国文科应有的学程:

一、主要学程

1. 精读文

2. 略读文

3. 作文

二、辅助学程

4. 演说学

5. 辩论术

6. 修辞学和古文作法

三、特设学程

7. 公牍应用文

8. 文学概论

按教部规定高中国文上课时间,各年级一律为精读三小时,略读指导一小时,习作一小时。略读指导与习作,为间周各二小时,平均即是每周各一小时。所以在高中,并无教学国文辅助学程的时间。三种辅助学程的教学,只好一律归纳在略读指导内。所谓略读文,就是归纳课外阅读于课内。所谓略读指导,就是课外阅读指导。所以这三种辅助学程的教材,在高中也只好当作课外阅读教材的一部分。教学的责任,也只好归在课外阅读指导时间内。至于高中普通必修的公牍应用文,不得不为特设学程,最好每周两小时,教学一年。初中的普通应用文,也是一样。如果不能教学一年,至少也须每周三小时,教学一学期。高中乙组特设的文学概论,则在二年级上学期每周三时的特加的国文时间中教学,也颇适当。至于高中乙组特设学程中,所以要教文学概论的理由,待下面论到特设学程的一编中,再作详论。

第四章　中学国文科各学程上课自习时间支配

中学国文科各学程上课时间的支配,固然重要;而学生自习时间的支配,尤为重要。详细的理论,请参看拙著《中学读文教学研究》第二章。作者在该书该章中,已根据教部新颁初高中各学期每周各科教学时数表,支配各科适当的自习时数。国文科上课自习的时数,除特设学程外,初中一年级,为上课五小时,自习七小时。初中二三年级,均为上课六小时,自习八小时。高中各学年,均为上课五小时,自习七小时。那么这里可根据初高中各级每周国文上课自习时数,来支配国文科中各学程的上课自习时数,如下表。

一、初中一年级国文科各学程每周上课自习时数支配表

上　　课	时　　间
精读	3
略读指导及语法作法	1
作文及语法作法练习	1
总计	5
自　　习	时　　间
精读预习及笔记	3
精读复习	1
课外阅读	2
语法作法自习	1
总计	7

说明:

(1) 初中一年级国文上课时间,教部规定较二三年级少一小时。最好能增加一小时,则时间易于支配。

(2) 初中一年级作文,每周一次,以一小时作毕为限。如作文时间不设,教师可在读文预习指导中,预出题目,令学生在课外起草,到上课时,再行修正誊清(除快作练习外,高初中一律用此教法亦可)。

(3) 初中一年级,语法亦重指导自习,与略读指导间周一次行之。

(4) 初中一年级,每四周中,作文三次,语法练习一次。

(5) 初中一年级语法自习,虽分定时间,实际亦即课外阅读的一部分。故其他课外阅读材料,只能以每周二小时为标准。

二、初中二三年级国文科各学程每周上课自习时数支配表

上　　课	时　　间
精读	3
略读指导	1
文法或文言文作法	1
作文及文法作法练习	1
总计	6
自　　习	时　　间
精读预习及笔记	3
精读复习	1
课外阅读	3
文法作法自习	1
总计	8

说明：

（1）初中二三年级，文法与文言文作法的教学，特定上课自习各一小时。所以课外阅读可有每周三小时。

（2）初中二三年级，每四周中作文三次，文法或作法练习一次。作文教法，与一年级同。

（3）初中各年级演说辩论练习，只好在每三次作文中，规定一次在课外做，省下作文时间，作为演说辩论练习时间。

三、高中各级国文科各学程每周上课自习时数支配表

上　　课	时　　间
精读	3
略读指导（包括修辞作法及演说辩论学）	1
作文	1
总计	5
自　　习	时　　间
精读预习及笔记	3
精读复习	1
课外阅读	2
修辞作法或演说辩论学自习	1
总计	7

说明：

（1）高中修辞学和古文作法及演说学辩论术，均无教学时间，所以不得不归纳于略读指导内。

（2）高中修辞学和古文作法及演说学辩论术的自习，实际即是一部分的课外阅读，故其他课外阅读，每周只能占二小时。阅读分量，以每周二小时为准。

（3）在班级教学制下，初高中担任国文两班的教师，均无批改课外阅读笔记的时间。故课外阅读的考查督促，须在略读指导时间内行之。此一小时中，只能以十分钟为指导时间，须以四十分钟为考查督促时间。每次任指十个学生，考查其课外阅读成绩。每四周内，全班考查一次。此外于课内读文考试时，也可附带课外阅读成绩考试。

第五章　初高中国文教员的工作时间支配

学生的自习时间没有适当支配,结果对于英算科学为过量的自习,而放松国文。而国文教员不能按照学生的自习时间,给予适当的自习工作,督促也无效力。因为给予自习工作过少,则使学生放松国文;给予自习工作过多,则使学生有所推诿;教学均不能有切实功效的。所以中学生各科自习时间的适当支配,实为教学上的重要事件。

然而教员的工作时间的适当支配,也是教学上的重要事件。倘使工作过多,使教员不能尽职,教学也不能收到切实的功效的。现在初中国文教员,有的教国文三班;多数也要教国文两班,再兼他科四小时,或兼相当职务。而高中国文教员,则多数教国文三班,有的于教国文三班外,再兼他科或职务。而初中高中教员,仅教国文两班的,其薪水待遇,往往远低于他科教员。教育行政当局规定专任教员的工作,仅以上课时间为标准;各校当局,支配各科教员的工作,也以上课时间为标准。而不知国文教员如能照全部课内标准工作,切实负担,则其工作时间必须七倍于上课时间。照现在国文教员的课务负担来支配工作,则初中国文教员,须做每天十六小时至廿一小时的工作,方能尽职,方能尽如教育官厅和社会人士的责望。高中国文教员须做每天十八小时至十九小时半的工作,方能尽职,方能尽如教育官厅和社会人士的责望(请参拙著《中学读文教学研究》第二章)。然这还不过是课内的工作。还有课外的工作,也不可不详细计算。照我的研究,无论初高中国文教员,如要切实尽职,做到标准工作,则只能教国文一班,各班中行分组教学,每天已有九小时左右的课内工作。再加上课外工作,则每天已有十一小时左右。但在现在的班级教学制度下,初高中国文教员,最低限度,必须教国文两班。那么我们可以根据两班课务的负担,来计算国文教员的适当工作时间,如下表。

一、教初中国文两班的教员适当工作时数表

工　　作	时　　数
1. 上课	12
2. 上课预备及计划	8
3. 改作文及练习	24
4. 考试出题及阅卷	2
5. 批改课内笔记	9
6. 略读指导预备及计划	2
7. 适当课外工作	12
每周总计	69

（续表）

工 作	时 数
每日分计	$11\frac{1}{2}$

说明：

（1）两班每周上课十二小时，预备及计划八小时。

（2）初中每四周中作文三次，文法作法练习一次。练习只能归纳在作文内，算一次的作文。不能在每周作文以外，另做练习。作文及练习每小时改四卷，每周二十四小时，可改毕两班九十六卷。

（3）各班六周考试一次，每班出题阅卷六小时，两班十二小时，平均每周二小时。

（4）笔记每两周改一次，每周改一班，约每小时改五本，九小时改毕。如各班每周改一次，则每小时须改十本。

（5）略读指导预备及计划，每班每周一小时，两班每周二小时。

（6）适当课外工作，每周十二小时。课外工作的项目及时数，在后另行列表详计。

（7）教初中国文两班的教员，绝对无时间批改略读笔记（即今人所谓课外阅读札记）。如必要批改课外阅读札记，还要每周改作文一次外，另改每天的练习，则初中国文教员，只能教国文一班。

（8）照此适当支配，则初中国文教员的课内工作，为每周五十七小时，每日九小时半。如连课外工作合计，则为每周六十九小时，每日十一小时半。

二、教高中国文两班的教员适当工作时数表

工 作	时 数
1. 上课	10
2. 上课预备及计划	6
3. 改文	14
4. 考试出题及阅卷	2
5. 批改课内笔记	14
6. 略读指导预备及计划	2
7. 适当课外工作	15
每周总计	63
每日分计	$10\frac{1}{2}$

说明：

（1）两班每周上课十小时，预备及计划六小时。

（2）高中作文两周一次，每小时改三卷，每周十四小时，须改毕一班。（两周改两班）

（3）各班六周考试一次，每班出题阅卷六小时，两班十二小时，平均每周二小时。

（4）笔记每两周改一次，每周改一班，约每小时改三本，十四小时改毕。如各班每周改一次，则每小时须改六本。

（5）略读指导预备及计划，每班每周一小时，两班每周二小时。

（6）适当课外工作，每周十五小时。课外工作项目及时数，在后另行列表详计。

（7）教高中国文两班的教员，绝对无时间批改略读笔记（即今人所谓课外阅读札记）。如必要批改课外阅读札记，则高中国文教员也只能教国文一班。

（8）照此适当支配，则高中国文教员的课内工作，为每周四十八小时，每日八小时。如连课外工作合计，则为每周十三小时，每日十小时半。

三、初中国文教员每学期每周每日课外工作时数表

工 作 项 目	时 数
1. 纪念周及集会	30
2. 各种会议	24
3. 演说练习指导	4
4. 作文书法竞赛阅卷	10
5. 自习指导	36
6. 学生质疑问难	18
7. 课外特别改作	10
8. 假期作业批阅	30
9. 补考出题阅卷	3
10. 其他校务襄助	15
11. 厅令批阅周记	
12. 厅令与学生谈话	
13. 厅令研究调查	
14. 新增劳动服务	60
15. 委托选文	
16. 委托应酬文字	
每学期总计	240
每周分计	12
每日分计	2

说明：

（1）表中各项时数，均按每学期最低限度工作计算。11、12、13及15、16五项，其时间不能约计或未实行者，不计时数。

（2）新增劳动服务，按星期日半天四小时，一学期十五周计算，共为六十小时。

（3）照上最低限度约计，初中国文教员，每日课外工作，已须两小时。如完全遵厅令工作，再加委托撰文与应酬文字计算，则每日须有课外工作三小时。（兼职者，校务襄助较多，不能计算。）

（4）考试新生出题阅卷，因为已在假期中，故其工作不计。

（5）表中所谓校务襄助，是指学校游艺会、运动会、成绩展览会等特别事项，非平日学校行政。

四、高中国文教员每学期每周每日课外工作时数表

工 作 项 目	时 数
1. 纪念周及集会	30
2. 各种会议	24
3. 演说练习指导	4
4. 课外研究指导	16

工 作 项 目	时　数
5. 作文书法竞赛阅卷	12
6. 自习指导	36
7. 学生质疑问难	36
8. 课外特别改作	36
9. 假期作业批阅	30
10. 补考出题阅卷	3
11. 其他校务襄助	15
12. 厅令批阅周记	
13. 厅令与学生谈话	
14. 厅令研究调查	
15. 新增劳动服务	60
16. 委托撰文	
17. 委托应酬文字	
每学期总计	302
每周分计	15
每日分计	2

说明：

（1）高中有课外研究指导，初中可省。高中学生质疑问难与课外作品，远多于初中。（学生往往有投稿文字，诗词文艺习作，应用文字，都来请教师修改。）其他各项，初高中大略相同。

（2）新增劳动服务，一部分高中国文教员，年在四十五岁以上者，可以免除。但高中国文教员的委托撰文与应酬文字，实较初中为多。

（3）照上最低限度约计，高中国文教员，每日课外工作，已须两小时半。如完全遵厅令工作，再加委托撰文与应酬文字计算，则每日须有课外工作三小时半。（其余各条说明，与上表下说明同。）

　　照上面四表所列，初高中国文教员工作时数的计算，无论课内课外，都是最低限度而最经济的计算。如果国文教员做不到，就是不尽职。如果学校支配上课时间，多于表中规定时数，就是使他不能尽职。所以现在中学国文教员，最低限度固然须教国文两班；最高限度，也只能教国文两班，绝对不能再兼他科或职务。即照此适当支配，中学国文教员已绝无进修时间。作者认为中学国文教员的课务负担，倘如现状不减少，则一切责望无效，一切理想教法无从实施，可以不谈。所以作者认为教员工作时间的适当支配，与学生自习时间的适当支配，同为今日研究国文教学的先决问题。所以特在本章总论中，来谋相当的解决。至于是项问题的详细讨论，读者须参看拙著《中学读文教学研究》第二章。本书的目的，重在实际指示，不能多涉理论。

第六章　本 编 结 论

本编总论,除第一章本书概说外,以下各章所述,均为研究中学国文教学的先决问题。与下述各编均有连带关系。在各编分述,恐多费文字,而头绪难清,故为组织及文字的经济起见,均归纳在本编中作一总论。

第一章本书概说。说明本书宗旨,在根据现行教学制度,来求实施教学方法的比较的改善,重在实际的指示,而不在研究、讨论与批判。

第二章述中学国文教学目的。先为初高中国文教学目的的概述,复分读文、作文与演说辩论各项分述。

第三章论中学国文科中应设的学程。作者所谓学程是指一学科中,所包含的较小的科目单位。作者在该章中,涉及讨论的较多。因为这是现在未解决的问题。而作者特别提出的意见,即在初中三年级的国文辅助学程中,须加入文法及文言文作法;在初中须特设普通应用文学程;在高中须特设公牍应用文与文学概论两学程。而作者不主张在初中设书法、国语、国音等学程,因为这是小学的事。又不主张在初中设演说学辩论术等学程,因为在初中尚无研究这种学理的需要。又不主张在高中设文学史、文字学、国学概论等学程,因为难期教学功效的。

第四章论各学程上课自习时间支配。作者规定初高中国文科中各学程上课时间,大致与教部课程标准中所定者同。所不同的,只有教部于高中国文辅助学程,并无规定教学时间,而作者主张归纳于略读指导内,可与略读指导各为间周一小时。教部新章,于初中一年级,减少国文一小时,则初中的语法作法亦无教学时间,也只好归纳于略读指导内;或者把初中一年级的略读指导完全取消,改授语法作法。若两皆不可,则只好请教部增加初中一年级国文一小时。至于初高中国文自习总时间的确定,则是作者按初高中各科目的轻重难易,从全盘的科目中分配确定的。读者也须从初高中全盘各科目中去研究。欲使教学发生功效,而免学生自己支配自习时间的失败起见,则各科自习时间的适当支配,比上课时间的支配更重要,这是不可不研究的问题。

第五章论教员工作时间支配。作者对于初高中国文教员课内课外两方面的各项工作,均有适当的规定与详细的计算。并主张初高中国文教员至多以担任两班国文为限,绝对不能再兼其他教课或职务,而后方能尽其适当的教学责任。

必待以上各章中所述中学国文教学的先决问题,已有适当解决,而后方可进而研究教材与教学方法。否则即使确定了种种标准教材、理想教法,事实上都是不能见诸施行,徒托空言,无裨实用的。

第二编 论读文教学

第一章 教学进程标准

中学读文教学,向无进程标准。廿二年十一月,部颁课程标准,亦仅提及教材排列之程序。于初中规定二条如下:

(甲)语体文与文言文并选,语体文递减,文言文递增。各学年分量,约为七与三、六与四、五与五之比例。

(乙)各种文体之排列,第一年偏重记叙文、抒情文,第二年偏重说明文、抒情文,第三年偏重议论文及应用文件。

于高中,则规定如下:

第一年以体制为纲(讲授应注意其特征及作法);

第二年以文学源流为纲(讲授应注意其派别及流变);

第三年以学术思想为纲(讲授应注意其时代背景及影响)。

但是,教材排列的程序,是要和教学的进程一致的。果如教部规定,在初中,还可说得过去。然而教材自第一年起,已加入文言文,且按年递增,而学生的作文,到三年毕业,仅学语体文而未得其通顺,此其教与学,已不一致。在高中,第一年教材既以体制为纲,则学生作文,亦须学习各种各派代表作品;第二年教材既以文学源流为纲,则学生作文,亦须学习各时代各派各家代表作品;第三年以学术思想为纲,则重在学而不在文了。

考教部用意,倘使我们以小学程度为最低出发点来推测,大概以为小学毕业生,语体文已经通顺,故自初中第一年起,即可进学文言文。初中毕业生,文言文已经通顺,故于高中第一年,即可进学各体古文;而第二年即可进学各时代各派文艺。到高中第二年止,则各时代各体各派各家之代表作品,俱已学过,到第三年,可以重学术而不重文章了。不知小学毕业生十九语体文未通,而读文能力非常幼稚。所以在初中一年级,绝对不宜进授文言文。初中毕业生,语体文未通的,还是很多;能学做文言文的,十不得一。中等程度,大概多是文言语体夹杂的。一到高中,就来学各代各体各派的代表作品,在教学上是毫无功效的。而且中国文学上体质派别非常繁多。编教科书者,要适合部定标准,不得不在各代各体各派中,东选一篇,西选一篇。于是体裁风格,篇篇不同,而所谓文学源流,仍是挂一漏万,不能做具体代表的。教白话未通、文言未顺的学生,今日学此,明日学彼,一无成效可言。但我知道教部定课程标准的先生们,原来的用意,未必如是。因为他们不能以小学程度为最低出发点来研究的。他们不过以人学程度为最高出发点，希望中小学提高程度来就大学；或者基于文学国学的观点，欲使学生强就教材而已。所以作者认为这种理想标准，是绝对不适合学生的程度需要，而且违反"教学做合一"的原则的。所以教学的进程，是要根据学生的程度、教学的目的，从教学两面的程序上来定的；不能单从教材排列的程序上来定的。因为我们要使教材适合学生，不是要使学生强就教材。这个教学的重要原则是必须注意的。现在我且根据这种原则，与国文科的教学目的，来定初高中读文教学的进程标准如下：

（甲）初中读文教学进程标准

1. 第一年完全教浅近语体文及浅近语体文学，并教语法及语体文作法，以完全学通语体文为标准。

本年教学上应特别注意的几点如下：

（1）读音正确，解字得当。

（2）语法作法的练习及应用。

（3）朗诵时注意声调及语气。

（4）能自标点普通文字，并分清段落。

（5）渐渐养成优良的默读习惯。

2. 第二年教材文五语五，并教文言文法，使渐渐能读解浅近文言文为标准。

本年教学上应特别注意的几点如下：

（1）注意文语互译，使能明了语法文法的沟通。

（2）能抉出文中要点，复述大意。

（3）增进常识，开展思想。

（4）朗诵时须注意审美读法，引起文学兴趣。

（5）养成优良的默读习惯，而增加其速度。

3. 第三年教材文七语三，使渐渐能读作浅近文言文字为标准。

本年教学上应特别注意的几点如下：

（1）学习文言文作法，使能应用。

（2）能分析文中意义，评判是非。

（3）增进常识，开展思想。

（4）讲明文章的结构及体裁风格，使作文时，渐渐能注意。

（5）引起文学兴趣，养成以读书为嗜好的习惯。

（乙）高中读文教学进程标准

1. 第一年教学现代普通文言文，以能读作普通文言文为标准。

本年教学上应特别注意的几点如下：

（1）指导学生课外阅读演说学，使能应用。

（2）增进常识，开展思想。

（3）能分析所读文章的意义，做成纲要。

（4）渐渐能补充所读文章的意义。

（5）讲明文章的结构体裁风格，使作文时能渐渐注意。

2. 第二年教学近于古文的文言文，使能读作近于古文的文言文为标准。

本年教学上应特别注意的几点如下：

（1）指导学生课外阅读辩论术，使能应用。

（2）能补充所读文章的意义。

（3）能朗诵文艺作品，表现其神情风格，使作文时能应用。

（4）由教师的指导，能自参考与所读文章有关系的材料。

（5）能明了著名作家的生平及其思想。

3. 第三年教学两汉至唐宋以下的古文，使能阅读平易古书，及写作结构谨严、修辞雅驯的文章为标准。

本年教学上应特别注意的几点如下：

（1）指导学生课外阅读修辞学及古文作法，使能应用。

（2）讲明各种文艺作品的结构作法及体裁风格，能欣赏或模仿。

（3）阅读文艺作品，能为字句的推敲及细细的玩味。

（4）能阅读平易古书，剖析其思想。

（5）能渐渐评判文学作品艺术的高下。

照上列进程标准，初中以不读古文为原则。高中以不读经书子书为原则。尤其不用读辞赋骈俪。（经子中有极浅近而确易了解的片段，亦不妨选入。但只能以文章为标准，不能以学术为标准。）目的在使"教学做"发生切实的功效，以提高程度。

第二章　教材的选择

作者在本章中所要讨论的，是选材的原则、条件和方法，分节讨论如下：

（一）选材的原则

读文教材的选择，除了根据教学目的和进程标准以外，还须根据几种重要的原则。

1. 适合程度的原则

编初中教科书的人，必须研究小学教科书和小学毕业生的实际程度；编高中教科书的人,也须研究初中教科书和初中毕业生的实际程度;教材与程度,决不可相离太远而使不能适合。现在高中的教科书的教材,病在标准太高,不适合学生的实际程度;而初中教科书的教材,则病在浅的太浅,深的太深,深浅混杂,同时教学。都欠注意这条原则。

2. 兴趣的原则

对这条原则,所应注意的有二点:

(1) 兴趣是依着年龄、程度与心理变迁而不同的。切不可拿教者编者的兴趣,当作学生的兴趣。

(2) 兴趣是和努力互为因果的。学生要有兴趣,方肯努力;要肯努力,方生兴趣。要使学生用继续不断的努力去战胜困难,进一步,得一步,自有欲罢不能、乐此不疲之势,才是教学上真正的兴趣。

3. 需要的原则

就业或升学的学生,当然各有其需要。而一般的需要,则须从社交、道德、文雅、民族精神与时代环境各方面去研究。中学国文教学上,无论读文教材和作文题目,多有超乎学生经验与需要以外的文人雅事。似乎太偏重于文雅一项。作者认为这是历来文人教育的因袭的势力造成的。对于道德和社交,尚有相当的注意,而于民族精神与时代环境,则很少注意。作者认为要做现时代的人,对于现时代环境的了解和适应,其重要十倍于古代的文人雅事。而欲复兴民族,则尤须致力于民族精神的振作和发扬。这都是今日编中学国文教科书者所应特别注意的。

4. 功效的原则

所谓功效,就是要求用力最经济而得到最高的效率。在今日中学的国文选材上,尤其要重视这条原则。这是什么缘故呢?因为今日中学生,只有五分之一的心力来学国文。自小学至高中毕业,十二年中,学习国文的时间,实在不过两年半。从前书塾,专习国文,中材生要十年才能学通。现在希望在二年或二年半内学通,则教材教法的效率,须四倍或五倍于昔日。所以现在不可不求最经济的教材与教法。要使弹不空耗,箭无虚发,而后可有成功。各篇教材的功效的价值,这是要经过研究实验而决定的。根据我们的想象臆断,未必可靠。只是在想象上以为有功效的,万不可拿来教学生。现在依据部定标准编辑的高中教科书,至少有十之五六是没有功效的。还有十之三四,在想象上似有功效,而实际上未必有功效的(举例请看拙著《中学读文教学研究》第四章)。

上面四条原则,在选材的时候,是要并筹兼顾的。倘使偏举一端,那便适得其弊而未得其利,仍然没有用的。

（二）选材的条件

所谓选材的条件，便是用教育的和文学的眼光，来定国文教材的取舍的条件。一般讨论国文教学的人，把它叫作目标或标准。作者恐其与目的、标准、原则混合，所以改称条件。教部课程标准，于初中国文教材，有选用教材之标准七条如下（注明高中通用）：

（甲）合于国家体制及政策者。

（乙）含有振起民族精神，改进社会现状之意味者。

（丙）包含国民应具之普通知识思想，而不违背时代潮流者。

（丁）合于现实生活及学生身心发育之程序，而无浮薄淫靡消极厌世之色彩者。

（戊）叙事明晰，说理透切，描写真实，抒情恳挚者。

（己）句读简明，音节谐适，而无文法上及论理上之错误者。

（庚）体裁风格堪为模范，而能促进学生写作之技能者。

细察教部及讨论国文选材的人，大家所定的目标或标准，都不外从积极消极两方面，定下几条取舍条件。而且往往把教学目的、选材原则、进程标准与文学标准，混括在里面。这是因为他们没有先确定目的、原则、标准的缘故。就是教师所定选用教材之标准，也犯这种毛病。详细的证引与批评，读者可参看拙著《中学读文教学研究》第四章。

作者认为积极的条件是不用定的。要求详尽，即使写出一百条，还是写不了的；要求概括，更不容易。而且一篇文章，同时合乎积极条件而又合乎消极条件的，又将如何取舍？还不是依了消极条件不用它吗？所以在积极方面，只要先确定教学目的与进程标准及选材原则。而文章中尚有特别缺点不当选的，不妨再定几条概括的消极条件。但也不宜太多而太琐碎。

为防止选材的不当而求慎重起见，作者且从消极方面来拟定六个选材条件如下：

（1）不合中学读文教学目的与进程标准及选材条件的不选。

（2）违反国家体制及主义政策的不选。

（3）思想不合现代生活与进化思潮的不选。

（4）意志消极或欠高尚的不选。（所谓欠高尚，不但包括浮薄、淫靡，也包括虚荣、牢骚、怨尤、奉迎、阿谀等在内。）

（5）言论不合论理，体裁不合现代需要的不选。（如骚、七、辞赋骈俪、连珠、八股等，均不宜选。）

（6）内容涉及专门学术的不选。（所谓学术文，当然须摒诸中学国文教材之外。——理由请看拙著《中学读文教学研究》第四章第一节。——即讨论问题主义的文字，涉及专门学术的，也不宜选。但已成为常识者，不在此限。）

（三）选材的方法

选材的方法,不外书选、章选、节选、篇选四种。兹论述如下:

1. 书选

书选是选择课外阅读的教材(也就是教部课程标准所定的专书精读),不是选择教科书。方法上所要注意的有二点:

（1）选书要分别书的使用性质。

（2）选书要求实效,不可太多。

其他详细的讨论,请参看拙著《中学读文教学研究》第四章第三节。

2. 章选

章选便是在一书中,选出几章最精彩而最有功效的来读。

3. 节选

一篇文章太长,为教学的功效起见,为时间精力的经济起见,不得不节取最精彩的一段来教学。但这里也有一个问题要注意的,便是:节选的文章,应该把前因后果说个大略;节选长篇小说,尤其要把书中人物的来历说明;这样方才能使学生的想象有所衔接。

4. 篇选

篇选就是把独立成篇的文章,选取整篇。

第三章 教材的编配

关于教材的编配,有教材的分类、排列、分配三项问题。所谓分类,是教材的性质问题,与教学应用有关;排列是教材的序次问题,与教学进程有关;分配是教材的分量问题,与教学计划有关,切不可把它混作一谈。兹分别讨论如下:

（一）教材的分类

近人对于国文教材的分类,很是复杂分歧,有种种无价值的分类法,可以不必讨论。且把现在通行的分类法,讨论如下:

1. 择要的分类法

这派把国文教材分为论辩、说理、抒情、叙事、写景五类。因为分类的标准,没有确定,而且各类不能概括,所以我叫它为偏颇挂漏的择要的分类法。

2. 心理的分类法

这派把国文教材分成说理、抒情、达意、记述、描写五类。前三类,可以说是主观的;后二类,可以说是客观的;所以我叫它为心理的分类。这种分类法,其标准不乱,含义概括,自然较优。但其病在于各类错综混合的教材,难以分清界限。

3. 作文法的分类法

这派依据英文作文法上文体的分类法,把国文教材分为论说、辩论、描写、记述四类,很有概括一切的可能。但其病也在错综混合的教材,难以分清界限。

4. 实用的分类法

这派从实用的途径上去分类,把国文教材分为论说、演讲、评论、叙记、书牍、传记、小说、戏剧、诗歌、小品等类。这种分类法,在原则上讲,是和文体的分类法差不多的,不过以实际应用为标准罢了。我是主张"教学做合一"的,学生实际上需要做什么,就应该学什么;教师也应该教他们做什么。教读文,就是教他们应用所读的材料方法去作文。所以这种分类法,才是合乎教学的分类法。不过用这种分类法来分教材,在分配和排列上还有二点,应特别注意:

(1) 要看实际需要的大小,把各类教材分出轻重,注意分量的分配适当。切不可把各类教材平均分配;更不可以现成文章的多少,不顾分量,任意分配。

(2) 要注意在某一时期中,侧重某类;或增某类,减某类;使教学易收功效。切不可把各类教材排列在同时期中,应有尽有,一律并教。

详细的理论与举例,参看《中学读文教学研究》第五章第一节。

(二) 教材的排列

国文教材的排列法,值得论的,有二种:

1. 以问题为中心的排列法

这种排列法是主张以一个问题为中心,拿同问题有关系的教材,几篇排列为一组。使读者能完全了解一个问题的各方面,有互相发明,融会贯通的好处。但这种排列法,在小学国文教材中,比较适宜而容易办到。在初中国文教材中,已感困难;在高中国文教材中,或者是绝对不可能的。因为要从各方面去选辑与同类问题有关系的文章,而又要顾全教学目的、进程标准与选材原则条件,是极困难的事。所以现在用这种排列法编高中教科书的人,往往强拉教材,顾此失彼,而联络的关系仍然极少。(详细的举例与批评,请看《中学读文教学研究》第五章第二节。)

2. 循环演进的排列法

作者主张用阶段编辑法,编辑中学国文教材。各类教材的排列,可以每一阶段为一循环。不过为教学的功效计,可视学生的程度,与需要的缓急,把几类教材,特别注重,排在前几个阶段中教;几类教材,放在后几个阶段中教。各类教材,逐渐插入;旧的渐渐减少,新的渐渐增加。而各阶段中侧重的主要教材,不过两类。这样,可使教学易收功效。至于教材的程度,由浅及深,可依教学的进程标准,循序演进,以免勉强拉入、顾此失彼的毛病。如是,则主要教材的形式方面,可把几篇相似的排在同一阶段中,互相联络。至于以供欣赏的文

艺,我主张在各阶段中,都要加入二类或三类。而在一阶段中所占的分量,不可过多。这种排列法,在实际教学上有几种的利益如下:

（1）各类教材,容易分配适当。

（2）各阶段中有侧重的主要教材,可使教学上易收功效。

（3）对于教学目的、进程标准与选材原则条件,容易顾到。

（4）作文可按各阶段中的主要教材出题目,使读作联络。

（三）教材的分配

教材的分配,是教学计划上的重要问题。现在把初高中的国文教材,从质和量两方面,拟定计划如下:

1. 质的分配

初中或高中,全部教材的质的分配,应研究各类教材在实际应用上的轻重,酌定应占的百分比的分量,先做一个统筹全局的决定。倘使轻重失当,也是一件教材的不经济的事。现在的初高中国文教科书,各类教材所占的分量,大有出入。实际上不过依据各类现成文章的多少,编著的便利,任意选入,何尝有过统筹全局的分配呢? 我于十八年在中山大学教育研究所的时候,曾教学生把商务、中华出版的三部初中国文教科书,做过分类统计的研究。在顾编的《初中国语教科书》[①]中,发现小说一类所占分量为 36.23%;而书札一类,所占分量,仅 1.52%。就是小说的分量,二十四倍于书札。庄编《现代初中国文》,则传状一类,占 21.19%;序跋一类,只占 3.60%。就是传状的分量,六倍于序跋。沈编《初级国语读本》,则小说一类,占 35.64%;书札一类,占 0.88%。就是小说的分量,四十倍于书札。就是同类的教材,在各书中所占的分量,也大有出入。例如评论一类,顾本占 10.20%,庄本占 6.65%,沈本占 2.81%。记述一类,顾本占 18.73%,庄本占 30.72%,沈本占 6.70%。(全部统计结果表,可参看《中学读文教学研究》第五章第三节。)可知全部教材的质的分配,也是必须研究的事。至于各阶段中教材的质的分配,应分为主要的、辅助的两种。大约主要教材占 60%,辅助教材占 40%。所谓主要辅助的分别,应视教学进程计划上,在各阶段中某几类教材应占的位置而酌定。现在根据初高中国文教材的分类,拟定全部及各阶段的质的分配如下:

（甲）初中全部教材的质的分配:

（1）演讲 6%

（2）叙记 15%

---

① 顾编:《初中国语教科书》,指顾颉刚等编的教科书;庄编《现代初中国文》,即庄俞(1876—1938)编的教科书;沈编《初中国语读书》,即沈颐编的教科书。

107

（3）传记 15%

（4）书牍 15%

（5）论说 12%

（6）评论 6%

（7）小品 12%

（8）小说 12%

（9）剧本 4%

（10）诗歌 3%

（乙）高中全部教材的质的分配：

（1）论说 18%（附论辩）

（2）叙记 15%（附游记）

（3）书牍 12%（附奏诏）

（4）传记 12%（附状述）

（5）序跋 6%（附赠言）

（6）评论 6%

（7）碑志 3%（附箴铭）

（8）哀祭 6%

（9）小说 12%（附传记）

（10）文评 3%（附诗评）

（11）诗歌 4%

（12）词曲 3%

（丙）初中各阶段教材的质的分配：

第一年上学期自(1)至(3)各阶段中教材分配如下：

（1）主要教材　演讲文 30%　叙记文 30%（作文重主要教材下同此）

（2）辅助教材　传记文 15%　小品文 12%　小说 13%

第一年下学期自(4)至(6)各阶段中教材分配如下：

（1）主要教材　叙记文 30%　传记文 30%

（2）辅助教材　演讲文 6%　小品文 15%　小说 15%　诗歌 4%

第二年上学期自(7)至(9)各阶段中教材分配如下：

（1）主要教材　叙记文 30%　传记文 30%

（2）辅助教材　论说文 12%　小品文 15%　小说 10%　诗歌 3%

第二年下学期自(10)至(12)各阶段中教材分配如下：

（1）主要教材　书牍文 30%　论说文 30%

（2）辅助教材　传记文 15%　小品文 10%　小说 12%　诗歌 3%

第三年上学期自(13)至(15)各阶段中教材分配如下：

(1) 主要教材　论说文30%　书牍文30%

(2) 辅助教材　剧本12%　小品文12%　小说12%　诗歌4%

第三年下学期自(16)至(18)各阶段中教材分配如下：

(1) 主要教材　评论文36%　书牍文30%

(2) 辅助教材　剧本12%　小品文8%　小说10%　诗歌4%

（丁）高中各阶段教材的质的分配：

第一年上学期自(1)至(3)各阶段中教材分配如下：

(1) 主要教材　论说文36%　叙记文30%（作文重主要教材下同此)

(2) 辅助教材　书牍文18%　小说文12%　诗歌4%

第一年下学期自(4)至(6)各阶段中教材分配如下：

(1) 主要教材　论说文36%　叙记文30%

(2) 辅助教材　书牍文15%　小说文12%　诗歌4%

第二年上学期自(7)至(9)各阶段中教材分配如下：

(1) 主要教材　论说文36%　叙记文30%

(2) 辅助教材　书牍文18%　小说文12%　诗歌4%

第二年下学期自(10)至(12)各阶段中教材分配如下：

(1) 主要教材　传记文36%　序跋文30%

(2) 辅助教材　书牍文18%　小说文12%　诗歌4%

第三年上学期自(13)至(15)各阶段中教材分配如下：

(1) 主要教材　传记文36%　哀祭文30%

(2) 辅助教材　序跋文6%　小说文12%　诗歌8%　词曲8%

第三年下学期自(16)至(18)各阶段中教材分配如下：

(1) 主要教材　评论文36%　碑志文18%　文评18%

(2) 辅助教材　哀祭文6%　小说文12%　词曲10%

2. 量的分配

在班级教学制下,中学国文教材的量的问题,不能如理想的增多,事实上有种种原因。作者已详述于《中学读文教学研究》第五章第三节,读者可以去参看,此处不能赘述。但如教材果能适合程度,循序渐进,则量的方面,亦可有相当的增多。按初高中读文上课时间,均为每周三小时,每六周教授一阶段,每学期三阶段,编成一本。每阶段的教材,可以六周中上课十八小时为标准。其余时间,可为读毕每阶段后的复习考试时间。兹将初高中每年每期各阶段教材的量的分配,拟定计划如下：

（甲）初中每年每期各阶段教材的量的分配：

（1）第一年，全教语体文。第一阶段的教材分量，假定为每小时教六百字，则共为一万零八百字。以后每进一阶段，递增一千二百字。则第一年六阶段的教材分量，合计为八万二千八百字。上学期三阶段教三万六千字；下学期三阶段教四万六千八百字。

（2）第二年，教文五语五，教材程度亦略提高，故假定第七阶段的教材分量为一万零八百字。（同于上第一阶段）以后每进一阶段，递增八百字。则第二年六阶段的教材分量，合计为七万六千八百字。上学期三阶段教三万二千八百字；下学期三阶段教四万二千字。（因本年增入一半文言文，故教材分量反较上年减少。）

（3）第三年，教文七语三，教材程度又略提高，故假定第十三阶段的教材分量为一万二千四百字。（同于上第九阶段）以后每进一阶段，递增六百字。则第三年六阶段的教材分量，合计为八万三千四百字。上学期三阶段教三万九千字；下学期三阶段教四万四千四百字。（因本年教材为文七语三，故教材分量仍少于第一年而略多于第二年。）

如上分配，则初中三年教材分量，合计为二十四万三千字。作者于本节教材的量的分配中，采取汪典存先生之意见，于文言文比例，略为增加。故教材分量，不能增多。因为教材程度的提高，与文言文的加入，两个问题，与教材分量，极有关系，这是不能不注意的。至于初中一年级完全教语体文的主张，作者认为必须贯彻。因为在白话文尚未通顺的时候，就加入文言文，易使文白夹杂，两皆不通。故初中一年级必须集中精力，先行学通白话文。详细的理论，请参看书末后跋。

（乙）高中每年每期各阶段教材的量的分配：

（1）第一年，教普通文言文。第一阶段的教材分量，假定为每小时教六百字，则共为一万零八百字。以后每进一阶段，递增九百字。则第一年六阶段的教材分量，合计为七万八千三百字。上学期三阶段教三万五千一百字；下学期三阶段教四万三千二百字。

（2）第二年，教近于古文的文言文。教材程度，已略提高，故假定第七阶段的教材分量为一万二千六百字。（同于第三阶段）以后每进一阶段，递增六百字。则第二年六阶段的教材分量，合计为八万四千六百字。上学期三阶段教三万九千六百字，下学期三阶段教四万五千字。

（3）第三年，教历代各体古文。教材程度，又加提高。故假定第十三阶段的教材分量为一万三千八百字（同于第九阶段）。以后进一阶段，递增三百字。则第三年六阶段的教材分量,合计为八万七千三百字。上学期三阶段教四万二千三百字;下学期三阶段教四万五千字。

如上分配,则高中三年教材分量,合计为二十五万零二百字。现在高中教科书的分量平均每部不过十五万字左右。以高中学生的读书能力而论,似乎太少。但一察其所选教材的程度,则又觉其太多。因为以高中学生的程度而论,阅读体裁风格不同的文章,他们的读书能力,不能依次递增,反要依次递减的。何况文章的体裁风格,选得篇篇不同呢?何况二年级的教材选入辞赋骈俪,三年级的教材选入子书呢?如果依照作者所定教学进程标准选辑教材,则高中三年读毕二十五万字,或者是可能的。作者的主旨,是在提高学生的实际作文程度,不在提高纸上标准程度。希望高中毕业生个个能作简洁明顺的文言文。则学生的程度,可较现在提高几倍,因为现在中学生的学文,必须集中精力,努力求其最低标准的完成,万不能兼营并骛,使其一无所成。使其所作文字,不文不白,不今不古,似通非通,则教学完全失败了。

第四章　读文教学方法

读文教学方法的问题,可分五项来说。

（一）教学预备

所谓教学预备,就是教师在上课前的预备工作。教学预备的目的,在拟定最经济的计划,最有效的方法,得到教学上最好的成绩。教学预备所应注意的几点如下:

（1）把一阶段的教材,在每周每天应教的分量,分配适当。

（2）把某种教材的目的、方法,预先拟定计划。

（3）设想如何指导学生预习复习的方法及其重要点。

（4）设想应用练习的题目及方法,使"教学做"联络。

（5）设想学生对于教材不易了解或应有怀疑之点,如何予以暗示或说明,帮助他们解决疑难。

（6）设想如何用问题或提示引起学生的兴趣。

（7）把教材上重要的解释或考证注明。

（8）查明参考书的某章某节及应注意之点。

（二）预备指导

要求教学上切实的功效,教师固要注意预备,学生也要注意预习。那么预习指导,也是教学上的重要事件了。预习指导上所应注意的几点如下:

（1）提示教材分量及学生应做的预习工作。

（2）每次上课最后五分钟，提示下次的预习，须引起学生对于下篇教材预习的兴趣。

（3）令学生摘出教材要点，并把自己的意见写在笔记上。

（4）提出篇中重要问题，令学生先去思考，做成答案在笔记上。

（5）教材中的疑难处，令学生先去考查；或用直线标出，上课时再问教师。

（6）指示应参考的书籍的章节及其要点。

（7）指示读该篇教材的目的及其读法。

（8）依据课文实例，令学生做文法、修辞及作法上的练习。如教师无暇批改练习，则此种练习，可在作文内做，代替一次作文。

（三）教学讨论

上课时的工作，除预习指导与考查督责外，最重要的是教学讨论。所谓讨论，不是教师单方面的讲解，是要师生互相问答，共同发表意见的。教学讨论上所应注意的几点如下：

（1）所讨论的问题，范围不可过大，要在短时期内可以得到圆满的解决。

（2）讨论的问题，只能限于常识，不宜涉及专门科学。

（3）讨论的问题，以教材范围为限，不可节外生枝。

（4）教师发问，要向全班说话，使个个学生都用思考判断。

（5）学生提出的问题，教师不可直接解答，当令班中学生自为解答批评。必待无人解答或解答不正确时，方由教师解答。

（6）词句文法上的讨论，须简切明白，不可多费时间。

（7）讨论以前，教师须先考查一般学生的预习工作。

（8）讨论的时候，教师要注意学生旧有的知识经验，用问题去启发他，或用暗示去引起他，使学生能应用旧有的知识经验来推考新问题，获得新知识。

（四）应用练习

读文教学的应用练习，其主要目的，当然在作文。所以读文和作文，应该要联络，才能使两者发生功效，否则两者都是失败的。然而现在高中的国文教材，十之七八不能和作文联络的，于是"教学做"三者不能不分离，这也是一件教学上最不经济的事。读文和作文，应该怎样联络呢？要解决这个问题，我以为要把读文的大部分工夫当作作文的预备，作文当作读文的应用练习。

作文的预备工夫有四：

（1）知识材料的预备

读文所得的知识材料，当然和作文的知识材料有直接的关系。要使学生把读文所得的知识材料能运化而应用于作文，一方面要使他们多有发表的机会,常去运用知识,发表意见;一方面要使他们多做笔记,把知识经过一番整理。

（2）词句材料的预备

这是作文的基本材料,读文的时候,要把他理解清楚,摘要笔记。教师还可于读文讲义之后,附加几个练习题,教学生练习。

（3）文法语法及修辞造句的预备

这也要在读文时随时练习的。这种练习,都是学生读文笔记上的重要工作,不一定要在作文上做的。但是,如果教师要教两班国文,就没有工夫去批改这种练习,那便只好支配到作文时间去做,代替一次作文了。

（4）材料的搜集组织与思考判断的练习

这也是读文笔记上的重要工作。

作文的预备工夫,是读文和作文中间的渡船。倘使教读文时只教读文,不注意这种作文的预备工夫(就是读文的应用练习),那么要求读作联络,还是很困难的。

（五）成绩考查

学校中各科的成绩考查,含有三种意义:一、求得学生学业程度的凭证;二、查看教学的实际功效;三、督责学生平日的用功。而现在学校中各科的成绩考查,似乎目的只在求得学生学业程度的凭证。即此一端,尚未达其目的,那便完全错误了。

读文考查的方法与批分标准,可分三方面来说:

1. 课内个别口试

每次上课开始的十分钟,即为口试时间。每次口试四五人,以每六星期内,各个学生口试两次为原则。但优等生可少问几次,劣等生须多问几次。口试的满格分数为 15 分。以下记 12、9、6、3,或记甲乙丙丁戊亦可。一次口试不答者,记下"?"号;两次口试不答者,记下零分。每学期总结分数,平均占国文科分数 15%。

课内个别口试可用的方法如下:

（1）精读教材可令学生背诵一段。

（2）考问重要词句的意义或文章的组织、意境、修辞。

（3）文艺作品的朗诵。

（4）略读教材可令学生复述一段的大意。

（5）考问参考材料及内容问题。

（6）考问文章的提要分段。

2. 课后检阅笔记

各班学生的笔记本,可以每两周检阅一次。教国文两班的教师,适为每周检阅一班。初中所记,以两周内满一千字为最低标准;高中所记,以两周内满一千二百字为最低标准。笔记的满格分数为 15 分,以下记 12、9、6、3,或记甲乙丙丁戊亦可。笔记不交者,记下零分,不可宽假。迟交者,如无特别原因,须扣分数。每学期总结分数,平均占国文科分数 15%。

检阅笔记应注意之几点如下:

（1）所记文字通顺与否,字迹清楚与否。

（2）思想有无条理,判断是否正确?

（3）抉择教材要点是否精当?

（4）预习指导时所提的问题,是否解答? 解答是否正确?

（5）所提疑问或意见,有无价值?

（6）参考材料的记载,有无错误?

3. 读文阶段测验

所谓阶段测验,就是读毕一阶段教材后的临时考试,测验的满格分数为 20 分。可按各次测验的各项,分别记分。每学期总结分数,平均占国文科分数 20%。

测验可用的方法如下:

（1）默写或听写精读文章的一段。

（2）摘出教材中的重要文句,空白几字,令学生填补。

（3）句中故意换错几字,令学生照读熟的原文改正。

（4）翻译精读文章的一段。（原文须印发）

（5）单词、单句或短语的解释。

（6）一篇略读文章的标点及分段。（原文印发）

（7）句子的文法解析。

（8）一篇文章的结构、意境及修辞的批评。（原文印发）

（以上各种方法,每次可任用数种,不必全用。）

以上三种读文成绩考查,其标准分数,合计为 50 分,占国文科全部成绩分数之半。此外初中作文标准分数,占 40%,演讲标准分数占 10%,合计以 100 分为标准。高中作文占 50%,演讲可不记分。所以分别各项标准批分,而不概用百分标准的用意,在免总计平均分数时的麻烦。如此精密记分,则学生国文成绩,可免每学期个个及格的弊病。其不满 60 分而复试仍不及格者,或不满 50 分者,应令降级。

第五章　读文教案举例

（甲）初中读文教案举例

一、课文

《勇敢的讷尔逊》（一年级第一阶段教材中的一篇）

西历一千七百几十年间，法皇拿破仑，用威力压制欧洲全境；各国因为争他不过，差不多个个都俯首帖耳；唯独英国不肯降服，而且钳制他，使他不得扩张势力。当时英国舰队的总指挥，就是讷尔逊。

讷尔逊一生勇敢的事实很多很多，但要算十六岁航海时的最有趣味了。

他本是教徒的儿子，因为他舅舅做海军将官，所以他很羡慕航海生活，随着舅舅在军舰上，担任一个舵手的职务。那时，海军全体中分出一部分来组织北极探海的远征队，他就在这一队中间向着北海进发。行了三天，船只被冰排围住，竟致"进退维谷"；于是他用铁锚开凿冰排，渐渐前进。

北海产海马，长约二丈多，上齿突出口外，凶猛无比。这兽见了南方的船舶，十分骇怪，时常到冰层上来窥探。队长发炮攻击，海马负伤逃去。但不多一刻，这兽竟约集了无数伴侣，前来报复；军舰差不多要倾覆了。讷尔逊做临时的指挥官，枪炮并发。这一次，海马大败，血流冰上，好像着色的玻璃，漂流数里；可以说是他第一次的奇遇了。

有一天，正在航行，忽然遇到大雾，咫尺之间也不能辨别。讷尔逊携了枪弹，踏冰去行猎。走了不多路，遇到一只白熊。白熊也是北海的特产，性很暴戾。它见了讷尔逊，向前直扑过来，想要充饥。讷尔逊仓促开枪，不料枪管破裂，功用全失。白熊猛吃一惊，痴立凝视；而讷尔逊却也相对直立，徐徐以待。同伴在远处听得枪声，赶来援救；只见他意态自然，毫无惊恐之色。幸喜同伴继续开枪，白熊才去。后来船长问他当时为什么不逃，他笑着说："我见了白熊，忽然想到父亲；我想如果得到了熊皮，怎样去献给他！"

就这两件事看来，讷尔逊的勇敢，也就可以想见了。

二、预习指导（在上次上课时最后五分钟内提出）

（1）发给选文及注释。如用课本者，指定页数课数。

（2）我们下次要读"勇敢的讷尔逊"。讷氏是18世纪英国的海军名将。这段文字，是他传中的一段，所以也是传记文。这段文字，在短短的六百字中,写当时的时代背景,讷氏功勋及他的身世和两件勇敢的事迹,文笔简洁有趣。你须细细精读,细细玩味。

(3) 读这篇时,要回答下面两个问题,写在笔记上。

(a) 讷尔逊何以能成英国的名将?

(b) 危难当前,应当如何对付?

(4) 篇中词语,讲义上未曾注明的,如"俯首帖耳""钳制""窥探""咫尺""仓促""凝视""意态"等,须自考查,把简当的意义写在笔记上。查不出的,须用铅笔标出,在下次上课时提出质问。

(5) 篇中"仓促""徐徐""自然"在语法上属何种词?

(6) 读完这篇后,可写一篇三百字左右的英雄故事,作为下次的作文。故事由你们自去找寻,但须在课外做好草稿,到下次上作文课时,再来修正誊清;有疑难处,可质问教师。(预习指导,最好预先编成,随讲义印发。)

三、复习及考查上次课文(占十分钟)

(1) 指定学生朗诵上次课文。

(2) 指定学生解答上次课文中重要词语。

(3) 指定学生复述课文中各段大意。

四、提示本日课文题目及教学目的(占三分钟)

(1) 世界上的英雄,所以能成大功业,在他的品性上,都有适合的条件。勇敢,也是成大功业的重要条件。所以我们今天要讲"勇敢的讷尔逊"。

(2) 我们读这篇文字的目的,要知道讷尔逊勇敢的事迹,可以做军人的模范,并且要知道传记文字的作法。

五、朗诵课文一遍(占三分钟)

六、预习考查及讨论(占十四分钟)

(1) 本篇预习指导上的两个问题,你们都已想出回答,写在笔记上吗?答不出的,可以提出讨论。(教师此时当将预习指导的问题,考问几个学生。)

(2) 你们还有别的问题提出吗?(讨论学生提出的问题)

(3) 篇中重要词语,你们都已查出吗?查不出的,还有那几个?(考问学生或为学生解答)

七、教师提出的问题讨论(占十五分钟)

(1) 拿破仑几乎征服全欧,英国何以独不肯降服?英国的民族有何种精神?我们要不被日本征服,我们的民族要有何种精神?

(2) 十六岁的讷尔逊,何以愿到北极去探海?

（3）海马知道合群，何以敌不过人？

（4）讷尔逊与白熊相对直立，白熊何故不去吃他？倘使讷尔逊惊恐而逃，白熊必将如何？我们要知道野兽也有恐惧和疑虑的心理的。因为讷尔逊不怕不逃，白熊就起了疑虑，怕他有本领抵抗。倘使他一逃，白熊便会本能地追扑他，那他便不免要被白熊吃了。所以我们遇到危险的时候，要用镇静的态度对付。

八、提示下篇的预习指导（占五分钟）

（乙）高中读文教案举例

一、课文

《自由与制裁》（上半篇）（一年级第一阶段教材中的一篇）

自由者，权利之表证也。凡人所以为人者，有二大要件：一曰生命，二曰权利；二者缺一，时乃非人。故自由者，亦精神之生命也。文明国民，每不惜掷多少形质之生命，以易此精神之生命，为其重也。我中国，谓其无自由乎？则交通之自由，官吏不禁也；居住行动之自由，官吏不禁也；置管产业之自由，官吏不禁也；信教之自由，官吏不禁也；书信秘密之自由，官吏不禁也；集会言论之自由，官吏不禁也；凡各国宪法所定形式上之自由，几皆有之：虽然，吾不敢谓之为自由者，何也？有自由之俗而无自由之德也。

自由之德者，非他人所能予夺，乃我自得之而自享之者也。故文明国之得享自由也，其权非操诸官吏，而常操诸国民。中国则不然，今所以幸得此皆俗之自由者，恃官吏之不禁耳。一旦有禁之者，则其自由可以忽消灭，而无复踪影。而官吏之所以不禁者，亦非尊重人权而不敢禁也；不过其政术拙劣，其事物废弛，无暇及此云耳。官吏无日不可以禁，自由无日不可以亡。若是者，谓之奴隶之自由。若夫思想自由，为凡百自由之母者，则政府不禁之，而社会自禁之。以故吾中国四万万人无一可称完人者，以其仅有形质之生命，而无精神之生命也。故今日欲救精神界之中国，合自由美德外，其道无由！（未完）

二、预习指导（在上次上课时最后五分钟内提出）

（1）发给选文及注释。如用课本者，指定页数课数。

（2）我们下篇要读"自由与制裁"。"自由"与"制裁"两种德性，似乎相反，而实相成。这两种德性，都是共和国民所应有的。这篇文章，在辨明其相反相成之义，所以也是辨明文。是论说文中的一种体裁。文极充畅流利，而层次清楚，极易学步。

（3）读这篇时，要回答下面三个问题，写在笔记上。

（a）官吏放任之自由与人民权力所得之自由，有何分别？

（b）当时国人之思想，何以不能自由？

（c）文明人之自由与野蛮人之自由，有何分别？

（4）篇中词语如"自由""制裁""人权""暴戾恣睢""相悖""须臾"等，须自查考，把简当的意义写在笔记上。查不出的预用铅笔标出，在下次上课时，提出质问。

（5）读毕本篇后，可作相似的辨明文一篇，为本星期的作文。题目可在下列三题中，择一作之：一、自由与自治；二、权利与义务；三、服从精神与不屈精神。作文可在课外做好草稿，到下次上课时，再来修正誊清；有疑难处，可质问教师。如此作文，方不致苟且草率，易有进步。（预习指导最好预先编成，随讲义印发。）

三、复习及考查上次课文（占十分钟）

（1）指定学生朗诵上次课文。

（2）指定学生解答上次课文中重要词语。

（3）指定学生复述上次课文中各段大意。

四、提示本日课文题目及教学目的（占五分钟）

（1）一个人都有天赋人权，自己运用权力，享受应有的权利，不许任何人或任何势力来侵犯，就叫作自由。所以个人应享自由，是天经地义。所以各国人民，遇到统治者的专制，自由权被侵夺的时候，都不惜任何形质上的牺牲，甚至生命的牺牲，来争这第二生命的自由权。

（2）但是，自由权是要用法律来保障的，所以要服从法律，自由权才得稳固；自由是以公理为基础的，所以要服从公理，自由才是正当；自由是要视多数人的意志决定的，所以要服从多数人的决议，才能成为群的自由。有时为了团体民族国家的自由，不能不牺牲个人的自由。

（3）照此说来，个人的自由，必须有相当的制裁了。有制裁，则个人方能享受应有的自由，而不被人侵犯。所以制裁实在是保障自由、实现自由的必要条件。所以自由与制裁，并不是相反的，而却是相成的。要明白这个道理，所以今天要讲"自由与制裁"。因为全文太长，我们今天先来讲上半篇。

五、朗诵课文一遍（占五分钟）（朗诵时须读毕全篇）

六、预习考查及讨论（占十分钟）

（1）本篇预习指导上的三个问题，你们都已想出回答，写在笔记上吗？上面的两个问题，今天可先提出来讨论（教师此时当将预习指导的问题，考问学生）。

（2）你们还有别的问题提出吗？（讨论学生提出的问题）

（3）上半篇中重要词语,查不出的还有哪几个？（考问学生或为学生解答）

七、教师提出的问题讨论(占十五分钟)

（1）篇中"时乃非人"句,"时"字古通"是"字,如商书"时日曷丧"句是。梁先生文中,喜用"时"字代"是"字。

（2）作者所谓"自由之德",指何者而言？

（3）文明国之自由,其权何以操诸国民？何谓奴隶之自由？

（4）社会何以能干涉吾人之自由？如何方能不受社会的干涉？

八、提示下次的预习指导(占五分钟)

第六章 本 编 结 论

本编专论中学读文教学。第一章论教学进程标准,于初高中各年级读文教学的进程,均确定其标准;而于教学上应注意之点,亦有述及。第二章论教材的选择,分原则、条件、方法三节讨论。作者所谓选材的原则,是说选择教材要根据学生的程度、兴趣、需要与教学上的功效。所谓选材的条件,就是选材的取舍条件。作者从消极方面,拟定了六条。而于选材的方法,则于四种选法,仅为大略的说明。第三章论教材的编配,分分类、排列、编配三项。作者对于教材的分类,主张以实用为标准,须从实用的途径上,考察各类文体需要的大小,而酌定其在中学国文教法上应占的位置。这是合于需要与功效两种原则的经济的办法。对于教材的排列,则主张用循环演进法。几类教材的排列,可以一阶段为一循环;而教材的程度,由浅及深,可依教学的进程标准,循序演进。对于教材的分配,在质的方面,根据各类教材需要的轻重缓急,而酌定其在全部教材中应占的百分比;复按教学的程序,分主要教材、辅助教材,将各类文体依次分配于各阶段中而酌定其在该阶段中应占的百分比。在量的方面,按各年级,各阶段,均为量的配定;而于教材分量的递增,则颇注意于教材程度的提高与文言教材的增入两个问题,而从事实上精密考虑。第四章论读文教学方法。作者分教学预备、预习指导、教学讨论、应用练习与成绩考查五项,指示最为精详。唯求文字的经济计,均略去其理论的部分。第五章读文教案举例。作者于初高中读文教案各举一例,均为精密而周至的实际的指示。作者自身为一重实用重效率的实际教者,凡所指示,都是切实可行的。

第三编　论作文教学

第一章　教学进程标准

关于中学作文教学的目的,作者在本书第一章中,已有详细的分析。这里可以概括地说一句,便是要养成学生的正确而有法度的表述能力。我在拙著《中学作文教学研究》第二章中,曾经根据这个目的,拟了十条教学标准。这十条教学标准的条文及解释如下:

1. 思想清晰

所谓清晰,便是:(1) 达意明白正确而不含糊;(2) 思想有主脑而不琐碎;(3) 思想有层次条理而不复杂纠缠。

2. 文意切题

所谓切题,便是:(1) 不作题外的空言浮文;(2) 不用通套滥调凑成篇幅。

3. 论理正确

所谓正确,便是:(1) 因果关系切近而适合;(2) 言论不背逻辑的规则。

4. 词语确当

所谓确当,便是:(1) 用字及词精确而有分寸;(2) 用成语或古典适得其当。

5. 见解切合

所谓切合,便是:(1) 经验确鉴,而不言之无物,游谈无根;(2) 论证切实,而不空疏挂漏,迂阔陈腐。

以上五条,是要达到正确的目的的标准。

6. 文法(或语法)通顺

所谓通顺,便是:(1) 文句组织完全而不破碎刺谬;(2) 句中虚字妥当,语气顺适;(3) 用词不犯文法上的规则。

7. 结构谨严

所谓谨严,便是:(1) 篇章有组织而不散漫;(2) 篇中前后布置得当,详略适度;(3) 提要汰冗,删繁就简,文有剪裁,有精彩。

8. 修辞雅洁

所谓雅洁,便是:(1) 用词用典雅驯而不怪僻,通俗而不鄙陋;(2) 造语简练修洁,不烦不赘。

9. 段落分明

所谓分明,便是:(1) 分条分目有确定不移的标准,而不参差凌乱;(2) 每段起结清楚,不致纠缠不清。

10. 标点清楚

所谓清楚,便是:(1) 使语意不致移变,不令人误解;(2) 使阅者一目了然,易于诵读。

以上五条,是要达到有法度的目的的标准。

以上十条,我认为是要达到中学作文教学目的的必要条件。不过初中和高中作文教学的标准,还应有些分别;各条的轻重,还应有些不同。所以要分别拟定初高中各学年的教学进程标准如下:

1. 初中一年级的教学标准:

(1) 能运用常用字二千五百字。(用字量占识字量三分之二,则识字量当为三千七百五十字,以下同此比例。)

(2) 能运用常用的词及成语古典,约与前条相当。

(3) 能在一小时内,写成三百字左右的白话文字。

(4) 文中思想清晰,文句组织完全无病,段落大致分明,标点大致清楚。

2. 初中二年级的教学标准:

(1) 能运用常用字三千字。

(2) 能运用常用的词及成语古典,约与前条相当。

(3) 能在一小时内写成三百五十字左右的白话文字。

(4) 文中思想清楚,文意切题,词语确当,语法大致通顺,段落分明,标点大致清楚。

3. 初中三年级的教学标准:

(1) 能运用常用字三千四百字。

(2) 能运用常用的词及成语古典,约与前条相当。

(3) 能在一小时内写成四百字左右的白话文字或浅近文言文字。

(4) 文中思想清晰,文意切题,语法通顺,词语确当,段落分明,标点清楚。

以上为初中作文教学的毕业标准。

4. 高中一年级的教学标准:

(1) 能运用常用字三千七百字。

（2）能运用常用的词及成语古典,约与前条相当。

（3）能在两小时内写成五百字左右的文言文。

（4）所作文字在初中毕业标准之上,能文法通顺,论理正确。

5. 高中二年级的教学标准:

（1）能运用常用字四千字。

（2）能运用常用的词及成语古典,约与前条相当。

（3）能在两小时内写成六百字左右的文言文。

（4）所作文字在初中毕业标准之上,能文法通顺,论理正确,见解切合。

6. 高中三年级的教学标准:

（1）能运用常用字四千二百字。

（2）能运用常用的词及成语古典,约与前条相当。

（3）能在两小时内写成七百字左右的文言文。

（4）所作文字在初中毕业标准之上,能文法通顺,论理正确,见解切合,结构谨严,修辞雅洁。

以上为高中作文教学的毕业标准。

说明:

（1）各级学生识字量及用字量的标准,作者以假定高级小学毕业生能识字三千,用字二千为标准,进中学后,按年增进。假定用字量为识字量的三分之二,则按上定标准,初中毕业的用字量为三千四百字,识字量当为五千一百字。高中毕业的用字量为四千二百字,识字量当为六千三百字。

（2）在中文中,两字或三字以上连成的词,往往自成一个字的意义。那么中国的字,因为词的加入,可增加了几倍。但对于常用词汇,还没有人做过研究,不能定出确实的标准,所以只定了和用字量相当的标准。所谓相当,并不是说数量相等,那是说和这些字汇造成的词相当。

（3）古典和成语,在作文中有同等的价值,但中学生必要能识能用的数量标准,也还待研究。所以也只定了和用字量相当的标准。

（4）学生作文的速率及能量,在初中以一小时为单位标准。因为初中每周须作文一次,而每课作文时间只有一小时。如果时间来不及,只好改变教学方法,预出题目,令学生在课外起草,课内修正。至于短文快作练习,不但可以一小时为限,有时可于一小时内教学生做二三篇。(如布告、电文等)学生作文的能量,可按时间比例酌定。高中学生作文,普通以二小时为单位标准,但有时也可变通。如时间缩短或增长,则作文能量亦可按时间比例酌定。

（5）作文的技能标准,是根据上面十条作文教学标准而定的。在各年级进程上,各条的轻重,虽然不同,但在批分时,可以最后一年所定各条为标准。因为实际上,各条都要注意的。

第二章　作文批分标准

现在一般教师,对于学生作文的批分是难定标准的。完全没有标准的教师,把六十分以下至零分的文章,一律都批六十分。略微有点标准的教师,大酌至少批五十分,至多批九十分,一学期的平均,仍然容易个个及格。这也是使学生对于国文不努力的重大原因。我主张一班学生的作文,每学期总得有几个批他不及格的。而且学生作文的分数,也可批到五十分以下至二三十分。那么方才可以促起学生的注意,使他努力。但是要批他不及格,应该先定怎样的标准呢? 这是一个极困难的问题了。(最简单的办法,可用 Group System。把每次文卷分甲乙丙丁四团。凡是常常入丁团的,到学期结束,总归不及格。但最难的是丁团卷数的多少,仍不能有一定,那便不能不有别的标准。)

有人说:"作文的批分标准,只能制定一种作文的品质量表来衡量学生的作文程度,比较得容易些。"但要制定这种量表,也有极复杂困难的问题,以中学生的作文而论,或许是绝对不可能的。(理由请参看拙著《中学作文教学研究》第三章)我认为现在要确定中学生作文的批分标准,必须从中学生作文的教学标准着想;而且各年级作文的批分标准,应该根据各年级作文教学进程标准而有不同。譬如在一年级的标准,可批六十分的文章,在二年级只能批他五十分;在三年级的标准,只可批五十分的文章,在二年级可批六十分,一年级可批七十分。所以批分标准是和进程标准相关联的。现在且根据教学进程标准,来假定批分标准如下:

1. 初中各年级作文批分标准表

标准	一年级百分比	二年级百分比	三年级百分比
(1) 思想清晰	40%	30%	25%
(2) 语法通顺	30%	30%	25%
(3) 文意切题	10%	15%	20%
(4) 词语确当	10%	15%	20%
(5) 段落分明	5%	5%	5%
(6) 标点清楚	5%	5%	5%

2. 高中各年级作文批分标准表

标准	一年级百分比	二年级百分比	三年级百分比
(1) 思想清晰	30%	25%	20%
(2) 文法通顺	30%	25%	20%

（续表）

标准	一年级百分比	二年级百分比	三年级百分比
（3）论理正确	15%	15%	15%
（4）见解切合	15%	15%	15%
（5）结构谨严	5%	10%	15%
（6）修辞雅洁	5%	10%	15%

说明：

（1）高初中作文的批分标准不同，如第（1）（2）两条，在高中不过较初中提高程度。初中第（3）（4）（5）（6）各条，在初中毕业已该养成，所以在高中改了标准。

（2）各年级各条批分的百分比不同，是表明各年级各条注意的轻重。在初年级批分甚宽，高年级批分较严。例如初中一年级的作文，只要思想清晰，语法通顺，已经可得七十分，在三年级只能得五十分了。三年级生倘使不注意下面（3）（4）（5）（6）各条，他的作文便不易及格。又如高中一年级的作文，只要文法通顺，思想清晰，已可及格，在二年级只能得五十分，三年级只能得四十分了。所以高中二三年级学生，若不注意下面（3）（4）（5）（6）各条，作文便不易及格。教师如能这样严格注意，庶几可以养成学生的正确而有法度的表述能力。

（3）各条标准，在实际批分时，虽不能绝对适用，但也可比较有些把握，总比全无标准要好得多。如果各教师有了共同标准，作文批分，可不致相差甚远；一教师对于同一文章的批分，也不致前后不同。

（4）是项标准，不能用会议方式或调查统计方式来解决，以求一致公认，所以作者只好根据个人的经验来假定。作者所定标准，是否适当？太宽抑或太严？太简抑或太繁？还望国内中学国文教师加意研究，批评指正。因为我希望各教师对于学生作文的批分，大家要有一致公认的标准。

（5）作者认为现在作文教学与批分，全无标准，是不能达到作文教学目的的。在向无标准的教学状况之下，开始来用这种标准，困难更多。但如能在初中一二年级，即开始注意，则到高年级可以渐渐养成，困难可以减少。无论如何，作者所定标准是针对教学目的与进程，不相矛盾的。希望国文教师在教学上、批分上，都要严重注意，不可听其自然，使学生的作文永远无标准。倘使永无标准，则所谓及格、升级、毕业，也永无标准，教学自然不会有良好的成绩的。

第三章 作文的拟题

古往今来，许多文章的题目，何止千百万计？这是取之不尽，用之不竭的。那么拟题的问题又何必再来讨论？但是，我们为要达到教学的目的，替学生拟题，是要有计划的，所以决不能毫不思索地随意写一个；替学生拟题，是要斟酌时地环境和学生的程度的，所以决不能抄袭模仿；替学生拟题，是要根据学生的学识经验与生活需要的，所以决不能根据教师的学识经验。那么作文的拟题，确是极困难的问题了。

关于作文拟题的问题很多，我要分四项来说：第一是拟题的预备；第二是拟题的方法；第三是题面的修辞；第四是题目的限制。这四项问题之中，又有

许多的小问题,分别讨论如下:

（一）拟题的预备

教师对于学生作文的拟题,在一学期教学开始之前,应当有些大体的计划与事前的经营的,这就是拟题的预备了,教师按照教学目的与进程标准,预定了计划,然后教法不致错乱;教师在事前预备了题材,然后不致临时想不出题目。所以拟题的预备,还可分两方面来说:第一是拟题的计划;第二是拟题的材料。

1. 拟题的计划

拟题的计划上所要注意的条件如下:

（1）要认清读文作文的教学目的与进程标准,根据这些目的标准,预定一学期的作文题目及教学计划。

（2）要注意作文和读文联络,最好在编制读文教案的预习指导项下,先将作文题目提出,使学生在读文时,有了作文的目的和动机,那么读文不致毫无目的,漫不经心地忽略过去;作文不致毫无意思地空做,也不致毫无法度地乱做了。（参看拙著《中学读文教学研究》第七章）

（3）要注意各级学生已有的知识经验,有时还要注意和别的学科联络。

（4）要注意学生的生活需要,教师要从学生所处的社会、家庭、学校的环境上和学生将来的职业上去着想,研究他们应做什么文字? 该学什么文学?

（5）要注意哪几种文体学生要有相当的练习? 用哪种方法练习? 那么可使教学上不致偏颇挂漏,专用一种方法做一类题目。

（6）要注意各种学生的兴趣不同,多出几个题目,让他们选择一个去做;或者把题目定个范围,教他们在范围中认定一部分或一方面去做。

（7）题目要有变化,我们要根据学生生活需要的途径,用各种不同的方法从多方面去练习作文。现在刻板式的命题作文,我认为还是科举教育和文人教育的因袭的势力造成的习惯。这种习惯,非打破不可。

2. 拟题的材料

题材的来源是没有限量的。所以便是古今文人,要求作品的胜人,多要慎选题材。我们教学生作文,怎能不慎选题材呢? 选取题材所要注意的有两点:

（1）实际的题材要合于学生的生活经验

孟宪承①先生在《初中作文教学之研究》（见《教育杂志》十七卷六号）篇中

---

① 孟宪承(1894—1967):字伯洪,江苏武进人,现代教育家。早年就读于常州府小学堂,后入上海南洋公学,1912 年入圣约翰大学。1918 年赴美留学,入华盛顿大学攻读教育学。1920 年获硕士学位,旋入英国伦敦大学深造,攻读哲学、心理学、教育学、教育史,1921 年回国后任圣约翰大学、东南大学、清华大学等校教授,民国时期“部聘教授”,抗战时历任光华大学、浙江大学教授。1951 年任华东师范大学校长,著有《教育通论》《大学教育》等多种著作,编有《中国古代教育文选》《中国古代教育史资料》,译著《现代教育学说》《实用主义》等。（编者注）

说:"……要使学生作文时有思想情感要表白,先要题目合于学生生活经验的内容。……在我们实际生活里说话作文,是为了有事实要记载,有意思要陈述,有问题要讨论。我们谈话、演说、辩论,做笔记、日记、新闻报告以及论文,一样都是生活上的需要。……学校作文,要能供给这种需要。……"

（2）假设的题材要使学生用自我的经验去体会,而为他们的想象推理所能及的

实际的题材有时而穷,所以大部分要借重假设。这种假设的题材,要学生用已有的经验做根本,去推想经验中未有的事理,使他们能充分发展这种想象力、推理力,才是作文教学的成功。

（二）拟题的方法

我们为学生拟题,是要学生练习作文,不是要考学生的作文。所以我们的拟题,要给学生一些良好的刺激,引起他们作文的动机和兴趣,使他们有话要说,不能不说;有文要做,不能不做;那么我们的题目在教学上可算发生了功效。我们要希望得到这种功效,不能不注意拟题的方法。拟题的方法,除了利用学生个人的实际需要事项而外,就不能不用设计。所谓设计,就是从各方面假设一些环境或问题,使学生在这些环境或问题中感到作文的需要。在学生作文拟题的方法上,可利用的机会,约有五项:

1. 利用学生的实际需要事项

一个学生在他的实际生活上发生了要做各种应用文字的需要,这是我们在教学计划上所求之不得的。我们必要特别注意利用这种机会,教他一些方法,给他一些榜样,教他自己去做。

2. 利用读物

学生课内外所读的文章或书籍,里边往往有意义可以发挥,有问题可以讨论,有文字可以模拟的地方,这也是作文的好机会。在这中间出题目,学生容易有话说,有文做,而且在作文的法度上,也有准则。这种读作联络的方法,可为作文教学的经常方法。

3. 利用定期刊物

这种刊物上分门别类的文章,一面可令学生各任所长,在教师的指导上,自己择题作文;一面可在课文内设计拟题,择优发表。还有些刊物的进行上必要的文字,如通告、启事、新闻、记载、报告、通讯等,也可令学生分门担任,每学期变更他们的职务,使有普遍练习的机会。

4. 利用校内服务事项

关于学生团体中的例行文字或特种文字,教师要注意教他们练习,给他们批评订正。

5. 利用社会服务事项

学生的社会服务事项,如各种社会问题的调查,民众教育的实施,各种社会运动的演讲,都是需要各种应用文字的。教师能够利用这种的机会,可以得到很好而切实的作文题目,这也是作文教学上所要注意的。

以上所述拟题的方法,总说一句,就是要生活化,实际化。有实际生活需要的机会,我们固然要利用;没有实际生活需要的机会,我们也要假设环境,造成机会,去做问题设计。

（三） 题面的修辞

题面的修辞,据钱基博《学校文题之讨论》(见《教育杂志》七卷七号),可分三项述说如下:

1. 修整题面

钱先生讨论这个问题,立了两条原则:"一曰标题明确;次曰修辞简当。"他举了好些例子和自己的经验来说明。我对这两条原则,很有相当的赞同。但是,我以为文人制题,愈简愈好,而为学生拟题,有时不可过简。因为替学生拟题,还须注意学生的心理习惯与思想层次。(详细的讨论与举例请参看《中学作文教学研究》第四章)

2. 含蕴题义

所谓含蕴题义,就是说,标题中要有丰富的含义,可以让学生自由发挥;不可在题辞上一口说定,以淤塞学生的思机,使他没有自由思考的余地。(讨论参看上书同章)

3. 缀标文体

题下缀标文体者,必须相题之宜,缀标得当;题下不缀文体者,必须在题辞中表明文体,令人一望而知。如题中不能表明者,仍以缀标文体为妥。(讨论参看上书同章)

（四） 题目的限制

作文题目的应该限制,本来是不成问题的。但因有些毫无教学计划的教师主张不用限制,所以不得不来讨论一下。我要把这个问题,分二项来说:

1. 规定拟题与自由拟题

有些教师以"古人文成而后制题"为理由,主张教学生作文不用命题。我以为教学生练习作文,根本不能与古今文人相提并论。我们在教学上必须认清教学的目的进程,预定教学的计划的。那么必须由教师命题,方能贯彻教学计划,达到教学目的。若任学生自由拟题,则太阿倒持,流弊滋甚。何能贯彻计划,达到目的呢?

2. 分别拟题与团体拟题

在班级教学制下,要为各个学生分别拟题,是不可能的。但是规定一个题目教全班学生去做,因为学生的程度与兴趣的不同,也往往发生困难。有的教师,每次出到十几个题目,使学生自由选择,事实上也有种种流弊。所以我主张每次出题,以三题为限,而三题的程度,不妨各有差别,使学生易于择定。但有时为要考查学生的进步,比较学生的程度,也可教全班学生通做一个题目。不过这种题目应该以最普通,最浅易,而全班学生都能做的为标准。(详细的讨论和举例参看《中学作文教学研究》第四章)

第四章　作文的练习法

作文练习的问题,大约可分四项来讨论。第一是练习的方法;第二是口语练习与写作练习的关系;第三是练习的时间与次数;第四是文体及字数的限制。逐一讨论如下。

(一) 练习的方法

在未说练习方法之前,先要讨论一个和练习方法有关系的问题,就是课内练习与课外练习问题。在民八以前,旧式国文教师教中学生的作文,都是课内练习的。民八以后,有些名人主张作文在课外练习。如梁启超先生在《中学以上作文教学法》第五一页上说:"每一篇要让他充分地预备,使他在堂下做。看题目难易,限他一星期或两星期交卷。"胡适之先生在《中学国文之教授》篇中也说:"作文都概拿下堂去做。"因此,有好多教师也主张作文当在课外练习了。我以为作文各种练习的性质不同,课内或课外的练习,应视练习性质而酌定。例如带着文艺性质的文章,或者必须观察实际事物或参考书籍的文章,关在教室内是做不好的。有些演说的稿子,笔记的练习,也要课外去做,易于搜集材料。但是,如短篇快作练习,应用文字练习,听写练习,翻译练习,重写练习,都该限定时间在课内做好的。而且教初中学生应该多做课内练习;教高中高年级生,课外练习或可多些。因为初中学生在课外多误时间,未必能做出好文章;而且他们的作文,还是重在文法作法的练习,根本不用多做长文章,所以也无须在课外做一二个星期。

现在且根据各种练习的性质,分课内课外两项,来讨论练习的方法。

1. 课内的练习

适宜于课内练习的方法如下:

(1) 短文快作练习

普通应用文字的练习,都要立刻作就,愈速愈好的。这种作文的时间,不但不宜延长,而且应该严格限定。我们可以限学生在一二十分钟内拟一个简短的电稿或布告等,不得超过四五十字;也可限学生于一小时内写一篇简短的书札,不得超过二百字。他如新闻记事或故事笔述,也可限定时间,练习快作。

（2）片段练习

初年级的学生,往往句中文法虚字还不通,文句组织还不能完全,做成整篇的文章,教师反觉不能修改,练习也少得益,所以不如教他们做几句或一段文字的片段练习。一小时内,可做几条。最好和读文或文法作法联络,则教学上易收功效。

（3）翻译练习

古文今译、文体语译和诗体散译,实际都是文法句法的练习。而且可使学生领悟古今文语或诗文用字造语的不同。这种练习,材料已经限定,不用自己构思,所以可以限定时间在课内做。

（4）重写练习

教师可取学生已经读过的文章、小说和新闻记事,教学生重行改写。材料相同,文字作法不同,或缩长为短,或演短为长,或变更事实的详略轻重位置,如《春秋三传》对于同一事的写法,往往不同。这种练习,可使学生领悟各种不同的作法,都是在教学上最有功效的练习。但因材料已经限定,所以可在课内限时练习,比较各个学生写作的速率。

（5）听写练习

这种练习,教师可先取一个题目演讲,教学生随听随写,演讲终了,予以相当时间的整理修改。这种练习,不但可以练习字汇追忆力和文句组织力的正确敏速,还可练习听觉及理解力,也是很有价值的练习。不过做这种练习时,教师须注意下列几点:

（a）所讲的问题要适合学生的程度与兴趣。

（b）所讲的话要清晰而有层次,最好先做成讲稿。

（c）说话要缓慢,但不可重复,材料不可太长。

（d）最好先说一回大意,教学生听清,然后逐句演讲。

（e）题目和各段标题,须先写在板上,使学生听讲易有头绪。

（f）学生不易明白的词语,须在黑板上写明。

以上五种练习,都该限定时间在课内做的。

2. 课外练习

这就是可以拿下堂去做的作文了。适宜于课外练习的方法如下:

（1）长篇文字练习

必须参考书籍的论说文或须观察实际事物的记叙文,都该在课外去做。便是应用文字上有些计划书、报告书,有时也该在课外做的。

（2）文艺练习

无论哪种文艺练习,都是不宜在课堂内关起门来做的。有时并且不宜限制题目。所以文艺作品,只能让几个优材生在课外去自由练习,不能教一班学生在课内练习的。

（3）演说拟稿练习

演说的拟稿，在事证上学理上都要有些参考的。因为要说得人家动听，就要证据确凿，不宜多说空话。例如作禁烟纪念演说词，有许多历史上的事证和统计的数目，必须要参考的；所以应当在课外去做。

（4）笔记练习

笔记练习，当然是课外的事。现在有些国文教师听了梁、胡二先生的话，也主张以札记或日记代替不完整的作文练习。他们以为读书札记的日积月累，很可做作文著书的材料的。像顾炎武的《日知录》，陈澧的《东塾读书记》，都是著书的材料。我以为拿此希望中学生，又把学生的程度看得太高了。即使能够做到，也不过是作文的预备，而不是作文的练习。至于日记，则学生往往把各科材料一并记入，不止国文一科的事，不是国文教员的责任。就是笔记，也应该各科分做，请各科教员去看。所以我只主张国文科中应做课内读文的笔记。只教国文两班的教员，还有时间去批阅。倘使还要做课外阅读笔记，要国文教师再负批阅的责任，那便只能教国文一班了。

（5）问题研究或设计的作文练习

因为都须参考材料，所以宜于课外去做。

以上五种练习，都应该宽限时日，在课外做的。

（二）口语练习与写作练习的关系

口语练习和写作练习，自然有些不同的地方，但是，思想的组织、篇章的结构以及修辞造句的技术，口语和作文是很相同的。演说如果能够清晰流利，有结构，有组织，有势力，有风趣，作文的技术也不过如此了。因为口语和文字，同是发表思想的符号，而口语尤为文字的基础，所以口语练习很可做作文练习的基础。据巴克[①]氏《中学教学法》中引路易士（S. T. Louis）的话说："中学第一年口语作文（Oral Composition）应占四分之三，写述作文应占四分之一；第二年口语作文应占五分之三，写述作文应占五分之二；第三年和第四年，这两种分量各半。"（Parker's: Methods of Teaching in High School p286）可见中学作文教学上口语练习的重要了。但在我国中学作文教学中，文人教育的因袭势力甚大，所谓口语作文，还不能在作文中占一位置。那么只好在课外作文的作文上课时间中，教学生做相当的练习，再在课外特定时间每学期作一二次的练习了。口语练习的种类如下：

（1）对话或剧本的白话练习

---

① 巴克（1880—1924）：美国教育家，曾担任芝加哥大学教育法教授，教育学院院长，著有《高中教学法》《普通小学及幼教教学法》《教师成效检测法》《现代小学教育史教程》等。（编者注）

这是可在读文上课内练习的。

（2）演说

或说故事，或言学理，或讲问题，或报告事实，都是演说。教师可以拟定题目，假设环境，定期教学生在教室或会场上练习。教师和同学，都可假设为各种不同的听众；然后以听众的对象去批评他的演说。讲稿可以代替作文，教师仍负批改责任。

（3）辩论

教师可以指定学生，分正面反面两组，在规定时间内轮流发表意见，互相诘难辩驳。这种练习，可使思想缜密，言语机敏，于作文大有帮助。讲稿也可代替作文。

（三）练习的时间及次数

作文练习的时间和次数，是互有连带关系的，现在分别讨论如下：

1. 练习的时间

现在中学的作文，都是规定两小时的，但是实际上，初中作文，往往两小时有余；高中作文，往往两小时不足。究其实，因为各种练习方式不同，性质不同，时间不宜一律规定的。如要一律规定，照我们的理想，初中一年级可规定每次一小时；初二初三，每次一小时半或二小时；高中一年级可规定每次二小时；高二高三，每次二小时半或三小时。不过课内练习的时间，应该严格限定，不可宽假；课外练习的时间，不妨宽限些。

2. 练习的次数

部定初高中作文，都是两周一次。而苏教厅规定初中作文，须每周一次。各校的习惯上，大约高中两周一次，初中四周内做三次。我根据学生的程度，各种练习的方式和性质，教学事实上的可能，来规定中学生适当的作文练习次数，主张初中须有每周一次，每四周内，课内作文两次，课内文法作法的片段练习一次，课外作文一次；高中两周一次，一次课内作文，一次课外作文。初中须每学期做满十六次的练习；高中须每学期做满八次的练习。

（四）文体及字数的限制

因为各种文体的不同，有的可作长文，有的只能作短文，所以文体和字数，也是互相关联的。现在分别讨论如下：

1. 文体的限制

各种适用的文体，在中学生的作文练习上，都要视应用范围的大小，在教学上位置的轻重，给他相当的练习。教师要贯彻这种教学计划，达到教学目的，那么对于学生作文的各种文体，应有相当限制，不能任学生自由去做。就是白话和文言，也应当有规定的限制。而各种文体练习的多少，可视读文教材中，各类文体所占分量的多少而酌定。因为读文与作文，是必要联络的。读文教材的各类分量,是根据应用范围的大小而酌定的。学生需要用什么,就应该教他们读什么,做什么,这是教学上千古不磨的原则。如果一任学生自由去做,那便不能贯彻教学计划,达到教学目的了。所以我主张各种文体,在中学生的作文练习上,应有相当的限制。

2. 字数的限制

现在中学生的作文,因为没有剪裁,没有结构,想到就写,不用起草,不用删修,所以都能写得很长。高中学生作文往往能写二三千字,平均也在千字左右。初中学生作文往往能写千余字,平均也有五百字左右。我的儿子在小学六年级,在一小时内,已能写五百字的白话文。但是,文章毫无剪裁结构,错字别字一篇中有几十个,书法也很潦草。这种习惯,似乎自小学至中学,一律如是。这只能叫作随意写话而不能叫作作文了。这样的作文,永远不会做好的。而且学生漫不经心地乱写,教师也就无法删改,只好让他过去。所以我主张作文字数,应有限制。字数有了限制,学生才知用笔经济,才知少说空话,删繁就简,作文方有进步。不过在普通文字,材料没有限制的,字数限制,不妨宽些;在应用文字,材料本有限制的,字数限制,不妨严些。至于限制的标准,是要视文体和题目的性质,练习时间的长短,学生程度的高下而酌定的。

第五章　作文的规约及指导

作文的教法,各种练习,各种文体,各有不同,很难说定的。但是,普通所要注意的问题,我们可以来讨论一下。这些问题,大别可有二项:第一是作文的规约;第二是作文的指导。分别讨论如下:

(一) 作文的规约

现在中学生的作文,无论在用具上、内容上、形式上,各方面都呈现极紊乱而不齐一的状态;还有许多学生,在写作上养成很多不守规则的恶习惯,有些教师,熟视无睹,不加矫正,以为这些形式问题、习惯问题,在教学上不必重视的。不知道社会中的应用文字,无论写信、著书、作公文、做报告,都有一定规矩格式的。学生练习作文,难道可以不注意吗?我且从用具、形式、内容、习惯四方面,来定些作文规约如下:

1. 关于作文用具的规约:

(1) 课内外作文一律用规定的作文本。

(2) 缮写一律用中国笔墨。(教师批改,一律用毛笔蓝水。)

2. 关于作文形式的规约:

(1) 作文簿面上只写"某校某年级生某某,作文"。

(2) 文前题目,写在适当的地位。

（3）每段开始另起一行，首行首字低二格写。长文每节用（一）（二）（三）（四）标出，该节标题附写在下面。

（4）文中分条，低一格写，用1、2、3、4标明；细目更低一格写，用（1）（2）（3）（4）标明。

（5）用规定的标点符号，以黎锦熙《新著国语文法》所定的为标准。

（6）字迹须端正清楚，写在卷格子内。

（7）不用冷僻字，不写说文的古字和不通行的俗字。

（8）第三人称代字，如"他""伊""她""牠""它""佢"等字，只用"他""伊"二字；就是"的""底""地"三字，也可通用"的"字。（理由参看《中学作文教学研究》第六章。）

3. 关于作文内容的规约：

（1）在白话文中不用方言；必须要用时，须另加注解。

（2）在白话文中，除引证外，不可夹入文言语调。

（3）在普通文言中，除引证外，不可故意用古文词语及句法。

（4）不用西洋句式，并不用外国典故成语。（必须要用时，须另加注解。）

（5）不用僻典，并不用现代不适用的旧词语。

（6）不用迂腐的陈言。

（7）不说空话，不用滥调套话。

（8）无论文言白话，用字造语须力求简练。

4. 关于作文习惯的规约：

（1）作文必先起草，起草完毕之后，须自删修一遍。

（2）引证用典，必须查明出处。

（3）引用外国文须将原文录出，或注明出处。

（4）必须在教师限定的时间内交卷。

以上作文规约，共二十二条。如学生不遵规约者，教师可以拒绝批改，令其重抄或重作。

（二）作文的指导

学生作文成绩的好坏，和作文前的指导，很有关系。指导得好，学生作文上了轨道，删改也较容易；指导得不好，学生任意乱写，做坏了文章，删改非常困难。所以教师与其多费力于删改，不如多费力于指导。关于作文的指导，可分三项来讨论：

1. 搜集材料

作文材料的来源，不外两条路。第一是从观察实际事物得来的；第二是从读书得来的。作记述描写之文，则前者较多；作论说推理之文，则后者较多。作应用之文，则推情度理，按事言实，多属前者；据法援例，引古证今，多属后者。只有抒情之文,各述所感,无关于搜集材料;而发抒他人之情,也有待于深刻的体会。所以搜集材料,实为作文的重要工作。例如书籍的参考,事物的观察调查,教师必须指示清楚。

2. 组织文章

现在学生的作文,往往于一小时或两小时内,要逼他们交卷,所以学生只顾拿起笔就写,不能起草稿;教师出了题目,也不能指导他们如何组织文章。要求作文练习的进步,最好先出题目,令学生在课外起草稿。到作文上课的时候,拿草稿给教员看一遍。然后可于文章组织不当的地方,加以指导。因为倘使组织不好,将使全篇无法删改的(作者所谓文章的组织,不仅是材料的排比,详细的讨论,参看《中学作文教学研究》第六章)。

3. 结构文句

教作文必须和读文及文法作法联络,在讲文法读文章的时候,就要做作文的预备功夫。理想的教法,教师应该在读文的预习指导上,提出文法造句的练习题目,教学生每天去做练习。但是要教两班国文的教师,决无时间去改每天的练习。所以这种练习,也只好在作文时间去做,代替一次作文。教师可以根据文法作法的程序,在读文教材中,选些模范文句,教学生去模拟练习,这是对于作文大有帮助的,因为临作文时,要指导学生结构文句,是不可能的。所以平日不得不做这种预备功夫。

第六章 作文的批改及发回

关于改文、批文、发文的问题,中间也有许多重要问题,应当讨论的。现在分别讨论如下

(一) 改文

改文的目的,在根据作文教学的目的,注意学生文中关于作文标准上的缺点,予以订正,使其自觉,以期逐渐减少,至于完成。关于改文上的问题,又可分三项来讨论:

1. 改文的详略问题

改文过详或过略,都是不易发生教学功效,达到教学目的的,但要详略得当,却是不易。我以为应当根据上面作文教学的十条标准,来判别哪种缺点宜改,哪种缺点难改,哪种缺点不宜改,那么教师对于改文的详略,庶几有了标准。兹分别讨论如下:

(1) 学生文中的缺点,如"文法不通顺""词语不确当""修辞不雅洁""段落不分明""标点不清楚",都是宜改的。错字尤要注意矫正。

(2) 难改的 学生文中的缺点,如"思想不清晰""论理不正确""见解

不切合"，这都是很难改的。譬如拿"思想不清晰"来讲，如果所犯的毛病，只在用错了词语文法，这是可改的。如果没有主脑，毫无层次，那就只能删补，不能改正了。再拿"论理不正确"来讲，如果毛病只在形式上的错误，这是易改的，如果实质上有错误，那就难改了。再拿"见解不切合"来讲，倘使所犯毛病，仅限局部的，那还可改。如果主意错误，与全篇有关，那就不能删改。因为如果把一段删改，全篇的论调都冲突了，那就非改到体无完肤不可。

（3）不宜改的　我的十条标准之中，尚有"文意不切题""结构不谨严"二种毛病，是绝对不能改的。因为这都与全篇有关系，教师不能把他全篇改换，重行组织的。最好在作文前指导清楚，不使有这种重大错误发现。

除此三条以外，还有一件事，应注意的，就是改笔要准对着原作的程度。学生程度本来浅的，改笔不可太深；文章本来坏的，改笔不可太好。因为改笔的好处，不在教室的文章做得好，而在改得适当。

2. 改文的增删问题

改文增加太多，等于教师代做；删削太多，又失改文本意。要求增删得当，亦须研究。分项讨论如下：

（1）字的增删

句中达意不清或组织不全的地方，不能不增。例如："现代一般人民，要负担国家存亡，公共利益。"宜改为："现代一般人民，要负担国家兴亡的责任，图谋公共的利益。"要使达意清楚，组织完全，不能不增数字了。而句中多用了字，反致纠缠不清或不简洁的地方，不能不删。例如"其次则采掘矿产而招商民开采"，宜改为"其次则招商开矿"。又如"中国为文化先进之国，为各国之冠"，宜改为"中国文化先进，为各国冠"。一经删削，反觉简洁明顺。

（2）句的增删

文中累赘无用的句子，不能不删。例如："为何自古至今，还是地瘠民贫？其故何哉？"这"其故何哉"一句，必须删去。但也有文意不完足不能不增加几句的。例如："人民有了工厂，则必可相安无事。"在"则"字之下，"必"字之上，宜加"工作得所，衣食有恃"，两句八字。

（3）段的增删

文中有缺少一段，使全篇组织不完全，或上下两段不衔接的地方，不能不增加一段，但所增文字，愈简愈好。反过来说，文中有一段空话，全无用处，或枝节横生，在全篇组织上不妥当的，也就不能不删。（举例从略）

3. 符号标改问题

在中国首创用符号标改文章的是刘半农先生，他为要促起学生对于文中缺点的自觉，创了十几种改文符号，主张先由教师用符号标改；教学生自己改正,然后再由教师修改。但我试行两次,都是失败的。胡怀琛①先生在《作文研究》第二十一章上说,也曾经试验而失败了。(参看拙著《中学作文教学研究》第七章,及胡著《作文研究》第二十一章。)后来我想到用符号标改,本含有"批"和"改"两种性质,只用它作"批",倒还可行。我便于直接修改之后,再用符号标出。一面可使学生自觉所以要改的道理,一面可以省得好些眉批。不过我所用的符号很简单,有时符号不适用,或不够用的地方,仍然用眉批的。我用的符号,只有十二种,如下:

(1)文中思想见解好的地方用密点。

(2)句中修辞好的地方用双圈。

(3)思想不清楚用曲线" ～～～"标。

(4)文法不通或词语不当处用杠子(即粗直线)标。

(5)论理悖谬或有语病的句子,用三角形"△"标。

(6)文句空泛,不切题旨处用破锣(即半圈)标。

(7)理解幼稚或误解题意处用斜角"∠"标。

(8)句法太拙劣或修辞不妥处用瓜子(即粗点)标。

(9)错字之旁用"×"标。

(10)文意上下不接处用箭头"↑"标。

(11)句中有脱字处用斜直线"\"标。

(12)文句犯复处用双直线"＝＝"标。

这十二种符号,虽然也觉麻烦,但有的是旧时本有的,有的是符号上本已表出意义的,所以还容易弄得清楚。应用符号的实例,请参看拙著《中学作文教学研究》附录一中所举的代表文卷。

(二)批文

作文的批语,不但有指示优劣的作用,并且有奖勉训诫的作用。分项讨论如下:

1. 眉批与总批

教师对于全篇的文意上、结构上有所批评、指示、奖勉、训诫和有意见要补充的时候,宜用总批。批语虽然不可过长,但也不必定用四个字、八个字来包括。笼统浮泛的总批是没有用的,所以真正没有话批的时候,还是不批些空话为是。至于眉批的作用,则在指示文法上、词句上、段落上的各种缺点,这是必不可省的。不过有些用符号标出已可明白的,也可省了眉批。批语以简明为好。有些详细的理由,在批语上不能说明的,只好待发文时和学生说明。不可

---

① 胡怀琛(1886—1938):原名有怀,字李仁,号寄尘。安徽泾县人。南社成员,民国时期著名的学者、报人、诗人,语文教育家,著有《国学概论》《墨子学辨》《老子学辨》《文字源流浅说》和《修辞学发微》等。(编者注)

把眉批的话写在总批上去代替总批。

2. 奖批与训批

奖批失当,容易引起学生的骄矜心;训批失当,容易使学生失意灰心。所以在奖训的措辞上,宜有斟酌,宜有分寸。奖批宜多,训批宜少。奖批宜严格。而留"美中不足"之缺憾,不可满口夸赞。训批宜宽假,而留"尚有可为"之余地,不可骂得"狗血喷头"。诚意的批语,最好要权衡文字的短长,还他一个真正的价值;还要详细指示,却不嫌"咬文嚼字"。古人所谓"咀嚼",所谓"推敲",都是"咬文嚼字"。不做"咬文嚼字"的功夫,哪能养成正确而有法度的表述能力呢?

以上两段中详细的举例讨论,请参看《中学作文教学研究》第七章。

(三) 发文

要学生自觉文字的优劣,明白批改的道理,教师在发文时,要做指示矫正的功夫。要学生得到互相观摩之益,有时还要把选卷发表或揭示。这些小问题,也可分项讨论如下:

1. 一般的矫正

文卷中有许多学生同犯的通病或容易写错的字,可在教室内特别提出,请全班学生批评,在黑板上订正。举例请参看胡怀琛《作文研究》第四章及第十一章。

2. 个别指示

某个学生文中独犯的毛病,最好把该生叫到房中,予以指示,免得全班学生知道,也可省些教室内的时间。

3. 选卷发表或揭示

选卷揭示,各校多有实行的。不过也有种种困难。文卷固然不易拆开;重抄也觉麻烦。而且每次揭示偏于几个优等生,有专做面子功夫的虚伪毛病。我以为不如在优卷上注明"传观"两字,教他给同学观摩;或者在劣卷上注明参看某生文卷,教他自去借读。此外选出一二篇最优的,在学校或教厅的刊物上发表,也是鼓励学生的好法子。现在各校还有用各班联合比赛或几校会考的方法鼓励学生的。但在教育的意义上看来,不很妥当。因为我们要学生努力于自己的进步,却不要他和人家比赛优劣。

第七章　本　编　结　论

本编专论作文教学。第一章论教学进程标准,根据作文教学目的,拟定十条标准;复按初高中各年级,分别拟定教学进程标准。第二章论作文批分标准。作者鉴于一般教师对于学生作文批分的全无标准，而中学作文量尺的不易制造，所以根据教学进程标准，拟定了初高中各年级的作文批分标准，这虽然是我个人所定的标准，但希望国内教师，大家去研究，将来可以定出一致公认的标准，则于学生及格、升级、毕业的标准，比较有些把握。第三章论作文的拟题。作者分拟题的预备、拟题的方法、题面的修辞、目的限制四项讨论。对于拟题的预备，作者认为须预定计划，而尤须慎选题材。对于拟题的方法，作者认为须利用实际生活上需要的机会；或假设环境，去做问题设计。对于题面的修辞，作者认为既要明确，也不宜过简，而须注意学生的心理习惯与思想层次，斟酌妥当；尤须使有自由思考的余地；而题下以缀标文体为原则。对于题目的限制，作者主张由教师命题，而每次命题，以三题为限。第四章论作文的练习。作者也分四项讨论。而于课内课外，分述练习的方法，指示最为精详。其他如论及口语练习与写作练习的关系，所以促起我国中学作文教学上的注意。而练习的时间与次数，文体及字数的限制，均有适当的讨论。第五章论作文的规约及指导。对于规约，作者分用具、形式、内容、习惯四方面，详细订定二十二条。对于指导，作者分搜集材料、组织文章、结构文句三项，均有适当的指示。第六章论作文的批改及发回。作者对于改文的详略问题、增删问题、符号标改问题均有详细的指示。而于批文发文，亦有相当的讨论，适切的指示。本编所论，对于实际的指示，最为注重；而于理论与批评，均从简略。读者欲知其详，须参看拙著《中学作文教学研究》。（民智书局出版，定价六角。）

第四编　论国文科辅助学程的教学

中学国文科的辅助学程,在初中有语法、语体文作法、文法、文言文作法四种;在高中有演说学、辩论术、修辞学及古文作法三种。在本书第一编第三章中已经说及。在本编中,专来讨论这些学程的教学目的与教材教法。

第一章　初中国文科辅助学程的教学

（一）语法

语法也可叫作白话文法或国语文法。坊间出版的语法书很多,而以黎锦熙《新著国语文法》较为完善。教学目的、时间与教材、教法如下:

1. 教学目的与时间

语法教学的目的,在辅助语体文的读作。就是使学生在读文方面,增进其迅速了解程度;在作文方面,增进其正确而有法度的表述能力。其教学时间,宜在初中一年级上期,每周一小时,教学半年。但新颁部章,在初中一年级国文上课每周仅五小时,精读每周三小时,不能再少;略读指导每周一小时,教部又不愿放弃;作文每周一小时,已感不足。（因为初中作文每周一次,每四周中二次课内作文,一次片段练习,一次课外作文并练习演说。）所以绝对没有教语法的时间。如果教部于初中一年级的国文上课时间,不能增加每周一小时,则语法教学,只好归纳在略读指导内,或竟把略读指导取消,完全教学语法。

2. 教材大纲

（1）绪论

（2）词类的区分和定义

（3）单句的成分和图解法——主语——述语——补足语——形容的附加语——副词的附加语

（4）实体词的七位——主位——呼位——宾位——副位——补位——领位——同位

（5）句中主要成分的省略——各种短语

（6）名词细目

（7）代名词细目

（8）动词细目

（9）形容词细目

（10）副词细目

（11）介词细目

（12）连词细目

（13）单句的复成分——附加成分的后附

（14）复句——包孕复句——等立复句——主从复句

（15）语气——助词细目

（16）叹词细目

（17）段落篇章和修辞法举例

（18）标点符号

3. 教学方法

语法的教学,亦可采用英文文法的循环教学法,先教大纲,然后再详细分教。教学时要注重练习。最好与读文作文联络,从读文作文中举出各种句子,教学生做分析、修改、填补、组织各种练习;书本或讲义,可令学生自读。上课时只须指示阅读分量,问答考查,或令学生当堂做练习题,在黑板上讨论订正。练习课卷的订正,亦可由教师做好范作,印发学生,令学生交互(甲生改乙卷,乙生改甲卷,)自行对照修改,以省教师修改课卷之劳,而使学生更易得益。但教师仍须复看一遍,一以考查练习之成绩,记出分数;一以考查学生是否认真修改。

（二）语体文作法

在初中教文章作法,当然以语体文作法为限。坊间出版的,以夏丏尊《文章作法》最为适用。陈望道《作文法讲义》亦可参看。其教学目的、时间与教材、教法如下:

1. 教学目的与时间

文章作法的教学目的,完全在辅助作文,要使学生养成正确而有法度的表述能力。其教学时间,宜在初中一年级下期,每周一小时,教学半年。

2. 教材大纲

夏著分六章,其内容为:一、作者应有的态度;二、记事文;三、叙事文;四、说明文;五、议论文;六、小品文。中间举例很多,且附练习题目,于作文历程,指示甚详,颇易发生兴趣,可作主要教材。陈著把修辞作法合而为一,于选词、造句、分段及文章的美质,多所论列,亦可作为参考用书。至于诗歌、小说、剧本各种作法,属于专门文艺范围者,在高中亦无时间教学;在初中更可不教。

3. 教学方法

作文法的教法,也要和读文作文联络的。简单说一句,就是要以读文为引证的范例,作文为实际的练习。而后教学方有兴趣,方有功效。夏氏文章作法中有详细的指示,阅者可以参考。至于课内外应做的工作,与教语法同。但于订正练习课卷,不能令学生交互修改。最好把简单的练习,在当堂做,即在黑板上订正,令学生抄出,教师省得为各人订正课卷的麻烦。而较为复杂的练习,只好在作文时间做,以代替一次作文。因为教两班国文的教师,除每星期改作文及阅笔记考卷预备上课外,实再无时间去改这些练习。

（三）文法

我以为初中二年级读文既然加入文言文,欲使学生明白文言文的文法结构,同时即须授以文言文法。所以文法的教学,是初中的事,不是高中的事。教学目的、时间与教材、教法如下:

1. 教学目的与时间

文法教学的目的与语法同,在辅助文言文的读作二面的。教学时间,宜在初中二年级,每周一小时,教学一年。在这时候,实为学生由读作语体文渐进而读作文言文的过渡时期。在这时期,若不教文言文法,则学生依旧以读语体文的习惯读文言文,文法上不免多有误解;依旧以作语体文的习惯,学作文言文,则必致文语夹杂,不文不白,似通非通;现在此种现象,已成通病。其根源即在初习文言文时,未与学生讲明文言文法的缘故。所以我主张在初中第二年,必须进授文言文法。

2. 教材大纲

关于文法的书,旧版的如《马氏文通》《汉文典》《中等国文典》,都不适于初中教学。新出的如杨树达[①]《高等国文法》,只适于教员研究参考之用。其次如吴瀛[②]的《中国国文法》,在高中二年级的程度,尚可适用,在初中二年级的程度,也不适用。最好教师自编讲义,从学生的读本中,举些浅近的例子,教学生去做练习。教材大纲,略如吴氏《中国国文法》第一卷,所编章节如下:

（一）总则——(1)定名及字之种类——(2)定名之说明

（二）名字——(1)名词之分类——(2)公名——(3)专名——(4)群名——(5)质名——(6)玄名——(7)名之多少数——(8)两名叠用——(9)表字之用如名——(10)名字之地位……析字式……练习题

（三）代字——(1)代字之种类——(2)指人代字——(3)指物代字——(4)接读代字——(5)询问代字——(6)分合代字——(7)代字地位之变例——(8)代句之代字……析字式……练习题

（四）动字——(1)动字之作用——(2)动字之分类——(3)内动

---

① 杨树达(1885—1956):字遇夫,号积微。湖南长沙人,现代著名学者,在语言学、修辞学、古文字领域均有重大建树,为一代名师。著有《古书疑义举例续补》《词铨》《高等国文法》《论语疏证》等。(编者注)

② 吴瀛(1891—1959):字景洲,江苏武进(今常州)人,民国时期著名学者。出身世代书香家庭,其父吴稚英任职清朝著名洋务派领袖张之洞幕府。景洲先生毕业于张之洞创办的湖北方言学堂,英文专业。曾任北京市政办公署坐办(相当于市政府秘书),参与创建故宫博物馆。(编者注)

字——（4）外动字——（5）助动字——（6）准动字——（7）内动用如外动——（8）外动字之重宾格及补充词——（9）补充词——（10）主动式与被动式——（11）动字之叠用——（12）各字用如动字……析字式……练习题

（五）表字——（1）表字之作用及分类——（2）系属字——（3）情状表字——（4）数目表字——（5）数量表字——（6）方位表字——（7）分合表字——（8）疑问表字——（9）冠字——（10）表字之比较——（11）表字之地位及叠用——（12）他字之用如表字……析字式……练习题

（六）状字——（1）状字之作用——（2）状字之分类——（3）普通状字——（4）疑问状字——（5）分合代名状字——（6）状字之比较——（7）状字之地位——（8）他字之用如状字……析字式……练习题

（七）介字——（1）介字之作用及分类——（2）著自介字——（3）著在介字——（4）著及介字——（5）著用介字——（6）著因介字——（7）著需介字——（8）著共介字——（9）著差介字——（10）著代介字——（11）"于""乎"之通用及其助成比较及被动式——（12）介字与其宾格之互倒及宾格之省略……练习题

（八）联字——（1）联字之作用及分类——（2）单独联字——（3）复合联字——（4）连带联字——（5）联字与助字……练习题

（九）助字——（1）助字之作用及分类——（2）发语助字——（3）补缀助字——（4）煞尾助字——（5）助字与他字之别——（6）助字与联字之别……析字式……练习题

（十）感字——（1）感字之作用及其分类——（2）美感字——（3）激感字——（4）同感字——（5）反感字——（6）感字之地位……练习题

3. 教学方法

文法的教学方法，大致与语法同。教文法所要特别注意的一点，就在要时时比较语法文法的不同处，令学生做文言语体句子的对译练习，使学生自能通悟。

（四）文言文作法

初中学生在二年级已进读文言文，同时即须授以文言文法，并学作片段的文言文。到三年级，就须学作整篇的文言文，同时便须授以文言文作法。如果在初中不做这种预备功夫，那么到高中毕业，学生一辈子不会学通文言文的。还学什么各种古文？各代各派的代表作品？（如教部所定高中一二年级精读标准）所以我主张在初中三年级，对于文言作文，已须有相当的练习。不过在初中教文言文作法，却还不能来教古文作法。（如《文学津梁》《文章义法》

等。）所以只好教一些简单的文言文作法，对于造语、修辞、布局谋篇及实用文体类别，讲个大略。教学目的、时间与教材、教法如下：

1. 教学目的与时间

在初中教文言文作法，其目的在辅助文言文作法，为渐渐学作文言文的预备。现在高中的学生，只有四分之一，能学作文言文。能学通文言文的，每班中只有十分之一，不过三四人而已。其余十分之九的学生，有十分之七，到高中毕业，只能写白话文，（中间还有十分之二三，白话文仍然不通的。）还有十分之二，也只学得半文半白的文言文。我以为这是在初中不做学作文言文的预备功夫，而在高中便教各代各体各派的古文，教材标准太高，而不注意学白话文与学文言文的过渡时期的教学程序的缘故。所以在初中三年级，须教文言文作法，每周一小时，教学一年。

2. 教材大纲

（一）句读与词——各种词与短语——各种句式——句中各字的地位——语气词

（二）修辞大略——（节目略同吴著《中国国文法》第二卷第三章）

（三）几种实用文体的类别及作法——叙记文及作法——论说文及作法——书牍文及作法——评论文及作法——传记文及作法

（注）文体类别，如吴著《中国国文法》第三卷中所编节目，以教初中，全无用处；以教高中，亦多不适用。教学生当以需要与程度为准。在上所引各类实用文体，以初中读文教材中所选者为限。而于小说、剧本、诗歌等专门文艺作法，亦可不教。因为文艺作品之选入教材，所以供欣赏者。初中学生尚无学作文艺作品的需要。至于演讲文与小品文，则全属语体，当在语体文作法中教之。

3. 教学方法

文言文作法的教学方法，大致与教语体文作法同。所须特别注意的，就是语体文与文言文的对译。这种练习的目的，一面在增进对于文言文的了解程度；一面在使学生通悟语体文与文言文在造语修辞上的不同，而渐渐学通文言文。在由语体文而进学文言文的过渡时期，须特别重视这种有依傍的练习。这种练习，也可在作文内做，代替一次的作文。

第二章　高中国文科辅助学程的教学

高中国文科的辅助学程，教部规定，仅有"文章作法"一项。但在下面注明："包括文法修辞学及辩论术等，在习作时间内讲授之"。（所谓辩论术等，当

143

然也可包括演说学在内。)但这里有一个先决问题,应当提前讨论的。教部规定高中国文习作时间,只有每周一小时,即是间周二小时。此外略读指导一小时,也是间周二小时。绝对没有教学国文科辅助学程的时间。教部所谓"在习作时间内讲授",我以为不如规定"在习作时间内练习"。因为演说辩论的练习,是口语作文的练习;文法作法修辞的练习,是片段作文的练习;顾名思义,都应该在国文科习作时间内练习的。教部定课程标准的先生们,也许会说:"这种练习,应当在课外去做。"但据我的研究,中学生每周上课自习共须六十小时。连其他必须的一切课外活动合计,已须每周七十二小时以上。所以一部分的自习,要到星期日去做而按各科的轻重难易,支配各科的自习时间,国文一科最高的自习时间,在高中,只能占有每周七小时。(参看拙著《中学读文教学研究》第二章)而此七小时中,课内读文的预习复习及笔记,占去四小时,课外略读三小时。无论在国文科的自习时间内或课余时间内,均没有普遍的练习演说辩论的时间。所以我主张普遍的演说辩论练习,应当在国文习作时间内做。(文法作法修辞的练习,自然更应当在习作时间内做。不曰作文而曰习作,这是教部已经肯定的。)课外的演说辩论练习,只能限于选手的比赛。(因为中学生课外活动,已经太多,足以妨害课内的自习,所以各种课外活动、课外运动、课外研究、课外练习、课外服务以及新增的劳动服务,必须设法来限制减少。)

高中学生的作文,每学期八次。四次课内作文;四次课外作文。在课外作文的作文上课时间,便是演说辩论的普遍练习时间。(以一二年级练习两年为限,三年级则作修辞学及古文作法练习。)如果二小时内,有二十人的练习,那么两次课外作文的作文时间内,可使全班四十人各人练习一次。各人每学期中,可以普遍练习到两次。照此说来,国文科的习作时间内,又哪有讲授辅助学程的时间呢?所以我主张高中国文科的辅助学程,只好在略读指导时间内去教学。学生在课外自读这些辅助学程,何尝不是略读?教师在课内来指导,何尝不是略读指导?不过其他课外略读材料,不能不减去三分之一,每周只能以二小时为标准。因为至少有三分之一的略读时间,被国文科的辅助学程的自读占去了。

即使在国文科的习作时间内,不做演说辩论以及其他练习,遵照部章来讲授国文科的辅助学程,那么学生对于这些辅助学程,要不要相当的自习呢?如果要使学生在国文科中规定的每周七小时的自习时间内,划出一小时,来自习这些辅助学程,那么所谓课外略读,也只能限于每周二小时了。每周两小时的略读,可以间周指导一次,一周可为国文辅助学程的教学指导。所以我主张把高中国文辅助学程的教学,归纳在略读指导内;把这些辅助学程的自习,归纳在课外略读时间内。则教学的时间,方可确定。教部对于实际指示教学的课程标准,却不把时间详细支配确定,只是含糊笼统地说一句,"在习作时间讲授之。"教人如何遵行呢? 时间既经确定,那么方才可把高中国文科各项辅助学程的教学讨论如下。

（一）演说学

初中的演说,还是重在练习,而不重在学理的研究。到了高中,对于演说,应当有进一步的修养,所以在高中应该讲授演说学。教学目的、时间与教材、教法如下:

1. 教学目的与时间

演说练习的目的,所以养成口才,辅助作文;而演说学教学的目的,在使学生知道演说的诸般方法和学理,以增进其演说的能力。教学的时间,宜在高中一年级,与略读指导为间周一小时,教学一年。

2. 教材大纲

据(RD. T. Hollister)原著,刘奇编译本,章节如下:

（一）演说能力的培养——演说的性质——演说的要件——演说能力的来源——研究演说的理由——研究演说的标准

（二）演说的试验——实验室的组织——演说的材料——演说词的指导——试验

（三）演说材料的预备——选定题目——发挥题目——演说词的陈述——演说词要从头到尾的预备

（四）演说词的构造——引论——讨论——结论——演说词构造的一致——函在演说词中间的结论和引论——引论与结论之重要

（五）演说词的分析和纲要——分析的重要——演说纲要的批评——演说纲要的研究和批评——演说词的分析

（六）演说的修辞——明白——有力——动听

（七）演说的姿势及准备——衣服——态度——声音——生理和神经状况

（八）举行演说——演说厅中普通情形——与听众见面——留心演说词……中外名人演说词举例

3. 教学方法

书本可指定章节令学生自读,作为国文课外略读材料的一部分。教室的工作,重在指导考查,并可搜集演说稿子令学生研究批评。至于演说的普遍练习,宜在课外作文的作文上课时间内举行。特种比赛的练习,可以假设机会,假设各种不同的听众,令学生当场演说。无论平时练习与特种练习,都要以假设的听众为对象,作恳切的批评。可令学生预先在课外选择题目,搜集材料,拟定稿子。演说的稿子,即可代替一次的课外作文,教师须负批改的责任。但有时也可只限学生作五分钟或十分钟的预备,临时出题,令他们演说,以练习敏捷的思考、机警的口才。教学的进程,可先注意思想的组织和音语的清楚;次注意语调音调的变化及容态;再次注意修辞。关于修辞的一部分,可与修辞学联络。修辞学的起源,本来是从演说的修辞来的。虽然写作和口语,略有些分别,根本原是相通的。初中的演说练习、教学方法,大致相同;所不同者,唯题材及程度而已。

（二）辩论术

辩论的练习,在初中三年级,间或也可举行。但辩论术,则在高中讲授为宜。教学目的、时间与教材、教法如下:

1. 教学目的与时间

辩论练习的目的,所以养成缜密的思考、机敏的口才,也是辅助作文的。而辩论术教学的目的在使学生知道辩论的方法和学理,以增进辩论的能力。教学的时间,宜在高中二年级,与略读指导为间周一小时,教学一年。

2. 教材大纲

据 Ketcham 原著,费培杰译本,《辩论术之实习与理论》,内容篇章如下:

第一编,论辩论术之习惯,分八章:

（1）辩论术之定义及其重要——（2）题目——（3）题目的分析——（4）证据——（5）编要略——（6）编辩词——（7）覆辩——（8）演述辩词

第二编,论辩论术之学理,分六章:

（1）归纳论证——（2）演绎论证——（3）因果论证——（4）类比论证——（5）谬误——（6）驳论……附辩论题目

3. 教学方法

辩论术的教学方法,大致与教演说学同。并可令学生到法院去旁听重要案件审判时两造律师的辩论。这是因为学生听演说的机会很多,而听辩论的机会很少的缘故。法院发表的两造律师辩护词,也可印发供学生研究观摩。关于辩论的拟稿、练习及练习的时间与指导批评,大致与演说练习同。所要特别注意的,是辩词的论理部分,应该与论理学联络。但教部已特定论理学为高中的独立科目,所以本书中不把论理学排入国文科的辅助学程内。实际上高中的国文教师,未必人人能教论理学,那么联络较为困难了。此外还有几点要注意的:就是发言要守次序守规则;辩词不能分歧,逸出范围;不能因好胜而争意气;要使学生有服从真理的精神,养成学者的态度,胜败不介于胸中。这都是教师要预先剀切训导的。

（三）修辞学和古文作法

教部所定，高中国文科的辅助学程，虽然只有文章作法一项，而注明"包含文法、修辞学及辩论术等在内"。关于演说学、辩论术，我已规定在高中一二年级的略读指导时间内教学。关于文法一学程，我主张在初中二年级教学；理由在上面已经详细说过。文法的教学，本可用循环教学的。如果在高中要重教一遍文法，只要程度提高，论理也未始不可行。但是，文法的教学，在初中初习文言文的时候，实在最为重要，而且实在是初中的事。在高中没有时间再来教文法，也可不必教了。如果学生对于文法，还有不明了的地方，也只好指定书籍，教他们课外去读，作为课外阅读材料。那么在高中所应教的，除演说学、辩论术外，要算修辞学了。所谓文法、修辞学和文章作法，许多著书者，往往互相包含而不分清界线的。我看了几本修辞学，往往包含作法；看了几种文法书，也有包含修辞和作法的。我在初中三年级规定文言文作法的教材中，也包括了修辞大略，这本是吴瀛《中国国文法》中的一卷。高中的教修辞学，也不过提高程度，教一些比较专门的学术罢了。而教部既定学程名目曰"文章作法"而附注内容，只及文法修辞学而不及作法，他的用意，大概也以为作法可包入文法或修辞学中了。而我既然把教部所定"文章作法"一学程的内容，分立了几种学程，又把文法归在初中二年级教，所以在高中，除演说学辩论术外，还应教修辞学与文章作法。又因初中一年级已教语体文的文章作法，初中三年级，已教文言文作法，所以把高中的文章作法，改名为古文作法。又因修辞学与古文作法，原来是不易分清界线的，所以把他归并为一学程。教学目的、时间与教材、教法如下：

1. 教学目的与时间

修辞学与古文作法的教学目的，一方面当然是辅助作法的，一方面也可增进对于古文的欣赏与批评能力。因为这种学术，有比较高深的原则与引证，所以宜在高中三年级教学。时间在略读指导时间内，与略读指导各为间周一小时，教学一年。

2. 教材大纲

修辞学书籍，材料编次较为完备的，要算北平文化学社出版的董鲁安编本。王易的《修辞学通诠》，只能作为参考书，不能作为教科书。董编本，篇章如下：

第一编　体性论
（一）选字——（二）属词——（三）诠句——（四）编段——（五）全篇纲要

第二编　文格论

(六)明体——(1)论辩文——(2)疏证文——(3)叙记文——(4)描写文——(七)缮词——(1)蓄势——(2)镕裁——(3)和谐——(4)精彩

第三编　批评论

(八)诗——(九)散文——(1)小说——(2)论文——(十)剧曲

上述董编修辞学的材料,几乎完全把修辞学与文章作法合而为一的。不过第三编的批评论,又属文学概论中的批评的一部分。因为文学批评,另是一种专门学,似乎不宜编入修辞学中了。我把学程名目,既然定为"修辞学与古文作法"则可把董编本第三编改为"实用各体古文作法"如下:

第四编　实用各体古文作法

(八)书牍文分类及作法——(九)传记文分类及作法——(十)序跋文分类及作法——(十一)评论文分类及作法——(十二)碑志文分类及作法——(十三)哀祭文分类及作法

既然是各体古文作法,我何以又加上"实用"两字呢?因为我所定高中读文教材中的各体古文,是以实用为主的。教作法,当然也以读文教材中所读实用各类文体为限。不曾读过的文体,也可不用空教作法。

3. 教学方法

书本可令学生在略读时间内去自读,作为课外略读的一部分。而教室内的工作,注重指导与督促考查,也和略读指导同。各种的练习,可在作文时间内去做,代替一次的作文。教学上要特别注意的,就是要处处和读文作文联络。

第三章　本编结论

本编专论国文科辅助学程的教学。第一章论初中国文科辅助学程的教学。作者主张在初中一年级,须教毕语法及语体文章作法,在这时期,须集中精力,完全学通语体文。但因部颁新章,减少初一国文一小时,使无教学语法作法的时间,只好在略读指导时间内去教。在初中二年级,则须教文言文法。初中既然进授文言而不教文言文法,这是现在教学上的极大错误。在由学白话文而进学文言文的过渡时期,讲明文法,实有最大的需要。在三年级,则须进授文言文作法,使学生能渐渐学作文言文。而于这四种辅助学程的教学目的、时间与教材、教法,作者均有详细的指示。第二章论高中国文科辅助学程的教学。作者主张在高中一年级,须教演说学;在高中二年级,须教辩论术。教学时间,均只好归纳在略读指导时间内。而普遍的练习,则可归纳在习作时间内。即以课外作文的作文上课时间,为演说辩论的练习时间。而演说辩论的稿子,则可代替一次的作文,教员仍负批改责任。不宜在课外再组织演说研究会。因为教师学生,两无时间,来做指导练习。在高中三年级,则须教修辞学和古文作法。因为这两种学术,性质相近,内容互包,不易分清,所以连合为一学程。也须在略读指导时间内讲授,习作时间内练习,与演说学辩论术的教学同。而于这三种辅助学程的教学目的、时间与教材、教法,作者也都有详细的指示。

第五编　论国文科特设学程的教学

中学国文科中,除主要学程、辅助学程而外,还有所谓特设学程。如初中的普通应用文,高中的公牍应用文、文学概论、文字学等便是。我何以名曰特设学程而不名曰选修学程呢? 因为应用文是人人必修的学程;文学概论或文字学,如果加设,也是新章高中乙组必修的学程;所以不能叫作选修学程。欲以别于主要学程与辅助学程,所以名曰特设学程。本编专来讨论这种特设学程的教学。

第一章　初中国文科特设学程的教学

（一）普通应用文

作者曩著《中学国文各学程教学研究》,主张在初中三年级,设立两种选修学程。一种是"中国现代文艺",为升学者设的;一种是"普通应用文",为就业者设的。现在教部所定的科目,完全一律,似乎不主张设选修学程。现代文艺,反正可以包括在读文教材中,当然可以不必设。(原意为升学者与就业者分别侧重而设的。)但是普通应用文,却不能不为初中三年级的特设学程。因为应用文自成体系,在读文教材内是不能包括的。又因为初中三年级的国文,只有每周六小时,除精读三小时,略读指导一小时,文言文作法一小时,习作一小时的支配外,已无余时。所以不得不特定时间来教学。如不能特加时间,则只好把略读指导取消,改授应用文。但因为应用文无注重练习,每周一小时,一年的教学,恐怕仍然是不够的。所以还是特定时间为好。

我何以把应用文特别重视呢? 一则因为社会各种职业界的人以及学生父兄,都知道应用文的需要特别大,而现在中学毕业生对此特别欠缺。二则现在的中学国文教学,还有大部分的文人教育的因袭的势力。旧的教师固然行旧式文人教育;新的教师也行新式文人教育。我的小学将毕业的儿子,一小时内能写五百字的白话文,平时作文成绩在八十分左右。但有一次教师规定作文,一小时内,写一个请假条子,至多不过五十字,他这次的练习成绩,便不及格。我问他为什么不及格? 他说:"不是我一人不及格,许多同学大家都不及格。因为我们不能写这种条子。"我知道不但小学生如此,就是能做千言文章的初中学生,能做洋洋数千言的文章的高中学生,也是如此。这才可笑哩! 我研究这种原因,一则因为教科书中没有选及自成体系的应用文字,学生不知道格式。二则因为平日做惯了"的了呀吗""之乎者也"的通套文章,任意想些什么,可写什么,而应用文字却受事实的拘束,不能自由构思。三则因为应用文字须朴实简练,用不着做惯的论说文的腔调;有时并且用不着"的了呀吗""之乎者也"。因此,学生都视为难事,不能下笔了。然而做国文教师的偏不去研究这些原因,也不知道应用文练习的重要,这是文人教育的因袭的势力占据在他们的脑中的缘故。最近还有一件令人惊异的事。浙江湘湖师范要请一位国文教员,提出的条件是"要能教应用文"的。难道做到中学的国文教师,还怕不能教应用文吗? 然而事实上中学国文教师,竟有自命新文学家或旧文学家而不能写应用文的却是很多。因为这种文学家的国文教师,多是文人教育中铸成的模型,这是无怪其然的。然而我们再仔细研究,应用文确是也有极难做的地方。我在五年前曾经替人做一篇应用文的序言,中间说:

> "虽云文字格式,大致无异,然而应付事变,斟酌措辞,其手段、方法、态度,胥有分寸,有不易苟且下笔者。……盖以办理公牍,以事实上能否发生功效判其优劣,初不在文字之藻饰;而于造语遣词,必须精密审慎,使足以宣其旨而达其情,精确而不犹豫,详实而不浮泛,简切而不累赘,卑亢得体,情理兼顾,则一文之发,事期必成,其于办事效率,影响甚大也"。

不但做公牍应用文如此,就是做普通应用文也是如此。所以做应用文的人,必须心细手敏,头脑清楚,还要对于事理、法理、文理以及人情世故与办事手续,了解清楚。有许多文学家往往是不能办的。又何能怪中学生呢?

然而小学毕业不能写请假条子,初中毕业不能写普通书札文件,高中毕业还不能自办公牍,似乎也太说不过去。初中毕业生,出校就业的,在社交上、职业上,处处要用普通应用文;高中毕业生做了区乡镇长,工商界职员或普通公务人员的,何能自请秘书文牍? 所以在学生的需要上讲,却是非常重大,比任何文艺或文章更重大。

但是,在应用文的材料上,还有一件须注意的事。就是因为应用文的范围太广,所以各人编辑应用文,各有出入。有的注重这几部分,忽略了那几部分;有的又注重那几部分,忽略了这几部分。这中间参差复杂的出入很大,我认为要全部包括,是不可能的。所以我在拙著《中学国文各学程教学研究》中,把应用文分为三种:一种是普通应用文;一种是公牍应用文;一种是职业应用文。即此三种分教,亦尚不能包括。因为办教育的,尚须另编师范应用文,办司法的,尚须另编司法应用文;而还有一种应用文艺,在庆吊祝挽用的,有须另编。而为大学文科生专门研究的,尚可编一种古代应用文选。(如诏令奏议、疏表、封事、弹章、条陈、移檄、书札、简启,等等。)因为应用文须分别来教,所以我主张在初中教普通应用文,在高中教公牍应用文,这是视学生需要的缓急而分的。现在且把普通应用文的教学目的、时间与教材、教法,详说如下:

1. 教学目的与时间

普通应用文是一般人需要最大的,所以定为初中三年级的特设学程。又因这种学程是注重练习,不是注重讲授的,所以要每周讲授一小时,练习一小时,教学一年。教学目的如下:

(1) 讲授普通应用文件的体例格式,使能实际应用。

(2) 练习各类各体普通应用文的作法,期于纯熟敏捷而无错误。

(3) 阅读各种模范应用文件,使学生于事理、人情、法规及办事的手续,能为分析的考虑,精密而周至的应付。

(4) 附讲与各种应用文件有关的常识,使能遇事措置得当。

2. 教材大纲

(一) 书札——(1)书札的界说及分类——(2)书札的称谓语、寒暄语、祝颂语——(3)书札的写法以及信内信面写法的格式——(4)研究书札应注意之点——感情与理智——质直与委曲——简切与和婉——卑亢与地位——(5)各种书札示范——问候——报告——邀请——馈赠及答谢——请托及答允或拒绝——质问及辩驳——吉凶庆吊及答谢——(6)邮件寄递法说略——寄费——欠资——挂号——快处——保险——汇兑——候领——改寄——撤回

(二) 电报——(1)电报的种类及作法——(2)电文示范——通电——贺电——呈报电——私人电——(3)电报寄递法说略——等级——寄法——挂号——报费

(三) 告白——(1)启事作法及举例——(2)广告作法及举例——(3)布告作法及举例——(4)通告作法及举例——(5)报告作法及举例——宣言作法及举例

(四) 柬帖——(1)婚丧礼俗及文柬举例——(2)应酬文柬举例

(注)关于祝词、贺词、寿联、喜联、挽联及庆吊诗文入于专门文艺范围者,可以不习。

(五) 规章及条例——(1)团体规约作法及举例——(2)会议规程作法及举例——(3)公务条例及细则举例——私事条例举例

(六) 契券及单据——(1)聘书及关约举例——(2)婚书及合同举例——(3)股票及证券举例——(4)收支账目及单据举例

3. 教学方法

本学程的教法,宜注重练习,不宜注重讲授。徒重讲授是枯燥无味的。学生即使把全书看得很熟,等到要动手写作的时候,仍然错误百出,不知所措了。所以每教一种文体,都要教学生做几次的练习。要把书本的知识熟习了,变成

能力,才是教学的成功。教学上应注意之点如下:

(1) 每星期须讲授一小时,练习一小时。

(2) 练习时间不用太长,有时一小时内可做几种练习。

(3) 练习题目宜重实际,或假设实际的问题。

(4) 练习题目,有时可用范作原题。先令学生练习后,再阅读范作,使自改正,以省教师修改之劳,而使学生更易得益。

(5) 范作可令自读,不必完全讲解,待发现学生练习之错误后,教师再根据范作批评之。

(6) 一部分的练习,可在作文时间做。但不可把所有作文均作是项练习。致使学生对于作文感觉枯燥无味。

(7) 本学程的成绩,书本试验占 30%;练习须占 70%。

附注:

现在各校教授应用文,多重讲授,不重练习,一学期中仅做练习一二次,这是不能达到教学目的的。学校以上课钟点算薪水,教应用文二小时,和教史地公民相同。教师哪有时间去批改练习?因为一次的练习批改,至少要八小时或十小时,所以教应用文二小时,每周练习一次者,应作教课六小时算;两周练习一次者,应作教课四小时算。

第二章　高中国文科特设学程的教学

高中国文科的特设学程,作者在本书第一编第三章中所拟定的,有公牍应用文和文学概论两种。应用文是部定教材大纲中本有规定的。但教部仅在阅读教材第一条下,附带说了一句,"并得酌授文字学纲要及应用文件"。而却没有规定教学的时间。我在上编,已把演说学、辩论术、修辞学与古文作法的教学,归纳在略读指导时间内;而把这种辅助学程的练习,归纳在课外作文的作文上课时间内。此外更无时间可以来归纳应用文的教学。所以我主张高中的公牍应用文,必须定为特设学程,特定时间来教学。而部颁新章,于高中二年级以后,分甲乙两组教学。甲组注重算学,增加算学时间;乙组注重国文、论理、英语,加设国文、论理、英语时间。因此,在乙组第二年上学期,增加了国文三小时;下学期增加了论理学三小时;而于第三年上下两期,均增加了英语三小时。所以在高中乙组第二年的上学期,必可加设一种国文科的特设学程。这种特设学程,应属何种学程,教部尚无明文规定。据作者研究,则以加设文学概论为最宜。因为这是使学生扩大文学的眼光,进修大学文科的预备学程。而且教部于乙组兼重英语,则加设文学概论,尤为相宜。如不得已而必求其次,则以加设文字学为相宜。因为文字学,是进修古代文学的基本学程。但在一学期三小时的时间内,决不能授此两种学程。(如兼授则兼败,而必无成绩。)鱼与熊掌,只有任教部取舍而已。他如文学史或国学概论则是绝对不宜设立的学程。作者在本书第一编第三章中,已有详细的讨论。下面且来分论各种特设学程的教学罢。

(一)公牍应用文

公牍应用文是公民领袖人物必须熟知熟习的。现在地方自治,实行保甲制,那些区乡镇长,都是公民领袖人物。高中毕业生,无论升学的或就业的,都是要预备做公民领袖人物的。所以无论甲组或乙组,都须必修公牍应用文。我八年前在厦门集美学校教国文时,眼见有些党部中所发的公文,太不成样子,主张高中要教公文,而有些同事笑我为绍兴师爷。老实说,绍兴师爷那种险恶的手段,我们决不可学。但是,他们那种精密而深刻的头脑,简切而厉害的文笔,一文之发,事期必成,在办事上增加了极大的效率,这是我们不可不学的。初中毕业生,就业的,还不过做个低级工商界人员。他们虽然也要做公民领袖人物,但多数还是做保长甲长,不习公牍,还无妨害。而高中毕业生是要预备做区乡镇长以及工商界的高级职员的。进大学的,也不能在各种专科中再去习这种普通的公牍。所以在高中时期,对于公牍应用文,实有修习的必要。现在且来详述教学目的、时间与教材、教法如下:

1. 教学目的与时间

本学程拟定为高中三年级普通必修的特设学程。每周二小时,一小时讲授,一小时练习,教学一年。教学目的如下:

(1)熟习公牍文字格式体例以及各种专用词语,使能实际应用。

(2)练习各种公牍作法,期于纯熟敏捷而无错误。

(3)阅读各种模范公牍,使学生于事理、人情、法规及办事的手续,能为分析的考虑,精密而周至的应付。

(4)讲授各种政治机关及公民团体之组织及统属关系,与公民科联络,使能依据法令规章,充分运用国民公权。

2. 教材大纲

(一)公牍文概说——(1)公牍文的界说及功用——(2)历代公牍沿革及现行公牍的改良——(3)公牍文的体制与款式——(4)国民政府公文程式令

(二)公牍文作法——(1)拟稿前的预备——(2)拟稿时的要件——(3)办理时的手续——(4)办理后的处置

(三)上行公文——(1)祈请呈文作法及示范——(2)禀报呈文作法及示范——(3)声诉呈文作法及示范——(4)转呈呈文作法及示范——

(5)呈文用语释例——(6)呈文用语简表

（四）下行公文——（1）任命令及任命状格式举例——(2)通令作法及示范——(3)训令作法及示范——(4)指令作法及举例——(5)教令格式举例——(6)批示作法及举例——(7)布告作法及举例——(8)下行公文用语释例——(9)下行公文用语简表

（五）平行公文——（1）外交公文作法及示范(如照会、通牒、抗议书、警告书、宣传书等)——(2)咨文作法及示范(咨呈文现已废除)——(3)平等机关的公函作法及示范——(4)非统属机关的公函作法及示范——(5)宣言、通电及通告书作法及示范——(6)平行公文用语释例——(7)平行公文用语简表

（六）典礼公文——（1）国书及答词举例——(2)誓文举例(如就职宣誓文、誓师文等)——(3)祝贺慰唁文举例(如祝贺词、慰劳及吊唁词、就职致辞及答词等)——(4)褒嘉文举例(如功勋褒词、节孝褒词、耆老褒词等)——(5)典礼公文作法的特点

附注：

坊间所出各种应用文课本,大都取材详略失宜,编制不合教学程序,作者拟另编善本。又应用文字,必须适合于学生的实际需要,所以取材必须斟酌。作者曩在集美高级师范教应用文三年,今又在无锡师范教应用文三年,编成《师范应用文范》一种,适合于高级师范或乡村师范之教学,不久将在中华书局出版。

3. 教学方法

本学程的教学,亦须注重练习,大致与教普通应用文相同。而尚有应特别注意的几点如下：

（1）教授时于上行公文宜详,要多举例,多练习;下行公文宜略,有的只要举例,不必练习。

（2）平行公文中,于公函之教授宜详,其他宜略。

（3）典礼公文仅属举例严格,可不必练习。

（4）教材各项有写明"示范"二字者,宜慎选范文;写"举例"二字者,只须略举实例。因为公文之中,有些变化多的,与文笔优劣,关系甚大;有些呆板固定的,与文笔无甚关系。

（5）教授公文时,于分项叙述及重套叙述处,必须将头绪剔清,使学生易于明了。于发文及收文两者所处的地位,以及文中口语辞气,尤宜留意。

（6）公文中用词,细心斟酌,极有分寸。倘失之毫厘,则差以千里,于案件关系甚大,亦宜特别留意。

附注：

各校教学公文，往往只讲体例格式，毫不练习。这种书本教学是全无用处的。但如要注重练习，则教师批改甚劳。故教课虽只二小时，而每周练习一次者，须作上课六小时记薪。两周练习一次者，须作上课四小时记薪，决不能如史地、公民等科同样以上课时间计薪。

（二）文学概论

1. 教学目的与时间

本学程拟定为高中乙组二年级上学期国文特设学程。每周三小时，教学半年。教学目的如下：

（1）使学生略知文学原理、批评原则及赏鉴标准，以为研究文学的预备。

（2）使学生于中国现代文艺，有赏鉴及批评的眼光。

（3）使学生略知西洋文学的派别及趋势，扩展其对于中国文学的见解，并为进大学文科时研究"比较文学"的预备。

2. 教材大纲

上编 文学原理论

（一）总论——（1）文学的界说——（2）文学的要素——（3）文学的特性

（二）文学发生的原因——（1）社会的需求——（2）心理的需求

（三）文学与思想——（1）思想的重要——（2）思想的本质——（3）文学思想与哲学思想——（4）思想的表示

（四）文学与感情——（1）感情的重要——（2）感情的本质——（3）感情的表示

（五）文学与想象——（1）创造的想象——（2）解释的想象——联想的想象

（六）文学与人生

（七）文学与个性及国民法

（八）文学与时代精神

（九）文学与道德

（十）文学与语言——（1）言语之界说、起源、演变——（2）言语与文学之关系——（3）中国言文之分合问题

（十一）文学之形式——（1）文学上形式之重要——（2）中国古代文学之分类——（3）西洋近代文学之分类

（十二）文学之模仿与创造——（1）模仿之重要——（2）创造之重要——（3）模仿之流弊——（4）创造之流弊

中编　文学批评论

（一）文学批评的意义、种类、目的

（二）客观的批评与主观的批评

（三）科学的批评

（四）伦理的批评

（五）赏鉴批评与快乐批评

下编　文学派别论

（一）西洋近代文学之渊源

（二）古典主义——伪古典主义

（三）浪漫主义

（四）自然主义——印象派自然主义

（五）写实主义——写实主义和自然主义

（六）新浪漫主义——新浪漫主义和自然主义、浪漫主义的辨别

（七）颓废派的艺术和象征主义

（八）享乐主义

（九）新理想主义——人道主义

（十）欧战后新兴文学的趋向

（十一）中国现代作家之派别及其趋势

3. 教学方法

这种学程，原本是要扩展学生对于文学的眼光见解而设的。我们教学生除读些中国古代文学的重要作品外，还要他们放开眼光看一看世界的文学，至少也要知道一些世界文学的思潮，有些比较的概念。越是研究古代文学的人，越是不能不知近代西洋文学思潮，方才不致养成偏僻怪谬，越读越不通的古董国学家。不过中学国文教员对于西洋文学有研究的很少，所以像我这样略识英文的国文教师，便不得不担任这种学程。我在集美高级师范文科及国学专门班，共教过四次，今年又在无锡国专教了一次。我在教学上遇到的困难如下：

（1）教授这种空洞的原理，非举例不能明白，我不能举出西洋文学的例子。就是举出来，学生也不能读。

（2）我举了好些中国散文诗词的例子，不免"李戴张冠"的毛病。

（3）对于各派的主义，只有意义上的认识，没有作品上的认识，不易得到具体的概念。

如果要补救上面的三种困难，教学上应该注意之点如下：

（1）教学生多读些近代西洋文艺的翻译作品，以为原理的印证。

（2）先发讲义,并指定参考书,教学生自己去看,然后在教室讨论。

（3）指定中国现代新文艺作品数种,教学生详细阅读,练习批评。

（4）教学成绩,以阅读笔记、批评论文占50％,考试占50％。

附注:

本学程在教学上虽有很多困难,但因中国现代文艺已经西洋化,而文学已有大同的趋势,决不能让一国来闭关自守。所以在高中乙组教文学概论,其需要实急于教中国文学史。我们只能希望此后的中学生和中学国文教师能提高英文程度,不能因噎废食。

（三）文字学

1. 教学目的与时间

本学程拟定为高中乙组二年级上学期特设学程。如果不设文学概论学程,则可代以本学程。两者任便教部选择。教学时间,照我原定的标准,须每周三小时,教学一年。(参看拙著《中学国文各学程教学研究》第七章)然而现在只有限定每周三小时,教学一学期的时间,所以教学目的和教材,不得不照我的原定标准,减去一半。教学目的如下:

（1）教授声韵上应用的常识,使学生能辨声别韵,自为反切,且知注音字母的来历。(并略讲字音因时代地域气候不同之变迁,以及声韵之通转,以为专门研究古字读音及方言语音之预备。)

（2）教授六书释例,使知造字原则。(并讲字体沿革,使知字体变迁之程序。)

（3）略讲训诂大要以为读古书之助。

2. 教材大纲

（一）字音篇——(1)字音的起源——(2)发音机关图说——(3)声韵的区别——(4)声母的分类及归并——(5)四声的辨别——(6)字音的刚柔——(7)反切法——(8)注音字母的来历——(9)注音字母与英日语及世界语字母的对照——[(10)古今音韵的变迁——(11)声母的通转——(12)韵母的通转——(13)韵部的沿革——(14)新方言辑要]

（二）字形篇——(1)字形的起源——(2)造字原则——六书释例——(3)通假字——(4)许书简字——(5)古今通用字——(6)俗写简字及其功用——[(7)古今字形的变形——(8)字形变迁的原则——(9)世界文字的起源和变迁——(10)世界文字改就简易的趋势]

（三）字义篇——(1)字义的变迁与分合——(2)训诂法释例——[(3)历代训诂学概说]

附注：

上述教学目的与教材大纲，中间用括弧标出者，表示因教学时间不足而删去的部分。先其所急，后其所缓，这是教者应当注意的。今日中学校中教文字学者，只教学生会写几个古体字，在教学目的上看来，可谓缓急失宜，本末倒置。

3. 教学方法

本学程每周讲授二小时，应用练习一小时。教授上须注重实际应用，勿多涉理论。练习成绩应占 50%；考试成绩，亦占 50%。必须练习的项目如下：

(1)辨声练习——(2)辨韵练习——(3)四声练习——(4)反切练习——(5)注音字母拼音练习——[(6)国语及方言的听音练习——(7)辨识文字的韵部练习——](8)辨识文字的六书别类练习

上列八种练习之外，如学生中有于文字学特有研究兴趣者，尚可为下面的几种研究：

(1)通俗字研究——(2)简字研究——(3)古书中字古今音读同异研究——(4)方言中音读研究——(5)方言与国语的比较研究

现在中学校中有教学文字学者，既不研究，又不练习，可谓毫无用处。但以研究论，中学生的能力与时间，俱难办到。所以只能让特有研究兴趣的学生，在假期自由研究，不能当作一种规定的成绩。

第三章　本 编 结 论

本编专论国文科特设学程的教学。第一章论初中国文科特设学程的教学，只有普通应用文一种。现在部定初中科目时间，除边地教育外，完全一律，没有活动的余地，也没有设立选修学程的可能。以初中论，实行这种政策，在原则上是可赞同的。但因普通应用文的教学，在初中已有急切的需要；而这种学程，又自成体系，不能包括在读文教材中；在初中的国文科中，又不能挪出时间来教这种学程。所以不能不为三年级的特设学程，另加时间来教学。这一点是要请教部注意的。至于教学目的与时间，以及教材、教法，作者均有详细的指示，以免各校各自为政的弊病。因为学程的名目虽然定了，倘使教学目的与时间不规定，任便各校乱教一番，仍然是有名无实的。倘使教材、教法不确定，各校可以各有出入，任意敷衍，也是不能达到教学目的的。而且教应用文

1999
1949
1936
1900
1961
中学国文教学法

不重练习,只教书本讲义是完全无用的。如果要重练习,则国文教员又等于多批改一班作文。在学校以为两小时应用文,等于教史地、公民,不过上课两小时罢了。不知如要切实练习,则教员批改练习的时间须五倍于上课时间。学校如照两小时计薪,则教员只好不批改练习,和教史地、公民一样,教完书本讲义,考试两次,就算尽职。这样的敷衍,实际等于不教。所以教应用文两小时每周练习一次者,须以每周上课六小时计薪;两周练习一次者,须以每周上课四小时计薪。这是做校长的人应该注意的。

第二章论高中国文科特设学程的教学。作者主张高中普通必修的特设学程,有公牍应用文一种。因为公牍文字是公民领袖人物所必须熟知熟习的,不是专为培养几个秘书科员的狭义的目的而设的。作者对于教学目的与时间,以及教材、教法,也都有详细的指示。而这种学程的必须注重练习,也和教普通应用文同。所以对于教员的待遇,也须同样的注意。至于高中乙组二年级上学期的国文特设学程,因为限于时间,作者主张加设文学概论一学程。从教学需要的轻重缓急看来,如不设文学概论,则其次要为文字学。任便教部去规定一种。所以作者对于这两种学程的教学目的、时间以及教材、教法,均有详细的指示。在数年以前,各校盛行分科制多设选科的时候,高中教文学概论与文字学的很多。然而教学目的大家不清楚,教材、教法出入很大。各校校长教务主任,只知道抄袭学程名目,实际并不知道学程的内容。所以教文字学的只教说文部首,教学生写古体字。教文学概论的,尤其离奇可笑。有的专教文学批评,有的专教《文心雕龙》,有的专教文学史概论。任便拉些教材,都是文学概论,此其病,在于校自为政,人自为政,教部却不来规定各学程的教学目的、时间与教材、教法。一直到了现在,教部颁布国文科的课程标准,对于国文科的各种辅助学程和各种特设学程,仍然不过含糊笼统地附带说一句。例如教部于初中阅读教材排列之程序,乙条,仅说:"第三章偏重议论文及应用文件。"于文章作法,则仅列语法文法与文章体制二项,而附注"于习作时间内讲授之"一句。在高中阅读教材第三年下,附带说一句"并得酌授文字学纲要及应用文件"。而于文章作法项下,则附注"包括文法、修辞学及辩论术等,在习作时间内讲授之"一句。此外于习作项下,在初中述及文章作法,列举四条。在高中述及文章作法,列举三条。也不过是极概括的几句。此外于教部自定的应用文及文字学纲要等学程,其教学目的、时间与教材、教法如何,则一字不提。据我研究,发现最大的矛盾,便是教部所定的国文辅助学程与特设学程,全无教学时间。他们所指定的"于习作时间内讲授之",第三年的读文教材中,"并得酌授文字学纲要及应用文件",全是悬虚的。实际上教部规定初中每周一小时的习作时间,高中间周两小时的习作时间,"亦是每周一小时"既要作文,又要包纳各种练习,还哪有时间来教学国文辅助学程呢? 读文教材中,又是否能酌授文字学纲要及应用文件呢？读文教材的分量又如何呢？

　　我研究他们(定课程标准的名人)的矛盾，其症结在于不肯放弃略读指导。要想在极少的时间，灌入几十百倍的教材。所以对于时间的支配，不得不捉襟见肘了。因为他们所谓课外略读，所谓专书精读，据他们的希望，最好令学生用每周全部二十几小时的自习时间，专读经史子集。还要加上几十倍的速率，日读万字，到毕业可以读毕几千卷或几百卷，至少亦须数十倍于课内读文教材的分量。这是他们认为天经地义、不可改变的主张呀！但据我的研究，照现在初高中各科教学的环境，在初中至多只有每周三四小时的国文全部自习时间（课内课外均在内）；在高中，至多只有每周二三小时的国文全部自习时间（课内课外均在内）。根据新颁部章，略减几科上课时间，可以增加几小时的自习时间，那么按照各科的轻重难易，来支配各科的适当自习时间，国文一科的全部自习时间，初中最高每周八小时，高中最高每周七小时。各科教员是否能容许如此偏重国文的自习，还是一个问题。即使能容许，照此全部自习时间来支配于国文科的各学程，则实际的国文课外略读，已只能占有每周二小时。（作者虽规定三小时，而实包括辅助学程的自习在内。）详细的研究，请参看拙著《中学读文教学研究》第二章（该书已交中华书局出版）。那么他们的梦想，是永远达不到的了。我希望此后教育官厅和全国学者教师，要重视实际教者与实际研究者的意见，大家去研究；不可过信名人的话，大家去盲从。而教部的课程标准，是要实际指示教学的，尤须要为慎重而精密的研究，详细而明确的规定，使大家切实易行。

附跋

兹编属稿初竣,蒙汪典存先生为之校阅,并为指正缺失,改补错脱数处,作者深致感谢。唯汪先生于课程标准主张,与作者原意,颇有出入。作者于初中二三年级文语教材分量标准,已略采其意,少有修改。唯于初中一年级教材,汪先生主张文六语四,而作者仍主张全教语体文。至于现时部定高中二三年级国文教材标准,汪先生亦有所怀疑,而主张修改;且有修改意见提出。此与作者主张略有异同者。

唯汪先生以为今日高中学生所以不能作通顺文言文,病在初中时无切实之教学,故特重于初中之教学文言文。而作者则以为病在小学不能学通语体文,而初中文语兼教,夹杂不清。故至初中毕业,文语两不通顺。高中又复提高标准甚远,乃至教学全无成绩。故默察今日教育政策,教学环境,学生程度,认为初中毕业生,苟使文语交杂,两皆不通,则不如先集中精力,学通语体文,以达其最低限度之工具应用目的。此根据学习心理,固属不误者(与汪书中有详论)。且今日教育政策,注重国防、生产、劳作,因而增加急切需要之数理、劳作、军训时间,初中并有加设职业科目者。乃致上课时间太多,自习时间太少,各科教学,均减效能,而尤以国文为甚。按此情形,则不能不减轻学生对于工具科目之负担。如不全废英语,则初中毕业生无学通文言文之可能。与其文言语体两皆不通,则毋宁先学通语体文(与陆书中有详论)。然通之一字,其义广狭不同。而吾人之意,唯求其文法无误,达意清白而已。能如是,然后进学文言文,成效较速。然苟使小学毕业生,已达此标准者,则自初中一年级起,即兼授文言文,亦未始不可。然以作者所见,则今日初中毕业生,犹多数未能也。其所以未能者,初中文语兼习,夹杂不清之为害也。故作者主张初中一年级,全教语体,不杂文言,以救济之。即初二之文五语五,亦当先语而后文。至初三之文七语三,则并教亦不虑其夹杂矣。且内地初中学生,往往中途习商,未能卒业。使若辈于语文两皆不通,亦不如先学通语体文以救济之。此今日初中国文教科书必须矫正改善者也。

至于高中毕业生,则但求能作通畅明达、简洁雅驯之文言文而已。若再欲其明了文学源流,略读经书子书,则当于文实分科学校之文科习之。而汪先生之意,欲使高中二三年级生略读经子文之浅近易解者,作者亦已采入前文附注。但如以浅易为主,则不能顾及学术思想。例如就《庄子》言,若以学术思想为主,则《齐物论》《大宗师》《天下篇》皆不可不教。若以浅易为主,则皆不可教。所可较者,仅《马蹄》《盗跖》《胠箧》等篇,而尚须删节。或则节取一二段寓意,作古文教之而已。至于经书之中,如《论》《孟》《左传》;在高中一二年级固可选读,以并不高于古文也。《学》《庸》已不可读,《诗》《礼》可选甚少,《书》《易》万不可读,以今日高中学生,每周五小时国文,除习作外,读文上课仅三小时,而国文一科应占之自习时间,不过二小时。教学合计,每周五小时。虽云三年,实只三月。苟欲其尽读十三经,再读老、庄、管、韩、荀、墨、吕览、淮南重要诸子,则此三年,已非专习所谓国学不可。再益以文学源流,则当选骈散之文千篇,诗歌词曲万首,方足以代表各代各体各派之文而具其略。则当再加三年,以竟其功。如今日国学大师之主张,必如是而后可。如其不能,则请毋为高论。如不读其文,而仅教所谓"国学概论""群经统论""诸子通谊",则更属不通。若杂选数十篇,塞入高中国文教本中,如今日所谓以学术思想为纲者,则尤属不通之至。作者以为处今日而言中学国文教学,其眼光当及于整个教育。固不可专就国文而言国文;更不可专就国学而言国学。此今日部定高中国文教材标准必须完全改革者也。(如不改革,则教部于其教育政策为极端的自相矛盾。)

作者以此段意见,书中未及畅发。虑读者之不明其主张之所由也,故为是跋。并将汪先生意见,与作者致汪陆二先生书,附录于后,幸读者览焉。

廿五年十月廿二日阮真跋。
附汪典存先生对于中学国文教材标准之意见

附录

与阮乐真先生书

披诵大著,于近时中学国文教学及课程标准之弊病,批析精详;无任快佩。鄙见在高中方面与尊旨多同;而在初中方面,则于足下主张,尚多怀疑。弟非专攻斯业,不揣简陋,就平日留意所及,率陈臆说,以资商榷。

(一)初中方面

尊意鉴于高小毕业生白话文多未通顺,特主张初中一年级须完全教授浅近语体文,俾能"完全学通"。第二年始进授文言,"可免文白夹杂之弊"。所以调整补救之法,似在顺其流而疏导之,与鄙意欲正其本以清理之者,适相左也。盖多数高中学生,国文未能通顺,其病皆在初中时代,不能认真学习适当之文言作品。好高骛远者,将荀子《性恶》《劝学》等篇,曹丕《典论·论文》,鲍照《大雷岸与妹书》等篇,亦选作初中教材。(往年为正中书局编辑初中教本,及主持京市会考时,调查各校教材殊极驳杂参差,自教部课程标准颁布后,初中所选教材较为合度。)其为不合程度,不能得益宜矣。至于语体教材,尤多驳杂:往往文字冗蔓,词意晦涩,或意境太深,不能领悟;或语法欧化,读解费力。试翻阅《当代文选》,三年前江苏各校作为教本者,其驳杂穷滥为何如? 幸而不久改编否则贻害实深。又如新文学家多喜选授小说文艺,其描写人情,刻画物态,良足欣赏,学生亦耽好阅读。唯习其皮毛,命笔作文,只能描叙。遇任何文题,率假想一物以描写之,堆砌一大串状词形容词而不能达意,离题甚远。所见高中学生之文,每多如此。夫教授国文,一面须整理学生之思想,使其所欲发表之思想,有结构,有条理,一面训练使用文字之能力,使之语气贯串,文从字顺。今日之青年,常识不可谓不多,思想亦较前丰富,何以不能类化各科所得之智识,而表达之于国文,而仍有思路枯窘之苦,语气不贯之病? 其所以不能通顺者,因素虽多,而教材驳杂,教法不合,实为要端。(今夏赴北平,闻友人痛骂国文教学,言其文理尚未通顺,而教师乃教之研究甲骨文,余为辩论教部课程标准中并无此项规定,大概此教师偏好考古,乃于中学教书时,欲炫其所长,而学生苦矣。)

正本之计,初中阶段,宜多选读热评平易清浅之文言文。一年级文白比例,约为文六白四,并练习文白互译,俾作一种过渡。二年级文八白二,三年级则全授文言,先从记叙文入手,由具体的记述,导入抽象的描写,并主张高小或第六年级起即宜分为两组——升学的及不升学的。升学组宜参教清浅之文言文,在拙著"强令读经与禁习文言"一文中,已详言之。此文发表后,虽备受抨击,而与弟同情者殊非少数。既而中大教育学院院长艾险舟①君,发表十年来全国国文教学测验之结果;结论与鄙见相符。声明初中宜增加文言教材之分量。因初中三年级文言发表之能力,尚不及小学六年级白话发表之能力,故须及早学习。倘一年级尚专习语体,则学习文言又迟一年。白话文似可增进,而文言文之读作,更难进步。循是以往,一年不足,增至二年;二年不足,延至三年,势必驱除文言于课程之外,势必养成青年厌弃文言之习惯。上之则先民所遗留之精神遗产,无复留恋,从此只供少数人之展玩。下之则应用方面,白话亦复笨重,不及文言之为敏捷也。盖弟所主张之文言,非必古文,实已近于白话,谓之净化而能诵读的语体亦无不可。

先生谓初中一年级"完全学通语体文",完全二字,似亦须有分寸。今报章杂志中所见语体论文乃至宣言,每多层次不清,文法不协,语言不顺者,苟如尊论完全学通,则此辈率尔操觚者,宜将回至初中学通白话,而后为文也。鄙意小学毕业生之文字,只须达到相当的顺适,说一句,是一句,无格格不吐,扭扭捏捏之病,即算甚佳。否则小学之职责,未为完成。不能以责于中学。(任鸿隽先生前著《为全国小学生请命》一篇,批评小学国语教科书,有设境不自然,文字不通顺之语。而有"将来国民连话都不会说了"之慨叹。)如中学尚须补习小学之教科,则学年势必延长矣。鄙意初中第一年级,宁可不读英文,未可降低国文标准以就小学之缺陷。国联教育团报告中中等教育章,亦谓外国语时间太多,"绝不顾见英文在中学课程中占如此重要之位置"。鄙人亦有初中分组之主张,惜皆格而不行,缓拟为文畅论之。

(二)高中方面

依教部规定国文教学目标有四:

(1)使学生能应用本国语言文字,深切了解固有的文化,以期达到民族振兴之目的。

(2)除继续使学生能自由运用语体文外,并养成其用文言文叙事说理表情达意之技能。

(3)培养学生读解古书,欣赏中国文学名著之能力。

(4)培养学生创造新语新文学之能力。

以上"深切了解固有文化"及"培养创造新语新文学之能力"皆大学文学

---

① 艾伟(1890—1955):原名华沙,字险舟。湖北长沙市人。现代著名教育心理学家、语言教育家。1919年毕业于圣约翰大学,1921年赴美留学,先后获哥伦比亚大学心理学硕士学位和华盛顿大学哲学博士学位。1925年应聘为国立东南大学心理学教授,从事中学学科心理之研究,尤重语文学科研究。1927年任中央大学教育系主任。1938年创办教育心理研究所任所长。1941年被聘为教育部部聘教授。著有《高级统计学》《初级统计学》《教育心理学》《汉字问题》《中学国文教授心理学》《阅读心理》等数十本,学术论文百余篇。(编者注)

系之目标,而有所未逮者。期诸中学,实远而不切。对于中学之职能,可谓毫未体会。故就课程标准观之,小学与初中尚能衔接;初中高中间,则裂隙甚大。且一般所谓国学大师之主张,往往自相矛盾:即一面主张语体,废作文言,而一面又注重学术思想之演变,而庄子《天下篇》、韩非子《显学》、荀子《非十二子》等篇,不可不教。其间文学家则注重文学之源流,哲学家则注重学术思想之体系,现行课程标准,乃调和之,欲使学生于两年之间,略窥其全,以作专修国学准备。且皆依演变之次序,自古代至现代;难易倒置,学生程度,愈不能衔接。结果则所学茫无头绪,甚至普通国文,不能通顺。皆此种极端矛盾之思想作祟。夫既废习文言,而又好高骛远。文学源流也,学术思想也,皆大学文学系之观点,中学生基本国文,尚未清楚,则于学术思想与文学,又何能通乎? 至今始悟中学生国文程度之不足,大学尚有基本国文之训练,可叹也。

鄙意高中国文课程标准应修正如次:

第一年 选授(或节选)纪传之文。关于史事及时事的议论文、抒情文,间选诗词。

第二年 关于政治的议论文,关于学术的说理文,(阐明义理者)论文之文,间选诗词。

第三年 照原定标准,第一年以体制为网。案高中一年级国文对于修辞造句、思想之条理及章法方面,仍须多加讲求,若骤进以各种文章之体制,则所讲自必注重各体之渊源及其流变。各类体制,细别甚繁,苟一体未熟,又进一体,樊然杂陈。教师既穷于应付,学者亦茫无头绪。而于文字之内容及作文之义法,反形忽略矣。至第三年级学生所学既多,方可进授各种体制,且第三年标准原有应用文一项,亦可包括于各种体制之内。若杂于学术思想内或附于其末,殊觉不伦。

经子中易解之文,自一年级至三年级,按学生程度,编入教材。

弟非国学家,亦非国文教师,自知疏陋,但根据积年办学及阅卷之经验,聊贡愚见,是否有当,尚乞高明正之。

汪懋祖

阮真与汪典存先生论中学国文教学书

(上略)来示于国文教材标准之主张,与鄙意颇有参差。然亦非大相左者,唯补救之方法,则以彼此观点不同,确相左耳。兹当先就观点不同之处,说明彼此主张之立场,然后逐一讨论,则是非易明,而真理易显也。

夫今日大学教授之论中学国文教学,皆以大学程度为出发点。诚如来示所云："文学源流、学术思想皆大学文学系的观点。"彼辈以教大学的观点，为高中教学之主张，固属错误。以大学程度为出发点，而强使高中提高标准程度以就大学；初中提高标准程度以就高中，亦难免有错误存焉。考今之主张高中国文标准第二年以文学源流为纲者，便于大学读文学史，并专修古代文学，使程度得衔接也。第三年以学术思想为纲者，一半固欲学生了解中国固有文化，一半亦为便于大学读哲学史专攻中国哲学，使程度得相衔接也。如在教育的观点上此种逆行而下之标准与最高出发点为不误，则真以为今日高中亟宜文实分科。实科国文，求其普通文言能通即可。（所谓普通文言，以报章文字、科学文字与现时社会之应用文字——应用文艺除外——为准。）则国文固仅在达到最低限度之工具应用目的为已足。而于文艺欣赏，则仅及近代现代而已。今日高中每周五小时之教学时间，苟能集中精力，切实教学，必能达其目的者。而今之大学生普通文言仍不通顺者，非小学初中多教白话之罪，其罪实在小学不能教通白话，初中文白夹杂（学文言太早），而高中标准过高，不能衔接也。其次，则学生无相当自习时间，教师无充分批阅改作时间，不能集中精力，切实教学也。（此条真于拙著《读文教学研究》中，言之最为详尽，出版后当奉赠一本。）

文实分科以后，文科国文，至少须有每周八九小时之教授时间，每周十一二小时之自习时间，以一教师教文一班，集中精力，切实教学，则稍降今日教部对于高中国文教材之理想标准，求其切近，求其充实，于各代各体各派之文，循序拾级而进：于一派略有研究心得，再进一派；一体略有研究心得，再进一体；一代略有研究心得，再进一代。勿使躐等越级，今日尝一味，未及下箸，仅一染指，而明日又易一味，则无可粗识浅尝。今举数千年之文学，其间数百体裁，数千家派，风格气味不同之文章，东举一爪，西举一鳞，挂一漏万，以教学生，日日换其时代、体裁、家派、风格、气味不同者以进，而使各染一指，更欲于一年中加速了之。曰：此以文学源流为网也。以白话未通，文言未顺之学生习之，徒使瞀乱惶惑，白费一年之功，未得丝毫之益，则其所作依然不通不顺而益以混杂不清；不特无有进步，而反使不可救治之病症益加深焉。试思古今文人，当其学为文时，会有如是繁营杂骛以成其功者乎？吾辈昔日学文，其根只远优于今日之中学生，会有如是繁营杂骛以成其功者乎？中学生非兼古今千百文豪之天才，一览而知焉能焉者，则欲求其粗识浅尝而不可得；又安能知文学演变乎？即果有文学演变之挂漏模糊观念，而使文章一年不进则所得者少而所失者多矣。

高中第三年教材以学术思想为网，若仅读近代学术政论文字，与宋、元、明理学文字，文字本身无阻碍者，其困难只在学理。而国文教师所能负责者，亦只能以常识为限。若涉及专门，则当由专科教师教之。若远取于周秦诸子，则不独习于白话文之学生不能读,即通于汉、魏、唐、宋古文之教师,读之亦多有窒碍。《论》《孟》以子为经,固最易读,然尚有一部分不可授学生者。《墨子》《荀子》,则已难读,可选者甚少。《吕览》《淮南》亦然,而其评议诸子处,则非有贯通之识力不可。至于《老》《庄》《管》《韩》则尤难读。《老子》文易而义奥,《庄子》文怪而义奥。若《齐物论》者,真参看详注,细读数过,而未能了然。彼所谓大师者能尽了然乎?《韩非》之文句艰字涩。《管子》之文,几乎句句非作强解不可。是皆无助于学生之作文,而适足以益其不通者也。至于经书,则《诗》《礼》《春秋》,间有可选;《尚书》《易经》,万不可教。至于学术通论,往往抽象概括,而文句故为玄奥,亦非高中学生所能读之而得益者。今乃强令杂读,则又白费一年之光阴,而无丝毫之得益也。然则举高中三年之国文教学而使两年全无进益者,则以彼辈大师之主张,妄定课程标准之罪也。故真以为果欲使高中国文程度衔接大学文科程度,则高中必须文实分科习之。又先生主张高小分二组,此在事实上必不可能者。真以为初中必当分二组。就业组重白话文,减少工具训练时间,增加急切需要之实用科学与职业科目。升学组多习文言,使高中可提高程度。初中果能分组学习,于升学组厚植国文基础,而高中又能文实分科,集中精力,切实教学;则稍降今日教部之高中国文教材标准,如先生所谓略读经子浅近之文、纪传之文与政治的议论文,而辅以文学作品,在高中文科亦可能也。凡此皆就大学程度之出发点而立论者也。(然此种意见,可供研究,而在事实现状不变时,不能为实际的指示。否则又属矛盾矣。)而真于中学国文教学之观点,则与大学教授派之观点不同,何则?真之研究中学国文教学,以小学程度为最低出发点,顺行而上;非以大学程度为最高出发点,逆行而下者也。真虽为专习文科之人,而幼受两重师范教育,复专习教育科一年。故以言头脑,则半文学而半科学也。而教学十六年中,自小学起,经初高中师范国专大学各级程度。故以经历言,则如百战老卒,行伍出身也。中学教学之研究,必以小学程度为出发点,而不能以大学程度为出发点;各科教学之研究,必以学生的心理程度需要为立脚点,而不能以教材为立脚点;征之经验,揆之教学原理,皆不误者也。故真之研究国文教学,不敢悬大学之的以责诸中学,更不敢以中国有几多文学名作,几多哲学名著定为不可不读之教材而令学生强就之也。然今之中学国文教学,往往有几个外行大师(以教中学国文为外行)妄发一议,而必有许多虚伪粉饰好为炫夸而不愿实际之“文人教师”(指以文人的观点教学生之国文教师)盲从之。以是真于八年来苦心孤诣之所述作,声嘶力竭,欲以矫其错误,指其正轨者,乃卒不值所谓大师之顾。其稍知拙著之价值而鼓励其研究者皆当世研究教育之学者。先生亦其一也。而朋侪之中,研究教育者重之;身为国文教师,研究所谓国学而盲从所谓大师者,则转轻之。真唯仰天长叹而已。虽然,盲从大师之错误,终必有觉悟回头之一日者。特恐回头太迟,则贻误青年太久耳。先生既以先觉觉人而欲矫正其错误,则真安敢不为先生尽言之乎?

夫今日小学既教白话文,则至高小毕业当求文法清楚,字句通顺也。然今日著名之实验小学,优等毕业生,距此标准尚远,他可不论矣。文言白话同为一种文字,唯其语调与文法组织不同。按诸学习心理,凡一种训练既经成熟,则必有助于他种类似之训练。如英美中学生学德法文较易,而中国中学生学英文较难,即其例也。反之,如一种训练尚未成熟,而即为他种训练,则脑中两种印象混合不清,结果必至两无所成,如英文未粗通者,同时并学法文,即其例也。今学白话文至半生半熟,同时即并授文言文,结果必致文白夹杂,似通非通。今之中学生,皆蹈此病。而按诸真每年改二千篇文卷之经验,凡白话文根底通顺者,学为文言,进步较速,而亦较为通顺。其中虽尚有智力的成分,而于上述学习心理之理论,亦可证明不误者也。此外尚可反证者,真历年所教高中师范学生,在初中时代教员偏重文言者,学生虽有作文言之习惯与倾向,而其头脑愈不清,文字愈不通。此固由于教材教法之不良,且尚有其他复杂之原因,不足为充分之反证者,然于白话文学习未成熟之时,早学文言,使其夹杂不清,亦有相当之成分在焉。据此论证,则今日中学生白话不通,文言不顺夹杂不清者,早学文言之咎,非迟学文言之咎也。设白话文已粗通,则学文言文可使加速进步。真之观点与先生不同,故其救济之法亦相左。

然真原来之主张,亦非以为初中一年级必须完全学白话文者。拙著《中学读文教学研究》中,真主张分三组教学,而分阶段编教材。初中三年分五期三十阶段。丙组每周读文五小时,自第一期第一阶段教起。一至六阶段中,完全教白话文,使小学毕业生白话文未通者补习之。集中精力,切实教学,使之学通。乙组读文每周四小时,自第二期第七阶段起,即须加入浅近文言文。甲组每周读文三小时,自第三期第十三阶段教起,文言文加多,程度亦提高。而至毕业,则三组皆须读毕第五期第三十阶段。此种救济办法,在班级教学制下行分组教学,而仍顾全课程之一律标准者。唯课外阅读之时间与分量,则甲乙组较多,丙组较少耳。然此种研究意见,欲求实现,在在与学校行政、经济、人才发生问题,只能希望少数学校之实验,而促起教育行政当局之觉悟,以谋根本改革者。故仅能在研究著作中发表之。至若拙著《中学国文教法》,则仅能根据事实现状以立言,为切实之指示者,不贵难行之理想也。故再三考虑,决定初中一年级全教白话文,以补小学之不足。以初中一年级生,白话文未通顺而太幼稚者尚居多数也。真于习字教学,主张责成小学,达到标准,此固极易而必可能者。即其未能,假期补习甚易。为初中教学之害,甚微也。真于白话文,未始不望小学之能达到标准。顾事实则多数不能。而初中一年级即兼授文言文,此其为初中教学之害甚大也。故欲矫正今日教科书之错误,于立言再四审慎而有别焉。

至于初中一年级白话文主干教材之难得，真固亦有同感。考今日之白话文，多属描写人物心情状态以及风景之小品小说，其次则剧本，又其次则非驴非马之歪诗，又其次则冗蔓之演讲词与意境高深之理论文字。夫小品、小说、剧本，固可选其佳者以为副二教材，然不能为主干教材，歪诗则绝对不可选入。冗蔓讲词，删节颇难，理论高深之文字则又只能在高中读之。白话文中，甚少主干教材。故今之初中教本，仍以文言为主干。而随便选入小品、小说、剧本、歪诗，与冗长之讲词，高深之理论，以凑满篇幅，此其所以驳杂穷滥也。欲救斯弊，真以为当由两途解决之。

第一，今后新文人不可专做卖钱文字。如简短书札、序跋、记事、传记、评论以及精练之讲词，皆须尽力制作，以求其工。此种评论讲词，今日报志上亦有之(但不甚多)。记事文，则小品文中亦有可取者。特编书者希图省事，好在书本上抄录，而不肯在报志上平日加工录存耳。书札间或有之而甚少。盖以重要书札多作文言，而假作书札以为文学发表者，则又属卖钱文字也。在作者以为非扭扭捏捏不足以卖钱，而书札之体裁坏矣。至于传记叙跋，则最为难得。盖以传记体裁解放，偶有作者，多属长文，可节选而不可全选也。序跋则几无作者，以多用文言而少用白话也。间有以白话文作序跋者，长累万言，刺刺不休。体裁怪谬，不复成文。此皆选材之难者也。

第二，则当由翻译古文一途解决之。古文之可译为白话佳作者甚多。《左》《国》《史》《汉》之文，现时初中学生不能阅读者，可尽量翻译之，使能阅读。且此种翻译文章，可以沟通白话文言，而使学生解悟文法结构之不同，实为由白话进学文言之过渡训练。在初中必当重视者。真从教学上增进效率着眼，故以为初中一年级当集中精力，切实教学，先使学通白话文。而于二三年级则当尽力注意白话文言之过渡训练，使渐能读作文言文。而高中学生则当完全读作文言文。就现状文实不分科言，如能减少各科上课时间，使不超过每周三十小时，则国文五小时之上课，可有七小时之自习。(现在锡师一年级每周各科上课四十三小时，二年级四十四小时，三年级虽只三十七小时而课外活动服务较多统计每班只有每周十六小时至二十小时之全部自习时间。分派各科自习时间，国文只能占每周自习一小时，至多二小时。国文每周四五小时之上课，用功者只有一二小时之自习，不用功者全不自习。如是教学，何能切实有效？各校情形，大抵相差不远；故必须减少各科上课时间。)如是切实教学，纵然不能达到教部标准，亦必可学通普通文言文，略识重要文章体制，使大学不须再补习基本国文。真尚有一言为大师告者。倘定好高骛远之标准以责望于高中，则此后高中实际程度必愈降低，大学补习一年基本国文不足，必须补习两年矣。而高中标准所谓文学源流与学术思想之两年教学，全无成绩，大学文科程度亦必愈降低然则何不移大学补习之基本国文于高中,移高中预习之学术文于大学耶? 此由下而上之顺行的观点所发出之主张也。

抑吾尚欲为教部进一言者。教部所谓高中第二年教材标准以文学源流为网者,必须分明界限,规定篇名。否则编教科书者,随其所习所好,胡乱选入,必不合于教材。苏教厅所编《高中标准国文》,选及辞赋骈俪,更选及比白话文更穷滥而俗不可耐之《杀狗劝夫》。在嗜文者,则曰此鸿文,此名剧也。我固合于教部标准者也。则充其量,即连珠八股亦可选入,以不得谓非文学源流之一派也。而论文之文,亦须少选。如陆机《文赋》,钟嵘《诗品·序》,此固《标准国文》所选者。真不教《文赋》,仅教《诗品·序》一篇,预备六小时,讲授四小时,于其间数十家派,还其来历,评其作风,而不及一一举例,舌敝唇焦而学生茫然不解也。若欲于各家举几首作品为例以讲之,则我之预备须六十小时,而教授须四十小时。由此可知文学源流之难尽教也。故教部必须明定界限。

今日大学教授派之论中学国文教学,皆未知中学实际程度与实际教学情形者。先生能略知之而犹未悉其详细。故由观点之不同而与真主张有所参差。此书姑取来示中重要之点论列之。先生欲知高中一年级生之作文程度,可读拙著《中学作文教学研究》附录一。欲知教学详细情形,则可读拙著《中学读文教学研究》。而真于主张,则毫无自是之成见,亦绝无意气存于其间。学者主张固有幽没于一时而光显于后世者。故真之主张从不摇旗呐喊,依附大师;亦不率尔发言,贻误后学。

今日中学国文教学,如集群医以治疑难重症,教育部犹病家主人,重视英国皇家医生,柏林医学博士,而有资格最低,行医最久,诊断最细,处方最慎之无名医师如真者,投其方而不见信于人,在门外窃叹焉。先生名医之虚心者,独能下问及于无名医师,见其方而称许之,而犹有疑焉。若必再待病死数十万人,百方无效之时,而后始采及无名医师之方以姑试之。噫! 亦晚矣。(下略)

阮真致陆步青先生书论中学国文教学

(上略)生以为今日中学国文教学主张纷纭,莫衷一是者,实由国家教育政策缺乏系统研究而自相矛盾之故。今日吾国教育政策注重国防生产劳作,因而节减国文时间(中小学均较旧制减少),以增加理化劳作军训或童军时间。小学则课外作业活动,名目繁多。其目的似在养成能劳作能活动之儿童,而不偏重于能读书。一进初中,则每周上课三十五六小时,而益以各种课外之事。纪念周之外,益以各种集会与名人演讲;童军训练演习以外,益以课外运动早操跑步;音乐演说练习以外,益以各项劳作服务,并或有拳术练习。而学生自习时间,连星期日半天计算,至多不过每周二十四小时。分派各科自习,国文上课六小时,只能占自习四小时。以英算之自习时间,实二倍于上课时间也。可知初中课程重心,已在英算而不在国文,国文多教而少学。教师之教文三班者,动辄百三五十卷,则又多讲而少改。然初中情形,比较犹宜于教文也。一进高中,则每周上课至少三十七八小时,多至四十三四小时,教部规定本无如此之多者。各校增多,实有三因:一则集训三月,旷课须补授;二则书本教材太多,增设时间强灌;三则应付会考,补加复习。至于课外活动,则又较初中增多。除童军改军训其余与初中略同外,再加各科研究会。师范再加义小服务。故高中每周上课平均约四十小时,自习至多不过二十小时。分派各科自习时间,国文上课五小时,只能占自习二小时。英算自习当占十小时以上。其余则生物理化史地公民。画工虽不占自习时间,而课内不能作毕者,亦在自习时间补作之。教者工作,则与初中略同。故今日初高中之国文,教者学者皆不能集中精力切实教学,此实在情形也。

　　至于学生国文程度,小学毕业者,我无统计研究。初中毕业,会进高中一年,白话文通顺者根据一千三百八十四卷之统计研究,其及格程度占一百九十卷,约占 13.73%。尚有 86.27% 之成数,白话未通也。至于高中毕业生,我虽无统计研究,然据所教各班历届毕业生之观察,亦甚清楚。大约文言能通者(白话亦通),10%;能作文言而未通者(白话有通有不通),20%;作白话大致通顺者(不能作文言者),50%;作白话仍未通顺者(不能作文言者),20%。此今日初高中学生国文之实在程度也。

　　生之所以谓国家教育政策自相矛盾者有数点:一面增加理化劳作军训时间,而减少国文时间,一面提高国文标准程度甚远,一也。一面任凭各校加多各科上课时间,以及各种课外活动,不加限制,使剥夺学生自习时间,至无暇自习课内国文,而一面又提倡课外阅读,课外研究,二也(试问高中至多每周二小时国文应占之自习时间,将以一小时为课内自习,一小时为课外阅读研究乎?如锡师一二年级,每周上课四十三四小时,国文应占之自习时间,每周不能有二小时也)。一面在学美国式之教育以养成活动能力、服务能力、生产能力,一面在主张德国式之教育,拼命增重教课时间、教材分量,而犹提倡课外阅读研究、图书馆生活,以养成书生学者,三也(如今日大师对于中学国文教学之主张非绝对偏重读书不可。且须将全部自习时间专修国文一科)。日本学校上课时间亦多(无有超过每周四十小时者),但其教本甚薄,教材分量甚少,许多自习工作可在上课时了之,故上课虽多,不为病也。而中国则上课时数与教材分量均超过之。使在上课时毫无自习而又强灌不及,下课后又少自习时间,四也。此四者皆生所谓矛盾教育也。其所以矛盾者,以教部于教育政策,缺乏系统的研究、一贯的主张也。各专家之定中学课程标准者,缺乏教育的眼光和经验。国学大师之定中学课程标准者,尤缺乏教育的眼光与经验。乃于矛盾之中,再加矛盾。此在各科教学为害不著;而在国文教学则为害最显著矣。

在此矛盾之教育政策,矛盾之教学状况,矛盾之课程标准下,师生两困,教学兼疲,而中学国文教学之成绩,乃不得不如今日之状况。故处今日而言中学国文教学,则只能达到最低限度之工具应用目的为已足,即在初中能以通畅之白话文作文达意,并能读普通书报而已。初中二三年级之加读文言文,实为预备进高中后,读作文言计也。故生主张于初中一年级从速集中精力,切实教学,以学通白话文,而完成其最低限度之工具应用目的(因在小学时未能完成)。至二三年级乃得为高中读作文言之预备;并冀其能以最浅近简单之文言,写得日常应用文字。此必须为十二分之努力者,而能否达到,未可必也。至如《孟子》以及与《孟子》相当程度之古文,在初中读之,尚觉太早,当在高中一年级读之。吾人不求其读之能早,而欲其读之能收效最大也。至望初中毕业生能学通普通文言文,而为通畅之文言文章,此事实上所必不可能者。试思民元至民十年间,小七中四,受十一年教育之中学毕业生,学通文言文者几何?而今日初中毕业生,仅受教育九年,程度等于旧制中学二年生,既有文白两重负担,而国文时间又少于旧制小学七年级及中学一二年级,安能望其通乎?再思昔日书塾,整日读文,中材之士,十年而通。今日小学六年,读文时间,仅足半年。初中三年,读文时间,仅足半年(皆上课自习合计)。合计不过二年。即自初小一年级起,全读文言,岂能于此五分之一之教学时间中学通之耶?此事实上所必不可能者也(当然此二年与最初开始之二年不同。但平均仅及其五分之一之教学时间)。抑吾人凭主观之天才以望学生之速进,诚有欲速而不达者。生不敢谓今日初中学生天才无过我者,然不如我者亦多也。生自思自幼读书,至第九年始通(实足八年)。而其时所读经书古文,已过今日高中学生十倍矣。岂今日之中学生尽皆超过我辈之天才乎?抑今日之教材教法,优于昔日五倍十倍乎?(小学已优数倍,初中则相差不远,高中则愈改愈坏)各科之学习,固有可助进国文者,然亦有妨害国文者。吾人何不于此细思之耶?故今日教育政策、教学制度与教学环境,若不改变,而欲初中毕业生学通文言文,必不可能也。

然至初中毕业而尚有86%强未学通白话者,则大不可也。吾虑其文白夹杂而两皆不通也,故主张于初中一年级先集中精力以学通白话文。此就事实立言,情势所趋,不可挽也。夫子与汪先生之所希望于生者,亦从事实立言,为切实之指示,不为好高骛远之理论也。故审慎周详以立言,乃不得不如是。使果能学通白话文而又有相当读作文言之预备,则初中毕业生之国文程度,已可较现状提高数倍矣。生之所希望于高中学生者,亦仅在能学通现代需要之普通文言文也。故主张在高中一年级集中精力,切实教学,以学通现代通用文言文。至高中二三年级乃可为读作平易古文之预备。苟能达此最低标准,则高中毕业生之国文程度,亦可较现状提高数倍;至少可使大学不用再作基本国文之补习。按之实际教学之程序,当如是也。若谓此种预备,尚嫌不足,则高中必须文实分科以习之。实科以达到我之最低标准为目的。文科再求进而达到汪先生之标准(能略读经子及政论文)。至若今日教部所定之高中二三年级标准,与彼辈大师之所希望者,只能望于国学专科学校,而未必能望于大学文科也(因大学所求者为通才,故兼习西洋文哲与史地政法经济之较高常识。而国专所求者为国学偏才,不但不习西洋文哲,并有常识时务而未解者)。生所主张,固属实际之指示也。故非切实可行者不敢言。而于现时之错误,必为切实之矫正。必如是,乃始可以言提高中学生国文程度也。倘以实际教者之指示,而与国学大师犯同样之错误,不将误尽后学耶。学者主张,自必有其独到之见地与一贯之立场,审慎周详,以求其无弊。乃可以问世而无愧,乃可以行世而无罪。生以为高中毕业生不通所谓国学,不知整个文学源流,不足为病;以在大学犹可补习之也。若如现状之十九不通普通文言文,而在大学犹须补习基本国文,则大大不可。且在教学程序上,前者为顺,后者为逆。设虚心如汪先生者而犹有疑于吾言,则将见今后中学国文,仍以误投汤药,不能挽救。再经数年,大学将补习两年基本国文矣。所见如是,所信如是,望二先生详察之!

(下略)

百年语文教育
经典名著

中学国文教学法

1941

蒋伯潜 著

百年语文教育

经典名著

中學國文教學法

蔣伯潛 著

中華書局印行

自　序

　　近五十年来,我国的国文教学,可以分为两个时期:清德宗光绪三十一年废科举兴学校以前,是科举时期;以后,是学校时期。科举时期又可分为前后两期:前期以代言体的八股文①——"四书"文——取士,这是远承明代的遗制(明宪宗成化时,八股文之体始备;虽然梁杰《四书文源流考》谓南宋杨诚斋汪六安诸人为之椎轮,文文山居然具体,元仁宗延祐中定科举考试法时,王充耘的《书义矜式》已详述八比之法式)。后期废八股,改用经义策论了。这两期,所学习的文体虽然不同,其目的和教法却大同小异。那时候,学习国文的目的,完全在应试,在取得科名;国文——无论是八股文,是经义策论——不过是科场的敲门砖,非此不足以入金马之门,玉堂之署。家塾里教学国文,是个别的教授,初期专重在读,教材以"四书""五经"为中心,虽后期因为要做策论,所谓时务历史也列为教材的一部分。学校时期,也可分为前后两期:民国八年五四运动以前是前期,教材完全采用文言文;以后是后期,语体文便抬头了。小学教科书用语体文编撰,民国五年,由于业师钱均甫②夫子的竭力主张(彼时,钱师在教育部供职),已在那时所谓京兆区域内(即北平市)试行了;中学国文教材之采用语体文,却仍在五四以后。学校时期的国文教学,和科举时期不同:其一,科举时期家塾中用的是个别教授,学校时期却采用班级制了;科举时期,国文是唯一的学科,学校时期,国文只是许多学科中的一科了;科举时期,每一个读书人必须读几部经书,起码是"四书"和《书经》《诗经》《易经》《春秋》《左传》……,学校时期的前期,也还有"读经"一科,不久便已废止,国文教材都是零碎选集的文章,前期选用的是古人的文言文,后期选用的却有近人的语体文;科举时期,教初学专重在读,读到相当的时候,方开讲,方教他们学习作文,学校时期,则小学里便注重讲了,便要造句作文了,中学以上,竟完全重在讲,不重在读了。——这是五十年来我国国文教学变迁的大概。

---

　　①　八股文:明清两代考试用文体;正式名称叫"制义""制艺",别称甚多,有时文、八股、八比、四十文、四书文等。(编者注)

　　②　钱均甫(1880—1969):即钱均夫,名家治,浙江杭州人,原中央文史馆馆员,任职于民国政府教育部,后任浙江省教育厅省督学,是钱学森的父亲。早年留学日本。清末章太炎在日本办章氏国学讲习会,主要由钱均夫发起,当时听讲弟子有鲁迅、黄侃、钱玄同、朱希祖、许寿裳、沈尹默等人,极一时之盛。著有《逻辑学》《地理通论》《外国地志》《西洋历史》等。(编者注)

现在中学生国文程度之一般的低落，几已成为大众公认的、无可讳饰的事实。每次文官考试后，我们常在报纸上看到典试的先生们的谈话，认为国文试卷内有许多是文理不通的。我在浙江，曾四次主试中学生毕业会考的国文，也觉得成绩一届不如一届。一般老先生们以为中学生国文程度低落的原因，在乎学校时期的国文教学不如科举时期的家塾；五四以后的学校的国文教学不如五四以前。科举时期，青年们的精力时间，完全灌注耗费于国文，学校时期，学科繁多，便致精力不专，时间不敷了；科举时期，用个别指导的教学法，而且须熟读几种整部的古书，学校时期，则采用班级制的集团教学法了，教材只是单篇的文章，即有选自经、史、子者，也都是割裂的、零碎的，近来竟参用"引车卖浆者之言"的语体文了，而且讲过便算了事，并不责令熟读：这些，都是国文程度低落的主要原因。我以为学校中科目繁多，青年们不能专注其精力，专用其时间于国文一科，诚然不及科举时期学习国文的用心之专一，时间之充分。可是，平心而论，科举时期，也有许多白首而不能通文理的老童生。个别教授，学校里又何尝绝对不能采用？整部的古书，能阅读，能了解，且能成诵，当然是好的；可是科举时期不求甚解的死读，即使完全成诵，于国文也没有多大的好处。讲与读，本应并重；只读而不讲，只讲而不读，都一无是处。至于教材，科举时期，几乎全以经书为范围；经书之外，无非是几篇时文、几首试帖诗而已。所以中学生国文程度的低落，其原因，不在乎上述种种，而在乎国文教学的自身。此后，如果希望提高一般中学生国文程度的水准，不得不在国文教学的本身上着想；教学的目的，教师的素养，课内讲读的教材和教法，习作的指导和批改，各种课外工作的指导，教师的进修……，都应当平心静气地，逐一加以检讨，以求改进！

我自民国八年五四以后，在旧制新制的中学师范教授国文，已二十年。前年避地来沪。今年上半年，执教于大夏大学，所任之课，有中学国文教学法一学程。参阅时贤所著国文教学法，大抵偏重于教学原理，陈义甚高。乃就二十年经验所得，草成此编：虽卑之无甚高论，但力求其切合于实际情形，冀稍有助于同学诸君将来之应用。书成，就正于业师张献之[①]夫子及学兄董任坚[②]先生。张师为介绍于中华书局，这本书就草草印行了。我自知学识浅薄，虽在中等学校教授国文已二十年，实际上并没有什么心得。纰漏之处，尚望中等教育界同人，予以教正！中华民国二十九年冬十二月，蒋伯潜序于沪西寓庐。

---

① 张献之(1877—1945)：即张相，原名廷相，字献之，浙江杭州人。早年任杭州各学堂教师，讲授古文与历史。后应上海中华书局之聘，任编辑所副所长，后辞职。除主编文史课本外，又编有《古今文综》十册。1936 年与舒新城、沈颐、徐元诰等人主编《辞海》。五十岁以后，专门研究诗、词、曲中不曾有人解释的语词，写成《诗词曲语辞汇释》，对研究古典文学和近代语汇贡献甚大。学识渊博，治学严谨，桃李满天下，金兆梓、郑午昌、徐志摩皆是其弟子。(编者注)

② 董任坚：现代教育家，与叶企孙、李济、查良钊同行去美留学。曾任上海市立师范专科学校校长，与蒋伯潜友善，著有《大学教育论丛》。(编者注)

绪论　国文教学的目的与国文教师的素养

　　我们充任中等学校国文教师的,在研讨中学国文教学法之前,当先明了二事:(一)中学国文教学的目的;(二)中学国文教师的素养。

　　国文教学的目的有二:

　　（一）　正目的

　　国文一科所特具的教学目的,是:"使学生对于生活所需的工具——国文——能运用,能了解,且能欣赏。"

　　（二）　副目的

　　国文科与其他学科同具的教学目的,又可分为两项:

　　（甲）"使学生了解我国固有文化之一部分——学术和文学的流变。"

　　（乙）"使学生明了我国固有道德的观念及修养的方法,并培养或训练其思辨的能力。"

　　本国的文字,和语言一样,是国民生活上所必需的工具。一国的国民不能运用他本国的文字,生活上所感到的苦痛,和不能运用语言一样。哑子不会讲话,无由表达他自己的情意;聋子不会听话,无由了解他人的情意。不能运用本国文字的人,一方面不能以文字表达自己的情意,一方面不能从文字上了解他人的情意,不是和哑子聋子们一样了吗? 因为文字和语言,同是我们表达情意的工具,同为我们生活所必需的。更进一步说,文字本所以济语言之穷;语言只是口头所发的声音,声音不能传于异地,留之异时,所以才造出这种代表语言的符号——文字——来。如不能运用文字,则我们耳所闻,目所见,身所历,心所感想的言语、事物、情感、思想,都不能把它们记录下来,以助我之记忆,更谈不到传于异地,留之异时了。用文字记录表达所闻见、所经历、所感想的言语、事物、情感、思想,而能艺术化,便有供人欣赏的价值,这就是"文学的技巧"。教中学生国文,不能希望他们的作品都有文学的技巧,有供人欣赏的价值;可是欣赏别人作品的能力,是应当养成的。所以使中学生对于他们生活所必需的工具之一——国文——能运用(用以记录表达),能了解,且能欣赏,是中学国文教学的正目的。

副目的——
（一）了解我国学术、文学的流变

现行部颁中学新课程标准，把"了解我国固有的文化"，列为国文教学目的之一。我认为："了解我国固有的文化"，是教学本国史，尤其是中国文化史的正目的；在国文科，只能作为一种副目的。而且"文化"一词，所包甚广，国文科所能使学生了解者，不过其一部分，关于学术文学流变的一部分而已。教学时，还得顾到学生的智力和学力。初中学生，决不能使他们完全了解学术文学的流变；即欲勉强注入，非但事倍功半，结果怕竟是注而不入。所以使学生了解我国学术文学的流变，这一项是国文教学的副目的；须高中阶段完了时，方能达到。

（二）获得明确的道德观念、正当的修养方法

道德重在笃行实践，修养须从身体力行中下功夫；单靠文字上口头上的说教，不一定就能使学生实践。所以，我认为国文教学仅能使学生获得我国固有道德的明确的观念，知道修养的正当的方法；更进一步，也只能鼓励他们对于道德的修养，下体验存养的功夫而已。将来究能修养到如何地步，能否成德，则在他们自己努力了。而且这一项，可以说是整个学校教育的目的，须全体教师都能以身作则，方可收效的。所谓"以身教者从，以言教者讼"，正指这种关于道德修养的教育而言。教师对于自身的言行，不知检点，教学国文时，却以道德的说教者自居，能不引起学生"夫子教我以正，夫子未出于正"的反感吗？万一反唇相讥，便是"以言教者讼"了。国文科应采用关于道德修养的教材，国文教师对于学生的道德修养，也应负以身作则的责任，这都是当然的。不过以此为国文教学特具的目的，以为借文字语言的说教，便可达到这种目的，则未敢苟同。

（三）培养思辨能力

第二项副目的中，还包含着"培养学生思辨能力"的一点，也得加以说明。一般人以为国文教学的目的，在使学生有正确的思想。我想，"三民主义"，是我们公认的正确思想。现在世界上三大政治思潮形成的三大政治集团，全能的国家，民治的国家，共产的国家，也可说是三民主义的片面的、畸形的发展。这种正确的思想——三民主义——已有公民科在那儿专负责灌输之责了，所以国文教学已没有把它列为正目的的必要。国文教学的任务，在怎样培养训练学生的思辨能力。这在教学论辩文时，固然可以收到相当的效果；其实，即使文字的校勘训诂，名物事实的考证，习作的指导批改等，都可借以训练学生的思辨能力。学生如果能辨认是非、长短，并且推而

广之,对于一切事理都能慎思明辨,审别其曲直、邪正、轻重,就不致盲从曲解,而误入歧途了。

总之,国文教学的正目的,还在文字方面;副目的,却在内容方面——知识的获得,道德的修养,思辨力的培养训练。国文教师所负责任之重大,即此可见。他们不但须对学校及教育行政机关负责,对学生及其家长负责,还须对社会、对国家负责哩! 因此,国文教师便不能不有其相当的素养了。

国文教师应有的素养,第一,须有相当的学力。不但对于他所选授的教材,要有详明精确的、完全彻底的了解;就是文学史、学术史、文字学、修辞学、文法以及各种文学都应该有相当的常识。第二,须有熟练的技能。如讲的方面,须有清晰流利的口才;作的方面,不论语体文言,须有明白晓畅的文笔;写的方面,不论在纸上,在黑板上,须能写行书楷书,而且写得敏捷,写得清爽,写得正确;尤其是批改方面,须能看出学生习作中的疵病,予以增删改润,而且指示其所以然,批改得好,并且批改得快。第三,须有清灵的头脑。头脑清楚的国文教师,方能了解时代思潮,了解现代青年们的心理,尤其是学习心理;头脑灵敏的,方能运用教学的方法;反之,头脑不清而笨拙的教师,决不能教出文思清爽而敏捷的学生来。第四,须有弘毅的愿力。愿弘,故有希望学生青出于蓝而青于蓝的热诚;力毅,故有"人不知而不愠"的"诲人不倦"的精神。第五,须有中和的态度。对学生,则温而厉,威而不猛,公正而不偏颇,是曰"中";对同事,则和而不同,恭而安,是曰"和"。其实,这五者,是一般教师所应同具的,不过"学力""技能"二项的内容,各科教师不同而已。

国文教师的素养

(一) 学力

(二) 技能

(三) 头脑

(四) 愿力

(五) 态度

本论一　课内讲读

　　国文教学,可以分作三大部分:(一)课内讲读,(二)习作批改,(三)课外阅读及其他活动的指导。课内讲读,指课内选文精读而言,在国文教学中,大家都知道它所占的地位之重要,可以说是全部国文教学的中坚,所以首先提出来讨论。

　　"教学"和"教授"不同。教授完全以教师为中心,学生只处于被动的地位,只须"受教",不必"自学";教学则以学生为中心,不但须使学生有自学的机会,而且须加以督促、辅导和鼓励;就是教师方面的"教",也得顾到学生的需要、能力和兴趣。此在各种学科,莫不皆然;而以国文一科为尤甚。因为我国的国文教学远承科举时代的遗习,学生完全处于被支配、被拘束的地位,教师施教时,并不顾到学生的能力和兴趣;所谓需要,不过把国文当作科场应试的敲门砖而已。现在,教学国文的目的既和科举时代不同,则对于国文教学的态度,也得根本加以改革了。

　　从前科举时代,私塾里初期教授国文,只重记诵,并不讲解;开讲以后,也仍偏重在读。现在学校里,则从初级小学起便注重讲了,不过小学里还有教学生熟读的;一入初中,便完全偏重在讲,而且只讲不读了。无论讲得如何明白,讲而不读,读而不熟,则教材自教材,学生自学生,仍丝毫得不着益处。因为只读不讲,好比吃东西,并不咀嚼,便囫囵地吞下去;只讲不读,又似细嚼之后,仍把它吐了出来,其不能充肠疗饥,不是和食而不化一样吗? 何况文字的音读,诗文的声调,非朗读不能娴熟领会呢? 所以讲读两项应当并重,不但教学文言文如此,教学语体文也须如此;不但教学散文如此,教学诗歌更须如此。

　　说到课内讲读,我们便得想到两个问题:一是讲读些什么;一是怎样讲读。前者是关于教材的问题;后者是关于教法的问题。教材应如何选择? 选定的教材应如何排列? 所谓课内讲读,应当有几个步骤? 上课前的工作如何? 上课时的工作如何? 上课后的工作如何? 这些都是本编所要讨论的问题。兹就个人经验所得,分章述之。

第一章　教材的选择与排列

　　小学毕业生升入初级中学时,对于国文科的教材,一定会感到异样。小学的国语教科书是特地为他们编撰的;初级中学的国文教材,无论是由教师自己选的活页散篇,还是由书局编的教科书,都是从古人或现代人的现成作品选取的,并不是特地为学生们编撰的。小学的国语教科书是完全用语体文编撰的;初级中学的国文教材,便须参以文言文了。特地为小学生编撰的教材,处处求合于儿童心理及其生活经验;成人的作品,古代的或现代的,除儿童文学外,所表达的、所记录的,都是成人的心理及其生活经验。成人的心理与生活经验,与儿童不同;他们初入中学,初次阅读这种教材,定会感到异样吧!读惯了语体文的小学毕业生,初次看到文言文,不但句法大不相同,连有些最平常的字,在他们看来,竟是生字了。例如语体文常用"道"字、"说"字,文言文则用"曰"字、"云"字;"也"字的用法也不同了。这也会使他们感到异样。所以教师选取初中一年级的教材时,得特别加以注意。

　　对于选择教材,中学国文教师的意见,最为分歧。大致可归纳为新旧两派。旧派有主张多选周秦两汉古文者。他们以为这是我国文章学术之渊源,而且那时代的作品是没有格律拘束,自由发挥的。古代的文章,虽然也有易于了解的,富有趣味的;但究以时代去今太远,字之音义,句之组织,不但与现代的语体文不同,且与近代的文言文殊异。例如《战国策》"冯谖客孟尝"一节,常被选为初中一年级的教材;其中"责毕收,以何市而反"句,"责"为古"债"字,"市"作"买"解;"责毕收"就是"债收完了","以何市而反"就是"拿所收的债买了什么回来";"责"字音义俱异,"市"字义异,"毕收"与"收完","何市"与"买什么",句法亦异了。以此为教材,便与向来全读语体文的小学毕业程度难以衔接。其实,多选秦汉以前的古文,和以习作语体文为主的初中学生,也不甚合式。有主张多选古今论述学术思想之文者。他们认为必如此,方可使学生知道我国学术思想之变迁,了解我国固有的文化。"了解我国固有文化",是历史、本国文化史的正目的;国文并非教学文化史、学术史的专科,中学生亦未必个个预备升学;即升学,亦决不会个个都专攻中国哲学史的。所以这种主张也是不对的。有主张多选唐宋八家及清代桐城派古文者。他们认为这一派古文较为平易，虽亦难工，却系易学。照这一派的主张，大可定姚鼐的《古文辞类纂》为中学国文教本。姚氏此编，可谓能确立桐城派的古文义法。以桐城义法而论，其编选不可谓不"精"。若以与不立宗派之古文家曾国藩所选编的《经史百家杂钞》相较，尚觉其范围之狭隘，内容之空疏。故即欲研究中国古今文章之变，亦嫌其局于一隅，何况于中学生初自语体文参习文言文者的程度，现代生活的需要，均不适合呢？又有主张用整部古书为教材者。他们认为古代有价值之书，必须整部读，不能割裂，故有以"四书"为教本者，甚至有以《东莱博议》为教本者。古代有价值之书，应整部读，不能割裂选取，仅尝一脔；不能含糊笼统，仅讲概论：这意见是对的。但此专为大学阶段专攻中国文学、中国哲学的学生说法。中学生则国文科的授课时间有限，仅能读一两部古书而已；而且每种书各有它的特殊体例，或专为论著，或纯为记述；这样选择教材，即以专读古书而论，亦嫌太狭太偏；何况现代中学生并不需要专读古书呢？至于《东莱博议》①等，那更是"自郐以下"②了。

　　我们再来看看所谓"新派"的主张吧！他们有主张专选讨论问题研究新思想的论文者。他们认为现代的中学生应了解现代的思潮，注意现实的问题；此种教材，可以增进知识，开发思想，引起讨论研究的兴趣。民国八年五四运动以后，号称新文化运动的急先锋的浙江省立第一师范的国文教材，便以问题为中心，选取各种意见不同的论文，叫学生自去阅读，上课时提出讨论。他们完全把"国文教学是文字语言的运用之训练"的意旨抛却了，而专注意于它所载的内容。此非国文已有相当程度的成材，便不应这样教学；而且这样取材，是在教政治、经济、社会等科，不是在教学国文了。何况研讨社会问题、现代思潮，非于政治、经济、社会以及生物、法律等专门学问都有心得的，决不能有真知灼见。这样教学国文，教者既有"强

---

　　① 《东莱博议》：南宋吕祖谦著，又称《东莱左氏博议》，虽是"为诸生课试之作"，却多有吕祖谦的真知灼见。全书共二十五卷，以《左传》所写的史实为题，分析透彻，议论明达，不少地方，阐发了他卓越的史学思想。（编者注）
　　② "自郐以下"：春秋时吴国的季札观乐于鲁，对各国的乐歌皆有论赞，唯"自郐以下，以其微也，无讥焉"。缘郐国以下诸国国小政狭季札置而不论。后因用"自郐以下"或"自郐无讥"比喻不值一谈。（编者注）

（二）多选新旧语体小说

不知以为知"之嫌，学者也易养成一知半解便自命不凡之病。

有主张多选新旧语体小说者。他们认为中学生既喜阅读小说，何妨因势利导，以收事半功倍之效；且阅读语体文的小说，于学生习作语体文亦大有裨益。可是，小说是否都适于选作教材，是一个问题；中学生学习国文，是否应专学小说，又是一个问题。在课堂里讲小说，中学生怕都倾听小说中所叙述的事实，所描写的人物，不复注意于小说中的文辞；这和坐茶店、听说书，又有什么分别？

（三）多选新文艺

又有主张多选新文艺，如小说、话剧、白话诗者。他们认为这些教材，不但可以引起学生研究新文艺的兴趣，而且于写作语体文、演说、辩论等，都有好处。我以为中学生不是来专学新文艺的，不是都要做新剧家、新诗人的。现代文艺的作品虽多，还都是些尝试的、未成熟的作品，适合于中学国文教材者更少。译作中，欧化的句调更多；中学生用中国语调做语体文，尚且不能完全通顺，又教他们学那些欧化的语调，不是画虎不成反类犬吗？曾见有几位新文学家屈就了初中国文教师，把他们自己的杰作，小说、剧本、新诗，选作教材，教授学生。学生们对于这些教材读得腻了，并不感到什么兴趣。有一位新诗人选作教材的大作，题目是"赋得直奉之战"，他那首新诗道：

> 去年这个打那个，
> 今年那个打这个，
> 为什么打？
> 打给别人看看！

除了试帖诗式的题目和原文分行写以外，我竟找不出一点儿诗的气味来！岂但不成"诗"，而且不成"话"！这也可以选作国文教材，则字纸篓里都是教材了！

选择教材的原则

选择国文教材，我以为：第一，须顾到国文教学的目的；第二，须顾到中学生的年龄程度；第三，须顾到此时此地的需要。现在根据这三条原则，列举选择教材时应注意之点如下：

（甲）教材的形式方面

形式方面

词句

（1）词句　语体文用词过于新奇、生僻者，句子太长、太复杂，或强求欧化者；文言文用词过于古奥、生僻者，句法太奇特与现代文法相去过远者，所用典实过多，近于堆砌者，勿选。

187

文句中有语病——文法错误或论理悖谬者,不论文言语体,皆勿选。

章法
篇幅

（2）章法　思路不易辨认,段落不易分清者,勿选。

（3）篇幅　篇幅过长者,勿选;尤其是文言文,尤其是在初中。

词气

（4）词气　有傲慢、夸大、虚伪、卑劣、粗鲁等词气者,勿选。

时代

（5）时代　作品的时代,原可不必过于拘泥,因为古代作品中反有较近人作品易于了解者。但就大体说,则初中教材自以现代及近代为宜。

体裁

（6）体裁　文体的类别,有以作法分者,如近人分文体为记叙、描写、议论、说明、抒情五种;有以应用的格式分者,如姚鼐《古文辞类纂》所分之十三类,曾国藩《经史百家杂钞》所分之十一类;有以章句组织的方式分者,如韵文与无韵文,骈文与散文,文言文与语体文;扩而充之,则辞赋、诗歌、戏剧、小说为纯文学(文艺),其余为杂文学(文章)。选择教材时,最好勿偏于一隅。但又当顾及学生的程度,骈文辞赋之类,决不宜于初中;又当顾及现代生活实际的需要,最近修正之中学国文课程标准,规定"体裁不合现代需要者"选材时须避免,所以与其教学"诚惶诚恐、死罪死罪"的奏议,"钦哉钦哉"的诏令体,不如老老实实地教他们写信写便条。

内容方面

（乙）教材的内容方面

知识

（1）知识　可以使学生了解我国固有文化,世界近代文化,能增进一般常识而内容不过于专门者。

修养

（2）修养　可以发扬我国固有道德,指导青年身心修养,振起民族精神,训练思辨能力,而不违反三民主义与国家体制及政策,不含有消极颓废的意态者。

生活

（3）生活　合于现代生活实际的情形,为青年生活经验中所应有,或将来生活上所需要者。

乡土

（4）乡土　如游记之类,应将学校所在地的名胜选进去,尤其是学生旅行所到的地方;如名人传记之类,应将学校所在地的先贤选进去,尤其是那些民族英雄,苦学生出身的学者。

总之,选教材时,能注意上述各点,则于国文教学的目的,"虽不中,不远矣。"

教材的排列
问题

教材既选定了,如何排列,也是值得讨论的问题。近人有

体裁 学术 文学	主张以问题为中心的(如五四后浙江省立第一师范的《国文教材》,当时有铅印本)。有主张以文章体裁为标准的(这又和《古文辞类纂》等书差不多了)。有主张以学术源流为次序的(民国十二三年,浙江省立第一中学的国文教材曾这样排列)。有主张以文学流变为先后的(每一时代,每一种文学的变化,都应有代表作,由古及今,顺序而下;胡适曾如此主张,部定课程标准高中部分曾采胡氏主张,最近已修正)。有主张以文章
作法	作法为准则的(先教记述文,由记静态的至记动态的;后教议论文,由说喻而倡导而对辩,由小事而大事;梁启超曾如此主张)。可是,中学的国文,不是专教议论文,专讨论问题的;也不是专教文体论、学术史、文学史的;前四种主张,我认为都不足取。第五种梁启超氏的主张,比较适合,但亦不可太拘,因为全学期或全学年,专教一种作法的文章,未免太板滞太枯燥
注意之点	了。即使要照时代排,与其自古及今,不如由今溯古;即使要顾到体裁,也应当先教合于现代实用的,然后及于古已有之的,在初中竟不必每体皆备。除此以外,篇幅的长短也当顾
篇幅 程度	及,由短而长,按年递进。最要紧的,是按程度由浅而深。所谓文章的程度,词句上、艺术上、内容上、意境上,各有其深浅。如鲁迅的《秋夜》,以词句内容而论,并不见得怎样深,可是它的艺术、意境,却非初中一年级学生所能领悟;而现在编教科书的,教国文的,往往把它排在初中第一学年第一学期之首,怕也未必适当吧! 教学的时序,也当顾到,由春而夏,由秋而
时序	冬,顺着时序排列。秋季开学的时候,教记新年景象的文章,暑假将到的时候,教描写雪景的文章,寒假刚完的时候,教中秋赏月的诗歌,总有些不合式吧! 尤当注意的,是语体文和文
语体文和文言文	言文的排列与分配。初中一年级新生,刚从小学里出来,语体文得占全部教材的十分之七八;以后,语体文按年渐减,文言文按年递增。最好,以一星期或两星期为一单元;每一单元选
中心教材和附属教材	一篇或两篇中心教材,再选几篇和中心教材的题材、文体、作法、时令⋯⋯有关系的为附属教材。中心教材由教师正式在课内教学,附属教材由学生自己在课外阅读比较。总之,排列教材,须有系统秩序,须顾到上述各方面,杂乱、重复、板滞、程度不合等弊病,是要竭力避免的。

第二章　预习的指导

从前教授国文的方法,单重在"教授",只是教师把自己已有的知识传授给学生,灌输给学生;现在教学国文的方法,应当"教"和"学"并重,不但传授知识,而且须传授求得知识的方法,训练学生自动学习的能力,培养学生自动学习的兴趣。这就是孟子所谓"欲其自得之",也就是所谓"自学辅导"。所谓"自学辅导",是要辅导学生自学,不是放任学生"不学"。正和保姆搀扶着两三岁的孩子学步一样。所以课前的预习占极重要的地位。叫学生预备,不仅指定预习的项目,让学生自己去瞎碰,教师须负指导他们的责任。怎样去指导呢?这就是本章所要述说的了。

教初中第一学年第一学期的学生,应当有"预习的预习"。所谓预习的预习,就是指导训练学生们运用工具书。运用工具书,是自动学习的基本技能。初中学生所须运用的工具书,无非字典辞书之类。近年新出的字典辞书,有什么

"五笔检字法""四角号码检字法""一笔检字法""点线面检字法"……可是以部首编排的字典辞书如何检查,仍得教他们学会;否则有许多工具书,如《康熙字典》《中华大字典》之类便不能运用了。以部首编的字典,检查某一字时,须先从这个字的笔画总数里,把这字所属的部首的笔画数除去。再按所余之数在这一部中去查。但四笔的"王"字属于"玉部",减去玉字的五笔,不是负一笔了吗?如以"王"字列在部首"玉"字之后为例,则"鸟"字应当编入"鸟部",列于部首"鸟"字之后了,但它又偏偏编入"火部"的六画里。从"火"的字,把火字写在下面作四点的,本也不少,如煎、煮、熬、烹、热、熟、焦、烈……可是鸟、燕、焉、无,下面的四点,并不是"火",何以也列入"火部"?这些,不能不说是部首编排法的缺点。为检查便利计,不得不将这类字先行说明。又如"亻"旁同"人部","刂"旁同"刀部",在右之"阝"同"邑部",在左之"阝"同"阜部"(如部陪),在旁之"忄"与在下之"小"同属"心部"(如怡恭);楷书同一从"月"的字,或属"月部",或属"肉部"(如从月之胐,为晦而月见西方;从肉之胅,为古代迁庙之祭)。"罒""罒"虽形体微有不同,而皆属"网

部"(如罕罪)……遇到这些字,初学的人往往不易检查,也得先加以解释。至于分韵编辑的工具书,如《经籍籑诂》①《佩文韵府》②之类,中学生未必用得着,等到高中三年级时再教他们检查也不迟。

反切

　　要查的生字查到了,可是有许多字典辞书,不用国音字母注音,而用反切注音,学生们往往仍读不出它的音来。所以简单的反切法,也得预先指导一下。教反切时,陈义不可过高,向他们讲什么声韵学,要他们读《切韵指掌图》。如其他们在小学里已学过注音字母拼音,那就容易得多了。反切,用二字以切一字之音:上一字为发声,必与所切之字为双声(即同属一声母)。下一字为收韵,必与所切之字为叠韵(即同属一韵母)。把这上下二字之音连合快读,便切合成一音了。例如"不一切"便是"必","极异切"便是"忌"。可是有许多反切,无论你读得怎样快,仍不能切成一音。例如"奴低切",便不易切出"泥"来;"当孤切",便不易切出"都"来。因为"奴"是"讷吾"切,"低"是"德衣"切,"奴低切"仅用"奴"音之"讷","低"音之"衣";"讷""衣"二音连合快读,便是"泥"了。"当"是"德昂切","孤"是"格吾切","当孤切"仅用"当"音之"德","孤"音之"吾";"德""吾"二音连合快读,便是"都"了。注音字母之声母仅取一字之发声,其音极短促,韵母仅取一字之收韵,完全读成"元音",所以易于切合;反切则随意取用现成的汉字,发声的上一字多带着收韵,收韵的下一字多带着发声,非把上一字的收韵、下一字的发声除去,便读不出所切的

三合音

音来了。反切又有所谓"三合音"(普通是二合音,即发声与收韵合成一音),那就是在发声与收韵之间加入一个介音,以别等呼,其实和以注音字母注音,于声母韵母之间加入一介母同一道理。如以"黑乌"切"呼",以"古华"切"瓜",是二合音;若以"呼瓜"切"花",即无异以"黑乌华"三音切合而成"花"音,便是三合音了。"乌"即注音字母之介母"ㄨ",用以表示"花"

四等呼

字音须带合口呼。原来我国字音,有四等呼:(一)开口呼,(二)齐齿呼,(三)合口呼,(四)撮口呼。开口呼如"他"(ㄊㄚ),齐齿呼如"丁"(ㄉㄧㄥ),合口呼如"花"(ㄏㄨㄚ),撮

---

① 《经籍籑诂》:清阮元(1764—1849)主编,训诂学著作,共一〇六卷。(编者注)
② 《佩文韵府》:清张玉书(1642—1711)等奉敕编,类书。二百一十二卷。佩文,康熙帝的书斋名,取汉王褒《四子讲德论》"今圣主冠道德,履纯仁,被六艺佩礼文"语意名斋。(编者注)

口呼如勋（ㄒㄩㄣ）。用ㄧㄨㄩ三介母别"齐齿呼""合口呼""撮口呼"，说破了，也没有什么深奥的道理。又如"见"母

刚音、柔音

"溪"母原各有刚柔二音，故注音字母以"ㄍ"注见母之刚音，"ㄐ"注见母之柔音，"ㄎ"注溪母之刚音，"ㄑ"注溪母之柔音，原已分得很清爽。可是用反切的字典辞书，却还刚柔不分，所以"规"字还有用"居隋切"的，"窥"字还有用"去随切"的。其实"规"是见母之刚音，"居"是见母之柔音，"窥"是溪母之刚音，"去"是溪母之柔音，所以切出来的音和我们口头上的音微有不同。这是反切不如注音字母之点，也得先和他们说明。又如"眉"字或用"武悲切"；（《广韵》即是如此，这在声韵学上

类隔

叫作"类隔"）。武悲二音决不会切出"眉"的声音来的。原来古无轻唇音，所以"武"读若"母"，有m的发声，在注音字母属于"ㄧ"母。（和尚们念"南无"，无字尚读古音）。"母悲切"，便是"眉"了。这是古今音变的缘故，也得先和他们说明。——我并不是说，这里已把反切的法儿讲仔细了，不过举例说明，教学生学反切时，有许多事项须先加以说明而已。倘能先加说明，先叫他们实地练习，教学反切，并不是十分困难的事。

四声

我国字音，还有所谓"平""上""去""入"的"四声"。分别四声，从前本有四句口诀："平声平道莫低昂，上声高呼猛力强，去声分明哀远道，入声短促急收藏。"其实，这四句口诀，还是就"平上去入"四字望文生训。四声的分别，简单地说，重在音的长短；好像音乐中以几拍子几拍子分别音的长短。平声最长，上去次之，入声最短。"平上去入"便是就平声、上声、去声、入声字中，各取一字以为名，和表示声类的"见溪群疑……"表示韵目的"东冬江支……"一样的。齐梁时，初有四声的分别。梁武帝曾问周颙："何为平上去入？"周颙答道："天子圣哲。"他就四声中各随便举了一个字为例，脱口而出地编成了这句话。以"平上去入"代表四声，以"天子圣哲"代表四声，原是一样的；即此类推，我们说"王道正直"也可以，说"东董冻笃"也可以，说"松竦宋速"也可以，说"江讲绛觉"也可以。初中学生能懂得这一点，已很够了。除四声之外，还有清音浊音的分别。四声是音的长短缓急，清浊却是音阶的高低。

清浊

譬如乐曲简谱中的"1"和"i"，便一是浊音，一是清音了。"方"是清音，"房"是浊音，不正和它们一样吗？

破音字

最麻烦的,还有那些破音字。例如"乐"字,作"音乐"用,作姓用,读它的本音,音"乐",是入声;作"快乐"用,便要读它的破音,音"落",虽然也同是入声,因为要表示它的声音变化,在它右下角加一记号;如作"爱好"用,如《论语》"知者乐水,仁者乐山"之乐,也得读破音,音"义效切",是去声了,在它右上角加一记号。又如"恶"字,作"善恶""丑恶"用,读它的本音,音"垩",是入声;作"憎恶""羞恶"用,便要读破音,音"坞",是去声,在它右上角加一记号;作"何"用,作叹词用,也得读破音,音"乌",平声,在它左下角加一记号。又如"夫"字,作"丈夫""夫子""车夫"……用,读它的本音,平声,清音,音"肤";作助词、指示代词、指示形容词用,便当读破音,虽仍是平声,却变成浊音,音"扶"了。所加的记号,或用个小圈儿,或用个圆点儿,按破音的平上去入,分别加在它的四角,如:

现在一般人对于破音字读错的很多,所以破音读法,也得先加以说明。

同字异义

一个字往往有好几个意义,这叫作"同字异义"。在这一句里当取甲义,在那一句里当取乙义……,去取之间,应加一番斟酌。例如最普通的"子"字,"子丑……"之子,便是十二支之首,或指半夜时候;"父子"之子,便指儿女;古人对话中常用之子,便和尔汝同为第二位人称代词;公侯伯子男之子,则为五等爵之一;鸡子鱼子,则以指动物之卵;柏子椰子,则以指植物之果;子金母金之子,则又以指金钱之利息;"墨子、孟子"之子,则或以指有道德学问之人,或且以指其所著之书;子又可以作动词用,以表爱之如子(如《中庸》"子庶民");可以作名词之语尾用,如房子、帽子……;殷代之君姓子,则又为一姓。诸如此类,在检查字典时,必须按用这字的句子,就许多异义中,选定其一了。又有同一字,意义也差不多,而用法不同,其词性亦异者,这叫作"同字异用"。例如最习见的"人"字,明明是名词。但如"人其人"(韩愈《原道》),由上人字作动词用;如"人参""人鱼"……,则人字为静词;如"豕人立而啼"(《左传》),则又作副词用,以形

同字异用

容动词"立"字了。这些,也得先告诉学生。

　　标点符号的用法,也得在第一学年开始时,预先加以说明指导,虽然他们在小学里已学过了。标号的用法,可以确定这一个专名的性质。例如"孟子",有时是指孟轲这个人,便应用"——"号;有时是指《孟子》七篇这部书,便应用"《》"号了。如其地名用"＝＝"以别于人名之"——",则"河南项城"便是地名;称袁世凯为袁项城,便又是人名了。点号用以表示文句的意思,有时一个","号的有无或移动,文句的意义便有变动。例如《论语》子曰:"民可使由之,不可使知之",便有两种点法:(一)"民可使由之;不可使知之。"(二)"民可,使由之;不可,使知之。"又如我们常听到的笑话:"落雨天留客,天留人不留。"若把点号移改,意思便不同了:"落雨天,留客天,留人不? 留。"又如单用一个"来"字为一句,可以加三种不同的点号:(一)"来。"(二)"来!"(三)"来?"说话的意义神态便不同了。现在,无论是教科书或是教师选印的教材,都把文章标点好了,发给学生。这和母亲把饭嚼细了喂周岁以内的婴孩一样。在小学里,是应当这样的。在中学里,预先发给学生的选印的教材,我想,不如不加标点,让学生预习时自己先用铅笔去标点一过,讲读时再替他们校正。这样办法,不但学生于标点符号的使用,得实地练习的机会,并且可以促进他们对于预习的注意,可以训练他们阅读理解的能力。现在中学生的作文,竟有全篇都用","号,一直到底的,便因为不曾好好地实地练习使用标点符号的缘故。

　　检查以部首编查的字典、辞书,读反切注的音,辨四等呼、四声、清浊,注意破音读的字,酌定同字异义、同字异用的字在某句中的意义或用法,练习使用标点符号,都应当尽心教导学生。这些,可以说是"预习的预习"。麻烦,的确麻烦极了;但都是教学国文的基础功夫,做教师的不得不耐着性子,先把这基础打好。至于每一篇教材预习的项目,如"题解"或"本事","文体","作者"的姓名、籍贯、事略、著作,以及本文中的"生字""难句""典实""人名""地名"、引用的文句的来历,本文的段落大意……都应当先教学生去查明札记的中心教材和附属教材内容、作法、文体……的比较,也得教学生们于预习时先下一番功夫。——总之,预习的功夫愈下得多,则课内讲习时愈能注意,得益也自然愈多了。

第三章　教师的准备

《礼记·学记》说:"学然后知不足;教然后知困。知不足,然后能自反也;知困,然后能自强也。故曰教学相长也。"只有不学的人才自己满足;只有不曾施教过的人才以为教并不难。担任各种学科的教师,都应当努力进修,日知其所亡,月无忘其所能;否则,便要发生困难,不能胜任愉快了。物理、化学、数学、生物……,固然时时有新发明;历史地理,也常常有新史实、新变化,尤其在这世界大扰乱的时代。至于国文,新的方面,译作、创作,天天有新的出品;旧的方面,我国古籍更浩如烟海;我敢断言,没有一个国文教师敢自诩说,他的学问已经足够了。所以一面在不断地教,一面还得不断地学。能知困,能自强,方有进步,这就是"教学相长"了。

教学国文,在上课以前,不但学生需要预习,教师也需要准备。课前的准备也就是"学"啊！可是有些国文教师自以为教师当得长久了,教来教去还不是这几篇老文章,何必在课前准备？课前的准备,只有初出茅庐的教师,能力过差的教师才需要;经验丰富,学力充足的教师,便不必在课前再准备了。我却认为真正热心负责的教师,必不以故步自封,必不断地在求进步;就是教材的选取和排列,也常在改进,不断地加入新材料(适于做教材的新作品,或新发现的旧作品),决不会老是教这几篇文章的。即使是以前教过的文章,一次一次地准备,也必有新的意思、新的教学方法发现,则"温故可以知新",庶几能收所谓"教学相长"之效。例如司马迁《报任安书》,我在旧制中学师范的最高年级里,新制中学的高中三年级里,不知讲过多少次了。开头"太史公牛马走"六字,当初也不过如前人旧解,以为太史令位尊比三公,故称"公"(此《汉书》颜师古注引如淳说)。"牛马走",犹云"下走",是谦词。后来又改从姚鼐说,以为太史公之"公"字当作"令"字,系《昭明文选》传本之误。及见李慈铭说:"太史公自是当时官府通称,固非官名,亦非尊称,如后之称太史氏,亦非有此官名";因悟汉人称太史令为"太史公",正如晋人称尚书令为"令君"(《晋书·荀勖传》称荀彧、荀攸为二令君),唐人称御史为"端公"(见《唐国史补》及《通典职官典》)之类。又见吴汝纶释"牛马走"云:

"《越语》：'勾践身为夫差前马。'《淮南道应训》：'为吴兵先马走。'此'牛马走'亦当为'先马走'，'牛''先'，形近而误。"认为远胜旧说。及阅孙志祖《文选考异》云："子长自谓'先马走'者，以史官中书令在导引之列耳。"乃知吴说系本之孙氏《荀子·正论篇》："诸侯持轮挟舆先马。"杨倞注云："先马，导马也。"汉时东宫官属有"先马"，又名"太子洗马"，太子出则前驱；晋以后专掌东宫图籍。太史公入则掌国史，出则先马走，正与此相类。司马迁写给任安的回信，在自己名字上加"太史公牛马走"六字，正是用他自己的官衔。这原是前人已说过的，并不是我的创见，可是我一次一次地准备，方能把这六字的讲法，逐渐修正。这是一个实例。又如"犹豫"二字，是习见常用的，不论在文言文、语体文中。我们试查《辞源》"犹豫"条下释云："《尔雅》云：'犹如麂，善登木'。此兽性多疑，常居山中，忽闻有声，即恐有人且来害之，每豫上树；久之，无人，然后敢下；须臾又上，如此非一；故不决者称犹豫。《楚辞》：'心犹豫而狐疑。'《颜氏家训》：'人将犬行；犬好豫在人前，待人不得，又来迎候，故称犹豫。'"这两种解说，实在都是望文生训。《辞源》的解释，原是根据《汉书·高后纪》"计犹豫，未有所决"句下的颜师古注。王先谦《补注》引王念孙曰："犹豫，双声字，犹《楚辞》之言'夷犹'耳，非谓兽畏人而豫上树，亦非谓犬子豫在人前。师古之说，皆袭《颜氏家训》而误。按'犹豫'亦作'犹预'，《史记·鲁仲连传》：'犹预未有所决'；亦作'犹与'，《礼记·曲礼》：'卜筮者，所以使民决嫌疑，定犹与也'；亦作'夷犹'，《楚辞·九歌·湘君》'君不行兮夷犹'；亦作'夷由'，《后汉书·马融传》：'或夷由未殊'；其实，即'游移'的一声之转。《叠雅》云：'犹犹、由由、与与、婰婰、婴婴、絮絮、游移也。'"两个双声或叠韵的字可以连合成一复词（旧称"连语"），可以依声音衍变出许多音近而形异的样子来，并且可以变成叠字；这是古今文章中常有的现象。千万不可以泥于它的字面，作望文生训的解释。即以"犹豫"一例而论，《辞海》的注释就比《辞源》高明得多。如其我们懒得翻查，以为这两字我已查过《辞源》，不必再枉费功夫去查《辞海》，便无从纠正以前的错误了。这也是一个实例。

我国的文人学者，异名很多，不但有名、字、号、别号以及死后的谥，还有时人尊敬他的称谓（如称张载为横渠先生之

例二

准备时应注意的事项

注意作者异名

类),戏谑他的绰号(如称贺铸为贺鬼头、贺梅子之类)。而各种书籍文章中记载名人,往往喜举他们的异名,甚至以官名(如杜甫曾官工部检校员外郎,称之曰杜工部之类)、地名(如称柳宗元为柳柳州,因为他曾官柳州刺史;称曾国藩为曾湘乡,因为他是湖南省湘乡县人)等称之。这很容易使初学者感到迷惘,发生误会。例如宋朝的朱子,名熹,字元晦,一字仲晦,号晦庵(朱子尝建草堂于建阳之云谷,榜曰晦庵),又号晦翁、遁翁,别号云谷老人、沧洲病叟(朱子有沧洲精舍);人又称之为紫阳(居崇安时,尝榜其厅事曰紫阳书室);为考亭,(地名,为朱子讲学之所);为文公(死后谥曰文);为信国公、徽国公(死后追封信国公,又改徽国)。一个人便有十多个异名。要学生把每个文人学者的异名都记住,原可不必;教师准备时,却不得不都知道。又如称韩愈为昌黎先生。昌黎,并不是他的号或别号,也不是他的里居;因为韩氏祖籍昌黎,为昌黎的望族,所以他的故乡虽在河阳(《祭十二郎文》有"从嫂归葬河阳""往河阳省坟墓"等语),往往自称"昌黎韩愈"。这原是唐人重视郡望的习尚。教师准备时,也不得不注意到,以备学生询问时说明。

注意古书性质及真伪

现在中学国文教科书中,常节选古书,准备时不得不注意其性质真伪等。例如《孟子》《鱼我所欲也章》《齐人章》等,有几种教科书的注解里,说"孟轲所著《孟子》七篇是一部经书"。这原不能说他注错,因为《孟子》原题"孟轲著",今本确系七篇,确列《十三经》中。但是《汉书》《艺文志》明明在《诸子略》儒家中著录《孟子》十一篇。可见在刘歆班固时,《孟子》原和《荀子》一样,同视为子书,同列于儒家,而且一共有十一篇。因为它的外书四篇(《性善》《辩文》《说孝经》《为政》),汉赵岐认为非《孟子》本真,没有替它们作注,所以现在只存内书七篇了。《孟子》之由子书升为经书,还是宋儒提倡之力,而其在经部地位之巩固,又在朱熹定《大学》《中庸》(本为《小戴》《礼记》中之二篇)《论语》《孟子》为"四书"之后。至于《孟子》一书,是否孟轲亲手撰著,也还是个问题;因为《孟子》中记孟轲所见的国君,即死在他以后的鲁平公,亦举其谥,且记孟轲自己,概称"孟子",似系出于他门人之手。不但《孟子》,如《列子》一书,更有为魏晋间人依托伪造的嫌疑(马师叙伦有《列子伪书考》一文,言之甚详,见《先秦经籍考》中)。

诸如此类,教师们在准备时,也应详细地查明,虽然对初中学生不必细述古书部居和真伪的考证。

文体也得注意,准备时不得不有进一步的考究。例如"赠序",姚鼐《古文辞类纂序》①溯其源于老子"君子赠人以言"的话,且举《礼记·檀弓》颜渊子路以言相赠处,《战国·魏策》梁王觞诸侯于范台,鲁君择言而进两事为例,并谓"唐初赠人始以序名"。乡先辈夏震武先生则又远溯之于《诗》之《燕燕》,庄姜送归妾之作。其实,赠人以言,是零零碎碎的一两句"话",并不是赠人以整篇的"文";《燕燕》,是送别的"诗",不是赠人的"序"。而且唐以前,傅玄、潘尼等已有赠序,并非始于唐人。唐初赠别,本以诗歌,为赠别之诗歌作序,乃谓之"赠序"。这在韩愈的几篇赠序里还可以看得出痕迹来。如《送殷员外序》末云:"于是相属为诗以道其行。"《送石处士序》末云:"遂各为歌诗六韵,遣愈为之序。"可见赠序原与序跋同体。其无送别之诗而仅作一序的,只可谓为序跋之变体。所以曾国藩编《经史百家杂钞》②,特地把"赠序"类删去,而在序跋类中选入了几篇赠序(韩愈《赠郑尚书序》《送李愿归盘谷序》《送王秀才埙序》,欧阳修《送徐无党南归序》)。曾氏对于无诗的赠序,斥为"骈拇枝指";对于赠序变相的寿序,斥为"天地间不当有此种文体"),以备一格。这确是文体论中一个重要的问题。诸如此类,做教师的准备时,也不得不注意及之。

又如题目字面的解释,也不可狃于某一家的注,而不加以查考。例如《楚辞》第一篇屈原作的《离骚》,旧题"《离骚经》"。王逸《楚辞章句》释之云:"离,别也;骚,愁也;经,径也。言己放逐离别,中心愁思,犹依道径以讽谏君也。"我们细想想看,这还成什么话!洪兴祖《补注》以为谓之经者,"盖后世之士,祖述其词,尊而名之耳,非屈原意也"。一本《楚辞》,自《九歌》以下至《九思》,皆题"《离骚》传"三字,盖汉人仿六艺经传之例,尊《离骚》为"经"。洪说实较王解为优。王逸《楚辞章句序》谓武帝使淮南王安作《离骚经章句》。"经"字疑即淮南王刘安所加。"离"字亦不当作"别"解。《史记·屈原传》云:"离骚者,犹离忧也。"旧解谓"离"当训"遭"。《汉

---

① 姚鼐《古文辞类纂》:清代桐城派姚鼐编的各类文章总集,全书七十五卷,选录自战国至清代古文辞赋,依文体分为论辨、序跋等十三类。(编者注)

② 《经史百家杂钞》:曾国藩编纂的一部古文选集,共二十六卷。清末至民国流传甚广。(编者注)

书·扬雄传》云:"雄作书,往往摭《离骚》文而反之,曰《反离骚》。又旁《惜诵》以下至《怀沙》一卷,名曰《畔牢愁》。"王先谦《汉书补注》引宋祁云:"萧该曰:'牢字旁着水。'《晋语》直作'浑',韦昭曰:'浑,骚也。'"又引王念孙云:"牢当读为'劳'。《广韵》'劳,烈也。'《广雅》:'烈,忧也。'牢字古读若刘,故与劳通。牢、愁,古叠韵字。畔,反也。或言'反离骚',或言'畔牢愁',其义一而已矣。"今按"离""牢""烈""劳"皆双声,一音之转,义均为愁,与"骚"之训"忧"正同。古云"离骚",实即今语的"牢骚"。《文选旁证》引王应麟云:《国语·楚语》:'伍举曰:德义不行,则近者骚离而远者距违。'伍举所言'骚离',屈平所谓'离骚',皆楚言也。"《论语》记孔子答叶公问政曰:"近者悦,远者来。""骚离",正"悦"之反;"距违",正"来"之反。"离"与"骚"二字同义,故或云"离骚",或倒言"骚离",均可。若训"离"为"遭",为"别",皆不得其解。——《离骚》为千古至文,为研究我国古代文学者所不可不读;可是用作中学国文教材,即在高中三年级亦嫌程度过高。我不过借此举一个例,说明题目字面的解释,亦不可忽视而已。至于古书的篇题,往往有无义的;如《诗经》的《关雎》,即取首句"关关雎鸠"的二字为题;《孟子》的《梁惠王》,即取首章首句"孟子见梁惠王"的三字为题;这些诗文,本来是无题的(唐李商隐集中无题诗还是很多),后来编辑者即取首句数字以为题。但也有有义的,如《庄子》的《逍遥游》,《墨子》的《兼爱》,《荀子》的《性恶》等。这也是教师们不可不注意的。

注意虚字

　　又如古书中所谓"虚字"(副词、连词、介词、助词之类),往往以"声近义通"的原则通借。例如《孟子》"文王视民如伤,望道而未之见也"的"而"字,借作"如",与上句"如"字对举;《公羊传》"吾今取此然后而归尔"的"而"字,借作"乃"。此类之例,举不胜举。其实,这些字,本来只是借用它们的音,和它们的本义是没有关系的。如其拘于本义,则"然而"是"烧胡子"了!("然"字的本义是燃烧,《孟子》"若火之始然",还是用它的本义;"而"字的本义是胡子,《周礼·考工记》"作其鳞之而",还是用它的本义)。

　　总之,教师在课内讲习以前,应当极仔细地准备一番。假定准备了十分,讲给学生听的,却只要十分之六七。准备的时候,如果能写成一种笔记,我以为比编教案好得多。《战国策》

触龙说赵太后一节,现在的初中教科书选录者颇多,就拿它当作一篇教材,举讲授笔记的实例如下:

[讲授笔记举例]

《战国策·触龙说赵太后》

题解

《战国策》——此书记载战国时纵横说士之言行及诸国之事迹,上继《春秋》,下至楚汉之起,分东周、西周、秦、齐、燕、楚、赵、魏、韩、宋、卫、中山十二国编辑,凡三十三篇;为汉刘向所辑。向有《战国策目录序》,尚存。汉魏以后,又有散佚,故宋《崇文总目》仅有十一篇。曾巩重加校定,复完三十三篇之旧,即今存之本。曾巩亦有《战国策序》一篇。按刘向序云:"中书本号,或曰'《国策》',或曰'《国事》',或曰'《短长》',或曰'《事语》',或曰'《长书》',或曰'《修书》'。臣向以为战国时游士辅所用之国,为之策谋,宜为'《战国策》'。"可见书名也是刘向定的。一说,"策"本与"册"通,《战国策》就是记载国时事的书册。此书记纵横家言,及战国时之史实,故或目为子书,或归入史部。《汉书·艺文志》与《史记》同附录于《六艺略》《春秋》类后,《四库全书》亦入史部杂史类;宋晁公武《郡齐读书志》,元马端临《文献通考》,入子部纵横家。而其辞令之巧妙,文笔之奇肆,尤脍炙人口。汉之贾谊、宋之苏洵父子、明之唐顺之、清之魏源等皆学之。

触龙说赵太后——"触龙",本作"触詟"。詟音摺。吴师道云:"《史》作'龙'。按《说苑》,鲁哀公问孔子:'夏桀之臣有左师触龙者,谄谀不止。'人名或有同者。此当从'詟'以别之。"黄丕烈云:"吴说非也,当作'龙'。《古今人表》中下云'左师触龙',即此。'言'字本属下'愿见'说;误合二字为一。《史记》云:'触龙言愿见',不误";今从黄校改。赵太后,即赵威后,惠文王之后,孝成王之母。"说",音税,去声,以言语喻人使从己,曰说。孝成王元年,太后听政,秦攻赵。触龙说太后,使长安君为质于齐;齐乃出兵救赵。《战国策》本书原无此题,是选取这一节文章的人所加。

注释

长安君——惠文后少子之封号,名不详,封于饶。

质——音贽。人或物,置以为信者,曰"质",去声。

左师——官名。

揖——《史记·赵世家》作"胥"。胥通须,待也。胥,隶讹作"耳",后因加手为"揖"。

入而徐趋——一本无"而"字。

玉体之有所郄——"玉体",尊称太后之身体。"郄",同隙。讳言病,故云"玉体有所郄"。

鬻——古"粥"字。

耆——同"嗜"。

老臣贱息舒祺最少——息,子女也。自称,故谦言"贱息"。少,幼也,去声。

黑衣——黑衣,卫士之戎服。此即以"黑衣"指卫士。

王官——当从《史记》作"王宫"。

没死——《史记》作"昧死",犹云"冒死"。没、昧、冒双声。

填沟壑——自谓死曰"填沟壑",谦词。

媪之爱燕后贤于长安君——媪,音袄,老妇之称。吴师道云:"'媪',一本作'太后'。太后称媪,非也。《春秋后语》并作'太后'。"黄丕烈云:"吴说非也。《史记》并作'媪'。考《高祖纪》云:'母曰刘媪'。《汉书》孟康注引此,又云:'《礼乐志》,地神曰媪。媪,母别名也。'最为得之。小司马(贞)云:'近有人云母温氏。'此不达媪字义耳。其所云班固《泗水亭长古碑》必出赝造。不然,固既云尔,何其撰《汉书》乃仍云媪也?"黄说甚是。燕后,惠文后之女。此句"贤于"下省一"爱"字,故语意不甚明白。

为之泣念悲其远也——一本作"而泣之甚悲,念其远也"。

今三世以……其继有在者乎——"赵之为赵",指赵肃侯与韩魏二家三分晋国。"赵之为赵",言赵氏之成为赵国,所谓"化家为国"也。"主",一作"王"。赵既僭号称王,故支子皆封侯。"其继",犹言其后嗣。

奉——同"俸"。

重器——谓金玉贵重之器。

山陵崩——指太后死,讳言之。

乘——车数,去声。

子义——赵之贤士。

段落大意

(一) 赵太后新用事……老妇必唾其面——先叙本事,为全篇之案。从太后拒谏说起,反振下文。

(二) 左师触龙……太后之色少解——叙触龙入见,先与太后寒暄,以纾其盛气。

(三) 左师公曰……齐兵乃出——此段方是触龙说赵太后的正文。先借介绍其子入说,卒使太后心折。

(四) 子义闻之……而况人臣乎——此段述时人评语,是本篇的余波。

第四章　课　内　讲　习

一篇教材,学生已预习过了,教师已准备好了,方可以在教室里讲习。这是课内讲读的中心,大致有四个步骤:

（一）预习的检查

人是有惰性的。教师叫学生们去预习,而不加以检查,学生们的惰性,便会随着教师的放任而滋长起来。每一篇教材开始讲习以前,可先指定几个学生,把他们预习时所查得的"题解""作者事略"以及文中的"生字""难句""人名""地名""书名""典实""成语""引用语"……,写在黑板上。教师逐条审阅,错误的,给他们更正;繁冗的,替他们删削;缺少的,为他们补充;不懂的,向他们解释。学生在写黑板时,教师可趁这时候,巡视全教室,注意其余的学生,有没有认真预习? ——本文已加标点否? 应查的几项已查出否? ——对于懒惰的学生,尤应注意督促。

（二）试讲与范讲

把本文分段,指定学生,令其试讲(如所教的是师范生,可令学生上讲台试讲)。每段讲毕,应先问其余的学生,有没有讲错的? 应当如何改正? 学生没有人能改正,教师方自己加以改正,并说明其所以然。全篇试讲完毕,教师再范讲一次。如所讲教材不是相当艰深的,便不必再逐句细讲,免致多费时间。总之,范讲时须注意于试讲的补正与发挥。

（三）试读与范读

先指定学生试读(篇幅长的教材,可分段试读)。语体文,最好能用国语的音调读;文言文,须读出它抑扬顿挫的声调来;至于诗歌之类,平仄与叶韵处,也得注意。不但调子、字音,尤其是破音字,都当注意。试读既毕,教师得范读一遍。

（四）讨论

讲读既毕,便当进一步提出讨论。讨论的项目,第一是"段落"和"大意"。先指定一学生把本文的分段和全篇大意、每段大意,用最简单的话写在黑板上,然后教师与其余的学生共同订正。第二是"内容的推阐"。也得先令学生提出意见,然后由教师加以发挥。第三是"本文的批评或比较"。就立意、作法……,加以批评,并和所选的副教材比较研究。这也得让学生有尽量提供意见的机会。

以上所说，不过是一个轮廓；哪一项须详，哪一项可略，以及它们的先后次序，都得视教材的性质和学生的情形而定，这就是所谓"运用之妙，在乎一心"了。讲习事项，不外"题解""作者""本文"，兹举其注意之点如下：

（甲）讲"篇题"时，第一得注意这篇的题目，是作者自己标的，还是后人所加？是有义的，还是无义的？例如前面所举的《战国策·触龙说赵太后》。《战国策》本书并不是每篇都标着一个题目的。我们既把它选作教材，当作一篇文章，便不得不酌量着加上这个标题了。可是这个题目，仍是有义的；看了它，便可知道这篇文章是记触龙游说赵太后的事的。又如《孟子·齐人章》。《孟子》本书并不是有题目标着的，七篇的篇题如《梁惠王》《公孙丑》……，也是编辑此书时所加，仅取此篇首章首句的几字为题，是无义的；"《齐人章》"，是《孟子·离娄》下篇的一章，这题目，也是无义的，也是选此章时，取其首句的两字为题。但是无义之题，也有由作者自己标的，如李商隐七绝《为有》，即取此诗首句"为有云屏无限娇"的首二字为题；《瑶池》，即取此诗首句"瑶池阿母绮窗开"的首二字为题。这类无义之题，实际上和他集中以"无题"二字为题的诗一样（李氏集中无题诗极多，如"来是空言去绝踪""相见时难别亦难"……，皆云"无题"）。原来古人创作，本是先有诗文，后加题目的居多；这和我们先命题后写作的习作，是不同的。

第二，当注意题目的解释和本篇的本事或考证。前面已借"《离骚》"举过例了；如要讲《离骚》，便得先把这题目解释清楚。又如《触龙说赵太后》一题"触龙""赵太后"是谁？"说"字如何讲？也要先加解释。屈原为什么要作《离骚》？触龙为什么要去说赵太后？便是这两篇的本事了。更进一步说，这两篇是从《楚辞》《战国策》二书上选来的；《楚辞》和《战国策》是怎样两部书，也得说个明白，这也是"题解"中应有的事情。如其讲的是一首词，则词调名也当加以解释或考证。例如讲李白"平林漠漠烟如织"那首《菩萨蛮》，便应把"菩萨蛮"这调名先解释明白。据《杜阳杂编》《唐音癸签》《南部新书》诸书所记，唐宣宗大中初，女蛮国入贡，其人危髻金冠，缨

讲习时注意之点
（甲）篇题
（一）题目

（二）题解及本事

络被体,故谓之"菩萨蛮"。当时倡优遂歌《菩萨蛮曲》,文人亦往往效其词。《北梦琐言》亦有宣宗爱唱《菩萨蛮》词,丞相令狐绹假温庭筠所作密进之的记载。杨慎改"蛮"字为"鬘","菩萨鬘"似即指女蛮国人头上的高髻,像头上戴着一尊佛像;或谓唐人俗语称美女为"菩萨",则"菩萨蛮"意即"女蛮"。可是,"女儿国"毕竟是小说家虚构的;女蛮国不过是一国名,决不会国人全是女性的。我们至多只能说"菩萨蛮"是当时称女蛮的别名,和从前称西洋人为"红毛人"一样。唐时从国外传入的音乐曲调很多,也许这《菩萨蛮》调是从女蛮国传入的吧!这调,无论是从女蛮国传入的,是自己创制的,其起于宣宗时女蛮国人入贡以后,殆无可疑。李白是玄宗时候的人,何得在百余年前(自玄宗末年至宣宗元年已九十二年)预作此调?据《湘山野录》所载,乃知此词系魏泰录自鼎州沧水驿楼之壁间,后在长沙见《太白集》,始知为李白所作。但是《太白集》中,本不录此词;魏泰又是个喜欢说谎作假的人。这首词的作法意境虽然很好,万树《词律》①认为千古词祖,我终疑心它不是李白的作品。至于此调又有《重叠金》(因温庭筠词有"小山重叠金明灭"句),《花间意》《梅花句》《花溪碧》《晚云烘日》(因韩淲词有"新声休写花间意""风前觅得梅花句""山城望断花溪碧""晚云烘日南枝北"等句)等别名。教师准备时虽然不得不查个明白,但不必都告诉学生,叫他们强记,致徒耗脑力。

(三)体裁

文章与文艺不同

第三,当注意本篇的体裁。上文已经说到过,普通的文章只能说是"杂文学";辞赋、诗歌、小说、戏剧,方可说是"纯文学"。杂文学——文章——是一种实用的器具,其价值不但在"能载",而且"所载"者须确是正理、实事、真情。纯文学——文艺——是一种艺术的作品,其价值不但在"能载",而且在载得巧。至于所载的,虽然也须合乎情理,但事与人却不妨出以虚构;即使实有其事其人的,也贵有剪裁、穿插、渲染、寄托。所以无中生有,即小见大,言近旨远,借物明志,便是写作文艺的要件。文章和文艺的不同,即此可见。至于近人所分议论、

---

① 万树《词律》:二十卷,清万树撰。万树字花农,一字红友,号山翁,江苏宜兴人。《词律》初刊于康熙二十六年,计六六〇调一一八〇体,调之排列以字少者居前,同调中各体亦以字数多寡为序,书"又一体"。同调异名者,列异名于正名之下。每调每体注明字数。平仄、韵脚和句读,分别段落,并在篇后予以论说。(编者注)

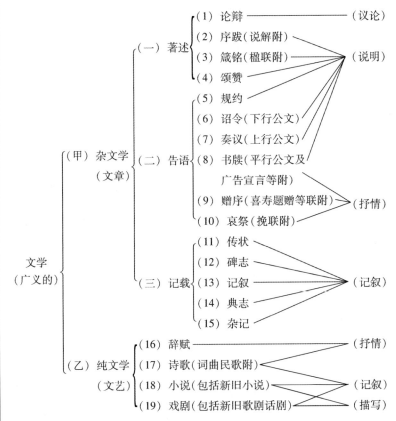

作法上的分类

说明、记叙、描写、抒情五类,是就作法分的,其中"说明"和"议论"是发表意见时有主观和客观,主张和述说的态度之异;"记叙"和"描写"是记载人事景物时有略记概况和详加刻画之分;所以这四类也可归纳为二类,和所谓"抒情"平列为三种。教学时,不但当说明这篇教材的作法,和他篇不同。至于骈散、文语、有韵无韵的分别,虽也在应当说明之列,却不难一望而知了。以应用方面篇题方式为标准所分之类,较为复杂。兹因姚曾二氏所分较为简明,较适用于中学阶段的教学,故就二氏所分之类,参以鄙见,列成一表如下:

每篇教材,当说明它属于哪一类,用的是什么作法;每学期或每学年,把属于同一体类,同一作法的教材,作一个比较的综合的提示。高中程度较高,尤当说明这一种文体的特点和来历。

（乙）作者
（一）异名

（乙）讲作者时,第一,当注意异名。最好能把名、字、号、别号、谥的分别,先讲给学生听;而且习惯上,除尊长对卑幼(如父母对子女,教师对学生),得直呼其名外,一般朋友互相称呼时(不论当面或通信),只能用他的字,不能举他的名,也得告诉学生,令其留意。为什么有此异名,如学生程度较高的,也可以讲给他们听听。例如称顾炎武为亭林先生,亭林并不是他的字、号、别号,也不是他生长的里居,而是他读书的地方。顾炎武是昆山人,尝在松江东南的亭林镇读书。那地方有一高阜,顾野王曾居此,故名顾野王读书堆。镇北有湖,湖南有林,谓之顾林。林旁有亭,谓之顾林亭(苏轼有《顾林亭诗》,亭今为宝云寺)。这镇便因亭和林得名,叫作亭林镇;顾炎武又因此镇,得了亭林先生的称号。又如死后的谥,除做了大官,立了大功,或死于国事,由皇帝赐谥的之外,还有所谓"私谥"。这是由乡里亲朋及门下弟子公定的,如陈寔①之谥文范,法真②之谥元德,汉代已开此例了,遇到作者有私谥的,得特加说明。

(二)籍贯

　　第二,当注意作者的籍贯,有名的人物,往往大家都喜欢把他认为同乡。例如李白的籍贯便有三说:《旧唐书》本传称他为山东人,《新唐书》本传称他为陇西成纪人。其实李氏为陇西成纪的望族;唐人喜举郡望,所以《李白集》魏颢的序有"白本陇西"之语。可是下文便接着说"因家于縣,身既生蜀"云云,可见陇西成纪,至多只能说是他的祖籍了。至于山东,则为其流寓之所。李白有"我家寄东鲁"一句诗,可见山东不是他的故乡了。李白是蜀之昌明人,生于青莲乡,故有青莲居士的别号。又如司马迁,旧作左冯翊阳夏人。阳夏秦县,即今河南省的太康县,在西汉不属于左冯翊。阳夏当作夏阳。夏阳亦秦县,故城在今陕西省韩城县西,正是西汉左冯翊的辖境,而且韩城县南二十里高门原(俗名马门原),还有司马迁墓。至于龙门,则在今山西省河津县西,虽是司马迁诞生之地,却不是他的故乡。

(三)地位

　　第三,当注意作者在当时文坛上或文学史上的地位。现代作家,如鲁迅、志摩,不但在目前文坛上有他们的地位,就是将来在文学史上也有他们相当的地位的。鲁迅的散文,志摩的诗,确能为新文学辟出一条路来。又如韩愈,与其推崇他尊

---

　　① 陈寔(shí)(104—187):字仲弓,颍川许县(今河南许昌东)人。东汉时期官员、名士。少为县吏都亭刺佐,后为督邮,复为郡西门亭长,四为郡功曹,五辟豫州,六辟三府,再辟大将军府。司空黄琼辟选理剧,补闻喜长,宰闻喜半岁;复再迁除太丘长,故后世称其为"陈太丘"。与子陈纪、陈谌并著高名,时号"三君",又与同邑钟皓、荀淑、韩韶等以清高有德行闻名于世,合称为"颍川四长"。(编者注)

　　② 法真(100—188):字高卿,司隶扶风郿(今陕西宝鸡市眉县东北)人。东汉时期名士,儒学家,对于儒家经典以及谶纬之学都颇有造诣。以清高而著称,有"玄德先生"的称号。(编者注)

儒辟佛的卫道之功,不如推崇他提倡古文、反对骈文的文学革命之功。因为他那篇脍炙人口的《原道》,实在只有"博爱之谓仁,行而宜之之谓义,由是而之焉之谓道,足乎己无待于外之谓德"四句还算切题,下文发了许多反对佛老的议论,不但于"原道"无关,即以辟佛老而论,也都是隔靴搔痒之谈,武断意气之论。因为他对于孔孟佛老之学,都没有真实的心得,无论推崇、排斥,皆难鞭辟入里。可是他生当承六朝之后骈俪盛行的唐代,独能提倡散文,使唐以后盛行近于语言自然的古文,在文学史上,确有他相当的地位。所以我始终认韩愈为文人,而非学者(文人、诗人,唐代最多,学者则绝无仅有。读章炳麟《检论案唐》,可以见唐代的学风)。如其在初中高年级选他的作品为教材时,这一点应加以说明。

（丙）本文
（一）单字
的音义

（丙）讲本文时,第一,当注意单字的音义。形声字,表声的部分,或者和本字的音完全相同(如淋、霖,皆音林),或者和本字的音大同小异(如从易声之字,有汤,有肠,有饧,从易声之字,有剔,有锡,有赐),或者和本字的音虽有密切关系,读起来却又似乎大不相同(如从肃声之萧、箫,与肃为双声;从台声之怡冶,则与台之音贻为双声;从寺声之待、特,则寺由ㄕ之浊音变为ㄉ声),已不能一律读它所从之声了。何况会意字和合体的象形指事字呢?（会意字如信武,合体象形字如果衰）。又如纶字,本是从糸仑声的形声字,所以读音和伦轮等同。可是诸葛亮的"纶巾",却又音"关"了(纶字何以会音关呢?《正字通》云:"纶巾,俗作綸"。杨升庵[1]云:"綸巾,世误作纶。"二说相反,当从杨说。因为纶从仑声,仑从亼册会意;綸字的"册"上加了个亼字便成纶字了。从册声之珊、姗、跚、删等字,皆与"关"同属删韵,所以綸字读作关)。一不小心,便易读错。还有许多古代译音的地名、人名,如龟兹之龟音鸠,金日磾之日磾二字音密谛之类,更应加以注意。余如上文说过的清浊、四声、四等呼及破音等,当然须辨得正确;而且最好,能读标准国音。至于字义,对于上文提及过的同字异义、同字异用、虚字通借等,固然应当提示,而似同实异的字,尤当加以说明。如"听"和"闻","看"和"见","观"和"察","凉"和"冷",

---

[1] 杨升庵(1488—1559):即明代著名文学家、学者杨慎,字用修,号升庵,后因流放滇南,故自称博南山人、金马碧鸡老兵。四川新都(今成都市新都区)人,祖籍庐陵。明代三才子之首。东阁大学士杨廷和之子。著作达四百余种,后人辑为《升庵集》。（编者注）

"暖"和"热"，以及作助词用的"吗"和"呢"，"与""乎"和"耶""哉"，作副词用的"固然"和"果然"，"怎样"和"这样"，作连词用的"然而""然则"和"然后"，推而至于"的""底""地"三字，都应当把它们意义用法的不同，仔细比较解释，使学生明白。

（二）复词

第二，注意复词。汉字是单音字；汉语、汉文，却不是单音语。因为汉字虽然是一字一音的，汉语汉文中用作单位的"词"，却有一字表一义的"单词"，也有组合二字以上以表一义的"复词"。复词有以字义关系组成的。如"社会""法律"，则以平列的、同义的同类字组成；"来往""利害"，则以平列的、相对的同类字组成；如"草帽""月饼""电扇"，则虽以同类字组成，却不是平列的了；如"车站""新闻""手套"，则不但二字不平列，而且不是同类的了；还有"花红""月白"之类，二字组合之后，又有别的意义了。此外，三字组成的，如"教学法"；四字组成的，如"中华民国"，也都是以字义关系组合的。又有以字音关系组成的。如"丁东""蟋蟀"，是以双声字组合的；如"徘徊""螳螂"，是以叠韵字组合的；如"萧萧""铮铮"，是以叠字组合的；如"帽子""筷儿""勃然""堂堂乎""活泼泼地"，是另加语尾的；如"冒顿""密司脱"（mister）"德谟克拉西"（Democracy），是译音的，都是以声音关系组成的复词。遇到这些复词，都应加以提示。

以字义关系组成的

以字音关系组成的

（三）虚数

第三，注意虚数。汪中《释三九》说"三""九"二字往往作虚数用，不过表示多的意思，如"三折肱为良医"，"若九牛亡一毛"之类。其实不但"三""九"二字，如"十目所视、十手所指""百战百胜""千门万户""子孙千亿"之类，何尝不是虚数？"四分五裂""七零八落""五花八门"之类，何尝不是虚数？孔子弟子三千，孟尝君食客三千，"三千"又何尝不是虚数？逢到虚数，便不能当它实数看，拘执以求其解了。

（四）虚字

第四，注意虚字的变化。如文言文中，常用"夫"字（音扶）作句末表商度的助词（如《孟子·告子》："率天下之人而祸仁义者，必子之言夫！"）；古无轻唇音，"夫"当读如"婆"或"波"，故后来又变作"啵"（《西厢记》中常用之）。作"罢"，现在的语体文中，又特造一字作"吧"。古人又常用"无"字作句末表疑问的助词（如白居易诗："晚来天欲雪，能饮一杯无。"）；古无轻唇音，"无"本读如"么"（和尚念"南无阿弥陀佛"，尚读古音）。故又作"么"，现在又特造一"吗"字。这是因古今音异而变的。又如"什么"之"么",本有"ㄇㄛ""ㄇㄚ"二音:由前一种读法,"什么"二字的切音便成"ㄕㄛ";由后一种读法,"什么"便切成"ㄕㄚ"。我们都用一"啥"字,绍兴话就说作"ㄕㄛ",杭州话就说作"ㄕㄚ"。至于萧山话的"ㄏㄛ东西",嘉善话的"ㄏㄚ物事",台州话的"ㄍㄚ姆",则都由"何"字之音变化而来。这又是因方音之异而变的。由此我们可以推想,许多虚字的变化,是由声音改变的缘故。例如《尚书》里用的叹词,如"都""俞""吁"等,都是合口音、撮口音;后来变成"呜呼""噫嘻"等,则为合口音、齐齿音了;现在又变成"啊""唉""呀"等,则由合口而开口了。文言文中用"之""者"等字的,语体文中用"底""的"等字,也因古音"之""者"本读舌头音,属于"ㄉ"母,和"底""的"原属一类,后来"之""者"底声渐渐变了,所以改用"底""的"以求合于口头之音。就声音的变化以说明助词介词变易之故,可以说"思过半矣"。

（五）文法

第五,注意文法,注意文言语体用词造句之不同。这一点在初中阶段更是重要,因为语言和文字,语体文和文言文的沟通,关键全在乎此。例如文言文用"之"字的地方,语体文用"底"字;文言文用"矣"字的地方,语体文用"了"字;文言文用"欤""乎""哉"等字的地方,语体文用"呢"字、"吗"字;文言文仅用一"道"字,语体文却有"道路""道德""道理"等分别,而且由单词变成了复词;文言文用"然"(如"飘飘然")、"乎"(如"堂堂乎")、"如"(如"恂恂如")等为语尾,语体文用"的"字、"地"字;文言文中的"也"字是句末助词,或用于名词下表说话的声气的("也"字用于句末,表肯定的意思居多,而且用了"也"字,往往可把同动词"是"字省去,例如"孔子,圣人也";但有时也可作疑问助词,如"何也"? 又如《论语》中的"回也""赐也""斯人也,而有斯疾也"之类,则但以表声气)。语体文却当作"亦"字用。这些,还不过是用词的不同。句子的组织,异点更多了。例如商务印书馆民国初年编印的《共和国小学国文教科书》第一册里有"桥上行人,桥下行船"二句;若改作语体文,应当说,"桥上是人走的,桥下是船走的",或"桥上是走人的,桥下是撑船的"了。语体文和文言文用词造句之异,是一言难尽的。总之,讲习时,当注意它们文法上的比较,使学生得到一种明确的观念。

（六）修辞

第六,注意修辞的技巧。文言文须讲究修辞,语体文也得讲究修辞。讲究文法,是通不通的问题;讲究修辞,则更进一步,是好不好的问题了。例如贾岛作了一句"僧推月下门",又想改"推"字为"敲"字,不能决定;韩愈替他决定,改用"敲"字。用"推"字也未尝不通,不过改用"敲"字,不但绘形绘声,意义比"推"字好得多,声音也响亮得多了。又如欧阳修的《画锦堂记》,做好之后,已送去了,又着快马追回,在首二句上各加一"而"字,改成"仕宦而至将相,富贵而归故乡"。不加这两个"而"字,也未尝不通,不过声调上却生硬得多了。杜甫说:"新诗改罢自长吟。"白居易说:"旧句时时改。"袁枚也说:"一诗千改始心安。"可见古人修辞,字斟句酌,煞费苦心了。所用的修辞方法,无论是消极的、积极的,是属于哪一种辞格的,都当注意及之。

(七)结构作法及风格

第七,注意全篇的结构作法和作风。划分段落,提示每段大意,学生预习时已尝试过了。可是就全篇的主旨、脉络、层次来看,各段的意思,何者是正,何者是反,何者是旁敲侧击,何者是陪衬烘托,何者是引证,何者是取譬,何者是断定,何者是题前的文章,何者是题后的余波,以及或分,或合,或承,或转,或顺叙,或补述,种种插穿裁剪,错综变化,都和结构有关。至于作法,则议论、说明、记叙、描写和抒情,各有各的作法,每一类中,其作法也各不相同(如记叙有记动态、静态之别,抒情有奔进、回荡、含蓄、淡描之别)。而且文章的气象有刚有柔;旨趣有隐有显;词句有繁有简,有整齐、有错落;色味有浓淡,有甜、苦、酸辣;声调有高低、缓急;态度有严肃与轻松,有现实与超脱;因此,它们的风格便不同了。从前讲风格的,往往讲得太抽象,太玄妙,初学者不易领悟;我们必须用具体的、浅易的说法,把它们曲曲地譬解,使中学生也能了然于胸中。

(八)引用语句典实及内容

第八,方注意到本文引用的语句典实及其内容。文中引用的语句,无论是直接引用,或间接引用,或当作成语来活用,都应当把它们的意义出处,一一说明。所有典实,不但须说明其意义来历,而且须说明其用法之巧拙,并戒学生滥用,致犯堆砌不切之病。至于内容,不但须点明本文主旨所在,而且须加以推阐。例如顾炎武《与友人论学书》(现在初中国文教科书选此篇者颇多,其实,此文篇幅虽短,程度却高),主旨在"行己有耻""博学于文"。他以此二者为论学主旨,完全是为了反对明代王(守仁)学之弊。孔子论"学",本是"学"与"思"并重的,而且最重要的是"行"。所以孔门中所谓"好学",往往是指实践而言。且《论语》云:"学而不思则罔;思而不学则殆。"《中庸》所说的"博学""审问",是"学"的功夫;"慎思""明辨",是"思"的功夫;"笃行"便是"行"的功夫。因为"学"和"思"虽都是"知"之事,学则重在书本的研究,思则重在内心的省察;学是"多学而识之",思是"一以贯之"。孔子门下,曾子闻一贯之旨,传之子思、孟子,是为"传道之儒";子夏得六经之传,传之荀子(汉儒《六经》之传,多自荀子,见汪中《述学荀子通论》),是为"传经之儒"。秦汉以后,儒家笼罩我国的学术已二千余年,终不能出此二派之范围。传经之儒,衍为"汉学"(即经学)。传道之儒,衍为"宋学"(即理学)。汉学有"今文""古文"二派:古文派全为客观的、书本的研究,长于训诂考据;今文派却带有主观的、理想的色彩,长于大义微言。宋学有程朱、陆王二派:程朱派尚带有客观的色彩,兼致力于书本的研究(朱子注释的书便不少),而又能注意于"笃行";陆王派则偏重于主观了,他们高谈心性,以为"何必读书,然后为学";他们注重"顿悟",以为"放下屠刀,可以立地成佛";所以末流之弊,是空疏,是妄诞,是大言不惭,不但"思而不学",而且"言不顾行"。所以顾炎武提倡"博学于文","行己有耻",对明末颓废的学风,下此对症之药。经学和程朱派理学之所以勃兴于清世,便是顾先生提倡之力啊!——这是就内容推阐的一个实例。每篇文章的内容,必有可加以推阐的。即使是抒写情感、记叙事物的诗文,也有可加以推阐的地方。推阐得越透,学生所得之益越多。知识的获得,思辨力的培养和训练,道德修养的指导,都可在这里收到效果。

(九)读法

第九,便须注意到读法了。诗歌的音节,文言文的声调,语体文的语气,都当于读法中得之。读法有朗读默读二种。其实,默读仍是阅看。我们既主张"讲""读"并重,便当提倡朗读。朗读,又有"高声朗诵"和"密咏恬吟"二法,须视教材的性质而异。喷薄而出之的、气盛言宜的古诗散文,宜于高声朗诵;吞吐而出之的、摇曳生姿的、幽咽委婉的诗文,宜于密咏恬吟。前者,非朗诵不能悟其气势之磅礴;后者,非吟咏不能赏其情韵之不匮。虽然读文言诗文,各地方有各地方的调子,各人有各人的调子;而抑扬顿挫,却有其共通之点。至于语体文,便应采用标准国语的声调了。

课内讲习时,所当注意者不仅此,但大致已如上述。总之,不但要使学生有活动发表的机会,教师的指导、补充、推阐也不可忽略。讲读一篇文章,要使学生能完全了解,完全记诵,完全消化;否则,仍是无益的。

第五章　课后的督促和考查

现在一般中学里,有一种通病,所谓课内讲读,只有教师在教室里讲,并没有顾到学生的活动发表,也没有兼顾到"读"。学生们在教室里听讲,能和在茶店里听说书那么起劲,已是很难得了;实际上,在做别的功课者有之,在看小说者有之,在打瞌睡者有之,在胡思乱想者有之。退课了,便把教本丢开,不再去看它读它,等考试时再来抱佛脚吧!教师们也以为讲授既毕,责任已尽;还有什么课后的督促和考查呢?这却是国文程度低落的一大原因。我以为课后有三项工作,是万不可少的。

（甲）抽阅笔记

学生预习时有笔记,讲习时须就所记录的各项(关于题目的,如"题解""本事""文体";关于作者的,如"姓名""籍贯""事略""著作";关于本文的,如"生字"的音义、"难句"的文法、引用的"成语""典实""人名""地名","段落"的划分及大意……)加以改正或补充;同学们有所讨论批评,教师有所推阐发挥,也得随时记录下来,于课后加以整理。这在学生,一面可以助记忆之不及;一面可以学习听讲时的记录;一面也可以训练文字的运用。最好,把在教室里用的笔记簿作为稿本,课后加以整理,再清清爽爽地另誊一本。教师于每一篇教材讲完后抽阅,加以复核,为之改正。现在的中学里,每班学生至少有四五十人,如要把学生的笔记一一核改,时间精力,俱感不敷;勉强为之,必致敷衍草率。不如每次抽阅若干,一学期中每人能轮到二三次,已是够了。没有被抽阅的,可以借了改过的簿子,自己去校对;下次抽着时,只须翻查以前的笔记有没有照改就得了。抽阅笔记,一则可以考查他们听讲时能否留心,能否记录;二则可以考查他们课后是否加以整理;三则可以订正他们的错误,不致因此闹出笑话来。从前,我在某中学里教国文,选了一篇韩愈的文章。讲起韩愈字退之的时候,学生不懂名和字的分别,我就举了许多实例给他们,其中有一个例是我自己的名和字,说明伯潜是字,我是以字行的。月考到了,我在测验题中列入一题:"韩愈字○○。"有一位以运动著名的学生的答案是:"韩愈字伯潜。"我看了,以为他是有意挖苦我，不禁勃然大怒，告诉了他们的级任先生。级任先生也认为他太荒唐了，便去叫他来问。哪知这学生反一口咬定说："蒋先生的确是这样讲的，我有笔记为证。"他把证据提出来了，笔记簿上果然这样写着："韩愈字退之，又字仲劼（他们校长底字），又字伯潜。"后来叫他同班的学生来问，方知道这位运动家那时正是意马心猿地在打算课后如何赛足球，偶一警觉，见黑板上写着"退之""仲劼""伯潜"等字，便马马虎虎地记录下来了。即此一例，可见笔记如不抽阅，则"烧烤雉鸡"，将到处皆是。这不是害了他们吗？从前杭州某报上曾载有一则笑话，说某中学国文教师讲白居易的《长恨歌》中"温泉水滑洗凝脂"一句，说"凝脂"是皮肤上凝结的油垢，"水滑"是香皂用得太多的缘故。我总疑心是学生误记的。

指导温习

（乙）指导温习

《论语》第一篇第一章第一句便是"学而时习之，不亦说乎。"曾子每日三省，"传不习乎"也列为一项。教室里的讲读是"学"，课后的温习是"习"。学固然重要，习也是必不可少的功夫。"温故而知新"，一见于《论语》，再见于《中庸》。《论语》中又载子夏之言曰："日知其所亡，月无忘其所能。"日知其所亡是知新，是学；月无忘其所能，是温故，是习。如果只学而不习，则虽能日知其所亡，但旋知旋忘，乍得乍失，日计有余，月计不足了。所以一面知新，一面仍须温故。初中学生还是孩子，要他们温习，必须加以督促，加以指导。讲过的教材，叫他们复讲、背诵、默写，都是督促温习的方法。新授教材的题目、文体、作法、内容以及本文中的单字、复词、句法、结构等，和旧教材相同、相似、相反，但有可以比较的，当随时提出，教他们去温习。例如朱自清的《背影》，归有光的《先妣事略》，虽然一写活着的父亲，一写已故的母亲，其以"亲子之爱"为中心则同。韩愈的《祭十二郎文》，袁枚的《祭妹文》，虽然一祭亡侄，一祭亡妹，其以散文作祭文，抒写其真挚的情感则同。同是祭文，或为叶韵的四字句，或为叶韵的长短句，或为骚体的兮字调，或为骈文四六，或为散文，或为语体文，文体虽同，作法各异。写唐玄宗杨贵妃的故事的，有陈鸿的《长恨歌传》，白居易的《长恨歌》，白朴的《梧桐雨》，洪升的《长生殿》，题材虽同，文体各异。诸如此类，皆可以教学生把从前讲过的教材找出来，温习比较。学期终了时，照例须有一次总复习，可以教他们把本学期的教材或以作者时代先后排列,或以各篇作法分类,或以各篇体式分类,编一目录;再作一篇目录序,述说各人综合温习的心得。又如单字各有其不同的用法,可以教他们就本学期教材中选取例句,列表说明。例如用于句末的助词"呢"字"吗"字,可以列表如下:

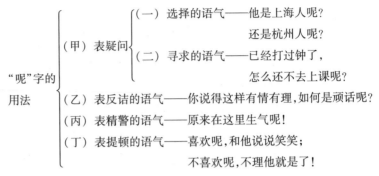

"呢"字的用法
- (甲) 表疑问
  - (一) 选择的语气——他是上海人呢?还是杭州人呢?
  - (二) 寻求的语气——已经打过钟了,怎么还不去上课呢?
- (乙) 表反诘的语气——你说得这样有情有理,如何是顽话呢?
- (丙) 表精警的语气——原来在这里生气呢!
- (丁) 表提顿的语气——喜欢呢,和他说说笑笑;不喜欢呢,不理他就是了!

"吗"字的用法
- (甲) 表疑问(有疑而询问)的语气——他是杭州人吗?
- (乙) 表反诘的语气——刚才打钟,你没有听得吗?
- (丙) 表警脆的语气——好吗!(北平人喝彩时用之,吗字的声音抑而促,或用"嘛"字,如《闹学》有云:"我是烂熟了嘛!")

由上二表,不但可以知道"呢"字"吗"字各有好几种的用法,"呢"字和"吗"字彼此用法的不同,也可以了然。又如调整句法的修辞格,有"对偶"(例如《水浒传》:"有情皮肉,无情杖子。");有"排比"(例如乔梦符《扬州梦》:"天有情,天也老;春有意,春须瘦;云无心,云也生愁。");有"反复"(例如《论语》:"人焉廋哉?人焉廋哉?");有"层递"(例如《孟子》:"天时不如地利,地利不如人和。")。也可以就讲过的教材中,搜寻例句,列成一表,作综合的研究。又如双声叠韵组成的连语,由声音的关系,可以衍变出许多不同的样子来,如"逍遥""消遥","襄羊""相羊"……,都是今语"写意"的一音之转;"仓卒""仓猝""造次""卒卒"……,都是今语"匆促"的一音之转。也可教他们把教材中见过的连语收集起来,按着双声叠韵分类,再由双声叠韵的关系说明其衍变的所以然。此外,如叠字,加语尾的名词、静词、副词,文言文语体文中不同的代词,常用的成语,特别的句法,……都可以归纳起来,列成简明的表。我想,这样地温习,不但趣味很好,而且得益也多。只要教师肯循循地加以指导,学生自然是乐从的。

考查成绩

（丙）考查成绩

　　学校中所以有考试，一面在督促学生温习，一面在测验学生成绩。测验学生成绩的目的，一面是以成绩的优劣，作学生升降奖惩的标准；一面也可以使教师知道自己教学的效率，方法的得失，而知所改进。现在学校里的师生们却只知道考试四分之一的用意，于是学校教育变成了科举的变相，学生也变成了"考生""分数生"了。考试有"口试""笔试"二种。口试，如复讲、背诵、口头问答皆是，可于平时行之；笔试，除作文外，还可就全学期或全学年的教材，加以种种试验。试验的方法，约举如下：

试题实例

（一）问答

　　（一）问答

　　例如：

　　"梁启超说人生最苦的是什么？最乐的是什么？"（见《最苦与最乐》）。

　　"胡适所说'读书四到'是什么？"（见《读书》）。

（二）默写

　　（二）默写

　　此项试题，须择教材中简短而有精彩、有记诵的价值者，最好是诗歌一类。例如：

　　"默写孟郊《游子吟》。"

　　"默写周敦颐《爱莲说》末一段（'菊花之隐逸者也'至完）。"

（三）翻译

　　（三）翻译

　　有三种方式：

　　（1）译文言文为语体文——初中用之。最好选取记叙文为材料。例如：

　　"译方苞《左忠毅公轶事》史公探狱一节为语体文。"

　　（2）译语体文为文言文——高中用之。例如：

　　"译宗白华《学者的态度与精神》为文言文。"

　　（3）译诗为散文——最好选叙事诗为材料。旧诗、新诗皆可译为文言文或语体文。初中以译语体文为是，高中可试译文言文。例如：

　　"译杜甫《石壕吏》为文言文或语体文。"

　　"译沈玄庐《十五娘》为文言文或语体文。"

（四）解释

　　（四）解释

就教材中摘出字、词、成语等,令加解释。例如:

(1) 单字——或单就一字使下解释,或就一字之用法不同者使下解释。例如:

"下列各句中加△之字,试一一解释之:

长短丰瘠。无不毕肖。盍往游油画院? 法人好胜。目不忍睹。(摘薛福成《观巴黎油画记》)"

"下列各句中加△之字,皆同字异用者,试分别解释之:

王冕看书(《儒林外史》)　　故悉自书之。(陆游《居室记》)　　十月二十六得家书。(郑燮《与弟墨》)"

(2) 复词——复词有种种不同,都可摘出令学生加以解释。例如:

"逍遥。髣髴。匆匆。哥白尼。《左氏春秋》。"

(五) 词句重组

(五) 词句重组

取读过的精警的句子,将次序颠倒,或加入一二个用不着的字,令学生删去一二字,重组成句。例如:

"不自死宁毋由生。"(不自由毋宁死)

(六) 举同义词或相对词

(六) 举同义词或相对词

例如:

"举下列各词底同义词:睹、死、到、寒、徐疾、丰瘠、仓卒。"

"举下列各词底相对词:盈、愚、怯、寡、消极、活泼、庄重。"

(七) 造句

(七) 造句

有三种方式:

(1) 仿造——就教材中提出例句,令学生仿造,语体文言都可以;所选例句,须看学生程度而定。例如:

"我与父亲不相见已二年余了,我最不能忘记的是他的背影。"(朱自清《背影》)。

"一室之不治,何以天下国家为!"(刘蓉《习惯说》)。

(2) 运用成语——所用成语,当以读过的为限。程度较低者,每一成语造一句;较高者,所造各句,当一气连贯。例如:

"风雨飘摇,卧薪尝胆,阋墙御侮,众志成城,同室操戈,自伐人伐,覆巢之下无完卵。"

（3）运用虚字——例如：

"用下列各词造句：

虽然……,但是……

因为……,所以……。"

（八）测验

常用的方式有三：

（1）是非法——所出各题,或是或非。是的,令学生在下面括弧里标一"＋"号;非的,标一"－"号。题目底条数,不宜过少;不可出是非两可的题目。例如：

"①《儒林外史》是刘鹗作的 …………………（　　）

②《老残游记》是一部章回小说…………………（　　）

③吴敬梓是明朝人 …………………………（　　）

④《最后一课》是胡适的创作 …………（　　）"

（2）选择法——每一条题目,含有四个答案,其中只有一个是对的,令学生选定对的一条,在下面括弧里记下它的数字。这类题目,条数也不宜太少;而且四条答案须平列的,其余的三条必须绝对是错的。例如：

"《老残游记》是:①游记,②白话章回小说,③文言短篇小说,④文言长篇小说。 …………………（　　）"

"钱大昕《弈喻》中'予颇易之'的'易'字,当解作①改易,②交易,③容易,④《易经》。 …………（　　）"

（3）填充法——在每条题目中留出空白,令学生填入适当的字。例如：

"《饮冰室文集》的作者是○○○;《板桥集》的作者是○○。"

"从下列各词中,选取最适当的,填入下面句子中的空白处去：

果然—固然—虽然—当然—偶然—自然。

（1）我料他一定肯来,他○○来了。

（2）他的天分○○不及你,但是比你用功。

（3）冬天下雪,是○○的。"

（九）正误

有两种方式：

（1）改正形音近似的别字或笔画错误的错字——

（八）测验

是非法

选择法

填充法

（九）正误

例如：

"滥竽充数。马革裹尸。病入膏肓。——（形似）

籍贯成自然。应循苟且。会记。——（音近）

青出于篮。有持无恐。裁培。——（形音俱近似）

强盗。羡慕。步行。年岁。——（笔画错误）"

（2）改正不妥的词句——例如：

"午睡醒时，听户外人声鼎沸；侧耳闻之，方知警察在左邻捕人。"

"要改造社会，先改造自己不可。"

（十）标点

取一段文章，令学生试加标点。文言文语体文都可以，视学生程度而定。

以上十种试题，可以酌量采用。不过用是非法、选择法两种测验时，须防学生不加思索，胡乱猜填，所以记分时当就做对的条数减去做错的条数，然后核算分数。例如三十条题目，做对了十五条，做错了五条，十条空着没有做；如预定二分一条，则十五条减去五条，仅得二十分。除问答、翻译、造句需时较多外，时间不可放得太宽；尤须监视学生，防偷阅邻座的试卷。总之，不举行考试则已，如既举行考试，则试场规则不得不严；评判分数，也须力求公允。考查完毕后，尤须注意于全班学生成绩的优劣；如果不及格的学生太多了，教师当反省自己：教材是否选择得当？教学是否得法？指导督促已否尽心？所出试题果合学生程度否？此后应当如何改进方能补此缺憾？教师学生各能自己反省，必可收教学相长之效；若不知反省，徒知互相埋怨，互相责备，则结果必致师生如仇敌，教学自然不能收到效果了。

本论二　习作批改

　　作文教学,可以分作两部分:(一)学生习作;(二)教师批改。这在科举时代,已被视为国文教学中的重要工作了。可是近来学校里,教师和学生,对于作文,各有种种误谬的见解。学生方面,有的认为作文是最难最苦的工作,甚至于譬之为"砻糠里打油";有的认为作文是无聊无益的工作,徒然耗费精力时间;有的认为作文即是考试,为了分数,不得不敷衍塞责;有的认为作文即是创作,必须有需要时,有作意时,方可下笔,不当呆板地规定次数,限以时间,而且由教师命题。教师方面,有的认为命题是难事,批改是苦事,习作不必指导,批改何妨随便,不过碍于学校的规定,只得敷衍敷衍而已;有的认为习作批改都于学生无益,所以有主张作文只须填给分数,不必批改者,甚至有主张废除作文者;有的认为作文即是创作,应让学生自由拟题,自由写作,不必在课内作,不必规定次数,限定时间,更不必详加批改;有的认为习作批改确很重要,而又过于卖力,增改太多,致失作者原意。前几种误解,是"不耘苗";最后这一种,又是"揠苗助长"了。

　　写作是一种技能,是生活所必需的技能。我们要记录见闻以助记忆,要发表情意使人了解,都非有这种技能不可。凡学一种技能,必须实地练习。练习,次数须多,须有人指导、纠正。中学生作文就是习作——练习写作,不是创作。学生应当认清:作文是为自己,不是为教师,为学校;作文的目的是在学习将来实际生活所必需的熟练的写作技能,不是在获得分数。教师应当认清:指导批改学生的作文,是教师应负的责任,应尽的义务,无可诿卸的责任和义务。学生对于教师的批改,应当细心阅看,虚心接受。一般中学生得到教师批改过的文卷,往往只看分数或等第,或只看篇后的总批;分数少,批语不好的,便随手丢弃了。从前我在某旧制师范教国文,偶然叫校役向校门口的摊上买了一包花生米来,发现包花生米的纸,是前几天刚发还的作文,竟似兜头一盆冷水，把我的心都浇冷了！我以为，经教师批改过的作文，应有相当时间的保存；这在学生也可借以考见自己国文程度的进退。——总之，习作与批改，在国文教学所占地位的重要，决不下于前章所说的"课内讲读"。兹分"命题""指导""批改"三章，详述如后。

第一章 命 题

古书的题目,有无义的,例如《诗经》的《关雎》(首句是"关关雎鸠"),《鹿鸣》(首句是"呦呦鹿鸣")。《论语》的《学而》(首章是"子曰:'学而时习之,不亦说乎……'")。《为政》(首章是"子曰:'为政以德,譬如北辰……'")。《孟子》的《梁惠王》(首句是"孟子见梁惠王")。《公孙丑》(首句是"公孙丑问曰")。有有义的,如《尚书》的《尧典》《禹贡》,《荀子》的《劝学》《性恶》,《墨子》的《兼爱》《非攻》;《庄子》一书,则内篇之题有义,如《逍遥游》;外篇杂篇之题无义,如《天下》(首句为"天下之为方术者众矣")。无义之题,即取首句之数字为题;有义之题,必可包举全篇的意思。题目二字的本义,原和头目差不多,不过用作这篇文章的标识,使之眉目清楚而已。古书之题,多为后来编纂者所标,所以仅取首句数字为题。后世尚有无题之诗及仅取首句数字为题之诗(李商隐集中最多,前已述及),还有古人的遗风。即使是作者自定的题目,而且有义的,也往往先写成文章,后加标题的。这是创作,根本和习作不同。初学者作文,若不先给他们一个题目,指定写作的目标和范围,便无从着手了。所以中学生作文,当以由教师命题为原则。自由拟题,非高中最高年级,不能尝试,而且易有抄袭成文的流弊。至于习作的次数,最好两星期一次;太勤了,不但教师为精力时间所限,不能详细批改;学生也易养成敷衍潦草之习。中学生写作不但须求通顺,还须求其敏捷,所以习作当限定时间;但时间过于短促,又易养成潦草之习。每次作文,以二小时为限,在中学里已经够了。高中高年级,如果题材丰富,也不妨延长一小时。

教师命题时,须注意下列四点:

(一) 顾到学生的能力

程度不可太高,致学生不能下笔;也不可太低,致学生毫不用心。最好,出三个程度不同的题目,使优等生、中等生、劣等生各有他们适如其分的题目。

(二) 顾到学生的生活经验

生活经验,随年龄和环境而异。中年老年人的生活经验,

223

叫孩子们去写述,如何写得出来? 古人的生活经验,叫现代青年去议论说明,如何能得要领? 我们出的题目,不是我们自己做的,是预备叫学生做的;所以这一点必须顾到。

（三）学生的心理与兴趣

（三）顾到学生的心理与兴趣

教师出的题目,不合学生心理,致使他们兴趣索然,如何能引得出他们的文思? 学生所以认作文为苦事者,未始非教师命题不当之故。

（四）学生的需要

（四）顾到学生的需要

作文的目的,原在学习生活必需的技能;为达这目的起见,命题时当然须顾到他们的需要,令学生多习作合于实用的文章。

命题当以学生为中心

范围

形式

内容 作法 题材

总之,命题当以学生为中心,使学生能作,易作,喜欢作,需要作。果能如此,则学生将以习作为乐事了。可是题目的范围,勿过狭窄,勿太宽泛。过狭窄了,易有枯涩拘束之弊;太宽泛了,易有肤浅浮滑之病。题目的形式,当竭力避去经义、策论等科举时代试题的遗形;其实,这类题目,并无可取。题目的内容,勿过求新奇,也勿流于陈腐。至于作法,则议论、说明、记叙、描写、抒情五者,都须有相当的学习;大致记叙题,宜于低年级,说明、描写、抒情次之,议论题宜于高年级。题材的来源,不外学生的生活经验,阅读心得,耳目闻见,应有情感,以及其他各科的教材。现在就中学作文题,分为四大类,各举实例,以供参考:

作文题实例

记叙描写类

（一）自身

（甲）记叙描写类

（一）自身

就学生自身方面,觅取题材。例如:

(1) 我的小史

(2) 我的小学生活的回顾

(3) 我的生活史中最可纪念的一页

(4) 我的忏悔录

(5) 日记的一页

(6) 刚过去的童年

(7) 避难记略

(8) 我愿意做一个什么人

（二）家庭

（二）家庭

令学生就其家庭,觅取题材;故题目虽同,内容则异。

例如:

(1) 我的家

(2) 我最亲爱的爸爸(或妈妈)

(3) 我的祖母(或外祖母)

(4) 我的小弟弟(或小妹妹)

(5) 我们家里的老仆

(6) 家庭乐事

(7) 小小的庭院

(8) 我家不能忘记的苦痛

(三) 学校

(三) 学校

学校方面的题材亦甚多;本地风光,必能记述。

例如:

(1) 记本校的校舍

(2) 我们的校长

(3) 我最敬爱的一位老师

(4) 我最亲爱的同学

(5) 同学素描

(6) 母校

(7) 本校学生会略史

(8) 考试的前夕

(四) 故乡

(四) 故乡

学生来自各地,其故乡情形不同,就此觅取题材,当无枯窘之虞。例如:

(1) 我的故乡

(2) 归途

(3) 故乡风俗之一

(4) 故乡鳞爪

(5) 故乡的名胜

(6) 故乡平民生活之一斑

(7) 故乡的悲剧

(8) 故乡教育的概况

(五) 学业

(五) 学业

就国文教材及其他学科方面觅取题材。例如:

(1) 译夏之蓉《沈云英传》为语体文

(2) 易安居士小传（读《金石录后序》之后）

(3) 译《木兰辞》为语体文

(4) 实验报告（物理、化学、生物等）

(5) 实习报告（师范生用之）

(6) 参观报告（学校、工厂及其他）

(7) 调查报告（项目临时定之）

(8) 会议记录

（六）事实　　（六）事实

校中有偶发事项，取为题材，最为切实。例如：

(1) ××旅行记

(2) 记远足

(3) 记赛球（足球、篮球……）

(4) 运动会记

(5) 童子军露营记

(6) 赠毕业同学序

(7) ××君追悼会记

(8) ××君事略

（七）时令　　（七）时令

关于时令的题目，须按时序出之。例如：

(1) 消夏杂记

(2) 中秋节

(3) 重九登高

(4) 初冬的庭院

(5) 记新年同乐会

(6) 寒假的回忆

(7) 清明扫墓记

(8) 春日郊游记

（八）气象　　（八）气象

气象也与时序有关，仍须按时序出题。例如：

(1) 雪

(2) 黄梅雨

(3) 可畏的夏日

(4) 飓风

(5) 中秋月

(6) 秋窗听雨

(7) 记水灾(或记旱灾)

(8) 月蚀(或日蚀)

(九) 名胜　　　　　(九) 名胜

此须就学校所在地,学生故乡,或旅行所到,觅取题材。例如:

(1) 忆中山陵(南京)

(2) 陪都的新气象(重庆)

(3) 峨眉山游记

(4) 钓台游记

(5) 游雁荡山记

(6) 记桂林的山水

(7) 怀念中的西湖

(8) 普陀,在大海中

(十) 人　　　　　(十) 人

名人固有事迹可记;极平凡的人也有可以记叙描写之点。例如:

(1) 我最崇拜的古代民族英雄

(2) 记乡贤××先生

(3) 发明××的×××

(4) 记×××童年的轶事

(5) 学徒苦

(6) 一个童养媳

(7) 人力车夫的生活

(8) 可怜的婢女

(十一) 物　　　　　(十一) 物

各种自然物、人造物,都有足以记述描写的。例如:

(1) 蚂蚁和蜜蜂

(2) 蟹

(3) 蟋蟀

(4) 赏菊记

(5) 踏雪寻梅记

(6) 红叶

(7) 记画

(8) 一件美术品

议论说明类　　　　　(乙) 议论说明类

（一）修养	（一）修养 与青年修养有关的,题材甚多。例如: (1) 新生活的意义 (2) 理智与情感 (3) 自治与自由 (4) 节俭与吝啬 (5) 勤能补拙说 (6) 论互助 (7) 知耻说 (8) 述志
（二）学业	（二）学业 学业上,也可以令学生陈述意见,说明心得,做成议论文或说明文。例如: (1) 学习国文之我见 (2) 我最爱读的一部书 (3) 本学期课业的回顾与前瞻 (4) 本学期选文目录序 (5) 对于本校图书馆的建议 (6) 论阅报的利益 (7) 读书报告(或读××文书后) (8) 讲演记录
（三）家庭 社会	（三）家庭社会 中学生虽年少,对于家庭社会,也各有他们的意见;叫他们发表出来,方可加以指正。例如: (1) 家庭苦乐论 (2) 大家庭与小家庭 (3) 对于婚姻问题之我见 (4) 女子应否回家庭去? (5) 论择交 (6) 赌博之害 (7) 辟迷信 (8) 原匪
（四）时事	（四）时事 中学生对于时局,应有相当的认识;令作时事题,并可引起他们阅报的需要。例如:

(1) 求学与救国

(2) 国难中青年的责任

(3) 建国大业与青年

(4) 阅墙御侮说

(5) 欧战与我国的前途

(6) 太平洋果能永远太平乎？

(7) 南海风波

(8) 经济与战争

（五）岁时

（五）岁时

就岁时命题，也可以发抒感想意见，作议论文或说明文。例如：

(1) 论阴阳历的优劣

(2) 树木与树人

(3) 清明节忆故乡庐墓

(4) 总理逝世纪念感言

(5) 值得纪念的五月

(6) 七七纪念

(7) 国难中的国庆

(8) 异乡的除夜

（六）史事

（六）史事

教学生做史论，必须先令他们明了所论的人物事实，而且须与现代有直接或间接的关系的。例如：

(1) 秦始皇焚书坑儒于我国文化的影响

(2) 论越王勾践

(3) 书诸葛亮《出师表》后

(4) 读《宋史》《岳飞传》

(5) 秦桧张邦昌合论

(6) 读了文天祥《正气歌》以后

(7) 论甲午之战

(8) 六月三日，悼林文忠公

（七）文艺

（七）文艺

评论文章诗词，非中学生所能胜任；但文学流变、艺林珍闻，有已于讲习时熟闻之者亦不妨令学生记录之。但此类题目，以用于高中为宜。例如：

(1)《诗经》与《楚辞》

(2) 何谓"乐府诗"？

(3) 李杜在唐代诗史中的地位

(4) 韩愈的古文运动

(5) 词的起源

(6) 章回小说的起源

(7) 杂剧与传奇的比较

(8) 新文学运动的略史

（八）学术

（八）学术

这也只是记录的性质，高中高年级生，当可试作。

例如：

(1) 周秦诸子的派别与关系

(2) 何谓经今古文？

(3) 孔子在我国教育史中的地位

(4) 孟子的政治主张

(5) 墨学的精神

(6) 程朱与陆王的异同

(7) 论清儒的治学方法

(8) "知易行难"与"知难行易"

应用文件类

（丙）应用文件类

（一）书信

（一）书信

书信的用途最广；令学生学习写信，最适合于实际的需要。以受信人论，则或致家属，或致亲戚，或致教师，或致同学，或致朋友；以内容论，则或问候，或请托，或慰唁，或规劝，或邀约，或报告事情，或陈述意见；以作法论，或记叙，或描写，或说明，或议论，或抒情：五花八门，应有尽有。例如：

(1) 到校后报告家长书

(2) 问候外祖父母的一封信

(3) 致母舅告贷学费书

(4) 托业师介绍职业书

(5) 复友人询沪上近况书

(6) 唁友人丧父书

(7) 约友人游兆丰公园书

(8) 劝友人戒赌书

（二）柬帖

（二）柬帖

230

叫中学毕业生写一柬帖,往往会使得他们手足无措;这是没有学习之故。柬帖虽然简单,也得练习一下。讣闻、仪注,亦附此类。例如:

(1) 拟喜寿请柬及谢柬

(2) 拟讣闻

(3) 拟婚礼仪注

(4) 拟追悼会仪注

(三)书启

(三)书启

凡是通告性质的文件,都属此类。广告附。附如:

(1) ××先生七旬寿辰征文启

(2) ××哀启

(3) 征募寒衣捐启

(4) 筹备文献展览会启

(5) ××级壁报征稿启事

(6) ××读书会征集会友启事

(7) 本校学生自治会成立宣言

(8) 本校附设民众夜校招生广告

(四)规约

(四)规约

各种规则、契约的撰拟,也是生活所必需的工作。例如:

(1) ××读书会规程

(2) 校友会杂志投稿简章

(3) 学生自治会××股办事细则

(4) ××级学生自治公约

(5) ××民众夜校教职员聘约

(6) 租赁住宅契约

(7) 集股开设商店合同

(8) 典卖不动产契约

(五)公文

(五)公文

诉讼呈状批判,中学生非专攻法律者,不必学习;而普通的上行、下行、平行公文,却须略知其格式。此类题目,须至初中三年级方可习作。例如:

(1) 为学生自治会呈校长请××文

（2）为附设民众夜校呈报××文

（3）拟××教育局为××事通令各小学

（4）拟××教育局为××事指令某小学

（5）附设民众夜校上课布告

（6）拟本校为旅行团借住事致某中学公函

（7）贺全国教育会议开幕电

（8）为救济战区学生上教育厅长陈述意见书

（六）哀祭

（六）哀祭

哀祭之文，也是实际应用的文件之一。或用韵语，或用散文，或用四字句，或用长短句，或用骚体，或用骈文，或用白话，无乎不可。但此类题目，以用于高中为宜。例如：

（1）拟祭家属××文

（2）拟祭亲戚××文

（3）拟祭业师××文

（4）拟祭同学××文

（5）拟祭友人××文

（6）拟祭阵亡将士文

（7）拟祭蔡孑民先生文

（8）拟祭张自忠将军文

（七）联语

（七）联语

对联为汉文所特有，而应用的范围亦广。高中三年级，不妨试令习作。例如：

（1）贺友人××新婚联

（2）××先生×十寿联

（3）挽同学××联

（4）公祭阵亡将士挽联

（5）本校成立纪念日门联

（6）题西湖张苍水先生墓联

（7）今年新春门联

（8）全国祝捷大会联

（八）其他稿件

（八）其他稿件

演说稿、辩论稿等，学生在课外活动中是常用到的。

余如报纸上短篇的新闻,特约的通讯,也可以教他们试作。例如:

(1) 孔子诞辰演说稿

(2) 七七纪念会演说稿

(3) 阵亡将士追悼会演说稿

(4) 劝民众节约储金演说稿

(5) 辩论稿(此题应先假定辩论题,分正组、反组,草拟稿件)

(6) 拟国际新闻一则

(7) 拟国内新闻一则

(8) 拟××特约通讯一则

文艺小品类

(一) 故事寓言

(丁) 文艺小品类

(一) 故事寓言

这类题目,较适宜于初中各年级。或叫他们就读过的材料翻译;或由教师讲述,叫他们听写;或由他们自己记述撰拟。例如:

(1) 愚公移山(节译《列子》)

(2) 画蛇添足(听写)

(3) 木兰从军(译《木兰辞》)

(4) 《伊索寓言》二则(译英文本)

(5) 民间传说一则

(6) 童话一则

(7) 故事一则(令学生自由撰拟)

(8) 寓言一则(同上)

(二) 小说话剧

(二) 小说话剧

或根据阅读过的教材,加以编排剪裁;或自出心裁,尝试创作。这类题目,宜用于程度较高的年级。例如:

(1) 故事新编——小说或话剧

勾践报吴。荆轲刺秦。苏武牧羊。费宫人刺虎。

(2) 创作的尝试——小说或戏剧

战事的。社会的。家庭的。侦探的。

(三) 歌诗

(三) 歌诗

各地有各地的民歌、儿歌,如令学生写录出来,倒可以编成一部集子。此在初中低年级生已优为之。语体诗,看似容易,其实很难;旧式的诗词,也不易学;高中高年级或可偶一为之。例如:

(1) ××县的民歌

(2) ××县的儿歌

(3) 写景小诗

(4) 抒情小诗

(5) 讽刺小诗

(6) 叙事诗

(7) 咏物诗

(8) 小令(后六种,可令学生自由拟题)

(四) 小品文

小品文须有深远的寄托、隽永的风味,不仅篇幅简短、结构小巧而已。例如:

(1) 风雨孤舟

(2) 不倒翁

(3) 旧梦

(4) 论近视眼

(5) 盆景

(6) 蚁战

(7) 秋老虎

(8) 雪狮

以上四类,所举的实例,已是不少。就此触类旁通,当可应付裕如。至于"抒情"所以不独立一类者,因情感为文章的灵魂,无论哪一类的题目,都可以抒写作者的情感。偶发事项,往往是国文科的设计教学的机会。例如旅行,课内讲读,固可以选些关于旅行目的地的游记为教材,旅行回校后,也可以教他们作游记、参观报告……,而且可以令学生分组试行集体作文。又如学校里要开追悼会了,则祭文、小传、挽联,便是极合实际的教材;作文,也可以教他们作"××君追悼会小启""××君事略""××君哀辞""祭××君文""挽××君联""××君追悼会演说稿"……学生觉得教材和题目都切合实际需要,自然格

左注:

(四) 小品文

设计教学

外注意努力了。又如学校里开大规模的运动会时，可以令学生组织临时的小小新闻社，出会场的刊物；于是社评、新闻以及副刊中的小品文……，都有练习的机会了。即使没有这种偶发事项，教师也可以设计造成种种机会。例如带学生到附近郊外去游览，到某工厂、某学校去参观；假托某人或某团体写一封信给他们，教他们写回信；教他们办壁报，组织演说会……所以题目是出不穷的。每次作文，教师命题不可过多，反致学生因题目一时难于选定，多耗时间，注意也不能集中；仅出一题，又觉拘束得太厉害；最好是出二题或三题，使学生有自由选择的余地。

第二章　指　导

习作是要指导的;指导却不限于习作之时。讲读时所谈及的,也是和作文有关的;习作时,如有必要,只须略略提示便够了。和作文直接有关的,都得随时讲给学生听;如果规定两周作文一次,不作文的那两小时,正是指导作文的时间。现在分作两类,述说如次:

（甲）一般的指导

（一）审题

习作既是先命题,后作文,则题目选定之后,必先把它辨认清楚。不但须看明白它的字面,还须辨明它的含义、范围、体裁,以及作者自己的立场。

例如"上海在风雨中",是一个极普通的题目。照它的字面看,便有两个条件:（1）上海,（2）在风雨中。如果仅写上海,不写它在风雨中的情形;或专写风雨,不写上海在风雨中的情形;就是审题不清。"风雨",不仅指有形的风雨;最近三年来,上海不是已成了孤岛吗? 不是在风雨飘摇中吗? 我们虽处在孤岛上,不是在暴风雨中过日子吗? 不是和在雨横风狂之际,希望拨开云雾,重见青天白日,一样地企切吗? 这就是本题的含义。做这个题目时,必须能抓住这一点,加以发挥。

又如"温故知新说"。这个题目的来历是《论语》和《中庸》。《论语》中记孔子的话道:"温故而知新,可以为师矣。"《中庸》也有"温故而知新"一句。照它的字面说,温故是温习已有的旧知识;知新是求得未有的新知识。《论语》第一句便是"学而时习之。"学,是"知新";时习,是"温故"。《论语》又载子夏之言说:"日知其所亡,月无忘其所能。"日知所亡,是"知新";月无忘所能,是"温故"。学贵知新,又贵温故。仅能温故,不求知新,则故步自封,毫无进步;虽能知新,不复温故,则随得随忘,仍无以增学识。这意思,已在前编说起过了。推而广之,则我国固有的文化是"故",国外输入的文化是"新"。专攻国故,抱残守缺,不肯接受外来的文化,便是温故而不知新;醉心欧化,唾弃国故,不屑研究,便是知新而不温故。我们须一面温故,一面知新,使我国固有的文化和外来的文化融合起来,产牛一种新文化,才可以说是温故而知新。世界上一切学术,都是从所已知推求所未知的。已知的是"故",未知的是"新";从已知的求得未知的,便是由温故而知新。可见温故和知新,并不是截然的两件事。这个题目的含义不是很丰富吗? 所以审题果精,则做起文章来,决不致有枯窘浮泛之病。又如"到校后报告家长书"。先须明白,这题目的体裁是"书信"。受信人是家长,或爸爸,或妈妈,或伯叔,或哥哥。写信,第一须把写信人和受信人的关系看清楚;这是和信里的语气有关的。这封信,既是到校之后的报告,它的内容,最重要的是学校的情形;次之,是写信人到校后的情形;再次之,是写信人到校后怀念家中的心情。体裁、语气、内容都弄清楚之后,写起来,自然能得体,能明畅了。教师指导学生审题,可先指定一人,叫他照自己的意思把题目解说一遍,教师和其余的学生共同讨论,订正补充。这种指导,不必每次都举行;举行时,须让学生尽量发表他们的意见,教师不可说得太多。说得太多,又是揠苗助长了。

（例三）（左注）

（二）立意（左注）

（二）立意

苏轼在儋耳,教葛延之作文法,以市场为喻:市百物,以一物摄之,曰"钱";作文亦然,天下之事理,散在经史百家中,作文时亦须以一物摄之,曰"意"。陆机《文赋》亦云:"辞呈才以效伎;意司契而为匠。"可见作文首重立意。古人文章,有意在题面者,例如苏轼《喜雨亭记》即以"喜"字为主意,苏辙《快哉亭记》即以"快"字为主意;柳宗元《愚溪诗序》即以"愚"字为主意;高攀龙《可楼记》即以"可"字为主意。有意在文内者,例如贾谊《过秦论》的主意是"仁义不施,攻守异势"八字;韩愈《平淮西碑》的主意是"决断"二字;柳宗元《梓人传》的主意是"知体要"三字;欧阳修《纵囚论》的主意是"不近人情"四字。亦有意在言外者,例如《列子》借"愚公移山"的寓言写"有志竟成"之旨;柳宗元托《捕蛇者说》写"苛政猛于虎"之意;韩愈作《马说》写知己难得之感;刘基假设《卖柑者言》寄"世人虚有其表"之慨。虽立意不仅限于这三种方式;但即此类推,已不难举一反三了。教师指导习作,可即于审题时令学生说出一个主意来。题目虽同,所立之意,则不妨各异;至于如何去发挥,那更不必拘了。

（左注）意在题面
（左注）意在文内
（左注）意在言外

（三）取材用材

材料须预先收集

取材与立意有关

取材五蔽
门户

主观

时代
地域

客气

材料之运用
正面

（三）取材及用材

作文和烧菜一样。没有丰富新鲜的材料，即使是烹调妙手，也烧不出一碗可口的菜来。作文没材料，便嫌空；材料少，便嫌枯。材料须预先收集，或得之亲自经历的生活，或以观察、调查得之自己生活以外的生活，或以剪报、抄书得之阅读的书报，或以请益、谈话得之师友及他人。材料之选取，却与立意有关。如江淹《恨赋》，主意在一"恨"字；赋中却用"左对孺人，右顾稚子，脱略公卿，跌宕文史"为材料，有人批评他，说与"恨"字抵触。韩愈《送孟东野序》以"不平"二字为主意；序中却用"伊尹鸣殷，周公鸣周"为材料，也有人批评他，说与"不平"抵触。古代有名的文人，偶一不慎，尚有取材不当之病；初学者不更宜留意吗？

取材有五蔽：一曰门户，门户之见愈深，则取材之范围愈狭。自命为桐城嫡派之古文家，非但不肯采用骈文、诗词、语体文中常用之材料，即阳湖派古文家所常用之材料，译自外国文之材料，亦复不敢羼入，实由门户之见太深之故。二曰主观，固执主观的成见，则许多有用之材料，皆被摒弃，其取材之范围，将更狭隘。三曰时代，守旧者囿于古，骛新者蔽于新，其所取之材料，皆为时代所限。四曰地域，墨守国故者不肯采用来自国外之材料，醉心欧化者不屑采用我国固有之材料，都是为地域所限。孤陋寡闻之士，见闻囿于乡曲间阎者，更无论矣。五曰客气①，凭一时之情感，意气用事，则于材料之去取，亦难得当。如能祛此五蔽，则范围既广，去取亦当，自能左右逢源，取之不尽。举凡作者身所经历，耳目所闻见之事实景物，中心所感之情绪，阅读所积之义理，谈论、思考所得之见解，皆作文之材料，不仅平素记诵的词句辞藻而已。

材料的搜集，在于平时；指导亦宜于平时为之。至于如何运用，则行文时方能决定。有用于正面者。例如韩愈《送孟东野序》，既以"物不得其平则鸣"为全篇主意，故所用材料，如草木、水、金石、鸟、雷、虫、风等善鸣之物，以及禹、咎陶、夔、五子、伊尹、周公、孔子、庄周、屈原……下至李白、杜甫等善鸣之人，都从这篇文章的正面写去，引出一个以诗鸣的孟东野来。

---

① "客气"：这里指虚骄之气，意气用事。

反面	有用于反面者。例如苏洵的《木假山记》，以"木假山之幸"为主意，却先说木有许多不幸，蘗而殇，拱而夭，风拔、水漂、伐为
表面或里面	栋梁，取为柴薪，从反面逼出这木假山之幸。有用于表面或里面者。例如《左传》记长勺之战，先叙曹刿俟齐三鼓然后接战，下视辙乱，上望旗靡，然后追奔逐北，写的都是表面；末了追叙
题前或题后	出所以然的理由来，方才写到里面去。有用于题前或题后者。如苏轼的《后赤壁赋》，正文是记夜游赤壁，首段叙自雪堂归临皋，二客相从，得鱼于客，谋酒于归，都是题前的文章；末段记
即小见大	客去后的梦，却是题后的文章了。又有即小见大者。例如柳宗元的《三戒》，吴敏树的《说钓》，薛福成的《蚁战》《鸡斗》，都是借小物细事，发出一番大议论来；此种作法，其主意全在议
无中生有	论，全篇所记叙的事物，不过用作材料而已。又有无中生有者。例如韩愈作《新修滕王阁记》，写得何等热闹，材料何等丰富；按之实际，韩愈却从没有到过滕王阁，因为没有到过，便不得不用无中生有之法，翻腾出一篇新议论来了。这些，还是从文章本身用手法的。其从文章旁面写者，或用作设喻。喻，有
设喻	物喻，如《诗》之《关雎》《鸱鸮》；有事喻，如《孟子》之太王避狄，宋人揠苗。其以设喻引出正意者，如苏轼的《日喻》，此如《诗经》之"兴"，谓之"带喻"；其全篇皆设喻者，如韩愈《杂说》说龙、说马诸篇，竟如《诗经》之"比"，谓之"全喻"。设喻，须求其确切，否则，反为文章之累。或用作引证。证，有语证，引
引证	古书或古今名人语为证；有事证，引古今事实为证。其实，古书或古今名人的话，未必都是对的；所以语证不如事证的力量强。但引用事证，最好在两件以上；否则，易被认为偶然巧合，力量又薄弱了。例如苏洵《辨奸论》引山涛评王衍、郭子仪评卢杞二事为证，苏轼的《留侯论》引郑伯、勾践、高祖、项籍四人
陪衬	为证。或用作陪衬。"陪"，如韩愈《送杨少尹序》以二疏（疏广疏受）陪杨巨源；"衬"，如韩愈《送高闲上人序》以尧舜禹汤治天下，养由基治射，庖丁治牛，师旷治音乐，扁鹊治病，宜僚之于丸，秋之于弈，伯伦之于酒，张旭之于草书，衬出高闲上人之善草书。也有从反面陪衬的。例如苏轼的《勤上人诗集序》，先用汉文帝时翟公故事做欧阳修反面的陪客，又写士之负欧阳修者，做勤上人不负欧阳修反面的衬托。——运用材料的方式固不仅此；就此类推，已可触类旁通了。用材的指

导,在乎平时讲授,习作时可就题予以提示。

（四）结构

造房子须先打图样,裁衣服须先定尺寸;做文章也得先有个打算,这就是所谓"谋篇""布局"了。谋篇布局,应注意下列三点:

（1）层次　作文时,先把主意立定了,还不能立刻动笔,运用他所取的材料。最要紧的,还得安排文章的层次。层次分得不清,排得不好,便有含糊凌乱之病。元白珽《湛渊静语》载莫子山游山,刚上山入寺的时候,口吟着唐人李涉的一首绝句"终日昏昏醉梦间,忽闻春尽强登山。因过竹院逢僧话,又得浮生半日闲。"哪知他入寺之后,遇到的却是个俗不可耐的和尚。他便把这四句诗的次序掉过来道:"又得浮生半日闲,忽闻春尽强登山。因过竹院逢僧话,终日昏昏醉梦间。"这四句诗,一个字也没有改,只把第一句和第四句对调了一下,意境便大不相同;可见层次先后与文章大有关系了。好的文章,层次是非常明白,非常有条理的。例如陶潜的《归去来辞》,韩愈的《画记》,前者是记动态的,后者是记静态的,可加以分析,各列一表如下:

《归去来辞》

- （一）将归（决定归计）——"归去来兮……觉今是而昨非。"
- （二）归来（归家情形）
  - （1）途中
    - (a) 舟行——"舟摇摇以轻飏……"二句。
    - (b) 陆行——"问征夫以前路……"二句。
  - （2）到家
    - (a) 抵村——"乃瞻衡宇……"二句。
    - (b) 进门——"僮仆欢迎……"四句。
    - (c) 入室——"携幼入室……"六句。
    - (d) 游园——"园日涉以成趣……"八句。
- （三）归后（家居情形）
  - （1）闲居——"归去来兮……乐琴书以消忧。"
  - （2）出游——"农人告余以春及……临清流而赋诗。"
  - （3）旨趣——"聊乘化以归尽……"二句。

例二

《画记》
- （一）画的内容
  - （1）记人（"骑而立者五人……而莫有同者焉"）
    - （a）骑者——
    - （b）不骑者——
    - （c）妇人——
    - （d）孺子——

    共计百二十三人。
  - （2）记物（"马大者九匹……皆曲极其妙"）
    - （a）马——共计八十三匹。
    - （b）其他动物——共计四十九头。
    - （c）用具——二百五十四件。
- （二）画的历史
  - （1）韩愈得画。——"贞元甲戌年……虽百金不顾易也。"
  - （2）赵侍御失画。——"明年出京师……且命工人存其大都焉。"
  - （3）韩愈赠画记画。——"余既甚爱之……以自释焉。"

（2）联络

基本的联络

艺术的联络

（2）联络　层次既已分清排好，还得求其联络。如果每段独立，不相联络，便不能成为一篇文章了。联络有二种：一是基本的联络，一是艺术的联络。基本的联络，只要几个重要的连词没有用错，便不至有文法上的毛病。例如承接，则用"是故""于是"之类；转接，则用"然而""虽然"之类；推展，则用"若夫""讲到"之类；总束，则用"总之""由此观之"之类。艺术的联络，却要更进一步，用修辞的技巧了。今举六种方法于次：

呼应

一曰呼应法——例如宗臣《报刘一丈书》，先用"且今之所谓孚者何哉"句一呼，后用"此世所谓上下相孚也"句一应；这一段又遥应上文"至以上下相孚才德称位语不才"句中"上下相孚"四字一呼，呼应极为明显。又如曾巩《赠黎安二生序》，前以"赵郡苏轼余之同年友也"句一呼，中以"苏君固可谓善知人者也"句应上呼下，末又用"并示苏君以为何如也"句一应。这篇的呼应，不及前一例明显，所以又名"照应"；好比黑夜走路，远远望见前面楼上有一盏红灯，摸索前进一般。又如《史记·项羽本纪》首说项梁定会稽时，得精兵八千人；次叙项梁乃以八千人渡江而西；及项羽败时，乃曰"籍与江东子弟八千人渡江而西，今无一人还"云云。这篇的呼应，竟如用兵预先设伏似的，较前例更隐了，所以又名"伏应"。前呼后应，文气自然联络了。

层递

二曰层递法——庄辛《论幸臣》，先以蜻蛉为喻，次以黄雀为喻，又次以黄鹄为喻，又次以蔡灵侯为喻，由昆虫而小鸟，而大鸟，而小国之君，方说到楚王身上；每段连接处都用一句"××其小焉者也"一层一层地逼近来，这叫作层递法。《大学》一篇，由格物致知而诚意，而正心，而修身，而齐家，而治国平天下，一层一层地放大来，每章首云"所谓××在×其×者"，末云"此谓××在×其×"，这也是层递法。逐层递嬗，自然前后联络了。

分析　　三曰分析法——先立一总论，然后一条条一层层地分别说明，这是用论理学的演绎推理的。例如《荀子·性恶篇》开头一句便是"人之性恶，其善者伪也"（伪即人为。不学而能不事而成之在天者谓之性；可学而能可事而成者谓之伪；性是天然的，伪是人为的）。这是他全篇的结论，论性的宗旨。此后全篇文章，便是分别说明这两句话的；这叫作分析法。又如《大学》先用"古之欲明明德于天下者……"倒说治天下的步骤，次用"物格而后知至……"顺叙格物致知的进境，又以"物有本末，事有终始，知所先后，则近道矣"作一总束；格致是本，是始，是所先；治平是末，是终，是所后：全篇主意，已尽于此。其后又分别论列，逐层说明。先总论，后分说，也是分析法，也是演绎推理。我们读起来，便觉它们有条理井然，纲举目张的好处。

综合　　四曰综合法——这和上法正相反，先说许多理由，举许多例证，然后得出一个结论，一条原则来；用的是论理学的归纳推理。例如贾谊《过秦论》上，洋洋洒洒地写了许多文章，直到最后，方点出"仁义不施，而攻守之势异也"作它的结论。如没有这个结论，则上文许多议论，都得不到归宿，全篇文章也散漫无纪了。《过秦论》中的结论是"安民可与行义，危民易与为非"，《过秦论》下的结论是"壅蔽伤国"，都在末段方说出来，和上篇一样作法。

过渡　　五曰过渡法——这是于无可联络中取得联络的法子。例如《史记·刺客传》，其实这篇传，本是曹沫、专诸、豫让、聂政、荆轲各为起讫，毫不相关的；司马迁却硬要把他们联络起来，便不得不于每人传末用一句"其后××年而×有××之事"来作过渡了。《屈原贾生传》叙屈原事既完，接云："自屈原沉汨罗后百有余年，汉有贾生，为长沙王太傅，过湘水，投书以吊屈原。"虽也是过渡法，可是用贾谊吊屈原作过渡，已比《刺客传》有意义。《平原君虞卿传》于平原君传末，叙及虞卿欲为平原君请封事，虽也是过渡法，比《屈原贾生传》又高明得多了。

问答　　　六曰问答法——这是很取巧的一个法子。例如《孟子·养气章》，先说"不动心"，次由公孙丑"敢问夫子恶乎长"一问引出"知言""养气"来；"养气"说完时，又由"何谓知言"一问递到"知言"。在古书中原有记师生问答的，故此种联络，纯依谈话的次序推论，非常自然。也有假设问答，或充自问自答的。例如韩愈的《对禹问》《争臣论》，假设与或人问答；苏洵的《管仲论》，一则曰"何则"，再则曰"何者"，便是自问自答了。

（3）变化　　　（3）变化——层次明顺，前后联络；谋篇布局，已思过半矣。可是也有以变化出之的。因为平铺直叙，文章终少生气。我们姑且就记叙文来举几个例吧。如《左传·城濮之战》已叙到楚围宋，宋告急于晋，晋为救宋御楚，命将出师了；忽又插入"晋侯始入而教其民……"一段；苏轼《方山子传》，已叙到他

追叙　　遇方山子而宿其家了，忽又转到"独念方山子少时"的情形：这都是追叙。又如《史记·屈原传》，已叙到"王怒而疏屈平"，本当径接下文"屈平既绌……"云云，忽把作《离骚》一段夹入中间；魏禧《大铁椎传》，大铁椎送宋将军登空堡上，告诫他道："慎勿声，令贼知汝也"，本当径接下文"客驰下……"云云，忽然插入"时鸡鸣月落，星光照旷野，百步见人"三句：这都是插

插叙　　叙。又如柳宗元《梓人传》，文中仅云"梓人"，末方把梓人姓杨名潜叙出；苏轼《游桓山记》，文中屡云"二三子"，末方补出

补叙　　从游八人的姓名：这都是补叙。有这种种变化，文章方觉得不板滞。

开场和结尾　　　层次、联络、变化，都和结构有关；平时讲读，本当随时指点，习作时也可看题目的需要，随意提示之。至于开场的总冒，结尾的余波，也须看题目、作法、结构而定，并不是不可少的。例如欧阳修作《醉翁亭记》，初稿细叙滁州山景，凡数十字，后乃一概删去，易以"环滁皆山也"一句。可见与本篇主意无甚关系的，不必多讲空话。《荀子·性恶篇》首句便说"人之性恶"，不是开门见山的作法吗？结尾也是如此，只要把话说完全了，全篇文章已得一结论了，便当戛然而止；多说废话，即是画蛇添足。如贾谊《过秦论》上以"何也？仁义不施而攻守之势异也"作结，并不觉得它的局促。指导中学生作文，这一

点也得留意。至于琢句炼字,当于平日讲到文法修辞时预先教导,于习作后批改时再加指正;在习作时间内,如无学生提出疑问,不必一一加以指导。一则每人逐字逐句指导,教师将不胜其烦;二则帮忙过度,使学生不必花心思去考虑,写作的技术反少进步。

（乙）特殊的指导

所谓特殊的指导者,非谓对某生加以特殊的指导,乃谓对某种文体加以特殊的指导。以初中低年级为例,如教他们练习写信,便有特加指导的必要,他们往往在明信片上收信人之下写一"启"字,发信人之下写一"缄"字;试问明信片怎样"启",怎样"缄"呢? 所以明信片的写法,其余都和邮寄信的封面相同;"启"却当改作"收","缄"却当改作"寄"。信封的写法,则因寄递方法而异;大别之,有四类:(甲)邮寄,(乙)专送,(丙)带交,(丁)附交。

（乙）特殊的指导
例一——
写信
明信片

信封格式

甲之一

邮票　崔可斋先生　上海环龙路五十号
诸暨孙缄 十月一日　台启

甲之二

邮票　贾醒民先生　大夏大学　本埠静安寺路戈登路口
胶州路三十号魏缄 十月一日　钧启

甲 之 三

邮票

彭旭初

诚泰昌宝号烦转寄三峰

浙江丽水碧湖镇

先生安启

成都彭缄 十月一日

乙 之 一

候件

郭守贞先生

专送新闸路八十三号

胡其仁缄 即日

亲启

乙 之 二

胡诚甫先生

藉复附书一包

郭缄 即刻

手启

丙 之 一

候复

朱仲棠兄面呈

金老师平甫

敬烦

叔臧拜干 即晨

钧启

丙 之 二　　　　　　　　丁

敬烦
季平世兄锦旋吉便带呈
尊大人
为感
伯安缄托 十月一日

敬祈
饬交令姪
志恒学兄
启
承绪拜托

上下款

甲之一，是最普通的外埠邮寄信；甲之二，是最普通的本埠邮寄信；甲之三，是要由商店转寄的；乙之一，是专差送去，立候回件的；乙之二，是叫原差带转去，而且附有一包书的；丙之一，是托人面呈，并候回信的；丙之二，是托友人的儿子带回去面呈他的爸爸的；丁是附在另一信中，托他转交的。凡是邮寄的信，第一行收信人地址最要写得仔细；专送，或托人转交，或附交的信，如其地址为送信人、转信人所不知的，也得写明。"台启"，最为普通；"安启"，用于家信；"钧启"，或用于掌权的人，或用于尊长；"亲启""手启"，是要收信人自己拆阅；仅用一"启"字也可以；托人带的信，不用启字，用"为感"二字，是连上文一气读的。"拜干"和"拜托"一样；用"缄托"，因带信人是小一辈。托人带的信，或用发信人对收信人的称呼，如丙之一和丁；或用带信人对收信人的称呼，如丙之二。"饬交"是着人转送的意思，表示不敢烦带信人亲自转交——这里不过随便举几个实例，信封的写法，已有八种了。教初中学生时，都得详细加以指导。

信里面的上款，对直系尊亲径用称呼，如祖父母、外祖父

百年语文教育经典名著　第七卷

246

母、父母、岳父母……；对最接近的亲属，如母舅、胞叔伯、胞兄弟姊妹……，亦径用称呼，或加行次（二伯父、三叔父、大母舅、大哥、二姊、三弟、四妹之类）。从前对业师亦径用称呼，现在有举其字、下加称呼者（如××老师，×师之类）。对其他亲友，则多于字下加称呼（全举其字作××兄，仅举其字之一字作×兄，均可）。除尊长对直系卑幼，得直呼其名外，称人皆举其字，不用其名（名字一致的例外）。我国社会的习惯，取字往往用伯、仲、叔、季（伯×、仲×或×叔、×季之类），子、公、君、卿（子×、公×、×君、×卿之类），生、之、甫、夫（×生、×之、×甫、×夫之类），少、筱、斋、轩（少×、筱×、×斋、×轩之类）等字，单举他字中的一个字时，不要举这些通用字；最好两字全举，以示区别而免误会。至于下款，除直系尊亲对卑幼仅用称呼外，对人须自称名，不应自称字。

称人用字

对人自称用名

称呼

称呼，初看是简单的，仔细考究起来，却有许多应加斟酌、指导的。例如对业师，称他夫子、先生或老师，自称受业、弟子、门人、门生或学生，似乎毫没问题。但仔细推敲起来，便有斟酌的余地了。

夫子、先生

（1）夫子、先生——为业师之通称。但古时妇女称其夫亦曰夫子（《孟子》称嫁女时，母戒之曰："毋达夫子。"）。女学生称男教师为"夫子"，似乎不很妥当。先生二字在古代不是专指教师的。《论语》："有酒食，先生馔。"马融注："先生，父兄也。"《至元辨伪录》："先生言道门最高；秀才言儒门第一。"注云："元人称道士为先生。"《战国策》："乃见梧下先生。"注云："先生，长者有德之称。"《礼记·曲礼》："遭先生于道。"注云："先生，老人教学者。"现在又用作普通的称呼了（古人也有仅用一字的。《汉书》："夫叔孙先非不忠也。"叔孙先即是叔孙先生。汉人称董仲舒为董生，贾谊为贾生，即董先生、贾先生）。

学生、弟子、门人、门生

（2）学生、弟子、门人、门生——学生本指学校肄业的人（《后汉书》谓灵帝时始置鸿都门学生）；又为后辈对前辈的称呼。《留青日札》载宋陈省华见客，子尧叟等侍立，客不安。省华曰："学生列侍，常也。"《称谓录》也说，明清时，翰林见前辈，名帖上自称侍生，见面时自称学生。《论语》："有事，弟子服其劳。"上句先生称父兄，故下句云弟子。对师所以称弟子者，《仪礼疏》云："学生事师，有父子之恩，故称弟子。"至于门人,《论语》上所用的,即指孔子门下弟子。《战国策》所云"孟尝君门人公孙戍",则为孟尝君的门下食客。《谷梁传》所云"门人射吴子",则是指守门的人。门人和弟子,从前是有分别的。亲受业者为弟子,转相传授者为门人;见欧阳修《孔宙碑阴跋》。门生则为从前科举时对座主的称呼(五代时,裴皞①已称他所举进士桑维翰②为门生)。以后则官场中投靠权贵门下的都称门生了。

　　从上面所说看来,称业师不如用"夫子"或"老师";自称不如用"弟子"或"受业"。先生、学生、门人、门生以不用为是。

信中款式

　　信中款式,也很要紧。如说及和收信人有关的人、地、物,往往加"令""贵""尊"等字样,如令尊、令兄、贵老师、贵省、贵校、尊夫人、尊稿……;说及和自己有关的人、地、物,须加"家""舍""小""敝""贱""拙"等字样,如家严、舍弟、小儿、敝业师、敝省、贱内、拙稿……指收信人或和他有关的,须另行抬写,或空一格;指自己或和自己有关的,须偏写在右边。末尾,旧用"此请×安""此颂×绥""此询×好",×安、×绥、×好,均须另行抬写。现在语体文信末,往往用"祝您安好",如也抬写,应当从"您"字提行,不应当把"您"字写在下面,仅把"安好"二字提行。——以上所举,都是些书信形式上最浅显的几点,此外应随时指示的,还多得很哩!

例二——记叙文

　　我们再举记叙文为例,因为记叙文是初中学生应当而且必须习作的。记叙文有两种:一记静态,一记动态。记器物的是静中之静,记风景的是静中之动;记人是动中之静,记战是动中之动。大概记静态者,以空间为主,时间为辅;记动态者,以时间为主,空间为辅。二者各有其外表与内含。如记一部书,则篇目体例为外表,精义要旨为内含;记风景,则风景形态为外表,观览者之心情为内含;记人,则其人之事实为外表,其人之精神个性为内含;记战,则战事之经过为外表,战事之因果为内含。梁启超的《中学以上作文教学法》,说记叙文的作法颇好,兹列二简表示之如下:

---

　　① 裴皞:字司东,系出中眷裴氏,世居河东为望族。皞容止端秀,性卞急,刚直而无隐,少而好学,苦心文艺,虽遭乱离,手不释卷。(编者注)

　　② 桑维翰(898 年—947 年):字国侨,中国五代十国时期后晋大臣,石敬瑭卖国的帮凶。(编者注)

记静态文作法	记静态文作法	（甲）全部	（一）鸟瞰——居高临下，掃叙全部；如《史记·货殖传》。
			（二）类括——分类记述，绵密正确；如《汉书·艺文志》。
			（三）步移——坐标活动，移步换形；如柳宗元《永州八记》。
		（乙）局部	（四）凸聚——聚精会神，着眼一点；如梁启超《墨子学案》（以兼爱为墨子学说之根本观念）。
			（五）脔尝——尝鼎一脔，知其余味；如参观学校，专记一部。
记动态文作法	记动态文作法	（甲）叙人	（一）烘托——详叙背景，烘托人物；如《史记·鲁仲连传》。
			（二）特写——特写人物，显示个性；如《史记·李将军传》；《水浒传》《红楼梦》亦以此见长。
			（三）陪衬——力写旁人，以资陪衬；如《史记·魏公子传》，以侯生、毛公、薛公、平原君陪衬信陵君。
		（乙）叙战	（一）划分段落——分叙战前、战时、战后；如《左传·郯之战》（此文叙战时仅"车驰卒奔乘晋军"七字）。
			（二）阐明因果——因在战前，果在战后；如《左传·城濮之战》。
			（三）审定主体——对战争主体，竭力描写；如《史记·项羽本纪》叙巨鹿之战，仅以项羽一人为主体。
			（四）描写心理——胜败由心理感召者极多；如《通鉴》记淝水之战，写双方心理极明显。

梁氏原书，很可以供我们参考。学生习作记叙文时，能这样详尽地加以指导，必能收相当的效益。

　　各种体裁、各种作法，在习作时，都应予以特殊的指导。这里不过就书信、记叙文举例，以见一斑而已。此项指导，在讲习时，应预为详述；习作时，再视所命题目属于何种体裁，应用何种作法，予以指示。总之，教师多费一分心力指导，学生必可多得一分益处，不论其性质为一般的，或特殊的。习作时，只出题目，不加指导，教师的责任，终没有尽啊！

1999

1949

1941

1900

中学国文教学法

249

第三章 批改一（字与词的批改）

国文教师最繁最苦的工作是批改作文；对于批改的工作，能有不厌不倦的精神的，实在很少。带着厌倦的心情去批改作文，自更觉其繁苦了。于是但求敷衍塞责，打几个虾皮圈儿（不完全的圈儿像一只虾皮，故名）加几个"尚清顺""欠明白"极简单的总批，便算了事。甚至有搁着不改，到学期终了，仍还给学生的。我却认为批改作文，是教师应负的责任；潦草敷衍的批改，等于不批改，于学生毫无好处。教师如能认真批改，必能引起学生的注意；学生因注意作文、注意批改，而国文有显著的进步，必能引起教师的兴趣。怀着欣喜的心情去批改作文，便不会觉其繁苦可厌。栽花养鸟的人们，见花儿开了，鸟儿歌唱了，便把以往的麻烦全都忘了；保育婴孩的母亲，见婴孩会笑了，会牙牙学语了，便把以往的辛苦全都忘了。学生学业的进步，是劳苦的教师们的精神上最大的安慰！

一般教师批改作文，只是就学生抄清的文卷上加以增删，加以总批。其实，习作批改不限于书面的，还有一种"黑板练习"的方法。这方法，从前我的业师张献之先生曾采用过，那时我还在中学里读书哩。黑板练习，每星期一次，每次一小时。先指定三四个学生，由教师命题，或不限题目，只限定体裁，或指定一段读过的文章，叫学生模仿。大约三十分钟，便须作完。他当场动手就改；随改，随把所以改的理由讲给学生听。如其不到三十分钟便做好了；他先叫别的学生改，改得不妥，或不能改时，他再加以补正，仍把理由讲给学生听。两年黑板练习，收效极大，因为他不但替我们改，而且使我们大家知道要改的所以然。这是值得效法的一种方法；可惜现在各中学里每班的学生多至五六十人以上，每学期每人轮不到两次！

民国十二三年时，我在某中学教国文，曾试用过一种先叫学生自己改的方法，成绩亦颇不坏。那时，学生作文，每两星期一次，每班只有三十余人。学生作文缴卷以后，我先阅看一遍，在卷子上加许多记号（如错字别字，在右旁加"×"，字词不通，在右旁加"｜"，语句不妥，在句末加"、"，要加添的，要删去的，要先后互易的，都各有记号），到第二周不作文的那两小时，发出去叫学生就有记号处自己改正，改后另抄一份，连原稿再缴给我。我再加以核对，末改者或改得不妥者，然后再来批改。批改那一个学生的作文时，便把他叫来，坐在我的书桌旁，一面改，一面讲，一面批，务使他们知其当然和所以然。这方法，一则先叫他们把自己的作文重新考虑一遍，则对于第二次的批改，印象自然较深刻；二则用个别的教学法，比较普通的班级教学，自然亲切得多。

不论方式如何，批改总可分为两部分：一是字与词的批改，二是章句与内容的批改。本章所述，是字与词的批改。我在前面已谈起过，中国字虽是单音字，一个字只有一个音；中国的语言文字却并不是单音语，因为有一个单音的字可以表一个观念的"单词"，也有联合两个以上单音的字始能表一个观念的"复词"。所以严格地说，中国语言文字的基本单位，是"词"而非"字"。以化学来譬喻，"字"是原子，"词"是分子。固然也有一个原子可以独立而成分子的，却不见得凡是原子都可以成为分子。可是批改国文，却不论它是字，是词，都得加以注意。关于字与词的错误，有两种：一是书写的错误；一是使用的错误。前者由于没有把字的"形"或"音"辨得清楚；后者由于没有把字或词的"义"认得明确。现在再从这两方面来分别说明：

（一）书写的错误

书写的错误也很多。第一，就是所谓"别字"。"别字"一名，最早见于《后汉书·儒林传》："谶书非圣人所作，其中多近鄙别字。"《集解》引何焯语，谓如以刘为卯金刀之类。则非现在所说的别字了。又如扬雄的《輶轩使者绝代语释别国方言》，简名《方言》，又称《别字》；也不是此地所说的别字。顾炎武《日知录》说："别字者，本当为此字，而误为彼字也。今人谓之'白字'，乃别音之转。"这才是我这里所说的别字。别字，可以从形音两方面分别来研究：

（1）字形——有字的本体原来相似的。例如：

千 千万　干 干戈、干犯、干涉、干求、江干　于 作介词用、又姓也

士 士大夫　土 土地

大 大小　犬 犬羊　太 太太、又过也　丈 丈尺、老丈　支 支持

侧栏标注：
（一）书写的错误

别字

（1）字形本体相似的

本（根本、书本、本来、本钱）　夲（音滔、进趣也）

斤（斤两、斧斤、斤斤计较）　斥（训斥）

天（天地）　夭（夭折、夭夭）　夫（丈夫、夫子、农夫）　失（损失、过失）

日（日月）　曰（说也）　白（红白、白话、告白）　目（眼目、目录）　自（自己、自从）

未（午未、未曾）　末（本末）　朱（红也、又姓）

九（八九）　丸（弹丸）　凡（凡是、平凡）　卂（音迅、疾飞也）　几（茶几）　儿（古文人字）

刀（刀剑）　刁（习恶、又姓）　力（力气）

今（古今）　令（命令、其令、令名、令兄）

丐（乞丐）　丏（音免、不见也。沔面等字从之）

叟（老叟）　叟（须史）

段（段落、地段、又姓）　叚（同假）

勺（升勺）　匀（均匀）　勾（勾乙）　句（章句）　旬（十日、日旬）

加同样偏旁的

本体相似而不同的字，虽加同样的偏旁，仍是另外一字。例如：——

芊（芊芊、草盛貌）　芋（芋芳）　竿（竹竿）　竽（古乐器，如云滥竽）

析（分析）　柝（击柝）　折（折断、折扣）　拆（拆开）　忻（同忻）　诉（告诉）　沂（水名）　泝（同溯）

趺（盘膝而坐曰趺坐，同跗）　跌（跌倒）

汨（音密，汨罗江）　汩（音骨，流也、乱也）　泊（停泊、水泊）　洎（音暨，及也、肉汁也）　泪（同涙）

沬（音诲，洗面也）　沫（音末，泡沫）　洙（水名）

汎（音泛，普汎、汎溢）　汛（音信，潮汛、汛地）　沈（音轨，水侧出也）　汍（音丸，汍澜、流沸貌）

券（入场券）　券（同倦）

瘦（肥瘦）　瘐（病也）　钤（钤印）　铃（响铃）

钓（钓鱼、钓名沽誉）　钧（三十斤也，钧启、钧座）　钩（帐钩、钩引）

官（官吏）　宫（宫室）　宦（仕宦、宦官）　宧（音颐、养也）

炙（音只、煎炙）　灸（音久，以艾灼之）

茶（茶叶）　荼（音涂，苦菜、荼毒）

苟（苟且）　筍（竹制捕鱼器）　筍（竹筍）

快（快乐、快慢）　怏（怏怏、不乐也）　决（决断、黄河决口）　泱（泱泱、大貌）

洒（茶洒）　洒（洒扫）

汰〔音大,洗也,波也〕　汰〔音太,淘汰〕　杕〔音第,木之特生者〕　枝〔拉杖〕　枝〔枝叶〕　仗〔倚仗、仪仗〕

伎〔同技、同妓〕　伏〔俯伏〕

偏旁不同的

　　但也有本体相同,因为所加的偏旁不同,而另成一字,音义俱异的。例如:

治〔治乱、政治〕　冶〔陶冶〕　淮〔水名〕　准〔批准〕

待〔等待、招待、待遇〕　侍〔陪侍〕　崇〔高也,崇拜、崇尚〕　祟〔鬼祟、鬼怪出现祸人也〕

盲〔盲目、盲忙〕　肓〔膏肓、音荒〕

管〔竹管、管理、又姓〕　菅〔草也,如云菅菅人命〕(荀与苟、笋与苟,亦属此)

瞻〔瞻望〕　赡〔足也,音蟾,去声〕　睹〔见也〕　赌〔赌博〕

辨〔辨别〕　辦〔办理〕

拍〔拍球〕　柏〔松柏〕　挑〔挑战〕　桃〔桃李〕

拑〔同箝〕　柑〔柑子〕　抱〔抱负〕　枹〔音肤,鼓槌也;又音包,木名〕　抄〔抄写〕　杪〔树杪、岁杪〕

抽〔抽出〕　柚〔木名〕(折与析、拆与柝,亦属此)

拍　怕〔恐怕〕　掉〔掉换〕　悼〔悲悼〕

侮〔欺侮〕　悔〔追悔〕　倩〔请也,塝也〕　情〔情感〕

晴〔晴雨〕　睛〔眼睛〕

呢〔呢吗、呢绒〕　昵〔音匿,亲昵〕　味〔趣味〕　昧〔暗昧〕　嘆〔叹气〕　暵〔音旱,燥热也〕

偏旁或可通用或不可通用

　　有些偏旁,或可通用,或不可通用;不可通用的,便另是一字了。从"隹"从"鸟",有时可通用,故"雞"可作"鸡","鴉"可作"雅";但是"唯"和"鳴",却截然是两个字。从"口"之"嘆",和从"欠"之"歎"本是一样;"听"(俗作"聽"字,本音猌,笑貌)和"欣"却截然是两个字。"訾"和"呰"(呰毁也),"詍"和"呭"(多言也),"訶"和"呵"(呵斥也),都是同义的,可见从"言"从"口"有时可通用;但如"調"〔调和曲调〕与"啁"〔啁哳〕、"諧"〔和谐〕与"喈"〔鸟鸣声〕、"談"与"啖"〔吃也〕、"誰"与"唯",又绝对不可混为一字。

合体字各部分的位置或可移或不可移

合体字所合的两体,有可以移易位置的,有不可以移易的;不可移易的,如把它们移易了,便是另外一个字了,如"裙"可作"裠","羣"可作"群","略"可作"畧","词"可作"詞","桃"可作"尜","裹"可作"裡","期"可作"朞","棋"可作"棊",这些是可以移易的例。可是"唯"与"售"、"怠"与

中学国文教学法

"怡"、"忠"与"仲"、"悲"与"悱"、"忘"与"忙"、"栗"与"栖"、"東"与"呆""杏"、"泉"与"洦"、"江"与"汞"、"君"与"呷"、"帕"与"帛"、"裹"与"裸",位置一移动,便成另一字了。

（2）字音音近或音同的

（2）字音——字形虽不相像,因为字音相近或相同,也容易写别字。例如:

计 计策、计划、计算、会计　记 记述、记忆、记号　纪 纲纪、纪律

饿 收成不好　饥 饥饿

谓 说也,"谓之××"即"叫他××"、"之谓××"即"这叫作××"　为 是也,做也;因为、为了他;"为××"即"为他××";"之为××"即"这是××"

会 合也,如集会,又能做,俗曰会做

常 常常、平常　尝 曾也,尝试、尝味

理 文理、条理、道理、治理　礼 礼节　里 表里

词 词类、诗词　辞 言辞、文辞、辞职

真 真假,"这花开得真好",意言的确好　正 公正、恰好,"这花开得正好",意言开得恰到好处

趁 趁船、趁此机会　赚 赚钱

都 都市,又凡也　多 多少

以 所以、介词　已 已经、副词

应 应该　因 原因、因为

响应 此响彼应,谓之响应　影响 受影响

仍旧 依然如故　成就 学问事业已有成绩

籍贯 所属省县谓之籍贯　习惯 一种动作、屡屡反复为之,积久则养成习惯

顾虑 有所顾忌须加考虑　过虑 考虑得太仔细

一般 特殊之对、普通的意思　一班 指一部分或一类　一斑 指一点,如云"管中窥豹,只见一斑"

干 干办,如干才、干事　赶 追赶

固然 本来如此　果然 果真如此　过意 如云"过意不去"　故意 有意如此、并非偶然

不曾 犹云"未尝"　不成 不成功,亦常用于反诘语,如"你真要打我不成?"

音形俱近似的

又有音既相近,形亦相似的,更易错误。例如:

来 来往　耒 农具耒耜,故耕耘等从耒

侍 陪侍　恃 靠恃、怙恃、负恃　持 执持、扶持、把持

蓝 蓝色　篮 筐篮、篮球　苟 苟且　笱 鱼笱

冷〔寒冷〕　泠〔清泠〕　清〔清楚、又朝代名〕　凊〔冬温夏凊〕

裁〔剪裁〕　栽〔栽种〕　载〔车载、记载〕　戴〔穿戴、又姓〕

旁〔旁边〕　傍〔依傍〕

买〔买进〕　卖〔卖出〕

仿〔仿造〕　妨〔妨碍〕　坊〔街坊〕

倍〔加倍〕　陪〔陪侍〕　培〔栽培〕

杪〔树杪、岁杪〕　秒〔分秒〕

偏〔不正也〕　徧〔周徧、同遍〕

登〔登高〕　豋〔祭器〕

通借字

古代又有因音近或音同而通借的字,却不算作别字。例如"尉安"之尉通借作"慰","女红"之红通借作"工","莫"是"暮"的本字(从日在茻中),古书中往往用作"暮","辟"字可借作"闢""譬""避"等。

同字异形

又有音同形异,实是一字的。例如"姻"和"婣","效"和"効","徧"和"遍","踟蹰"和"趑趄""踌躇","逍遥"和"消摇","徘徊"和"裴裵","踯躅"和"彳亍"等。这些也不认为别字的。最困难的,就是这些字,何者可通借,何者不可通借;形体不同,又何以算是一字,音义俱同;却都没有一定的条例可言。

笔画写错的字

笔画写错的字,不能说它们是别字,只好说它们是错字。例如:

"步"是"步"之误。步字篆本作〔篆〕,从二"止",一正一反。止本义是脚。左脚大趾在右,右脚大趾在左;步行时左右二脚,一前一后,正像个"〔篆〕"字。若在下面加了一点,不成了个骈拇枝指吗?

"歲"是"歲"之误。"歲"从"步""戌"二字会意。歲星运行一周,便成一年,所以年又叫作"歲"。

"盜"是"盜"之误。盜字从"次""皿"二字会意。次,同涎;皿是器物。见别人的器皿而垂涎,所以生窃盗之心了。古时盗本指偷窃,所以如此造法。如上面写个"次"字,意便不合。

"羡"是"羨"之误。羨字从"羊次"二字会意。古时畜牧时代,以羊肉为美味,故"鲜""美"等字均从羊。见美味而垂涎，便是羡慕的意思。

"祭"是"祭"之误。祭字从"月""又""示"会意。月，即肉；又，即手；凡是与侍奉鬼神等礼有关的字都从"示"。以手持肉，侍奉鬼神，这叫作祭。

"初"是"初"之误。初之本义是裁衣，故从"刀"从"衣"会意。如作"礻"，是从"示"了。

"武"是"武"之误。武字篆本作武，从止戈会意；故作"武"是正体，作"武"已是变体，若作"武"，则是错字了。

"剛"为"剛"之误。剛，从刀，岡声。凡纲、岗等字皆从岡声，网、惘等字皆从网声。

"缎"为"缎"之误。凡缎、锻、煅等字皆从"段"声，假暇瑕霞等字皆从"叚"声。

"適"是"適"之误。滴、適、摘、嫡等字皆从商，不从商。

"竦"是"竦"之误。竦，从"立"，"束"声。"束"字从木，口，所以束之，竦、涑、速等字从束声。"朿"音刺，刺、策等字从朿声。

"恭"是"恭"之误。恭字从心（小即心字），共声。"忝"作"忝"，亦误。

"膝"为"膝"之误。膝字从"肉"，"桼"声。桼字上从"木"，不从"来"。漆字同。

栟字同楠，从"木""丼"声。一般人把它写作"栟"或"枅"，也是错字。

"抑"为"抑"之误，"聊"为"聊"之误；"昂"为"昂"之误，"筇"为"筇"之误。因为它们所从的"卬""卯""邛"三字形似之故。

"歛"为"敛"之误，"就"为"孰"之误，"從"为"從"之误，"展"为"展"之误，这也都是因为字的一部分形体和其他的字结构类似之故。

以上所举诸例，如果说它们是别字，则笔画写错之后，并不成另一字；照字的原来结构说，的确是错误的。

简笔字

中国字确是繁杂极了！因此，前几年，教育部有简笔字的颁布，想简省中国字的笔画，以便书写。可是一般人写简体字,往往写成别字。例如语体文中常用的"麼"字都写成"么"。其实,么字是另外一个字,音腰,小也;俗话说的"么麼小丑""么二三四",都还用着它,如何可代"麼"字用?所以教育部颁布的简字,把"麼"字改作"広",以免和"么"字相混,这是小心斟酌过的。但也有未尽善的地方。如"歎"字简作"叹","鷄"字简作"鸡"。照这两个例类推,不是"莫"和"奚"都可简写作"又"吗?"漢"字"溪"字不都变成"汉"字了吗?"難"字可写作"难";"鷄"字既可通写作"雞",不也成了"难"吗?诸如此类,不是行不通的吗?

（二）使用的错误

（二）使用的错误

初中学生作文,除别字错字等书写的错误外,还有使用的错误。前者,或因形似,或因音近,或因笔画写错;后者则多因意义相类,没有辨别清楚,或竟不加辨别,随意使用,并且没有顾到文法修辞之故。一个字、一个词,各有它的含义,它的作用,用得不适当,便成语病;或太过,或不及,或晦涩,或肤泛,或竟谬误,甚至和作者的原意相反。所以讲读时,每逢生字僻词,必须讲得仔细,使学生们有一个极明确的观念;习作时,尤须审慎地选择使用,方能恰到好处;批改时,亦须把这些用得不妥当、不适合的字和词改正,并批示其所以然。兹就意义、文法、修辞三方面,各举实例如下:

（1）意义
字面似同含义实异者

（1）意义方面

字或词,有字面似乎相同,而含义实异者。例如"社会事业""社会科学""社会政策""社会问题""社会主义",颇有人把它们混为一谈,随便乱用的。其实,社会事业指社会上各项事业而言,如慈善事业、合作社、民众学校……;社会科学乃对自然科学而言,为研究社会现象以求发现其中因果关系之科学,以广义言,如经济学、政治学、社会学……,都可以说是社会科学;社会政策,则是国家对种种社会问题所采行之政策,如劳动者保护政策、失业救济政策……;社会问题,则因为现存社会组织、社会制度之不良而引起之问题,如劳动问题、妇女问题……;社会主义,则为改革现社会经济制度之学说,如共产主义、工团主义……。假如某人曾主持某种慈善事业,说"某君曾办社会主义",不是闹笑话了?余如"观念"和"概念","气节"和"气概"……,也是如此。又有单字含义极似相同,而实际上有分别的。例如"闻"和"听","见"和"看",乍看

含义似同实
有分别者

257

似乎是同的。细按之，则"闻"是声音接于耳，是"听到"的意思，等于英文的 hear；"听"是有意去听，等于英文的 listen to；"见"是形色接于目，是"看到"的意思，等于英文的 see；"看"是有意去看，等于英文的 look at，语体文用看，文言文用"视"：《大学》的"视而不见，听而不闻"，《中庸》的"视之而弗见，听之而弗闻"，最足以表示它们的不同。我们到戏院里去，只能说去听戏，去看戏，不可以说去闻戏，去见戏，便是这个道理。又如我们江浙一带人的口语里，吃什么东西都叫作"吃"；其实，是有分别的。文言文中常用的"饮""食"二字，便有吃液体饮料和吃固体食物的分别。语体文，则固体食物曰"吃"，如吃饭、吃糕；液体饮料曰"喝"，如喝茶、喝酒；至于纸烟、旱烟，则是气体，应当说"吸"。如其说"请喝烟""请吸茶"，便不通了。

因程度不同而意义有别者 又有因程度不同而意义发生差别的。如形容温度的字，"温"和"暖""热"，"凉"和"寒""冷"，便各有程度上的差别。"已凉天气未寒时"这句诗，很可以表示"凉""寒"二字的不同。又如"观""览""视""察"，虽同是看的意思，却有仔细不仔细的分别；所以普通的客人到校里来，说是"参观"，督学则曰"视察"。又如"踱"指缓步，"走"则较快，"跑"和"奔"则更快，也可以说是程度上的差别。推而广之，就是"奢"和"俭"和"吝"，也是程度上的分别；中节则俭，过则奢，不及则吝。

同一语根意义有别者 又有同出一语根，而用起来意义有差别的。例如"徘徊"本为叠韵连语，可以转为"徬徨""盘桓"，徘和徬和盘是双声。徊和徨和桓是双声；它们是从同一语根演变出来的，意义上却各不同。"今晚月明如画，徘徊庭中，颇得清趣。"如把"徘徊"改作"徬徨"，便不妥了。"暑假中请您到舍间来盘桓几天吧！"如把"盘桓"改作"徘徊"，已是不妥，改作"徬徨"，竟说不通了。

同义字因地位不同而异其用者 又有意义本同，须看地位使用的。同是一"死"，古时有种种不同的词，如天子死曰"崩"，诸侯死曰"薨"，大夫死曰"卒"，庶人死曰"死"；长辈死曰"捐馆""弃养"，幼小死曰"夭""殇"，曰"不幸短命"；《战国策》触龙说赵威后，称太后死曰"山陵崩"，自称曰"填沟壑"；就是普通的讣闻上也有"寿终""疾终""病故"等分别；就是现代口语中，也有"故世""不在""丧命""死脱"……；用时都因死者的地位而异。同是一封信，有"谕""示""教""札""函""禀"……，用时也须看写信人的地位而异。同是给人东西，也有"赐""赏""给""赠""献"……

的不同。我曾看到一个初中学生的家信;说,"儿在校,很能得先生们信仰爱戴。同学们对于先生也能赏识"。先生信仰学生,爱戴学生,学生赏识先生,不是把师生的地位颠倒了?——诸如此类,都应于批改时加以纠正、说明。如能免除这一类用字遣词的弊病,写作自然进步了。

（2）文法方面

以文法论,也有许多字和词使用不当的语病。或助词使用不当。"呢"和"吗",同是语末助词,可是用法不同,前面已列表说明过了。表选择的或寻求的语气,则用"呢",表有疑而询问的语气则用"吗";用反了,便不妥。例如:"他是中国人,还是日本人吗?""他这样用功,何以还考不及格吗?""你是昨天到上海的呢?"即使用于反诘语,语气也各不同,"吗"字只表反诘,"呢"字却仍含有寻求的语意。例如:"我这般详细地讲给他听,他还不懂吗?"只表示怪他不懂的意思。"我这般详细地讲给他听,他怎么还不懂呢?"便于怪他不懂之外,更诘责他为什么不懂了。文言文中"欤""乎"二字,因为"欤"是撮口音,语气较为婉转;"乎"是合口音,语气便较强了;"哉"字,则用于反诘感叹的语气,和前两字又不同了。至于"也""矣""焉"三字,虽均用于肯定语,而所表示的语气意思也各不相同。用得不当,轻则语气不合,重则语句不通。或副词使用不当。"不""勿""未",都是否定的副词。不字单表示否定的意思;勿字则含有命令式的禁止、劝谕式的警戒的意思;未字则兼示时间上、事实上不曾有此动作的意思。例如:"某君不言"只表示他不讲话,"某君勿言"便有叫他不要讲话的意思,"某君未言"则说他并没有讲过话。如随意乱用,意思便不同了。或介词用得不当。"在"字和"于"字,都是表所在的介词,意义本差不多。所以"人行于桥上",也可以说"人在桥上走";"王君长于算学",也可以说"王君长在算学"。可是"醉翁之意不在酒",不能说"醉翁之意不于酒";"鱼在水中",不能说"鱼于水中"。不细加分辨,便有使用不当之病了。或连词用得不当。"然而"是转折连词,"然则""然后"是承接连词,义亦不同,使用时不能互易;这是很显而易见的。可是初中学生,往往用错。例如:"某君性极聪颖,然则学业成绩终不如人;因怠惰因循,已成习惯也。然而吾辈天分不及某君者,当知自勉矣。""学然而知不足;教然则知困。"前一例,"然则"

（2）文法
助词

副词

介词

连词

"然而"当互易;后一例,"然而""然则"都当改作"然后"。又如"虽然"一词,用于句首,如其独立作一逗,则以下各句的意思都转了过来;如与下句连读,而其后又跟着一个和虽然连用的"但是",则仅是上句和下句的意思有一转折。例如:"某君考试竟获冠军。虽然,此特侥幸而已!""虽然他自命为诗人,但是他的诗做得并不好。"可见同一个词,使用方法也有不同。——这些,可以说是文法上用字遣词的斟酌。

（3）修辞

（3）修辞方面

文法,是通不通,妥适不妥适的标准;修辞,则更进一步,考究所用的字和词究竟好不好。上文已举过的例:"僧推月下门。"就意义上、文法上说,"推"字并没有不妥;可是按之意境、声调,便不及"敲"字好了。《竹坡诗话》载杜甫诗"握节汉臣归。"据晁以道家藏宋子京手抄本作"秃节汉臣归。"此句原指苏武归汉;武在匈奴,被放北海边,持节牧羊,卧起与俱,十九年,节毛尽落。用"握节"原也妥当;作"秃节"则更可以示其历年之久。宋张咏诗云:"独恨太平无一事,江南闲杀老尚书。"萧宰改"恨"为"幸"。金末张橘轩诗云:"富贵倘来良有命,才名如此岂长贫。""万里相逢真是梦,百年垂老更何乡。"元遗山改"倘来"为"逼人","如此"为"如子","万里"为"万死","垂老"为"归老"。唐江为诗云:"竹影横斜水清浅,桂香浮动月黄昏。"宋林逋把"竹影"改作"疏影","桂香"改作"暗香",便成为梅花诗的名句。晋左思《招隐诗》云:"白云停阴岗。"何焯《读书记》说不如改"白云"为"白雪"。——这些都是修辞上推敲的功夫。如其学生国文程度较好,用字遣词,意义上、文法上已无大误,批改时便当更进一步,就修辞的技巧上,为之推敲。

第四章　批改二（章句与内容的批改）

句子是字与词组成的。字与词，书写和使用都没有错误了，文章便通顺了吗？不，并不！如其组织不全，语气不合，杂乱、累赘，则文章仍是不通；意思谬误，不合论理，文章仍是不顺。所以批改不仅当注意字与词，还得注意章、句与内容。本章所述，就是这一部分。

（1）组织不全

句子的组织不全，便不能表示它的意思；篇章的组织不全，便似四肢五官有缺陷的人，不但非常难看，终是一个残废者。所谓句子组织不全，系指文法上缺少了一部分。例如动词有"及物"和"不及物"之别。及物动词必须有止词，止词之外，或者还需有补足语；不及物动词虽不需要止词，有的却需要补足语。动词需要止词的没有止词，需要补足语的没有补足语，这句子的组织便不完全。例如："近来德国飞机屡次去轰炸，英国飞机也屡次去轰炸。"我们看了这两句话便要发生疑问："去轰炸哪里呢？他们去轰炸同一地方吗？"因为它们都需要止词，若改作"德国飞机屡次去轰炸伦敦，英国飞机也屡次去轰炸柏林"，组织便完全，意思便明白了。又如："十月十日是中华民国诞生。"这句子的组织也不完全，意思也不明白。因为"是"字是同动词，同动词"是"字之下需要一补足语，和它的主词是同位的，同指一事物的。这句子的主词是"十月十日"，是一个日期；所以"中华民国诞生"之下，必须加"的日子"三字，方才完全。又如"他叫我"三字也不是完全的句子。因为"叫"字虽已有一个止词——"我"——还需要补足语，意思方完全；倘若在下面再加"表哥"二字，方成一完全的句子。又如："读书要有进步，非口到心到眼到手到。"句末少了"不可"二字，便讲不通了；因为"非……不可"是必须如此的意思，"非"和"不可"是两重的否定，以两重否定表示肯定的坚确，省去"非"字或"不可"二字，都是不完全的组织。句子的组织须完全；篇章的组织也须完全。如记游山，登山之后便停止了，则游山的人似乎没有下山，成为一篇未完的文章了。

（2）语气不合

说话的意思虽然相同，语气却须看什么人说和对什么人说而定。例如对青年学生演讲,说:"诸位都是年富力强,心地纯洁的,有志气、有知识、有能力、有作为的青年,都是'中华民国'将来的主人翁,社会的柱石,大众的导师……。"这可说是演讲者对青年学生们的期望。倘若中学生作文,自己说:"我们都是年富力强、心地纯洁的,有志气、有知识、有能力、有作为的青年,都是'中华民国'的主人翁,社会的柱石,大众的导师。"便有狂妄夸大之嫌了。又如儿子写信给父亲说:"现有急需,速寄法币三十元来,毋得迟误!"这完全是命令式,不合于儿子对父亲的语气。反过来,父亲写信给儿子说:"来信敬悉。现由邮局汇奉法币三十元;收到后,务恳即复一信为盼!"又太客气了。此外,如尽可直叙的,偏要做成反诘语、疑问语,也可以说是语气不合。整篇文章的语气也可由此类推。

(3) 次序杂乱

(3) 次序杂乱

整篇文章,须层次明白,前面已说过了。每句中所用的词,也各有它们适当的位置;先后倒置,便成语病,至少是另外一个意思。"他是我最佩服的人"和"他是最佩服我的人","我没有写信给他"和"他没有给我写信",所用的字并没有增损改易,意思却完全不同。"十月十日是武昌起义,二十九年前的纪念日,叫作双十节,所以定为'中华民国'国庆日。"这句子便不很妥当。但批改时不必增减文字,只须把次序先后移易,便可成通顺的文句:"十月十日叫作双十节,是二十九年前武昌起义的纪念日,所以定为'中华民国'国庆日。""九月初九日是阴历重阳佳节,气爽天高,旧有登高之俗,那时候正宜游览。"如把它改成"阴历九月初九日是重阳佳节,旧有登高之俗,那时候气爽天高,正宜游览",便更妥适了。

(4) 浮词累赘

(4) 浮词累赘

无论说话作文,都须简明,若累赘拖沓,反致语意不明,令人生厌。中学生作文,往往想拉它长来,以致满纸浮词,当以删削之法改之。整篇如此,各句也是如此。例如:"我国数千年来沿用的建寅的夏正阴历,季秋九月上浣九日,日月都值阳数之九的重阳佳节,旧时相传有费长房叫桓景避灾的故事,故有于是日登高之习俗。"便太累赘,不如上节所说"阴历九月九日是重阳佳节,旧有登高之俗"来得简洁明白。又如:"岳武穆飞是南宋时一个赤胆忠心、精忠报国的忠臣,曾领导抗战,给那时候的侵略者蹂躏大部分中国的金人以重大的打击,大败之于朱仙镇。"这句话也累赘极了。若把它洗刷干净,便成"岳飞是南宋时的忠臣,曾领导抗战,大败金人于朱仙镇。"总之,句子中重复的、不必要的字和词,都应当淘汰尽净,方能达到简明的境界。

修辞方面

上举四端,是就最粗浅的文法说的。如进一步就修辞方面说,则虽古代有名作家之文句,亦有尚须斟酌者。例如欧阳修《秋声赋》中有云:"丰草绿缛而争茂,佳木葱茏而可悦;草拂之而色变,木遭之而叶脱。"如改成"草正茂而色变,木方荣而叶脱"不更简明吗?又如《史记·廉颇蔺相如传》云:"廉颇之免长平归也,失势之时,故客尽去。""失势之时"四字,不是可以删去的吗?《郑世家》云:"孔子尝过郑,与子产如兄弟云。及闻子产死,孔子为泣曰:'古之遗爱也。'兄事子产。""兄事子产"四字,不也可以删去吗?(详见王若虚《史记辨惑》)《樗里子传》云:"母,韩女也。樗里子滑稽多智。"苏辙《古史》改为"母,韩女也;滑稽多智。"省去"樗里子"三字,似乎在说樗里子之母滑稽多智了。《甘茂传》云:"甘茂,下蔡人也;事下蔡史举,学百家之说。"《古史》把"事"字省去,似乎在说下蔡史举学百家之说了。(详见黄震《黄氏日钞》及顾炎武《日知录》)。欧阳修《岘山亭记》云:"元凯铭功于二石:一置兹山,一投汉水。"语意本已明白。章惇却说他声调太生硬,上句末须加"之上"二字,下句末须加"之渊"二字。可见文字之或增或减,各有所当,不可一概而论。因为文章有简胜于繁的,也有繁胜于简的。《说苑》云:"夫上之化下,犹风靡草;东风则草靡而西,西风则草靡而东,随风所由而草为之靡。"凡三十二字。《论语》云:"君子之德,风;小人之德,草;草上之风,必偃。"凡十六字。(《孟子》"风""草"二字下各多一"也"字)《尚书·君陈》云:"尔惟风;下民惟草。"则仅七字了。比较起来,以《尚书》最为简练。这是简胜于繁的实例。《礼记·檀弓》:"子路有姊之丧,可以除之矣,而弗除也。孔子曰:'何弗除也?'子路曰:'吾寡兄弟而弗忍也!'孔子曰:'先王制礼,行道之人皆弗忍也。'"《孔子家语》亦载此事,记孔子之言曰:"行道之人皆弗忍。先王制礼,过之者俯而就之,不至者企而及之。"比

(1)增减

繁简

《檀弓》多了两句，意思便明白多了。这是繁胜于简的实例。所以名家论文，都说文章繁简各有所当，不可执一。《文心雕龙》云："或简言以达意；或博文以赅情。"《史书占毕》说："合作，则简者约而赅，繁者赡而整；不合作，则繁者猥而冗，简者涩而枯。"魏际瑞《论文》说："文章繁简，非因字句多寡。若庸絮懒蔓，一句亦谓之繁；切到精详，连篇亦谓之简。"钱大昕《论文》说："文有繁有简，繁者不可减之使少，犹之简者不可增之使多。"——这是批改作文者应当注意的。

前面曾经提到过，调整句法，有对偶，有排比，有反复，有层递（见本论一、第五章）。整齐，固然是美的条件之一；可是有时也得变化，以免板滞之病。例如李群玉诗有云："裙拖六幅湘江水，鬓掩巫山一段云。"这明明是对偶的句子，却因平仄的关系，故意做成"蹉对"，把"六幅"和"一段"，"湘江"和"巫山"，两双相对的词交蹉位次。又如韩愈《罗池神庙碑》云："春与猿吟兮秋鹤与飞。"故意把"秋与鹤飞"改成"秋鹤与飞"，使和上半句不同，这二例都是一种错综语次的变化。又如《战国策》冯谖一节，冯谖三次弹铗而歌，第一次云："左右以告"。第二次云："左右皆笑之，以告。"第三次云："左右皆恶之，以为贪而不知足。"不但三句繁简不同，而且把每一次孟尝君左右的心情都分别描绘出来了。这是一种改变句式的变化。《檀弓》云："谁与，哭者？"《论语》云："父母唯其疾之忧。"这些都是倒装句，又是另一种变化了。《史记·高祖本纪》云："诸侯及将相相与共请尊汉王为皇帝。汉王三让，不得已，曰：'诸君必以为便便国家……'，甲午，乃即皇帝位汜水之阳。"汉王的话没有记完，便又接下去叙事了。《水浒传》火烧瓦官寺那一回说："那和尚便道'师兄请坐！听小僧——'，智深睁着眼道：'你说，你说！''——说，在先敝寺……'"云云。那和尚的话未曾说完，便插入鲁智深的话去。这在修辞学上叫作"跳脱"，也是变化的一种。文句有时须求其整齐，有时却须加以变化。——这又是批改作文者应当注意的一点。

近人胡适论作文，主张有什么话，说什么话；话怎么说，便怎么说。初学作文，能这样老老实实地，直截了当地把他

（2）变化

错综语次

改变句式

倒装

跳脱

心里的话写出来，便不至有浮泛累赘、纠缠歪曲之病。可是进一步说到修辞的技巧，则有时须用曲饰。李清照词有云："新来瘦，非关病酒，不是悲秋。"她不直截地说出所以瘦的缘故，偏说"非干病酒，不是悲秋"，则怀远相思之苦已在这两句里暗示出来了。杜甫《春望》有云："国破山河在；城春草木深。感时花溅泪；恨别鸟惊心。"山河虽在，国已残破，新亭之感，自油然而生；春城之中徒见草木之深，则人烟寥落可知；看花溅泪，闻鸟惊心，则感时恨别之深刻可知。这就叫作烘托。《左传》记宋华耦来聘，辞鲁君之宴，竟及其先人华督之罪状，而评之曰"鲁人以为敏。"愚鲁之人以为敏，其非真敏可知。《史记》载周勃入狱，后得释，曰："吾尝将百万军，然安知狱吏之贵乎？"在狱中受狱吏凌侮之情形，已显然可见。这叫作闪烁。《战国策》触龙说赵太后，谓太后死曰"山陵崩"，自言其死曰"填沟壑"，这和现在说话时以"百年之后"称人之死，同是为的讳言"死"字。《晋书·王衍传》说，衍生平不肯说"钱"字，谓钱曰"阿堵物"。这都叫作讳饰。《西厢记》中张生以"可憎才"称崔莺莺，其实正是说莺莺的可爱。《水浒传》记高太尉陷害林冲时，孔目孙定说："这南衙开封府不是朝廷的，是高太尉家的！"《红楼梦》袭人说贾宝玉是"无事忙"。《儒林外史》杜慎卿反对分韵作诗，说"雅的这样俗！"前二例是"倒反"，后二例是"反映"。范仲淹词有云："愁肠已断无由醉；酒未到，先成泪。"《西厢记·请宴》："请字儿未曾出声，去字儿连忙答应。"以及《诗经》的"谁谓河广，曾不容舠"，李白的"白发三千丈"，都是"夸饰"（王充《论衡艺增》，刘勰《文心雕龙·夸饰》，汪中《释三九》论词之形容，均指此）。又如《三国志·马良传》"马氏五常，白眉最良"，以"白眉"代马季常良；曹操《短歌行》"何以解忧，唯有杜康"，以造酒的杜康代酒；温庭筠词"过尽千帆皆不是"，以帆代船；白居易《长恨歌》"汉王重色思倾国"，以汉王指唐玄宗，以倾国代美人；这叫作"借代"。以上诸例，都是偏不老实说，不直截说；因为太老实了，太直截了，便觉一览无余，不耐咀嚼，所以要用曲笔，要加文饰。——这也是批改作文者应当注意的。

左栏标注：

（3）曲饰

烘托

闪烁

讳饰

倒反与反映

夸饰

借代

综上所说三点观之:过繁则枝蔓,过简则枯涩;枝蔓须删削,枯涩须增润。文句有整齐之美;太整齐,又易板滞,须加变化。作文须说老实话,话须直截地说;但太老实直截,又易索然无味,有时须用曲饰。这都是修辞的功夫,程度较高的中学生,方足以语此。此外,文章形式上,还有两种常见的弊病:一为滥调套语太多,一为方言语体夹杂。"求木之长者必固其根本,欲流之远者必濬其泉源。"本出于魏征的《十思疏》。套用得太多了,便成文言文里的滥调。"燕子去了,有再来的时候;桃花谢了,有再开的时候;杨柳枯了,有再青的时候。"原是朱自清《匆匆》底开场白。袭用得太多了,便成语体文中的滥调。"改造社会,救国救民,做民众的领袖、国家的柱石……""研究国学,整理国故……""宗孔孟之道,继绝学,息邪说,正人心……",这些,那些,种种门面话、高调,也常常可在中学生的文卷中看到。其实,也只是些滥调套话而已。还有的吗呢啦,之乎者也,夹七夹八,乱用一阵,既非文言,亦非语体,又不像宋儒语录体的。批改时也不可轻易放过,必须把它们洗刷干净。

作者态度方面也有三种大病:一是轻佻,一是狂妄,一是猥亵。幽默派的作品看得多了,又都是一知半解的,于是好处没有学得,只学会了说俏皮话,说冷话,说死话,说低级趣味的笑话。须知所谓"幽默",正是所谓"满纸荒唐言,一把辛酸泪",轻松的里面包着严肃,嬉笑的里面含有悲苦辛酸;否则,便失去它幽默的价值。中学生学幽默,学成了浮滑、刻薄、嬉皮笑脸的轻佻,不但于作文有妨,且于品性有害。中学生还不配谈学问。可是习闻自命为"专打孔家店"者的抵排孔子之谈,也盲从着攻击前圣,其实,他们并《论语》一书还没有见到过哩!有的又俨然以卫道之徒自居,对于一切新思想、新学说,一无所知,也盲目地加以排斥,这虽和前者趋向相反,实在是一鼻孔出气的。吾无以名之,名之曰狂妄。这也是一种恶劣的品性。还有专以小说为课外读物,不知选择的,习闻下级社会骂人的村俗语,不知其鄙俗狎亵的,作文时都当作材料使用,便成了猥亵之病,文章品性俱受影响。批改时遇此三种,都当严加训斥,使其悔改。

至于内容方面,也有四忌:一曰忌叙事而失其实,或捏造

（左侧栏目）

滥调套语与文语夹杂

态度方面三大病

轻佻

狂妄

猥亵

内容方面有四忌

叙事失实

事实,不近情理(小说戏剧虽虚构事实,亦须入情入理,求其逼真);或不合时代,不切时令(如写鸿门宴居然用桌椅,记初夏居然用蝉声之类);或地点错误,空间互易(如记重庆谓在陕西之西、云南之南,记乡僻竟有柏油马路、无轨电车之类);或遗漏要事大事(如记中日战争,把卢沟桥七七事变及上海八一三事变遗漏之类);都可说是失实。二曰忌写景而失其真。或由于常识之缺乏,或由于观察之疏忽,以致时间空间发生错误,便是写景失真(如写雪景,说松柏都枯黄了,凋落了;写济南的大明湖,说千佛山倒影湖中之类)。三曰忌抒情而不由衷。或无病呻吟(如随家迁居,或负笈求学,而曰"漂泊异乡";家境丰裕,衣食无忧,而曰"箪瓢不继"之类)。或矫揉造作(如无苦无悲,亦云"心伤肠断";患得患失,亦云"毫无挂碍"之类),或装点门面(如沉湎逸乐,甚至卖身投靠,偏发救民救国,激昂慷慨之论),都不是言出由衷。四曰忌立论而背于理。或喜发空论,唱高调,甚至捏造证据,致不合于事实;或偏于求古而流于顽固陈腐,偏于骛新而成为怪僻妄诞,致不合于此时此地;或忘却作者自身的立场,忽视所论之人的立场;或一味谩骂,一味乱捧,一味瞎吹;或盲从武断,致不合于逻辑:都是做议论文的大忌。批改时,非一一摘出,加以剀切详明的指示不可。

还有学生作文时易犯的弊病,不得不竭力禁止的,一为延宕,二为潦草,三为枪替,四为抄袭。作文,不但须做得好,而且须做得快。有些学生作文,二小时不够,延长到三小时四小时也不够,应许他们明天再缴,便又一天一天挨下去了。但也有不到一小时便缴卷的,他们并没有用什么心思,只是潦草塞责而已。至于请人枪替,抄袭成文,那更是要不得的事。有些教师,以为枪替、抄袭二弊,颇难发觉证实,只得含糊过去。其实,只要注意,并不难于发觉,难于证实。犯这二弊的学生,当予以最严厉的制裁。可是模仿与抄袭不同。模仿有二等:善学者得其神似(即《史通·摹拟篇》所谓"貌异心同"),不善学者得其形似。(即《史通》所谓"貌同心异")。胡适主张不模仿古人,是为文章已可名家者说,初学者不必禁其模仿。但求食而能化,先将所阅读的文章化为我

（左侧旁注）
写景失真
抒情不由衷
议论背于理
作文弊病　延宕、潦草、枪替、抄袭
模仿

之所有,而以自然出之,且加以变化,便是好事。例如李后主词云:"绣床斜凭娇无那。烂嚼红绒,笑向檀郎唾。"这几句词确写得太轻佻了。明人杨孟载《春绣绝句》云:"闲情正在停针处,笑嚼红绒吐碧窗。"本是模仿李后主词的;但较之李词,蕴藉得多了。胡适有和他夫人江冬秀调笑的小词《如梦令》云:"天上风吹云破,月照我们两个。问你去年时,为甚闭门深躲?谁躲,谁躲?那是去年的我。"这首小令,虽然不见得能登词家大雅之堂,也还小巧自然。明人冯犹龙也有一首《如梦令》:"谁伴明灯独坐?我和影儿两个。灯烬欲眠时,影也把人抛躲。无那,无那,好个悽惶的我!"胡先生的词和这一首太相像了。胡先生是反对模仿的;他这首词,是初学时有意模仿的呢?还是无意偶合的呢?姚鼐说韩柳及苏氏父子于六经诸子皆有所取,"学之至善者神合焉,善而不至者貌存焉"(见《古文辞类纂序》)。可见姚氏是不反对模仿,不过要能神合而已。

字与词的书写错误,使用错误,好比所谓癣疥之疾的皮肤病,治疗最易;句或章的组织不全,语气不合,次序杂乱,浮词累赘,以及滥套太多,文语夹杂,那是外科的疮毒,比皮肤上的癣疥厉害了,但施行手术,加以割治,还不十分困难;繁而流于冗,简而至于枯,整齐而过于板滞,变化而成为杂乱,老实直截而味同嚼蜡,屈曲文饰而纠缠累赘;以及情态则轻佻、狂妄、猥亵,内容则叙事失实,写景不切,抒情不真,议论不合理,那是内科症候,诊治更难了;如其习作时还要犯延宕、潦草、枪替、抄袭诸弊,则似病人不肯听医生嘱咐,时常触犯禁忌,结果必致自杀!最难治的病是癫狂白痴,满纸梦呓,既不切题,又不能自圆其歪曲的理论,那真是不可救药的了。可是教师应当有"诲人不倦"的精神,苟非自暴自弃的学生,总当详加开导,慢慢地教他理出一个头绪来。这种学生,作文不当让他做得长;最好个别指导,先叫他把想好的意思口述一遍,做成一个大纲,然后老老实实,清清爽爽地按着大纲写成文章。短文章学会了,再慢慢地放长来。

批语
眉批批语有二种:一是眉批,批在作文纸的上端;凡字、词、句有错误不妥适处,都应有一条眉批,说明它们所以要改正的理

总批

由;如有好处,也可指出。一是总批,批在卷末;凡是关于全篇的形式内容,有须纠正、补充,或加以奖励、训斥的,都应在总批中说明。比较起来,眉批重于总批,批示缺点的重于赞扬好处的。一般教师批作文,往往除标明别字错字外无眉批,总批也仅笼统地给以"明白如话""气盛言宜""清顺有余,警练不足"等浮泛的语句。我以为这样的总批,不如不批。总批虽有时可省,眉批却万不能省。每次作文中常发现的别字错字和文法上重大的错误,应当用一种簿子,按学生姓名,分别登记,并注意他是否重犯。到了学期末总复习时,列表油印,分给学生;考试时,即用作试题的材料。如此办法,可督促学生注意作文卷上的批改;批改过的作文,起码得保存到学期终了,不至领到了就被抛弃。

改文符号

改国文,有常用的种种符号:如别字错字,在右旁加一"×";文法不通的句子,在右旁边加一"＿＿";意思不明,理论谬误,叙事写景舛错的句子,在句末加一大点;说得中肯的句子,在右旁加密点;做得特别好的辞意俱美的句子,在右旁加密圈。这种种符号既都加在右旁,则学生自己加的标号,如"＿＿、～～"等,应当叫他们加在字的左旁,以免混杂。

分数

至于分数,我认为不应明记在文卷上。因为文卷上明记着分数,发给学生之后,他们的注意力往往被分数吸引去了,不再细看批改的文字;而且有对于分数斤斤计较的,那更没意思了。至多,只能在文卷上写明等级,如以甲乙丙为三等,每等中又分上中下三级。到了学期末结算分数,不仅当按次数平均;头几次列入丙等;以后升入乙等甲等的,作文必有进步,应当加分;反之,如有退步,应当扣分。国文教学,按它的正目的,写作能力,实占重要的地位;所以作文分数,至少应占平时分数的十分之六或七,月考只应占十分之四或三。学期成绩不及格的原因,如在月考及学期考试,应当许其补考;如在作文,则无许其补考的理由。这一点,是学校行政上值得讨论的问题。

批改实例

[附批改实例]

一封家信

陰曆九月十五日

親愛的爸爸媽媽：

今天又是中秋節了，大鏡子似的一輪皎潔的明月又從樹上掛了下來。舉頭望明月，低頭望故鄉。思親之想，油然生之。隔千里，共明月，我想故鄉月遠，思念之情……兩老在，兩老啊，對月懷念念我吧。可是我不能在鏡子裡看到你啊。月光雖然團圓了，我何日得能團圓呢，在膝……

（旁注）
節，從竹，即聲。
陰曆七、八、九三月是秋季，親愛的爸爸媽媽。
投八月十五日叫做中秋節。
九月十五日，便不是中秋了。
「即」字已有皎潔之意。
舉，從手，「月光」更不是從樹上掛下來。
掛在樹梢頭，黃黃是月亮。
月光，不得謂之「一輪」。
低，從人氐聲。
「這」字用在動詞之下必是止，此字必有所指，此句的意思是……
親之念，「是」是主詞缺「已」字。
兩老，即指明月好和道……
裡，從衣，圍從㭌，膝。

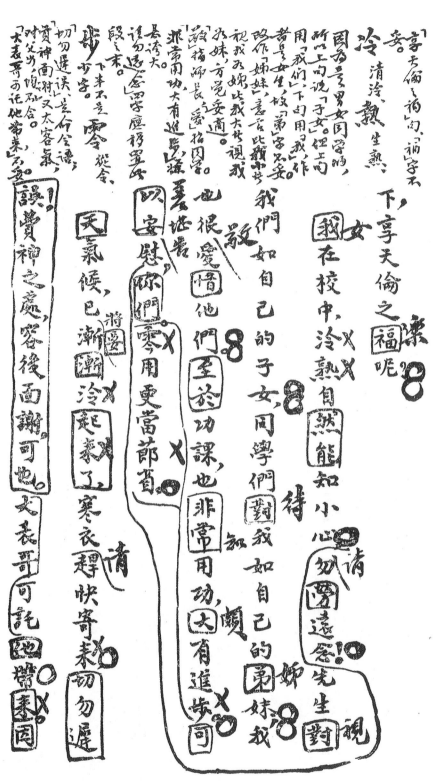

「享天倫之福」句,「福」字不妥。

冷 清冷、熱生熱、

因為是男女同學的,所以上句說「子女」但上句用「我們」下句用「我作」...

若是男女校不須用「兄弟」作...此類太多小弟...意宜此類小弟...

視我及妳此我大性視我...為妹,方覺妥適。

「姊妹」意宜此類小弟...

「翰墨」兩功大有進步...

非常用功大有進步...

甚浩大。

謝勿逐念思事塵移置身...

段之末。

下本不是零從今,

多少字。

我在校中冷熱自然能知小心（請...遠念先生對...視）

女 福 陳 呢?

敬惜他 也很愛惜他們 至於功課也非常用功因大有進步

我們如自己的子女同學們對我如自己的兄妹 我姊妹

以安慰你們 零用更當節省

因氣候已漸漸冷起來了寒衣趕快寄來切勿遲 請將...

誤費神之處容後面謝可也。父表哥可託帶來不妨...

下,享天倫之福呢?

中学国文教学法

常常寄信。商

寄信的地他常是
一律来现在托他带
阿膠一個容易是一件
事需兮到己。
他尝来往經商，託他帶交上是很便的計。現在託他带上

包半斤，是給
媽媽吃的。媽媽，你的身體已復原了不

阿膠，從而用山東阿
母水煮驢皮熬成名。

「寫字誘。

請想

你們與你们的那刁

要太勞苦了吧。祝你們

敬

康健。

你們的

女兒 梅英 上 陰曆九月十五日曉。

著。

先就九月十五三月抒寫懷念之情
次就學校、功課、費用、及發圍師生
同学敘述校中之束來段诶到眇
望等空夜来，论人寺阿膠吉等

项事层次清楚。情词由间麻累
尚多，语气第六间有未合；常於遣词
造句工拙外注意。别字尤宜留心！

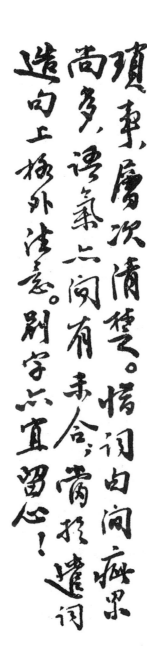

「人類」指人類全體而言，用於此句不妥。本篇係自敘童年小史，故改作「孩子們」。

愛，僅說「愛者」欠明白。

首句不必故作問答語。

「但是」之下，文意並無轉折，故「但是」二字宜刪。

「狼狽」形容進退失據之狀。小孩失明說他狼狽已是不妥，云「眼見到有母親的孩子以才狼狽起來」就越的孩子以才狼狽起來更不妥了。這時候的心情

一方面是自覺悽涼，一方面是羡慕他人。

蠟，打獵。冷　清冷。凜　凜冽狀。

冽　烈者著。测　测冽者著，

象　相像。畫像。

我的小史

人類之唯一愛護的　孩子們

人類之唯一愛者何人？這句人人都知道是慈愛的。

但是從小失了母親慈愛的孩子，眼見底是的。

到有母親的孩子，那是何等地狼狽和悽涼啊呀！！羡慕

我就是一個從小脫離慈母懷抱的一個人。

獵梅花開遍了滿園，鵝毛似的白雪紛紛地下

凜冽，

冽烈者著，愈顯得天的寒冷。在這寒風凜冽的景像中

漆　从木、不从水。
轿　桥梁。

此句共六个 × 须作曲折。

，一頂漆 ×黑的小橋 ×裡，坐着母女兩人，這是母親和我。○

那時我還只 是（因）五個月的一個嬰孩，因

這句是说 × 我是嬰孩，並非说我有嬰孩。五個月的形容嬰孩，只有五個月？這緊張還只有五個月，把嬰的動詞"是"容看去下面又加"一個"二字意使不明白。

別親帶我赴親戚家吃喜酒。○

故此在這寒冷的天氣下行着 ×，所以我的母親

的抵當不住，

大概因一路風寒，受了風寒

受了　親戚家

即夜病倒在床，日不進餐，疴不妥寢 ×，病勢一

當

日虐害一日。○但是年近歲逼 × 不能雨

不回圓躭擱圓處，在親戚

寢　不妥穴　歳

下女逐里去云，使不庸害。

回家以後，非不見病勢稍愈

但

故　圓即顧橋 × 返里。○回家以後，

催　催催傭。回顧。

貌搁客庱、家庱今来妥？

相距尚远，不必说「比往
日。

而[且][往]日更厉害了。自此一直捱到新年初临

这是多一件表故更，我那慈祥的母親便與世永訣，更拋棄了她六

「脱離此親懷抱」，我不是「我的字张」且，個月的小女而入九泉。此後我的生活便永遠脫

其句末生活二字重叠，離母親的懷抱，過那種孤零的悽慘生活。幸虧

孤　從瓜聲。

「白髮蒼蒼」已足表示年老的意思。我那年老蒼蒼白髮顰眉的祖母領我撫養長

慘

祖母何以有影响？大。到七

暇　見暇假、瑕、霞：皆從段聲，凡緞煆嗜……皆從段聲。

幾X的時候，把我送到一個鄉村小學去讀書。以上

侯　公侯。候　時候。等候。

聽　听音宜勤切。笑貌口大貌。

所说的情形也是她老人家閒暇的時候講給我聽。

下文所说、仍是作者自己底遭遇、不是泛论人生故故。

「永决不用「得」为止词、不妥。要目永决、常翻过来说「祖母和我们永决。」欤。

过来说「祖母和我们永决。」

欤。

前，我更亲遇了第二爱者——祖母。这是我十

七年预王生活团两圆痛因。现在虽在继母下生，

照两继母待我很好，所以也使我在痛苦中

得到了一点x安慰。

救底

是人生之遭遇，何以如此之不幸；可怜在七年

失 道

她

活

全篇層次清楚、叙述明白。首段写

無母之兒見列有母親的孩子時的心情，

後又跟表母情形，係由之祖母的口中，均

佳。

末句六撰特析太多。照「整而」、可以用了三

個连词、其实都可省去。

點占去。

秋雨

春雨如錦上花麗而不清，夏雨似暴客去來飄忽，

於人莫測其為人所喜苦而□見於吟咏者，其惟秋雨

聽而生愁。

乎細雨連綿莫秋為甚或邂浙終宵陰霾□□如□婦

竟日，□□騷人見而用歎，□陰霾如瞻□□

黑雲散空，鬼蜮蟲沙於焉交作，血梧桐殘荷芭蕉

葉皆作淅瀝之□，如孤琴夜奏，□□之進，□□□□吟□□□□□□□□

（批語）以春雨夏雨作陪襯，側到秋雨作法敝，佳偶佳偶句字

意思二句強雨一意，看雨。須把遠雨庳意思兮清浙潤修

胃後下文擇捆三言，□□□陰霾向看□□看中間「鬼蜮蟲沙」

皆指證□□□看君」仍搭寓比故攻作「歎」字

都市中大雨,以撼
动人心魄。甚……
则狂风忽作,大雨倾盆……山宪合怒书
山震岩轰涛,若……之,不委「坡舞龙」形若
炎六石委……水中说
无蛇无蚊,故用溪
高轻悦,周意剥蚀
亦不合。

「飘泊」六石共用左
此处。

「怀山襄陵」乃尚
书形若洪水之
……引用石当。

市此谓欤。

苏轼为图亭以喜雨
名以其有益于农稼也

民,唯有仰天浩歎,任其飘泊而已。
诗云「搔山……」

则……高……复生,周意再世……以雅其……座平

新室使文明照耀……闾闾,亦……之国国……威泽国……蛟怒举山……龙

稼 从禾石从……

观 雨国意非特以其为甘霖也,微雨湿衣亦殊风趣
之而国意……
辛以喜雨为名,非……以喜雨两……名也

謂有詩意則可，習於形於釋塵俗，
之處，則未免矣。

墜花遍地黃花滿山，紅葉之秋，溟濛細雨飄然一陣，
習之意更渢然而生，細雨騎驢入......

魔障之一也，固有頗譯矣，陸放翁有句云，此身合是詩人未，

倒□，磨人亦云，滿川煙雨看潮生，秋雨圍足

詩興也，即使人慈使人苦之，雨聲曠達之士

還以雨勢勿予，亦恐亦不以為苦為愁，延而樂之，李商隱所謂，留

因上文說有詩意，那摘進以增人詩興也，

摘資矣，

求曲既固反浪漫，得殘荷聽雨聲，有蓋以為秋聲可以娛耳，雨

而以綽婉鴦之歎，為助詞語氣奇，調切發揚。

因忽不悉去之曰，與

故容是承上文而提
出一结语而来,"盖"字是
承上文两语出一理
由来。

此段专题出

取万物各有其态,好恶之异
者,人之情耳。

于室中坐于窗下,隐隐
闻风雨满城,前秋雨之
罪微,听秋雨之丁当,其能不感

此段意旨亦题出人
之心情又同,故径逢
每年常有之秋雨,
竟觉可怜。可见再
分看与语两层
说。

拉而悲哉。

事物之形象,情态,观感,要人
见之闻之,尝之,所为可然,深而好
主要之要之,意观之心境不同,
则难同一,而然去,对物好恶
之情,亦异矣。头尾两大段述说成同
之心情,两相末段验照此意,颇见作
之。

本论三　课外指导

课内讲读,时数有限,课内习作,次数有限;即使教师有能力,有毅力,有责任心,有良好的教学方法,学生能率教,能自动,对于讲读习作都很努力,益处毕竟也有限,进步毕竟也有限的。我以为,要达国文教学的目的,单靠课内的教学是不够的,非把课外教学看得和课内教学一样重要不可。国文教师的工作,课内选文讲读,习作批改,已繁重异常,还要加上课外教学,精力时间如何够分配呢？ 这确是实在情形。国文教师责任的重大,职务的繁杂,平心而论,确在任何学科的教师以上。学校对于各教师的待遇,都是按教授时数计薪的;战前,初中教师大致每小时支脩金一元半,高中教师每小时二元,还不算十分菲薄;现在,以上海一隅为例,竟有降至每小时五角的,一班国文,每周六小时,月脩只有十二元了。为维持指数涨得极高的最低限度的独身生活,也非教四五班不可。而在"学店"式的私立初级中学,学生有多至八九十人一班的;学店老板为招徕生意起见,要博得学生家长的欢心,更不顾教师的死活,规定作文非每周一次不可。教四班,每周得改三百多篇作文,上二十四小时课,而所得的报酬仅仅四十八元。在这种情形之下,还能希望国文教师于课内工作之外,兼顾到课外的教学吗？ 即以战前一般的薪给标准而论,每教一班国文,初中(每周六小时)月脩三十六元,高中(每周五小时)月脩四十元;要维持一个小家庭,已非教四班不可了。我的理想标准,每一国文教师,至多教三班,每班学生至多四十人,作文每两周一次;月脩不应以钟点计,每月至少须一百五十元。教师的生活安定了,方可使他们专心于教学;不但课内,课外的教学自然也能尽力,肯尽力了。学生阅读书报杂志,习大小楷行书,及其他课外作业、课外活动,都可由国文教师负责去指导、督促。此类课外的教学,不仅限于文字,而且兼及言语、举动、态度、品性;不但教导个人,而且兼及团体活动;其影响之大,实远过于教室里的正课。现在分作四章,述之如后。

第一章 课外阅读

据最近修正国文课程标准,精读时间初中第一学年为四小时(甲组加习二小时),第二三学年三小时;高中第一学年为三小时,第二三学年二小时(乙组加习二小时);若照课内讲读的教学法,样样手续都做到,每周只能讲读一篇教材。即勉强以两周讲读三篇计,一学年四十周,六年只能讲读三百六十篇,即使篇篇都选得精当,而且都能熟读深思,所得也是有限。所以要中学生国文有进步,单靠课内讲读,绝对不够;非提倡他们课外阅读,辅导他们课外阅读不可! 课外阅读,不但可以补课内讲读之不足,并且可以养成他们自由阅读的兴趣能力与习惯,减免学生阅读不良读物的机会,发展学生不同的个性与能力。

青年们的求知欲、好奇心,本是很强的;所以课外自由阅读的兴趣也非常浓厚。虽然没有教师提倡、辅导,他们也常在课外自由阅读,尽量地阅读他们自认为有兴趣的小说。不论武侠、神怪、侦探、恋爱……小说,几乎无所不阅,结果是无往不迷。虽然看小说于国文也不无小补,但终是所得不偿所失。学校当局、训育人员、国文教师,或听其自然,或竭力禁止。禁止固然无效,听其自然也不是办法。最好是因势利导,替他们选择妥当的读物,指导适宜的读法;自由阅读的兴趣习惯和能力养成了,不但在校时可以得许多益处,将来出了学校,也可以自己去努力进修了。

（甲）读物的选编
一般的读物
小说

（甲）读物的选编

选定读物,是第一件要事。一般的课外读物,种类也不少。一为小说。小说是中学生最欢迎的读物。短篇小说,旧的,从唐人传奇(如《虬髯客传》《红线传》等)至清人《聊斋志异》《觚剩》之类,是文言的,从宋末的《京本通俗小说》至《今古奇观》之类,是语体的;新的,如《域外小说集》等译作,是文言的,《呐喊》等创作,《柴霍夫短篇小说集》等译作,是语体的。长篇小说,文言的如《燕山外史》,语体的如《儒林外史》《老残游记》,都是旧的;文言的如林纾译的《茶花女》等,语体的译作如《死魂灵》等,创作如《子夜》等,都是新的。其中,《燕山外史》一书,不但是文言,而且是骈文。以骈文作小说,可以说是难能而并不可贵;阅者读未终篇,早已昏昏欲睡,决不会把它选作课外读物的。文言的传奇小说,不论是哪一时代的作品,初中学生恐未能自己阅读。林译的文言小说和《域外小说集》等怕也有许多看不懂的地方。此外各种语体的小说,文字上虽然比较容易懂,内容也非初中学生所能完全领悟。例如吴敬梓的《儒林外史》,刘鹗的《老残游记》,前者是写清朝科举时代读书人的风气的,后者是清末庚子前后老新党的见解,初中学生年纪还小,对于那时候的情形,茫无所知,怎么能了解这两部书的内容,懂得它们讽刺谴责的意思呢?总之,小说,无论新旧,无论文言语体,无论长篇短篇,作者原不是为现代的初中中学生而作,更不是预备作国文科课外读物的,如何能适合他们的需要呢?何况如《水浒传》《红楼梦》《茶花女》,以及新的译作创作的小说,所写的事实,有许多不适于情窦初开的青年?所以要从小说中选取适当的课外读物,实在是一件难事。次之,是剧本。旧剧都是歌剧,有元代的杂剧,明清的传奇剧、昆曲。以内容论,如《西厢记》《牡丹亭》之类,颇不适于课外阅读之用;如《赵氏孤儿》《梧桐雨》《琵琶记》《牧羊记》《桃花扇》之类,是可以令学生阅读的。可是科白尚易了解,曲词则非初中学生所能懂。至于皮黄剧、越剧……,则剧本曲词颇多鄙俗,可阅读的极少了。新剧,无论创作,译作,或就旧剧和原有故事改编的,如《终身大事》《爱国贼》《费宫人刺虎》《黄明江》《项链》《群鬼》《遗扇记》等,可看的倒不少。其次是诗歌。旧的诗词,有总集,如《十八家诗钞》《花间集》等,有别集,如《杜工部集》《稼轩词》等;新诗,也有总集,如《新诗选》,有别集,如《尝试集》《志摩诗集》等。旧的诗词,固然难懂,但也有合于中学生阅读的;不过还没有特地为中学生选辑的本子罢了。语体诗似乎容易看了,可是选作中学生读物的,也还没有。其次是笔记。旧籍中笔记的种类甚多。如《日知录》《十驾斋养新录》之类,是关于学问的;如《宋人轶事汇编》《三朝北盟会编》之类,是关于史实的;如《花草蒙拾》《随园诗话》之类,是关于文艺批评的;如《世说新语》之类,是很有风趣的;如《阅微草堂笔记》之类,是近于小说的。这些文言的笔记,要叫初中学生阅读,困难一定很多,因为他们的阅读能力,实在还够不上。语体的随笔,如《谈龙集》《雨天的书》等,文字虽然容易懂,内容也有非初中学生所能领悟

剧本

诗歌

笔记

散文

的。至于文言的散文,总集如《古文辞类纂》等,别集如《韩昌黎集》等,那更不是中学生所喜欢阅读的了。晚明的小品文,或者有中学生能够看、喜欢看的;可是适于课外阅读的选本也

专书

绝无仅有。高中学生的课外读物,也有选用专书的。史,如《战国策》《史记》《通鉴纪事本末》;子,如《孟子》《庄子》《韩非子》;诗文评如《文心雕龙》《诗品》;史评,如《史通》《文史通义》《读通鉴论》《宋论》。国文好的学生,还可以勉强阅读;中

日报杂志

材以下的,便大部分看不懂了。此外,便须推各种日报杂志。日报,除社论及副刊外,看各种新闻也可以觉得些记叙文的作法。杂志,在战前,如《中学生》等,倒颇合于初中程度;《东方》《学衡》等,初中学生便觉得不容易阅读了。

特编的读物

　　近来有些专为初中学生编的读物,如《文章讲话》《文心》《词和句》等,选作初中课外读物,较为适宜。《文心》用故事体裁写学习国文的方法,确是国文科比较优良的课外读物。可惜只有这么一册。我曾替世界书局编写一部《中学国文自学辅导丛书》:初中部分六册,都以故事体编写,每两册为一组,第一组为《字与词》,第二组为《章与句》,第三组为《体裁与风格》;高中部分也是六册:《骈文与散文》《小说与戏剧》《诗》《词曲》《子》《经》。我的计划,就是想初高中各成一系统,按程度递进,编成一套课外读物。初中部分前四册出版后,我曾介绍给亲友中程度相当的青年们试阅;据说兴趣倒还不错,程度似嫌太高。又有友人提出意见说:"《字与词》的问题中,也有程度高于《章与句》的;以内容分,是纵断;和以程度为标准的横断的分法不同,所以程度嫌高了。体裁,依部定课程标准,原是初中学生应当知道大概的;风格,则虽竭力求为具体的说明,恐终非初中三年级生所能完全了解。高中部分的六种,也是纵断的分类,而非横断的依程度划分。"我既得到了试验的结果和批评,颇想重新厘定计划,再行改编。工作虽然是极繁重的;如其能编出一部更妥适的课外读物来,于中学国文教学上,一定有很大的裨益。

寓言故事的
选编

　　我国古书中,寓言故事极多,趣味既好,含义又深,而且有许多已成为文章中惯用的成语。例如"画蛇添足",不是我们习用的成语吗?这是出于《战国策·齐策》的:

　　　　"楚有祠者,赐其舍人卮酒。舍人相谓曰:'数人饮之

不足，一人饮之有余。请画地为蛇，先成者饮酒。'一人蛇先成，引酒且饮，乃左手持卮，右手画蛇，曰：'吾能为之足。'未成，一人之蛇成，夺其卮，曰：'蛇固无足，子安能为之足？'遂饮其酒。"

这原是无中生有的寓言。如《孟子》的"宋人揠苗""齐人乞墦"……，《列子》的"愚公移山"……，《韩非子》的"自相矛盾"……皆是，《庄子》寓言十九，尤其多了。又如"楚弓楚得"的故事，《吕氏春秋》《公孙龙子》《孔子家语》《说苑》中均有之。《说苑·至公篇》云：

"楚共王出猎，而遗其弓。左右请求之。共王曰：'止。楚人遗弓，楚人得之，又何求焉？'仲尼闻之曰：'惜乎其不大！亦曰人遗弓，人得之而已，何必楚也？'仲尼，所谓大公也。"

这类故事，古书中也很多。《世说新语》，差不多全是有趣的故事。此外，还有散见于各书中的民族英雄的故事，文人学者的轶事，可泣可歌、可欣赏、可传诵的也不少。我想，如果能把各式的寓言故事都搜集起来，译成语体文，后面附录原文，按程度分编，倒是一种很好的课外读物。

旧诗词的选编

旧诗词中，适合于中学生课外阅读歌诵的也不少。古诗、近体诗、词、散曲，都有这类材料。如能留意搜集，按程度深浅编纂，加以浅显的注解，也是很好的一种读物。例如杜甫的《石壕吏》：

"暮投石壕村，有吏夜捉人。老翁逾墙走；老妇出门看。吏呼一何怒；妇啼一何苦！听妇前致词：'三男邺城戍。一男附书至，二男新战死。存者且偷生；死者长已矣！室中更无人，惟有乳下孙。孙有母未去，出入无完裙。老妪力虽衰，请从吏夜归。急应河阳役，犹得备晨炊。'夜久语声绝，如闻泣幽咽。天明登前途，独与老翁别。"

古诗中，此类甚多。即近体诗中，可供中学生阅读者亦极多。

例如李益《喜见外弟又言别》：

> "十年离乱后，长大一相逢。问姓惊初见，称名忆旧容。别来沧海事，语罢暮天钟。明日巴陵道，秋山又几重。"

杜甫《闻官军收河南河北》：

> "剑外忽传收蓟北，初闻涕泪满衣裳。却看妻子愁何在；漫卷诗书喜欲狂。白日放歌须纵酒，青春作伴好还乡。即从巴峡穿巫峡，便下襄阳向洛阳。"

李白《夜思》：

> "床前明月光，疑是地上霜。举头望明月，低头思故乡。"

岑参《逢入京使》：

> "故园东望路漫漫，双袖龙钟泪不干。马上相逢无纸笔，凭君传语报平安。"

词，如张志和《渔歌子》云：

> "西塞山前白鹭飞，桃花流水鳜鱼肥。青箬笠，绿蓑衣，斜风细雨不须归。"

李清照《如梦令》云：

> "昨夜雨疏风骤，浓睡不消残酒。试问卷帘人，却道海棠依旧。知否，知否？应是绿肥红瘦。"

散曲小令，如马致远《天净沙》云：

> "枯藤老树昏鸦，小桥流水人家，古道西风瘦马，夕阳

西下,断肠人在天涯。"

如能好好地收集起来,编纂成册,略加些注解,不也是一种课外读物吗?

（乙）阅读的指导

指导课外阅读,我以为,第一步应当教学生组织一个读书会。组织读书会有三种好处:一是金钱和时间的经济;二是读书的切磋和竞争;三是团体生活的训练。每个学生如能缴半元会费,四十个人一班,便有二十元了;除订阅一二种杂志外,至少有十多元钱,可以买十几种书,大家轮流阅读,不是很经济吗?这十几种书,如仅在星期例假阅读,势难在一学期中都读完;每月开一次读书会,可以听取别人口头的读书报告,虽未阅过原书,也可以略知梗概,时间不也很经济吗?几个人同读一本书,见仁见智,各有所得,如何读法,也各有主张;如能互相切磋,定可收观摩之益。青年们好胜心极强,谁阅读得快,谁阅读得细,口头及书面的报告谁做得好,互相竞争,进步必快。团体生活的训练,本是学校教育重要目的之一。组织读书会,必须有定章程,举干事,支配经费,指派工作等事;这真是团体生活的实地练习。不过在组织读书会,进行工作时,教师只能站在顾问指导的地位,使学生自动;不可以教师为主体,凡事都出以命令式。定章程时,尤应仔细,各种流弊,皆宜预先防止。会中最好能备一套公用的工具书,如能由学校出资,每级教室中都置备最常用的工具书数种,供课外阅读时检查、课内讲读时预习之用,那更好了。

第二步是介绍读物。在介绍读物之前,当先举行一次调查。已经读过什么书,最喜欢看什么书,阅读时有什么困难……,都当调查统计。全班学生的阅读能力和兴趣明白了,方能选定适当的读物。介绍读物时,须能引起学生阅读此书的兴趣。但是学生的能力有高下,兴趣也有不同。选定的读物,最好分成几组,让他们自由选择,认定一组。这样,方可以发展学生的个性,济班级教学划一呆板之穷。读物分组认定以后,教师须登记起来,作指导督促考查的根据。介绍读物的方法,视读物性质及学生程度而异。例如介绍的读物是一部《老残游记》,便须把作者刘鹗的略史,他的时代,他作这部书的旨趣,以及清末国内情形,老新党的见解,详细地讲给学生听;最好,把罗振玉①、胡适二人的序,各讲一遍给他们听;其次,说明章回小说的体裁和历史。又如介绍的读物是一部《唐宋传奇集》,便须说明这书是鲁迅选集的唐宋人的作品,并非他自己的创作;我国文人有意为小说,成为一种特殊的文学作品,当以唐代的传奇小说为最早;传奇小说,在唐朝的文学上,可以说是与诗及骈散文,鼎足而三的;所谓"传奇",和明代的传奇剧曲不同;所谓"传奇小说",也和现代的小说不同:诸如此类,都应在介绍时先予说明。又如介绍的读物是一部词,则当先说明词的来历。词的起源,一方面是六朝时的民歌(如《东晋乐录》所载的《休洗红》之类)的伏流,一方面是唐人合乐歌唱的绝句(如旗亭画壁的故事中所唱皆绝句)的蜕变;而音乐之受外来的影响而起变化(唐时有许多曲调从国外输入,如《凉州调》等),文学和音乐的离合(我国歌唱的文学,往往初为民间的歌谣,后乃采以合乐,文人也仿效其词;但文人未必皆谙乐律,于是又与音乐分离。《诗经》、乐府诗、词、曲,莫不皆然),也是促成这种新文学勃兴的因素。至于学词常用的术语,如"小令""慢""犯""近""单调""双调""换头"……,也当择要解释。

(3) 指示读法

　　第三步是指示读法。初中学生读小说,往往只看它的事实,而不知注意于文学的技术。他们看《水浒传》,看到武松打虎、武松杀嫂,都觉得他是一个值得钦佩的好汉;书中如何描写打虎杀嫂,与李逵杀虎、石秀杀嫂,如何写出三人个性的不同,便不注意了。又如林冲、卢俊义都于刺配途中,遭解差谋害,鲁智深和燕青于危急时来救他们,这两件事不是大致相同的吗? 我们当看出它在同中写出不同来。李逵和鲁智深同是莽汉,而两人的个性迥不相同;急先锋索超和霹雳火秦明,同是性急人,而两人的个性又各有异;这也是作者显出他本领来的地方。看《西游记》,不要专注意于那些神魔鬼怪,也不要为从前那些道家内丹之说、儒家心性之说等评语所惑;我们应当欣赏作者想象力的丰富和所寄托的讽刺的有趣。不但小说,即如开明书店的《文心》,世界书局的《字与词》《章与句》《体

---

　　① 罗振玉(1866—1940):字式如、叔蕴、叔言,号雪堂,永丰乡人,晚号贞松老人、松翁。祖籍为浙江省上虞县(今上虞市)永丰乡,出生在江苏省淮安县(今淮安市)。中国近代农学家、教育家、考古学家、金石学家、敦煌学家、目录学家、校勘学家、古文字学家,中国现代农学的开拓者,中国近代考古学的奠基人。(编者注)

裁与风格》之类,初中学生也往往走马看花地只看它们的故事,而把它们所叙述的关于国文的常识丢开。教师应当把必须注意之点提示出来,叫学生注意,而且教他们如何把书中的要义摘录出来,做成有系统的札记。如其是诗词,当先把吟诵诗词的方法,指示他们,叫他们辨别平仄,注意叶韵,留心句法。又如温庭筠的"梧桐树,三更雨,不道离人正苦;一叶叶,一声声,空阶滴到明"。李清照的"梧桐更兼细雨,到黄昏点点滴滴"。朱淑真的"枕前泪共阶前雨,隔个窗儿滴到明"。词中用夜雨来写愁思的很多,也可教他们去比较着看。又如"落花人独立,微雨燕双归""无可奈何花落去,似曾相识燕归来",所用的材料,所写的情景,几完全相同,而各有各的情韵趣味,也可作一比较。——总之,读法的指示,是很重要的;如何指示,却须教者看读物的性质、读者的程度分别酌定的。

（4）规定办法

第四步是规定办法。课外阅读,虽由学生自由阅读,但也得规定每一书阅读的日期,每一学生口头的或书面的报告。日期的规定,太宽了,容易使学生怠惰延宕,甚至于忘却了这件事;太仓促了,容易使学生草率了事,或妨碍了课内的工作。这也须视读物的难易,篇幅的长短,学生阅读的能力而定。至于读书报告,阅读杂志中的文章,不妨仅用口头报告,于开读书会时当众提出,同学中有同读这几篇文章的,也可以提供补充或更正的意见,末了由教师加以批评。如其阅读的是成册的书,无论是什么书,都应当提出书面的报告。如其这本书的作者是文学史上或现代文坛上有地位的,便当先述作者的事略;次之是本书体裁,内容大要,以及阅读的疑问和心得,读后的感想和批评。有些书的读书报告,可以指定几个学生,用集体撰作的办法来做。例如高中学生,可以阅读《论语》《孟子》。《论语》的内容,便可用修养、政治、教育和孔子的日常生活……,分类抄纂;《孟子》,也可以分论政、论性、论道德修养、论出处辞让、论古事、论同时的学派……,归纳为几类。学生的程度好的,还可以叫他们参考他书,作种种考证,如《论语》的编纂者(柳宗元《论语辨》已论及此),传授派别(《汉书·艺文志》已记录及此),各篇文章的疑问(据崔述《洙泗考信录》,《论语》中有疑问的篇章已不少)。书面的报告,须限期缴呈,由教师详加批阅,和口头的报告分别评定分数。如此办法,方能督促学生致力于课外阅读。

第二章　课外作业

　　学习国文有两方面：一方面是吸收，如课内讲读与课外阅读；一方面是发表，如作文和课外作业。课外阅读可以补课内讲读之不及；课外作业可以补作文之不及。课外作业有两种：一种是平时的，一种是假期的。平时的作业是日记或周记。这种作业，现在各中学差不多都有的；有的由国文教师查阅，有的由训育处或导师查阅，有的由党义教师查阅。党义教师往往由训育主任兼任，而所谓导师者，大多就是级任教师，也是训育处的人员；所以查阅日记或周记的人，不外国文教师和训育处人员两种；可是查阅的意义就不同了。由训育处人员查阅日记或周记，重在检查学生的思想或行为，那和国文教学关系较少；由国文教师查阅，便成为国文科重要的课外作业。某年春假，曾看到在杭州某初中肄业的从弟的日记，有这样一段：

　　　　"四月三日　星期二　晴
　　　　春假已放了三天了。今天上午，方去上祖父的坟。下午，和三叔二哥去游春。天朗气清，惠风和畅。我们划着船，荡漾于春波之中，流觞曲水，虽无丝竹管弦之雅，亦足以畅叙幽情。两岸田野中，皆金黄色之稻。今年秋收，当庆大有之年。因念古人修禊，是很可乐的一件事。回到家中，已万家灯火了。"

这一天的日记，意义上的错误很多，而且错得很奇怪。我便笑着问他道："我们这山村里，虽然前面有一条小溪，却从来没有人在溪中划过船。你们划的船是哪里来的？'流觞曲水'的地方又在哪里呢？现在还是国历四月初，谷子还没有播种，哪儿来的金黄色的稻？即使你把麦认作稻，麦也还是绿油油的呀！古人春日修禊，原是乐事，但与秋收有什么关系？小小的山村，不过一百多户人家；而且天已黑了的时候，乡下人都关上门吃夜饭了；怎么会有万家灯火呢？"弟弟红着脸，半晌回答不出来，过了好久，才忸怩地道："校里一定要我们记日记，我实在没事可记，所以随意诌了这么一篇。好在我们的级任先生并不知道本村的情形!"某年,我在某中学教国文。在训育处里看见我教到的一班高中女生的日记,随手翻阅。其中有几本日记,记同一天的天气,或写晴,或写阴,或写雨。我觉得很奇怪,便坐下来细看。这几本日记,差不多不记别的事,完全以读过的诗词,看过的书,国文班上听讲的笔记为材料。问问她们的级任先生,据说这几个学生的日记做得最好。我回到自己房里,把这几个女生邀来,详细询问。她们老老实实地告诉我说:"看日记真没意思!日记由训育处看,更没意思!同学们因为在日记里说了真话,被训育处斥责的,很多很多,如其每天只记上课下课,吃饭睡觉,太枯窘了,又会受级任先生的责备。我们商量了许多次,才想出这好法子;不管它是诗,是词,是曲,是别的书,是国文笔记,分作几天一抄,一周的日记便做成了。晴雨,是到星期六要缴日记的时候填写的,所以有几天记忆不清,便填错了。"——照这两件事看,叫学生作日记的本旨,不是完全失去了吗?结果,徒然养成学生造谎取巧的恶习而已!

　　学校生活是规律的生活。每天记刻板的生活,作千篇一律的起居注,有什么意思?因此,我便在课内选了几种日记作教材,如《求阙斋日记》①《越缦堂日记》②《甲行日注》③之类。并对学生说:"人们做别的文章,是预备给别人看的,难免说几句门面话。书信是只预备给收信人看的,日记是只预备给自己看的,所以说话比较真率。'真'和'善''美'有同样的重要,是文学的要素之一。所以书信和日记中,往往有极好的文学作品。现代作家有特地作了日记,预备卖稿出版,给大众看的;你们的日记,是特地作了给训育处的先生们看的,便失去了'真'。满纸谰言,潦草塞责的日记,比无聊地记刻板的日常生活,还要不行。因为它在练习写作方面,固然养成潦草敷衍之习;在品性修养方面,也有说谎话、不负责任等缺点。每日所记,内容不必一律,篇幅长短也不必一律。有时只记寥寥数

----

　　① 《求阙斋日记》:是后人整理的曾国藩带有箴言性质的著作,《曾胡治兵语录》《挺经》《冰鉴》《求阙斋日记》的合集。(编者注)

　　② 《越缦堂日记》:李慈铭著。书起咸丰四年甲寅(1854年),至光绪十五年己丑(1889年),共历三十五年。凡李氏二十六岁至六十一岁时行事本末、治学功力,以及所为诗文书札,悉载于是。上自朝章国故、奏报邸抄,下涉声色征逐、人物抨弹,应细大不捐,雅俗并陈,可云猥杂,识者病之,然李氏一生读书数十年,考论推求,自多创获。苟能去粗取精,足备一家之义。(编者注)

　　③ 《甲行日注》:明末叶绍袁著,逐日记载他在亡国之后晚年的痛苦生活。(编者注)

句,其文学的价值,反在洋洋千言者以上;只记些琐屑平淡的事,其文学的价值,反在记国家大事、学术文章以上。"经过这一次谈话以后,有几个学生拿了她们的日记来给我看。啊!原来她们另外还有一本日记啊!她们先和我说好,不要给第三人看,不要让训育处的先生们知道;然后把她们的真的日记郑重地交给我,而且要求我给她们批改。我批改一过,发现了许多绝妙好词,比她们缴给训育处的日记好得多了。现在就我记忆所及,择其没有什么关系的,抄录数则实例如下:

"××学姊将有武昌之行。今晚,到她寄住的女青年会宿舍去访她。她出去了,我独自坐在她房里等她回来,枯坐许久,她仍没有回来,月儿倒从窗里爬进来了,不胜恻恻!——她终于被我等着了。她明天就要离开杭州、离开我。她说,或者明年此日,可以和我重晤于西子湖滨。可是人事的变幻,谁又料得定呢?'不知来岁牡丹时,再相逢何处?'能否相逢,已不可知;相逢何处,更从哪儿说起?她对于我的恋恋,引起了我的恋恋;相看无语,直呆坐到十二点钟光景,方才向她告别。归途月光如水,倍觉凄清。抵家,悄悄就寝;可是老睡不着。因忆××先生曾授《菩萨蛮》词数首,因依其调,率成一首:'小楼枯寂愁无那,知她今夜归来么?窗际月徘徊,月来人不来。邀侬再小坐,不放侬归去。归去莫嫌迟,相逢知几时?'"

"秋来了;秋在哪里呢?院子角落里的一株枫树,可已醉了!阴沉沉的天,凉飕飕的风,孤零零的我,这些该都是秋意吧!忽然一阵风,从窗子里吹进一张枯萎的梧桐叶儿来。'秋,我找到你了!'春风如酒,令人陶醉;秋风如茶,沁人心脾。那株枫树,怎样陶醉在秋风中啊!"

这两则日记,不很有些文学意味吗?可是在学校规定格式的,缴至训育处的日记里,却找不出来。不但高中学生的日记里有好文章,小学生的日记里也有的。

"今天下午,妈妈送我上学,因为大水,坐了人力车去。马路已成了一条河,我们好似坐在一只船里。校门关着,我们只得仍坐了这人拉的船儿回来。"

这一则,是我的孙子做的日记;他还在初小二年级读书哩!

初中学生作日记,每苦于枯窘。我以为,与其叫他们作没话可说的日记,不如叫他们作周记。一则,七天之内,随意记述,决不会找不到可记的材料;二则,每天记,反容易养成敷衍塞责的潦草习惯,甚至于说谎造谣;三则,天天有日记,每班四五十人,便有四五十篇日记,无论由国文教师看,由训育人员看,其势不能篇篇都看一遍,改作周记便可以普遍地查阅了。看周记,我以为至少应做到三点:第一,别字错字须校正;第二,不通的句子须加记号指出;第三,内容上有重大的缺点,如造谣、潦草、思想谬误、出言不慎……,以及间断脱落,应予以相当的纠正。但非万不得已时,不要运用训育处的权力,加以严厉的制裁。

(乙)假期的作业

现在各中学里,寒假暑假,各学科都有假期作业的规定。国文科的假期作业,大致是习字、日记、温课、作文、阅读等项目。习字,留待下章再讨论。不过规定学生在假期中每天写若干大楷,若干小楷,也得预防流弊;因为有些学生并不按照规定,每天写习,只花几天工夫一气写完了事,甚至有央人代写的。这要请家长帮助督查了。日记,上面已说过,假期作业,也不如仍用周记,每篇的长短,并不限定。阅读,最好能叫学生先把选定的读物报告教师,登记下来,便不至有挨到假期将完,临渴掘井地随便抓一本书,编造一篇聊以塞责的读书报告。每周有周记,阅读有读书报告,习作的机会已不少了,不必另列作文一项。学生如有习作,当然可以算作一种假期作业,缴给教师,但不必有所规定而已。

温课

至于温课,假期中倒是一个很好的机会。学生们在上课时,科目繁重,往往对于讲读的文章,未能深思熟读,比较研讨;叫他们利用假期,再去温习一下,这是很好的办法。不过在支配假期作业时,不应仅仅笼统地教他们去温课,应当替他们计划一种温课的方法。举例来说,大致可以分作三项:

(一)诵读

(一)诵读

本论一第四章里,曾经提到过"读法"的"朗读",有"高声朗诵"和"密咏恬吟"两种。学校中,无论在教室里,在自习室里,高声朗诵,都有些不便。放假回家,尽可畅畅快快地去朗读了。要学生去朗读,教师得先把朗读的方法,指示他们。例如诗词,当辨明其平仄叶韵及抑扬顿挫。即以五绝而论,便有许多不同的格式：——

"君家～～住何处——？妾住——在横～～塘～～。
（韵）停船～～暂借问——，或恐——是同～～乡～～。
（叶）"（崔颢《长干行》）

"北斗——七星～～高～～，（韵）哥舒～～夜带——
刀～～。（叶）至今～～窥牧马——，不敢——过临～～
洮～～。（叶）"（无名氏《哥舒歌》），

第一首平起，首句不叶韵；第二首仄起，首句便叶韵；所以各句的平仄也不同。右边是注明平仄的记号，平声注"–"，仄声注"｜"，可仄可平的注"＋"；中间是表示顿挫的记号，略一停顿的作"——"，曼声延长的作"～～"。

"平林～～漠漠——烟如～～织——，（韵）寒山～～
一带——伤心～～碧——。（叶）暝色——入高楼～～，
（换平）有人～～楼上愁～～。（叶平）玉阶～～空伫
立——，（三换仄）宿鸟——高飞急——。（叶三仄）何
处——是归程～～？（四换平）长亭～～更短亭～～。
（叶四平）"（李白《菩萨蛮》）

就是散文，也可以想出种种记号来，表示文气的缓急抑扬（如声调须提高处作"↑"，须抑下处作"↓"之类）。在学期将结束时，教师可就本学期的教材中，选定若干篇，把朗读法指示学生，令在假期里学习朗读。假期作业中的温读，不仅练习朗读而已，并须熟读成诵。这须从教材中选出几篇篇幅较短，内容较重要，文句较精练的作品来。但不必限于最近一学期的教材，上学年的，即使已读熟过的，也不妨再令他们温读。

（二）比较

（二）比较

体裁相同、题材相似的文章，往往作法不同；如蒋士铨的《鸣机夜课图记》和朱琦的《北堂侍膳图记》，宋起凤的《核工记》、魏学洢的《核舟记》和高士奇的《记桃核念珠》。也有题目完全相同，而取材和作法不同的，如夏之蓉、毛奇龄各有《沈云英传》，姚鼐、沈彤、薛福成各有《登泰山记》，蒲松龄、林嗣

环、东轩主人各有记口技的文章。又有用同一题材,写成体裁不同的文章的,如宋濂的《王冕传》是一篇古文,吴敬梓的《儒林外史》却取王冕的事实写了一回语体小说。这是就全篇作比较。比较的材料,当按学生程度支配。同一个字,用在不同的地方,各有它不同的意义。例如一个"舍"字,《战国策·燕策》荆轲刺秦王节"舍上舍"句,上舍字作住解,是动词,下舍字作馆舍解,是名词;《左传》城濮之战"退避三舍"的"舍",则指三十里为一舍的距离,也是名词;《孟子·鱼我所欲也》"舍生取义"句,则为舍弃之意,又是动词了;至于《神农之言》"且许子何不为陶冶,舍皆取诸其宫中而用之"句的"舍"字,赵岐和朱子似均不得其解(赵注云:"舍,止也。止不肯取之于其宫宅之中而用之。"朱注云:"舍字一属上读,谓作陶冶之处。")。毛奇龄稍胜于赵朱二子(《四书剩言》云:"舍,止也。止取诸宫中,不须外求")亦尚嫌曲折(舍训为止,仍是从住字一解引申为驻次之意,若云"不须",又须转作"只"解)钱玄同师谓此"舍"字犹今绍兴话中的"啥"字,言无论啥东西都取之于宫中而用之,则"舍"字为代词了;至于"舍弟""舍妹"的"舍"字,则又作形容词用。诸如此类,不一而足,都可以作比较研究的资料。又如诗词中常用梦来写怀人念旧的伤感,如"梦为远别啼难唤""残宵犹得梦依稀""多少恨,昨夜梦魂中""梦里不知身是客",写法已自不同;"啼时惊妾梦,不得到辽西""无据,和梦也有时不做""夜夜思量直到明,梦儿怎么成",又是更进一层的写法了。这些也是很好的比较研究的资料。余如语体和文言,用词造句不同,也可以比较研究。例如文言文的"也"字都作语末助词用,但也有种种的分别。或用以助"词":《论语》的"柴也愚,参也鲁,师也辟,由也喭""耕也馁在其中矣,学也禄在其中矣",则用以助名词;《诗经》的"今也每食不饱",《礼记》的"古也墓而不坟",则用以助副词。或用以助兼词,表提示以起下文:如《论语》的"古之狂也肆,今之狂也荡";"赤之适齐也,乘肥马,衣轻裘"。或用以连举数事:如《中庸》的"天地之道,博也,厚也,高也,明也,悠也,久也";"凡为天下国家有九经,曰修身也,尊贤也,亲亲也,敬大臣也,体群臣也,子庶民也,来百工也,柔远人也,怀诸侯也"。至用于句末,则以表决定、表结束者为最普通,如《史记·屈原贾生传》"天者,人之始也;父母者,人之本也"之类。但也有和

"矣"字相同的,如《礼记》"如此,则民顺治而国安也。"有用以表示愿望或命令的,如《史记·孙子传》"寡人非此二姬,食不甘味,愿勿斩也!"有用以表感叹的,如《孟子》"恶!是何言也!"有用以表疑问的,如《国语·周语》"敢问天道乎?抑人故也?"有用以表反诘的,如《庄子·胠箧》"然则乡之所谓知者,不乃为大盗积者也?"在语体文中,则"也"字常作"亦"字用,词曲中已习见之,如史达祖词"奈春风多事,吹花摇柳,也把幽情唤醒";张炎词"也知游事,多在第二桥边";刘致曲"功,也是谎;名,也是谎"。但也有用于语末的,如李后主词"流水落花春去也,天上人间";胡只遹曲"春去也,闹煞闲蜂蝶";马致远曲"嘱咐俺顽童记者:便北海探吾来,道东篱醉了也"。《水浒传》写十字坡武松遇张青夫妇那一回里的"倒也,倒也",亦是用作语末助词的。助词如能这般比较一番,必能明了它们的用法。比较研究的方法,上文已提及过几次,如何运用,得由教师临时加以酌定。

（三）联合

到了初中三年级,零零碎碎的常识,已获得了不少,便应当设法使他们连贯综合起来。如民歌、乐府诗、五七言古诗、近体律绝、词、散曲、语体诗等都已选读过了,便可教他们连贯起来,试作一篇很简略的诗歌文学史;文言的传奇小说、语体的章回小说和短篇小说,近代译作创作的文言语体小说都已选读过了,便可教他们连贯起来,试作一篇很浅近的小说史。论说、序跋、书牍、传状……,以及小说、诗歌、戏剧……,都已选读过了,便可教他们综合起来,试作一个文体表;连语、叠字、加"然""地"……语尾的副词……,读过的已不少了,也可以教他们搜集起来,综合起来,分类编纂;已经读过的成语、故事、寓言和作者、书籍,也可以综合编纂;就是平时在作文、笔记、日记、周记……上,纠正过的别字、错字,也可以编成综合的分类的表。这样办法,可以使学生把零碎获得的知识,理出一个系统来。不但课内讲读的教材,须下一番联合整理的功夫,就是课外阅读过的书,何尝不可教他们做成分类的提要,编一部读书录?几年里批改过的作文,何尝不可教他们分类或按次编订,作一篇序文?这种连贯综合的复习,比枝枝节节地去温读,要好得多了,我以为。可是教师得先替他们定好计划,想好办法,详细指导,方能得到相当的效果。

（三）联合

通信

收集

　　假期作业,还有一种好法子,就是通信。每个学生,暑假里至少须和教师通信两次,寒假里至少一次。教师得了学生的信,不但须写回信,并且须把来信细加批改,寄去还他们。学生写给教师的信,或问候,或请益,或报告见闻,或研讨国文,都可以自由抒写;但不许全信作敷衍应酬的空话。教师批改回信,不论格式、文字、语句、意思,都得加以纠正和指导。这种假期作业,有许多益处:一是书信的实地练习,可以把写信的格式和措辞学会;二是等于作文习字,可以练习写作;三是可从教师的回信中获得许多知识;四是可以增进师生间的情感;五是可以引起写信的兴趣;六是可以趁此机会,督促指导其他假期作业。通信之外,还有一种收集的工作。程度低的学生,可以教他们收集各地民间的山歌儿歌,或传说的故事,或特殊的风俗;程度高的,可以教他们收集本地名胜的史迹,乡贤的传记;假满回校,分类编纂,成绩如果良好,简直可以成为专书。学生的籍贯散布得愈广,则收集的材料便愈丰富,编成的书便愈有价值;而且集腋成裘,并不是十分困难的事。这不是一种很有趣味的假期作业吗?

　　一般教师,对于假期作业,往往视同具文,以为不是正式的课业,缴了来也并不审核整理;以致努力的学生因而失望灰心,甘自暴弃的学生因而偷懒取巧,以后的假期作业便等于虚设了。学校对于教师,虽在假期中,仍应支给薪脩;教师对于学校和学生,虽在假期中也应负教学的责任。总而言之,假期作业,与其定得太繁,但求量之多,不求质之精,毋宁少定几项作业,做的必须好好地做,评阅的必须细细地评阅。如果假期作业虚行故事,师生互相敷衍,影响所及,必连累到正课,甚至学生对于教师、对于学校的信仰,也因而动摇。这不是教育上应当注意的事情吗?

第三章　课外习字

国文科应由教师指导的课外工作,除课外阅读和课外作业外,要算课外习字了。可是现代中学生习字和科举时代不同。科举时代习字,目的在写大卷子,等而上之,在成书法家;现代中学生习字,目的在供日常生活的需要。为应用起见,须达到下列四个要件:

（一）正确

习字,第一须求书写正确。倘若写了别字,如字形相像的,把"酒壶"误作"洒壶","损失"误作"捐失"之类;字音相近的,把"习惯"误作"籍贯","仍旧"误作"成就"之类;或写了笔画错误的字,如"策"偏从"束","速"偏从"束"之类;都违背这"正确"的条件。有许多字帖,往往把"於"字写作"扵",极易误作"木"旁或"手"旁;又有把"步"字下半写作"少","歲"字上面写作"山"的;很容易失去正确的写法。指导时必须加以注意。如能由书法好而通文字学的人,为中学生特写印寸楷小楷的字帖,内容采用适合于现代青年修养的格言,那便比采用旧有的字帖好得多了。

（二）清楚

现在中学生抄录任何文件,用端楷的极少,用行草的很多。其实,他们并不会写行书草书,只是写的潦草字而已。每一笔都不写到头,而且歪歪斜斜,奇形怪状,有时非按上下文的意思,简直极难辨认。从前本有一种狂草,亦名一笔书,如张旭怀素诸人的草书,上下字连绵不断,本也难于辨认。若再画虎类犬,潦草塞责,写出去的书信文稿,还有人识得吗? 还能供实际生活上的需要吗? 所以"清楚"也是一个重要的条件,行书也是如此,小楷更无论了。

（三）匀称

每个字的笔画要写得匀称;如果一笔太粗,一笔太细,便是不匀;笔画少的写得很细,多的反是很粗,也是不匀。无论什么字,哪一画长,哪一画短,哪一部分紧密,哪一部分宽松,都有一定的间架,如果应长者反短,应短者反长,应松者反密,应密者反松,便是不称;不匀,不称,便觉难看。许多字写成一行、一页,也得求其匀称。如果大大小小,高高低低,疏疏密密地不匀称,也觉非常难看。中国字,笔画有多少繁简,字形有长短肥瘦,如果在有方格儿的纸上写小楷,尤非求其匀称不可。如在只有直格没有横格的纸上,或没有格儿的白纸上写行书,则各个字的长短肥瘦,却不必一律,而须求每行每页的匀称了。从前习字,注意于每一笔的笔仗,所以初习字的人,往往从所谓"永"字八法入手。现在,根据完形心理学,不能把一个字肢解了,单去研究它的点踢画直撇捺勾厥等;而须就整个儿的字着眼,并且还得看每行每页能匀称与否。例如写一封信,一个条儿,笔仗虽好,而每字每行每页不能匀称,仍很难看。反之,如果能全体写得匀称,则笔仗虽不十分好,看去亦不至令人觉得讨厌。其实,所谓笔仗,亦是求每一笔之匀称,画直撇捺……,各有其写法,如能匀称,笔仗便不算坏了。

（四）敏捷

（四）敏捷

现代社会的生活比从前繁复多了;时间经济,是生活上极重要的一个条件。所以现在中学生习字,和从前不同。从前人习字,但求其好,不必求其快;现在则除上述的正确、清楚、匀称三者之外,尚须养成敏捷的书写技能。小楷,每小时须能抄四五百字;行书,每小时须能抄一千字。若书写过于迟缓,便不能应付实际生活的需要。敏捷不是草率。草率是但求写得快,不复顾到正确、清楚、匀称三个条件;敏捷则既要快,又要写得正确、清楚、匀称。

习字要有恒心

习字第一要有恒心。每天写,每天在规定的时间写;时间最好是清晨。每天写多少字,也得规定。每天所写的字数不必过多;第一天写得过多过久,第二天却间断了,那便是所谓"一暴十寒",书法便永远不能进步。习字不是抄字;每写一字,必须注意它的笔画间架;如其是小楷、行书,还须注意每行每页的行伍。这种种注意,也须恒久地保持着。临摹字帖,往往经过一个相当的时期之后,会觉得自己所写的字反而比从前退步。这不是真的退步,或者可以说是进步。因为对于习字虽然没有下过功夫的人,也各有他自己的笔仗间架。临摹了相当时期,法帖上的笔仗间架虽未曾学会,自己的本来面目却已渐渐地脱去了,所以看去似乎比以前退步了。这时候,很易使临摹者灰心;若从此半途而废,则是古人所谓寿陵余子学步邯郸,未得国能,先失故武,只能匍匐而行了! 过了这一关,便能逐渐进步起来。可是习字是水磨功夫,进步不能很快,而且不容易觉察出来的;我们必须忍耐着,恒久地忍耐着。若求速效,为了想写得好些,竟在帖上印写,那又是揠苗助长的笨法了。印写之法,有些人也在采用,尤其是在习小楷的时候;但我认为,这终不是最好的法子。因为印着写,每易依样画葫芦,而不注意到字的笔仗间架;行伍的匀不匀,全行全页的贯不贯气,更易被忽略了的。至于学习行书而用印写,更是被拘束了,如何还能写出流利生动的字来呢?能恒久地摹写,摹写时能恒久地注意,则所临的法帖的笔仗间架,熟于胸中,书写时不必笔笔酌量,字字忖度,而即由下意识的作用,从熟练的手法上,运用出来了。这不是短时间所能奏效的,所以说第一要有"恒心"。

习字三到　　朱子说读书有三到:心到、口到、眼到。习字也有三到:眼到、心到、手到。习字要手到,这是大家都知道的。其实,眼到也很重要,而且须排在第一。临帖决非钞帖。若只照着字帖抄,那有什么意思呢?不但书写时应当留心看帖;即使动笔之前,搁笔之后,也得细看所临之帖,把每一笔的写法,每一字的间架,整页整行的连贯和匀称,都摄取一个印象在脑子里。这是所谓"眼到",在临摹的过程中,有很大的效益。同是一画一直、一撇一捺……,同是这样一个字,何以我写起来这样不好看,帖上写得那么有精神,匀称而且美丽?要怎样连笔,才可以学得它的笔仗?要怎样安排,才可以学得它的间架?用笔哪里应轻,哪里应重?何处应藏锋,何处应露锋?笔画哪一笔应长,哪一笔应短?哪一部分应密,哪一部分应疏?何以这一种帖上的写法和普通的写法不同,倒觉得它别饶风趣?便应详加考虑了。这就是所谓"心到"了。写字是一种技巧,只是眼到、心到,还是不够的,所以必须加上"手到"的功夫。眼到是求知其当然,心到是求知其所以然,但都只是"知";手到方是切切实实的"做"。做得久了,才熟能生巧,才可达到临摹的目的。

习字和学画一样。学画,也有临摹之法。选取古今名画,学它们的结构、笔法、设色……,正和习字的临帖一样,虽然下了功夫去临摹,但临摹了许多家之后,仍须各取所长,融会出另一种作风来画和字,最可以表现执笔者的个性;诗文也是如此。无论如何,个性决不会被完全埋没的;其实,也不应完全埋没了自己的个性。所以临帖不过是习字的初步功夫,但就中学生说,还谈不到临帖以后,融会所得而自己创造出一种书法的风格来。指导习字时,千万不可陈义过高。

选帖　　选择临摹的字帖,也是一个问题。我以为,颜鲁公的《颜氏家庙碑》以挺秀胜,《多宝塔碑》以整饬胜,《争座位帖》以犹劲胜(此帖,米襄阳临本亦甚佳。或因其文辞粗鲁,官秩杂出,疑系后人依托,非鲁公真迹;但以书法论,终不失为好帖)。习寸楷行书,大可临摹。王右军的《兰亭序》,自是脍炙人口的,但佳本不易得。李邕的《云麾将军碑》,行书也很好(此碑有二:一在陕西蒲城县,为云麾将军李思训碑;一在河北良乡县,为云麾将军李秀碑:皆唐李邕书。但均已残裂)。小楷,则钟绍京的《灵飞经》,亦不失为可以临摹之本。至于《黄庭经》,虽相传为右军名迹,陶弘景《上梁武帝启》及褚遂良《右军书目》均推崇之,并谓后有"付官奴"三字者为真本(官奴是王献之小字),但今本则系后人临本。余如虞世南、欧阳询、褚遂良、柳公权、苏轼、黄庭坚、米芾、赵孟頫……诸家的碑帖,可以供我们选择者,很多很多。教师替学生选定字帖,须看学生的出笔,和哪一种接近些;就其性之所近去临摹,虽不能说可以收事半功倍之效,总比较的便利些。可是"取法乎上,仅得其中";倘若取法乎下,结果决不会好的。那些木刻的黄自元临欧阳询《九成宫》,若教学生去临摹,便有取法乎下的弊病。

执笔　　执笔的法儿,也得好好地指导一下。毛笔,执得太低,则写行书不能灵动,写大楷不能畅达;执得太高,则写小楷又觉得不能得心应手。所以写大楷行书,应当执得高些;写小楷,应当执得低些。执得太松了,下笔易浮滑无力;太紧了,又易拘束呆板。执笔不得其法,字写多了,又易腕酸指痛。而且现在小学里抄写多用铅笔,中学生也喜用铅笔自来水笔;硬笔用惯了,其执笔法完全和执毛笔不同。从前私塾里的小学生习字,由教师个别指导,所以执笔法大多学会;现在小学里学生多,势不能个别指导。所以入初中时,教师还得注意他们的执笔方法,随时予以纠正。研墨,看似一件极容易的事;但写字

调墨　　的调墨色却颇不容易。我们不必求之过深,只要不至太淡而渗,太浓而腻,或发死色,或现浮色,便可以了。中小学生常常有把墨磨得歪斜不堪的,让砚池结了许多墨渣的,在字纸上沾了许多墨迹的;这些不良习惯,也得随时纠正他们,不要以为

写字的姿态　　是小节而忽视了。就是写字时的姿态,有的纸不摆正,有的头

倾在左，或头伸向前，有的屈着背伏在案上，也不是写字时应有的习惯。所以习字虽只能在课外工作，教师却不当因课外而抛弃了指导的责任。

习字，既是中学国文教学中的一个重要的项目，又须教师切实指导，把它作为课内教学的一种，于每周国文课内规定一二小时习字，不更好吗？不错，现在还有些初中，把习字列在课内，每周一次，说是特别注重的。可是，每周一二小时，只能讲授些《书法正传》①《艺舟双楫》②之类的习字理论；仅讲授些理论，不注重实地的练习，结果是没有益处的。而且国文科的授课时间，本来不多，再让习字占去一小时或二小时，更不够了。所以习字终以排在课外为宜。最近修正的《国文课程标准》，也规定只在初中第一学年正课略读指导项内附书法指导，略为说明用笔结体及书法源流大意，而练习皆于课外行之。但为督促学生们起见，每周得规定缴寸楷若干页，小楷若干页，行书若干页，由教师检查登记，考查他们的勤惰；为鼓励学生们起见，可举行书法讲习会、书法竞赛会、习字成绩展览会等，借以引起他们的兴趣。作文、笔记、日记、读书报告以及其他抄录的文件，也可以考查小楷行书之进步如何。

有些长于书法的国文教师，指导学生习字，往往依自己的长处和嗜好，教他们临魏碑，学篆、隶、草书。这是教师的热心，原亦未可厚非。但为实际生活的需要计，终以小楷行书为最重要。篆、隶、草、魏碑……，除非想成书法名家，便没有临习的必要。中学生并不能个个都成书法家，他们的学习时间有限，怎么还能耗于这不必要的工作？要他们学这些，和强他们学骈文、学律诗、学词曲，又有什么两样？所以我奉劝长于书法的国文教师，不如把自己指导学生练习的精神时间，集中于指导行楷的学习。楷书行书习好了，能应付实际生活的需要了，中学生习字的目的也就达到了。

习字，当然以毛笔字为主。但我以为用钢板铁笔蜡纸写油印的原稿，也得叫学生学习；因为这也是和实际生活有关系的，而且写法完全和毛笔、钢笔、铅笔不同。如其学生们有级会的组织，最好使他们每个人都有轮值缮写的机会。例如他

习字以排在课外为宜

须注重小楷行书

习字当以毛笔为主

---

① 《书法正传》：清代冯武著，专门论述楷书之法的汇编。（编者注）
② 《艺舟双楫》：书法理论著作。清代包世臣著。该书内容包括论述作文、作书两部分，是《安吴四种》之一，对中国近代书坛影响很大。（编者注）

们要演话剧,剧本可叫他们自己缮写油印;书面的读书报告,也可择其较有价值而经教师详细批改过的,叫他们缮写油印;诸如此类,不一而足。如其所教的是师范生,则黑板字也有练习的必要。他们出校以后,要去教小学生的;如果黑板字写得歪歪斜斜,糊糊涂涂,或非常的缓慢,也是教学技能上的一大缺点。

习字贵有恒心,不可间断,上文已说过了。这项工作,不但在学期中,天天须在课外规定时间,连续地做;在暑假中,也得挥汗为之;在寒假中,也得呵冻为之;因此,也可以定为一种假期作业。这在上文也已提到过。小楷、行书,除临写外,各项书面的作业写得如何,也可以考查他们假期内习字的成绩。总之,教师考查学生们习字,当随时留心,促成他们写字时到处留心的习惯。如果只在临帖时小心摹写,而平常抄录时仍漫不经心,则习了字仍不能应用,习字的目的并没有达到。

第四章　课 外 活 动

国文教师所应指导的课外工作,除上述三项以外,还有种种课外活动。所谓"课外活动",范围很广;此处则指与国文有关者而言。王筠《说文释例》说:"天下事物之象,人目见之,则心有意;意欲达之,则口有声;声不能传于异地,留于异时,于是乎书之为文字。"文字原是记载言语的符号,所以和言语有密切的关系。《汉书·艺文志》说:"书者,古之号令;号令于众,其言不立具,则听受施行者弗晓。古文读应尔雅,故解古今语而可知也。"尔,同迩;雅者,雅言,对于方言而言,犹今云标准国语;尔雅,就是近于标准国语。观此,可以推知《尚书》所载古之号令,因为要听受施行者都能知晓,所以用那时代近于标准国语的语体写成文章,其言立具,并没有加什么文饰。我们现在觉得《周诰殷盘》佶屈聱牙者,是因为古今语不同,并不是因为古人文章特地做得那么深奥。《史记》《五帝本纪》《夏本纪》《殷本纪》《周本纪》诸篇的材料,多采自《尚书》,却把难解的词句都译成汉代通行的文字了。如《项羽本纪》载范增语:"唉!竖子不足与谋!"《高祖本纪》载汉王即皇帝位时语:"诸君必以为便便国家……"完全是照声气语调写下来的。就是《后汉书》记韩康卖药事,曰:"公是韩伯休那?"也可以说是直照当时的言语记录的。可见秦汉时,文字和言语相离还不甚远。两宋时,理学先生们的语录,也是介乎文言语体之间一种文体。那时还有如邵雍《击壤集》的白话诗,许多文人的白话词,以及新兴的白话小说;到了元朝,为曲的全盛时代,白话的文学更勃兴了。我国文学史上虽然有离开言语的骈文、古文、诗词,而文字和言语的接近,竟具有"莫之能御"的潜在力量。所以现在语体文的兴起,决不是单靠几个人的努力提倡所能造成的。

文字和言语既有这样密切的关系,所以要文章进步,也须从言语方面下功夫。中学生常在课外组织团体,练习演说和辩论。演说、辩论在现代社会中,的确非常有用,也可以说是生活上需要的技能;演说、辩论学习得好,于文章的写作,也大有效益的。所以国文教师对于学生练习演说、辩论,也当负指导之责。固然,国文教师不见得都长于演说、辩论;可是指导

演说

中学生,总还绰有余裕吧!练习演说,第一要选择题目,第二要收集材料,第三要制定纲要,第四方能写成一篇演说稿;演说稿,须宗旨正当,层次明白,措辞精警;这完全和作论说文一样。教师在他们预备演说稿时,能好好地加以指导,简直是和指导作文一样。演说稿准备好了,上场去说时,并不是把演说稿背诵出来就算。语气有缓急,声调有抑扬;什么题材讲时应当侃侃而谈,慷慨激昂;什么题材应当娓娓而谈,委婉曲折;什么题材可以庄谐并作;什么题材应当垂涕泣而道;也应简练揣摩,各尽其妙。教师指导他们,简直是和指导朗读语体文一

辩论

样。辩论,例须分正反两组。无论是正组,是反组,准备的时候,不但要从自己这方面着想,还须替对方设身处地,推想他们持论的理由、证据,设法去驳倒它。这正是议论文的两个要件:一方面须"能立",一方面又须"能破"。教师如能尽量地予以指导,教他们如何去推想、论断,于议论文的习作,是有直接的帮助的。无论是演说,是辩论,要持之有故,言之成理,可以使听众折服、感动,单靠空论,是不成功的,必须有充分的论证——本证及旁证。并且要能运用论理学,演绎的,归纳的,或辩证的;如其所说的话,违反了论理学,便根本不能成立。措辞,也不仅是直述,必须有感动他人的力量,引起听众们的共鸣和信仰。引证确切,说话合于论理,措辞能感动人,都是和作议论说明文相同。所以演说、辩论出色的,作文一定也有长足的进步。言语和文字本来是一贯的啊!所以指导演说和辩论,间接便是指导学习国文。不过有些教师,指导演说、辩论,太热心了;在校内校外举行演说或辩论竞赛时,往往替学生代作演说稿、辩论稿,参加竞赛的,只须预先把稿子读熟了,去背诵一遍。这种留声机式的演说、辩论,于国文的学习,或演说、辩论的学习,可以说毫无裨益。教师的指导,只能指示他们材料收集的路径,纲要排列的方法,措辞的态度……而已,一切仍须由学生亲自动手去作,作成稿子后,再加以订正。否则,便又是宋人揠苗了。

帮助言语表达情意的
(1)以声调表情

言语和文字,都是表达情意的工具;可是以言语表达情意,有时还可以借些别的助力。第一是说话的声调。声音的高低,语调的缓急,很可以表达说话的神情。例如:"今天我们冒着大雨来校上课。"如"今天"二字特别说得响,则意思便偏重在今天,昨天或是没有来,或是没有下雨了。如"我们"二字

特别说得响,则意思便偏重在"我们",似乎说别人都没有来校上课了。如"冒着大雨"四字特别说得响,则意思又偏重在"冒雨"了。如"来校上课"四字特别说得响,则意思又偏重在"上课"了。又如"王先生来了"一句,因语调的不同,可以表示候得他好久,果然来了的意思,或询问别人王先生究竟来了没有的意思,或告诉别人王先生已是来了的意思。**第二是说话者脸上的表情。**如喜则微露笑容,愁则蹙着眉头;此外,或默许,或厌恶,或愤怒,或恐怖,或惊讶,或怀疑,或悲哀,或惋惜,都可以从脸上表达出来。演说或辩论时,脸上的表情,如能与话里面的意思相吻合,则刺激听众的力量便增强许多。倘若脸上毫无表情的容色,则演说词无论做得怎样好,力量已减弱得多了。**第三是说话者的动作。**最浅近的例,如伸大指以表示伟大,伸小指以表示渺小,指前方以表示将来,指后方以表示过去,握拳以表示愤怒,摊手以表示完了,都是以动作来帮助语意的表演。《论语》:"或问禘之说。子曰:'不知也。知其说者之于天下也,其如示诸斯乎!'指其掌。"可见孔子答或人问时,也是以动作来表演示意的。其实,在没有共通言语可以交换意思的时候,及对不会说话的人(聋哑者)传达意思的时候,便须完全靠脸容和动作来示意了。苏轼《怪石供》说:"海外有形语之国,口不能言而相喻以形;其以形语也,捷于口。"可见用言语文字之外,还可以此达意。说话有这三种帮助,其传达情意,不更较文字便利吗? 指导演说、辩论时,这三项便都得注意到。余如演说、辩论者在台上的姿势,也须留意。初学演说的人,或直立不动,或两手撑着讲桌,或竟伛偻着伏在讲桌上,或左右来往,走之不已,或两足一前一后站着,上身摇橹似的前后摇动,或两足分开,身躯左右摆动,都不是适当的姿势。指导时也须加以注意。

初中学生,不但演说、辩论需要指导,即平常的谈话,也得随时随地加以指导。就是极平常的访问谈话,其声音、语气、态度、神情,也须因说话和听话的人的立场、关系,和谈话的内容而异。如对尊长和对卑幼不同,对极亲密的人和对生疏的人不同;询问、恳求、命令、驳诘……,也各不相同。含有好意的话,在不会说话的人讲起来,便会变成恶意的嘲弄,申斥;本是恳求,也许变成命令;本是询问,也许变成诘责;这都是声气神态不合的缘故。国文程度差的,连语词都用不妥当。他们

（2）以面容表情

（3）以动作表情

姿势

谈话

307

常称赞同学说:"某人学问很好,先生也很佩服他;某人品行很好,先生也很信仰他。"这两句话里,不但"佩服""信仰"用得不妥,初中学生也根本谈不到"学问"。在课外个别谈话时,教师都须注意,予以纠正。个别谈话,不但可以指导学生们说话,还可趁此机会,灌输些关于国文的常识,关于道德修养或应付人事的常识;这要比在教室里讲说好得多。个别谈话,不限于学生来访谒请益,或教师去叫他们来谈话,春秋佳日,适值例假,教师带几个学生到郊外去走走,或登山远眺,或泛舟湖中,沿途都可以有偶然的触发;或者教他们写些游记之类的文章或日记。这些野外的教授,个别的谈话,对于国文教学,是有很大的裨益的。又如民国二十五年在杭州举行的浙江省文献展览会,如果全校学生排队去参观,鱼贯而入,复鱼贯而出,走马看花地跑一趟,必致一无所得。若由教师带三五个学生去随看随谈,虽是初中学生,闻见所及,也可得许多有用的知识。各校在春秋季常举行远足、旅行,领队的教师和学生接触的机会很多,所经的名胜古迹,或有故事可讲,或有楹联可录,或有诗词可传诵,都是个别谈话的资料,都是课外教学的教材。以此类推,个别谈话的范围和它的效益,不是大得很,多得很吗?

表演话剧　　话剧的表演,在各校的同乐会里,是常有的;这也是课外教学国文一个很好的机会。表演话剧,首须选定剧本。学生们对于剧本既有急切的需要,这时候教授话剧,必收事半功倍之效。如其教过的剧本并不多,大可以趁此机会,介绍许多剧本,叫他们在课外去阅读。剧本选定后,须读它熟来;读,不是随便地读,剧中人的神情声气,都须设身处地去揣摩,学得惟妙惟肖,而且应当用国音来读。这正是语体文朗读的实地练习呀!剧本读熟了,方能排演。排演时,必须体会所扮的角色的立场、性格,方能表演出他的神情态度来。各个角色的服装,台上的布景,以及其他各种道具,也得和剧情相合。如其学生对其他的教材也能和预备表演时那么用心揣摩,国文必有长足的进步。所以指导表演,决不是和国文无关的。更进一步说,国文教材中,或小说,或传状,可以用作话剧材料的多得很。如古诗的《木兰辞》《孔雀东南飞》,杜甫的《石壕吏》,白居易的《琵琶行》,以及《国语·越语》上,《史记·项羽本纪》的鸿门之宴、垓下之围,唐人传奇的《虬髯客传》……,不是已有许多编成剧本了吗？留意收集起来，一定很多。很可以指定参考的材料，教学生自己试编话剧。如有做得好的，由教师批改润色后，不妨教他们试试看，去表演表演。这样，学生们的兴趣必可以提得很高。

各种刊物　　有些学校里，有校刊，有校友会刊，有学生会刊，有各级级会的壁报。前两者大都由教师主持，但也须征集学生的稿件；后两者则照例由学生主持，教师不过处于指导顾问的地位。这些刊物，除负责编辑的学生外，教师须鼓励其余的学生踊跃参加。无论是议论文、说明文、记叙文、描写文、抒情文，以及语体诗、短篇小说、短剧、小品文等，都可以有练习的机会。即使一次投稿，未得发表，也仍要安慰他们，鼓励他们再接再厉的勇气。编辑方面，稿件应当如何排列，去取应当有何标准，也须给以详尽的指导。这很可以引起学生们写作的兴趣。而且有教师在指导，学生会刊物和级会的壁报上，也不至于闯祸或闹笑话了。国文较好的学生，如想向校外各种杂志或日报副刊去投稿，教师也应帮助他们，指导他们，并且鼓励他们。不过，得随时注意，千万不要养成了他们自以为是骄矜之气！

讲演记录　　学校里，有时请本校教师或校外人演讲，大都由学生担任记录。这差使，往往是由最高年级的高才生包办的。我以为，应当由各年级的高才生轮流担任。有些学术演讲，尤其是科学方面的，固然非高年级生不能记录；如其是普通的演说，则低年级中国文较好的学生，也不妨叫他们试试。最好，用两个记录员，一个高年级生，一个低年级生；让低年级生也有练习的机会。记录演说，须一面听，一面写，没有练习过的，倒不是一件容易的事。初步的练习，便是课内的听写和听讲笔记。教师应于平时留意，把听写成绩好的，笔记记得清楚正确的，选定几个，使他们在低年级时便有正式练习记录的机会。初则试记本校教师的演说，继则记录校外名人学者的讲演。这也是课外学习国文的好机会。

团体活动　　现在的中学里，有各种学生团体，大之如学生自治会，小之如各级的级会，及一部分学生组织的剧团、演说会以及各种研究会、读书会……初组织时须定章程、规则，开会时须有会议记录，公布议决事项时须出布告，向学校有所请求或建议时须上呈文，与校内或他校别的团体来往时须写公函……，这些都是实际应用的文件；以生活的需要而论，都是应当学习的。

一般的学校里,虽然也有几位教职员挂着学生团体顾问指导的虚衔;对于这些文件的处理,热心指导的,却是绝无仅有。文件中有时闹了笑话,有些教师在旁边匿笑,有些教师在旁边摇头叹气。这些是不学而能、不教而成的事吗?没有教师去负责指导,叫孩子们青年们自己去摸索,怕不合于教育原理吧!我倒认为学生们的团体活动,正是学习应用文的好机会,如果国文教师能负责指导帮忙。还有偶发事项,本来也是学生们的课外活动,如追悼会、运动会、展览会、游艺会等,都须运用文字,做各式各样的应用文件。前面论习作批改的一编"命题"的一章里,也已提到过了。

文字游戏

有些文字游戏,不但有趣,而且很可以训练人们的巧思。例如文虎,便有很巧妙、很幽默的。以《孟子》"何可废也,以羊易之"两句,打一"佯"字;以《论语》"唯女子与小人为难养也"打"胡须";以"四"打《长恨歌》"山在虚无缥缈中";以"一画一直、一画一直、一画一直,一直一画、一直一画、一直一画"打一"亚"字;都是很巧妙的谜儿。对课儿,实在也是一种文字游戏。如以"李白"对"杨朱",以"孙行者"对"胡适之",以"南容三复《白圭》"对"东坡重游赤壁",以"有寡妇见鳏夫而欲嫁之"对"唯女子与小人为难养也";这虽然是旧时代的玩意儿,如其学生程度够得上,叫他们试试,倒也是很有趣的。便是师生谈话时偶然讲个笑话,也可以寓教学于谈笑之中。例如:

> "从前有个不很通文墨的人,捐班出身,做了苏州通判。他把墓前的'翁仲'说倒了,变作'仲翁'。有人作诗嘲笑他道:'翁仲居然作仲翁,只缘书读少夫工。马金堂玉如何入?只好州苏作判通。'因为他把'翁仲'二字说倒了,所以故意把'读书''工夫''金马''玉堂''苏州''通判'都倒装了。"

讲这个笑话给学生听时,便可引申到修辞格的"飞白"上去。讲笑话,只要俗不伤雅,于启发学生的心思,也颇有效力。

拉拉杂杂地说了许多,所谓课外活动范围之广,已可见一斑。只要教师有在课外随事随时指导学生的热心,则可利用之以辅助国文教学的机会正多。即如学生的姓名,也有可以讲说的材料。从前某中学里有三个学生:一姓孔,一姓孟,一姓颜。姓颜的名"乐山",姓孔姓孟的都名"乐三"。一般人把乐山的乐字读作"义效切",乐三的乐字读作"落"。其实,那姓孔的学生的名字里的"乐"字也应当读"义效切"。《论语》孔子说:"知者乐水,仁者乐山。"孔子称颜回其心三月不违仁,所以姓颜的取名"乐山"。孟子称君子有三乐,所以姓孟的取名"乐三"。《论语》孔子又称益者三乐,损者三乐(乐音义效切),所以姓孔的取名"乐三"。国文教师应当把这三个名字的来历和其音读,讲给学生听,方不至把同学的名字随口乱叫。——到处留心,是学国文的好法子,也是教国文的好法子。

余论　国文教师的进修

选文讲读,作文批改,课外阅读、作业、习字及其他活动的指导,已如上述,倘能尽心力而为之,国文教学的效率必可增进,教师多费一分心力,学生即多得一分进益。师生间的精神感应是很快的。教师有教不倦的精神,学生于无形中受其感化,学习兴趣也必增进。更进一步说,教师不但当有教不倦的精神,也须有学不厌的精神,努力进修。如此,方能以身作则,造成好学的校风。

我国的学术文艺,浩如烟海;国文教师如果有志进修,自己的园地,已很广阔了;何况世界的学术思想、文艺潮流,也得虚心接受?所以谈到国文教师进修的问题,真所谓"一部十七史,不知从哪里说起"。文法、修辞学、文字学、文学史、学术史,是与教学国文有直接关系的;现在且就这五者来谈谈吧!

教学国文,时常要用到文法和修辞学。我国研究文法的书,关于文言文的以马建忠的《马氏文通》为最详尽,关于语体文的以黎锦熙的《国语文法》为最详尽。他们都以西文的八品词为基础,加了一种"助词"而成"九品词"。国文的词性分类竟可以和西文不谋而合地大同小异吗?以他民族的言语文字作比较研究的材料,原是很好;若囫囵吞枣地把它们的文法引用到国文上来,能没有削趾适履的弊病吗?修辞学也有这种情形,许多修辞格,是从西文的修辞学援用来的。刘复的《文法通论》颇想把向来习用的"九品词"化作五大类;可惜只提出了一个建议,没有更进一步研讨下去。王引之的《经传释词》、刘淇的《助字辨略》,都是就古籍搜集例证,研究国文中所谓"虚字"的用法的。近人杨树达又作了一部《词诠》。俞樾的《古书疑义举例》是就古籍搜集例证,研究古文中的特殊句法的。近人刘师培的《古书疑义补》,业师马叙伦先生的《古书疑义举例札移》都足以补正俞书。可是就语体文搜集例证,研究其"虚字"的用法和特殊句法的,我至今还没有看到过。近人张文治的《古书修辞例》,对于例子的搜集,可谓很勤;可是他所论及的只有"改易""增加""删节""模拟""繁简"五者。陈望道的《修辞学发凡》,文言文语体文各有例句搜集,比较的算完备了;可是他论及"风格",又未免太简。我国古籍中,并不是没有论到文法和修辞的,不过散见于各书,无人收集罢了。刘勰的《文心雕龙》一半是文体论,一半却是修辞学。司空图的《诗品》是论诗的风格的,也可以归入修辞学一类。如果有人把古人论文法修辞的话好好收集起来,参考近人的议论,再和西文作比较研究,或许在文法学修辞学上有相当的成就。我以为研究文法和修辞,当根据完形心理学,作整个的观察研究,由整篇以研究句语,从整句以研究各个的词。因为独立的字与词,不能断定其词性如何,须看它在句子组织中所占的地位;句子也不是完全独立的,与它的上下文,甚至与全篇都有关系的。枝枝节节地肢解了全篇,去研究其中的一句,零零碎碎地脔割了整句,去研究其中的一词、一字,是不能得到要领的!

文字学

从前研究"小学"的,只能谓之研究《说文解字》,不能谓之研究文字学。他们死守许书的范围,但重形义,不顾声韵,把声韵分立音韵学,以为是在文字学范围之外的;但重秦篆,不复追溯秦篆以上,籀文已少有人过问了,龟甲钟鼎虽有许多人在研究,而笃信许书,如章炳麟氏之类;还认为不可尽信;但重文字,不复兼顾言语和文字的关系,虽然章炳麟氏有《新方言》之作,而继起者尚无其人;但信古代传说,不能有怀疑的精神,对于创造书契的传说,只认是仓颉沮诵个人的功绩。有志进修的国文教师,如果想在文字学方面更求深造,应当改变他研究的态度。形、音、义是文字的三要素,不当把声韵划出在文字学的范围之外。就是以《说文解字》一书为根据,也得从声韵方面去注意研究,朱骏声的《说文通训定声》已有很好的成绩了。业师张献之先生在中学高年级教我们时,特编一种讲义叫作《字例》,阐明"音近义通"的道理,使我们得了许多益处。中学生固然尚谈不到今音古音的研究,教师自己进修,却当在声韵方面多下些功夫。金文的研究,宋代就有了,及清而更盛。虽真赝羼杂,然有许多可据以补正许书。前清德宗光绪时,龟甲在河南安阳出土以后,经刘鹗、罗振玉等收集,孙诒让、王国维等研究,许书的定论竟有为之动摇者。我们要进修文字学,若摒弃龟甲钟鼎,而但以秦篆为主,这真是但知高曾为我所自出而忘其不祧之祖了。言语既早于文字,文字既是记载言语的符号,则研究文字学者决不当忽略了言语。例如前面已举过的那个例——《孟子·滕文公有为神农之言》

"且许子何不为陶冶,舍皆取诸其宫中而用之"句的"舍"字,业师钱玄同先生说它就是今绍兴方言中之"啥"字,"舍皆取诸其宫中而用之",就是"啥东西都向家里拿来用用好哉",言无论什么家里都已齐备了。他以现代方言解古书的文字,故能疑义尽释,神情毕肖。又如"什么",天津方言读作"什吗";"什么"的切音是绍兴话的"啥"(ㄙㄛ),"什吗"的切音是杭州话的"啥"(ㄙㄚ);萧山方言叫什么为"ㄏㄛ东西",嘉善方言叫什么为"ㄏㄚ物事";其实,"ㄏㄛ""ㄏㄚ"都是"何"字的转音。这些都是很有趣的言语文字互相关联的实例。所以进修文字学,决不能摒弃方言。我国创造书契的人,相传为仓颉、沮诵;这两个人,据说是黄帝时的左右史。我们试想想,既说黄帝时他们二人始创书契,何以那时便有历史?便有史官?何况所谓仓颉其人,或谓为黄帝之史,或谓为上古禅通纪之帝王,关于他,又有生而四目,天雨粟,鬼夜哭等神话呢?近人沈兼士[①]说古史多"时代拟人化",仓颉、沮诵是创造书契时代的拟人化,仓颉沮诵即"创契佐诵",言创造书契以佐助记诵。这和伏羲为渔猎时代的拟人化,燧人为发明火食时代的拟人化,有巢为巢居时代的拟人化,神农为发明农业时代的拟人化,是一样的。文字,一方面固是记录言语声音的符号,一方面又是图绘物象的符号。初期的文字,实在是各种物象的简单的图画,因为它们大多数是"依类象形"的"文",而不是"形声相益"的"字"。因为各人各画,所以古文的异体特多。黄帝时,还是部落酋长时代,怎么能由他的史官仓颉、沮诵造了文字,去颁行全国呢?周宣王时史籀作大篆,似乎经过一次"书同文"的政治的统一。但据王国维说此十五篇所以名为"《史籀》"者,因首句为"太史籀书",取首句二字以为篇名,并非有史官名籀者著作此书。而且这次书同文的效力似乎并不大,并不久,所以战国时又有"文字异形"的事实。秦始皇时,统一的局面造成了,所以李斯、赵高、胡毋敬乃得取大篆或颇省改,罢其不与秦文合者,而制定了秦篆。可是后来程邈作隶书,史游作草书,刘德昇作行书,王次仲作楷书等传说,其不可靠,也和仓颉、沮诵造字相类;文字的创造和变迁,决不是全靠政治

---

① 沈兼士(1887—1947):名坚士,吴兴(今浙江湖州)人。沈尹默之弟。中国语言文字学家、文献档案学家、教育学家。著有《文字形义学》《广韵声系》《段砚斋杂文》等。(编者注)

的力量,某一个人的力量,短时间所能集事,而是由社会的力量,大众的力量,渐渐地成功的。我们如果要在文字学上力求进修,决不可忘了孟子所谓"尽信书,则不如无书!"

文学史

文学史,近来坊间出版的颇多。可是大多数的文学史,并不是文学流变的历史,而是许多文学家的小史;不是全部文学的历史,而是文章——杂文学——的历史。虽然诗、词、曲、小说、戏剧……,各有专史,但还没有包举全部文学——纯文学(文艺)和杂文学(文章)——而原原本本地叙述其源流变迁,说明其所以变迁的理由的。国文教师要进修文学史,不得不有深一层的研究;上述两点,便不能不注意补正。每一时代著名的文学家、姓名、里居、生平事实、著作、文学史上的地位……,固然不能不作详确的记述、考证与论列;但文学本身的流变终是文学史中最重要的项目。且如《诗经》一书,为我国最古的诗歌总集,最可宝贵的古代文学作品;但其作者,十之九是无可考的;即有可考,也不是大名鼎鼎的文学家(《诗序》所说不可信;除本篇中说到它作者的,如《小雅·节南山》说"家父作诵",《巷伯》说"寺人孟子作为此诗",见于他书的,如《尚书》说周公作《鸱鸮》,《左传》说许穆夫人作《载驰》等,其余都是无作者主名的诗)。如果完全以著名的文学家为主,则《诗经》一书,只好被摒于文学史之外了。我国诗歌文学新兴的体裁,往往先流行于民间,传播于唇吻,后乃有士大夫仿效其词;如《诗经》的四言诗,当先有采自民间歌谣的国风,而后有士大夫的雅,以及用于朝廷宗庙的颂(《诗经》之诗,《商颂》虽有为商代乐章之遗的传说,而《豳风·七月》确为太王迁岐以前夏代的作品)。《楚辞》的《九歌》,确是屈原依楚人原有祀神的歌曲改作的,可见所谓楚歌已盛行于民间(《诗经》中已渐有兮字调,如《郑风·狡童》《魏风十亩之间》等。《诗经》《楚辞》之间,如《说苑》所载的《越人歌》,《孟子》所载的《孺子沧浪歌》,兮字调的民歌也不少);汉乐府,也先采各地歌谣合乐,后由司马相如等文人拟作;词的长短句,也来自六朝的民歌。新兴的文学既多起自民间,则俗文学为研究文学史者所不可忽视;可是民间文学的作者,都是些无名的文学家,我们能以作者为主去考究它的历史吗? 文学史的内容须包括一切文学的流变。若仅叙述骈文古文的历史,那只能说是文章史;若仅叙述诗文词曲,那只能说是诗文词曲史;既名之为文学史,则骈散文(包括小品文及语录等),诗、词、曲、小说、戏剧及一切儿童文学、俗文学,都应包括在内了。而且我国文学往往受外来文学的影响,远之如佛教经论及其他作品,近之如东西洋各国的文艺和其他作品,所以翻译文学也当包括在内。我国歌唱文学的变迁,常和音乐有关,所以音乐的变迁,外国乐器、乐曲等的输入,也是研究文学史的人所当注意的。例如唐代就有《神清参禅语录》,是用语体文记载禅师的谈话的。宋儒之有语录,便是受了这种佛教徒作品的影响。唐诗中有许多是仿外国输入的曲调的,如《凉州词》之类。词曲中此类尤多,如最著的《霓裳羽衣曲》,实在是由外国输入的。《乐苑》云:"《霓裳羽衣曲》开元中西凉府节度使杨敬述进。"《唐逸史》却说是玄宗游月宫,听仙曲,默记其音调而还,乃传此曲于人间(《乐府诗集》引)。郑愚又调停二者之间,谓玄宗在月宫闻曲,只记其半;会杨敬述进婆罗门曲,声调相符云云。其实,此曲当为婆罗门乐曲,由西凉传入,所谓游月宫,传仙曲,特故神其说而已。唐代和外国接触最多,所以音乐的变化也多,歌唱文学的变化也多,决不是中唐以前取以合乐的句子长短有定的近体诗所能配合,所以不得不加泛声,不得不采用六朝民歌长短句的体裁,于是"词"遂勃兴于中晚唐了。文学的变迁,还有所谓社会的因素。章回的白话小说,出于话本,故旧小说中常有"且听我慢慢道来""说时迟,那时快""闲话休说""欲知后事如何,且听下回分解"等语。李商隐《骄儿诗》,已有"或谑张飞胡,或笑邓艾吃"等语,可见说三国时事,类似今日说大书者,唐末的社会上已有此风气了,到宋朝,方有由这类说话人的话本,经文人润色编成的长篇或短篇的小说。这正和清代学者俞樾改《三侠五义》同一情形。施耐庵(?)的《水浒传》,我疑心也是就当时社会上盛行的梁山泊故事的话润色的,或是集许多不同的话本改编的。唐人传奇所以多剑侠、灵怪、恋爱的故事者,也是那时社会的反射。藩镇跋扈,战祸连年,故多剑侠的故事;唐以老子姓李,特崇道教,佛教小乘又盛行民间,故多灵怪的传说;受武后专政的影响,故多男女自由恋爱的想象。即此一端,可见文学与社会情状关系之密切了。进修文学史的,都应注意及之。

学术史

　　进修学术史,可以了解我国固有文化最重要的一部分。现在坊间出版的哲学史、学术史、思想史以及国学概论、诸子概论之类,可谓和雨后春笋一般;我们不得不加以谨慎的选择。花了买书的冤枉钱,还是小事;白费精力时间,又得了一种错误的知识,或竟以误传误,那可不是玩的!作者或因信而好古,硬替古人辩护,是曰盲从;或因疑古过勇,一笔抹杀,是曰武断。例如论先秦诸子十家之起源,章炳麟氏笃信《刘略班志》之说,定要替他们辩护,信"某家者流盖出于某某之官"为不刊之论(见《论诸子的大概》);近人胡适又作《诸子不出于王官论》,谓王官决无学术可方;其实都不是平心静气之论。古代学术之所以在王官而不在平民者,一因官世其业,人世其学;二因竹木金玉、漆书刀刻,成书难,得书亦难;故平民无从得书。韩宣子为晋卿,聘鲁,方得见《易象》与《鲁春秋》;季札为吴公子,聘鲁,方得闻十五国风;孔子欲观书,亦须适周见守藏室史李耳。贵族、学者,尚且如此,平民更可想而知。所以古时有"学古入官""宦学事师"之说(《论语》所谓"仕而优则学,学而优则仕",是春秋后事,不是春秋前事)。老子著五千言,为私人著作之始;孔子教三千弟子,为私人讲学之始;从此以后,学术方普及于民间。这二位学者在我国学术史上地位的重要,就此一端,已非他人所可同日而语。我认为,古代学在王官,是无可否认的事实;不过"某家出于某官",则是刘班牵率附会之论。又如秦始皇的焚书坑儒,论史者往往混为一谈,以为是我国学术的一大厄。其实,焚书是一事,坑儒又另是一事。始皇所坑者乃是"方士"而非"学者",《史记》说得非常明白。而叔孙通、伏胜等曾为秦博士者,到汉初都还健在。至于焚书的原因,全在禁反对郡县制者的"以古非今"。所以焚书令上明定"私藏《诗》《书》百家语者黥为城旦,偶语《诗》《书》者弃市,以古非今者族",且所烧者仅民间之书,"博士官所职不烧",也在令中明白言之。"若有欲学(今本《史记》有'法令'二字,此依徐广说,删),以吏为师"。则始皇、李斯,并未禁人民求学,不过欲复"学在王官"之旧而已,不过欲统一教育权以求统制思想而已。可是民间藏书于山岩屋壁间者,断非政府的力量所能摧毁尽净;而且如果没有项羽入关后火烧咸阳那一回事,则秦代博士官所职之书,何致完全被焚?所以仅就焚书一事本身而论,对于我国古代文化影响并不如谕者所说的那么大。又如先秦诸子各有主张,无非欲改革当时的政治制度、社会制度,主张虽异,救世之旨则同;而儒家祖述尧舜,道家依托黄帝,墨子宗大禹,用夏政,许行为神农之言,此则欲改制而托之于古。改制而必托古者,《淮南修务训》"世俗之人多贵古而贱今,故为道者必托之黄帝神农而后能入说",真可谓一语破的。所以"孔子墨子俱道尧舜,而取舍不同"了(用韩非《显学》语。孔子道尧舜,取其禅让;墨子道尧舜,取其节俭)。我们既知诸子"托古改制",则他们所说的古人古事,至少必经过一番主观的选择或改造,未必完全与实事相合,不问可知。诸如此类,进修学术史者,必得加以注意。更进一层说,要明白古代各派的学术,不能仅仅以阅读学术史和所谓概论为满足,必须进而阅读整部的古书。古书有真有伪,有半真半伪(如今本《列子》为伪书,业师马叙伦有《列子伪书考》,言之颇详。如今本《尚书》半真半伪,和今文相同的几篇是真的,其余晋梅赜所献者,则为王肃所造之伪古文),要读这书,便不得不先加以辨认。即如《论语》一书,为最可信的孔子的言行录,但据崔述《洙泗考信录》的考证,也有不可尽信的部分。例如《阳货篇》记"公山弗扰以费叛,召子欲往""佛肸以中牟叛,召,子欲往"。公山弗扰以费叛,正因孔子为鲁司寇,欲堕三家之都的城,而据费以抗孔子。岂有一反抗命令之县令,而敢召其所抗之执政,执政正率师讨反抗者,而欲应其召之理?据《韩诗外传》,则佛肸以中牟叛,在赵襄子时;赵襄子立于孔子卒后五年,佛肸叛时,岂能复召孔子? 这不是很显明的事实吗? 所以我们要读《论语》,必须把不可信的部分都剔去,不仅这两章而已。从前人把孔子看成一个超人的圣人,一个没有情感的木偶似的道学先生,所以读起《论语》来,觉得异常呆板枯燥。我则以为大圣人也是人,而且孔子是一个富于情感的人。《论语》记他,有时愤不可遏(如云:"是可忍也,孰不可忍也。"),有时异常悲痛(如颜渊死,有"天丧予,天丧予"语),有时又非常幽默(如"子入太庙,每事问;或曰:'孰谓鄹人之子知礼乎' 子闻之曰:'是礼也'"据俞樾说,"是礼也"是反诘语,盖太庙中所见者,皆不合于礼。"这些是礼吗?"反诘他一句,何等幽默?),有时也喜欢和弟子说笑(如"割鸡焉用牛刀",直自认"前言戏之尔")。我们要读《论语》,必须把态度改变过来,方能真真认识孔子。至于《论语》里记孔子衣食等日常生活和平居态度的诸章,更应有透彻的了解。如《乡党》篇记孔子衣食等琐事甚详。这些是门弟子亲见的事实如此,所记亦是但照具体的事实记录，并非说人人对于衣食都当如此；而汙家往往以为孔子的衣食如此如此，凡是尊信孔子者也得如此，便太拘迂了。又如《论语》首章"人不知而不愠"一语，朱子以为是"人不知我而不愠"，即"遁世不见知而不悔"的意思。我的意思，却以为第一节"学而时习之不亦说乎"是说"学不厌"；第二节"有朋自远方来不亦乐乎"是说门弟子来自远方，即《孟子》"得天下英才而教育之"之乐（同门曰朋；师生有朋友之谊，故朋可解作门弟子）；第三节"人不知而不愠不亦君子乎"是说"教不倦"，人不知者，是人不知学，不是人不知我。学不厌，教不倦，是孔子最伟大的精神，所以编辑《论语》时把它列在首章的（《孟子》记子贡语，以学不厌为智，教不倦为仁，孔子之所以为圣人即在此。见《公孙丑》篇）。我们读古书，不可为某一家的注解所束缚，方能自己悟出一番新见解来。此外，如古书中的错简、衍文、夺字、误字等，也得加以相当的注意。这又涉及所谓校勘之学了。例如《中庸》"知远之近，知微之显，知风之自，可与入德矣"，自来注家，都不得其解。俞樾谓"自"字为"目"字之误，"风"作"凡"字解，"之"作"与"字解，即"知远与近，知微与显，知凡与目"；"可与入德"，即"可以入德"。经他这样一讲，便涣然冰释了。又如《孟子》"必有事焉而勿正心勿忘勿助长也"句，诸家之注，亦多牵强。宋倪思以为"正心"二字乃"忘"字之误；"必有事焉而勿忘"为一句，虽须"勿忘"，但亦"勿助长也"。下文以揠苗喻"助长"，以不耘苗喻"忘"，正是承上文而言之。经他这样一讲，便了如指掌了。错乱衍夺之例，更是举不胜举。这也是有志进修，有志阅读古书者所应留意的。

现在的教育行政机关对于教师的进修已知注意了，开办假期讲习会呀，规定教职员平时进修的工作呀，组织教学研究会按学科分组研究呀，发行出版物呀，可说是在竭力提倡或督促了。可是学问的进修，不是他律的，是自律的；不是形式的，是实际的。提倡、督促，原是教育行政机关应有的责任；不过，要是仍行计时给薪制，教师的收入太菲薄，为要维持生活，不得不多担任钟点，消耗他全部的精力时间，则所谓进修便无从谈起！所以我的结论是：希望教学有所改进，须先希望教师肯努力，而且能努力于进修；希望教师进修，须先改善教师的待遇。

图书在版编目(CIP)数据

百年语文教育经典名著. 第七卷 / 徐林祥主编. 一上海：
上海教育出版社,2016.12
ISBN 978-7-5444-7303-3

Ⅰ.①百... Ⅱ.①徐... Ⅲ.①语文教学—教学研究—文集
Ⅳ.①H19-53

中国版本图书馆CIP数据核字(2017)第008192号

责任编辑 易英华
书籍设计 陆　弦
美术编辑 周　吉

百年语文教育经典名著
第七卷
徐林祥　　主编
————————————————————————————

出　　版　上海世纪出版股份有限公司
　　　　　上 海 教 育 出 版 社
官　　网　www.seph.com.cn
　　　　　易文网 www.ewen.co
地　　址　上海市永福路 123 号
邮　　编　200031
发　　行　上海世纪出版股份有限公司发行中心
印　　刷　上海展强印刷有限公司
开　　本　787×1092　1/16　印张 24.5　插页 3
版　　次　2017 年 8 月第 1 版
印　　次　2017 年 8 月第 1 次印刷
书　　号　ISBN 978-7-5444-7303-3/G·6017
定　　价　73.00 元
————————————————————————————

如发现质量问题,请向本社调换　电话 021-64377165